D1730788

Carl Albrecht · Das mystische Wort

Carl Albrecht

DAS MYSTISCHE WORT

Erleben und Sprechen in Versunkenheit

Dargestellt und herausgegeben von
Hans A. Fischer-Barnicol

Mit einem Vorwort von Karl Rahner

Crotona

Originalausgabe
1. Auflage 2017
© Crotona Verlag GmbH & Co.KG
Kammer 11
83123 Amerang
Neubearbeitung der Ausgabe
Mainz 1974, Mathias-Grünewald-Verlag

Umschlaggestaltung: Annette Wagner

Druck: C.PI • Birkach
ISBN 978-3-86191-090-9

www.crotona.de

INHALT

VORWORT
von Karl Rahner

Es ist an mich die Bitte herangetragen worden, einige einleitende Bemerkungen zu dem Buch zu schreiben, das hier vorliegt. Ich möchte mich dieser Bitte nicht entziehen, weil ich dieses Buch für einen sehr bedeutsamen Beitrag zur Psychologie und Theologie der Mystik halte und auch weil ich Carl Albrecht einmal, wenigstens kurz, persönlich kennenlernen durfte. Es kann aber nicht die Aufgabe dieses »Vorwortes« sein, in Art einer Rezension auf den Inhalt dieses Buches einzugehen und ihn zustimmend und kritisch zu würdigen. Das würde die Möglichkeiten dieser Zeilen und die Kompetenz ihres Schreibers weit übersteigen. Ich möchte aber ein paar Bemerkungen machen, die dem Leser dieses Buches vielleicht einen gewissen Rahmen bieten können, innerhalb dessen er seine Aussagen ein wenig leichter »orten« kann, den Zusammenhang des Inhaltes mit dem deutlicher sehen kann, was sonst in einer katholischen Theologie der Mystik verhandelt wird. Dies soll freilich geschehen, ohne dass die Aussagen dieses Buches selbst noch einmal ausdrücklich dargestellt werden. Somit werde ich auch nicht zu dem Stellung nehmen, was Fischer-Barnicol zu einigen Theologumena gesagt hat, die ich selbst ausgesprochen habe. Wenn so etwas wie eine »Ortung« für dieses Buch hier angeboten wird, so geht sie allein auf Rechnung und Gefahr des Schreibers dieser Zeilen. Denn es gibt nun einmal, wenn wir genau zusehen und eigentliche letzte Grundlagen einer Theologie der Mystik wünschen, keine solche Theologie der Mystik, die Allgemeingut innerhalb der katholischen Theologie wäre.

Es gibt keine allgemein rezipierte Theologie der Mystik innerhalb der christlichen und katholischen Theologie. Es gibt große Mystiker, die von ihren Erfahrungen Zeugnis geben. Es gibt darunter (besonders in der klassischen Spanischen Mystik) auch solche Mystiker, die eine gewisse theologische Systematisierung ihrer Erfahrung und ihres mystischen Entwicklungsweges versucht haben. Dabei tritt dann natürlich eine solche systematisierende Reflexion auf die mystische Erfahrung immer auch in eine Interferenz mit den glaubensmäßigen und theologischen Konzeptionen, die ein solcher Mystiker hat und unvermeidlich mitbringt und verwendet, wenn er seine ursprüngliche Erfahrung zu beschreiben oder gar zu systematisieren und in das Koordinatensystem seiner sonstigen philosophischen und theologischen Überzeugungen und Meinungen einzutragen versucht. So zeigt sich auch (und sogar auch nochmals innerhalb der klassischen Spanischen Mystik) eine außergewöhnliche Vielfalt von Beschreibungen und Systematisierungen mystischer Erfahrungen bei denen, denen wir nicht grundsätzlich eine echte mystische Erfahrung absprechen werden. Darüber hinaus gibt es eine unübersehbare spirituelle Literatur, in der sich immer auch wieder das Mystische zu Wort meldet und die letzte Quelle ihrer Echtheit und Lebendigkeit ist. Aber bei solchen, nur gelegentlich auftretenden und wirksam werdenden Zeugnissen mystischer Erfahrung kann erst recht nicht von einer allgemein rezipierten Theologie der Mystik die Rede sein. Überdies ist (was für eine ausgebaute und rezipierte Theologie der Mystik auch erforderlich wäre) hier das Verhältnis der christlichen Mystik zu außerchristlicher weder deskriptiv noch systematisch trotz aller möglichen Ansätze auch nur einigermaßen genügend aufgearbeitet. Dasselbe gilt vom Verhältnis zwischen mystischen und parapsychologischen Phänomenen. Es gibt natürlich, ohne dass hier einzelne Namen genannt werden müssen, Versuche einer systematischen Theologie der Mystik, mindestens seit den Zeiten der klassischen Spanischen Mystik bis auf unsere Tage, wobei freilich gleichzeitig bedauernd festgestellt werden muss, dass das Interesse an solcher Theologie der Mystik heute weitgehend erlahmt zu sein scheint. Aber diese Theologien der Mystik sind hinsichtlich der *letzten* Grundlagenfragen meist doch zu kurz und simpel geraten und wiederholen in ihren Einzelstücken dann nur mehr oder weniger und etwas applanierend und tief greifende Unterschiede verwischend die Beschreibungen, die die Spanische Mystik von mystischen Erfahrungen und dem mystischen Weg geliefert hat, streiten sich mit meist etwas vordergründigen Argumenten über die Frage, ob die »eingegossene Beschauung« und andere »mystische Gnaden« zum normalen Weg des christlichen Vollkommenheitsstrebens gehören oder nur eine besondere, relativ selten gewährte Gnade seien, die auch bei »heroischen Tugenden« von »Heiligen« fehlen könne. In solchen Theologien der Mystik herrscht auch etwas zu naiv und unreflektiert ein »extrinsezistisches« Vorstellungsschema, unter dem man sich das »Eingreifen« Gottes bei mystischen Phänomenen denkt. Überlegungen der heutigen Theologie vom Verhältnis zwischen Gnade und »Natur« und von ihrer Einheit kommen hier wohl kaum schon zum Tragen.

Ein erstes Grundproblem, das in einer Theologie der Mystik behandelt werden müsste, ist das genauere Verhältnis des Mystikers zu dem, was er als ihm in »absoluter Nähe« gegeben erfährt. Wenn und insofern in der mystischen Erfahrung das »mystische« Subjekt nicht bloß sich selbst zu einer nicht mehr durch kategoriale Gegenstände des Alltags vermittelten Erfahrung gegeben ist, sondern das »Geheimnis« selbst schlechthin, die Wirklichkeit überhaupt, Gott (oder wie immer man dieses Erfahrene, das nicht *von vornherein* mit dem mystischen Subjekt identisch ist, nennen mag), weil anders von einer religiösen Mystik überhaupt nicht die Rede sein kann, dann entsteht unweigerlich die Frage, ob in einer solchen mystischen Erfahrung der Erfahrende und das Erfahrene als schlechthin eins erfahren werden oder ob auch hier und gerade hier jener radikale Unterschied noch einmal nicht nur bleibt, sondern auch zur Gegebenheit kommt, der zwischen Gott und der Kreatur auch in ihrer höchsten Begnadigung obwaltet. Abstrakt wäre denkbar, dass aus verschiedensten Gründen dieser bleibende Unterschied, den eine richtige Metaphysik und eine christliche Theologie als gegeben fordern müssen, im mystischen Erlebnis »übersehen« wird. Es könnte auch sein, dass eine vielleicht denkbare »mystische« Erfahrung der Einheit zwischen Subjekt und »*Welt*« überhaupt vorschnell mit einer Erfahrung der Einheit des mystischen Subjekts mit *Gott* selbst in eins gesetzt wird. Es könnte auch sein, dass das Wegfallen einer egoistisch partikulären Vereinzeltheit in der mystischen Erfahrung radikaler Liebe auf den sich selbst mitteilenden Gott hin in der nachträglichen Reflexion als schlechthinniges Aufhören eines endlichen Subjekts missverstanden wird. Aber aus all diesen Gründen ist es von höchstem Interesse, den Mystiker selbst darüber zu hören, wie er seine eigene mystische Erfahrung hinsichtlich dieser Frage erlebt und deutet, damit nicht nur der Metaphysiker des menschlichen Geistes in dessen absoluter Transzendentalität und der Theologe des Unterschieds zwischen Gott und der Kreatur in dieser Frage ihr Wort sprechen, sondern auch der, der am deutlichsten und unverstelltesten jenes Verhältnis erfährt, das zwischen dem menschlichen Subjekt und *der* Wirklichkeit gegeben ist, die wir Gott nennen.

Ein zweites Grundproblem der mystischen Theologie bezieht sich auf das Verhältnis zwischen Gnade-Glaube einerseits und der mystischen Erfahrung andererseits. Die traditionelle mystische Theologie gerät hier immer wieder in erhebliche Schwierigkeiten. Sie nennt diese mystischen Erfahrungen »Gnade«, aber diese Gnade ist für sie *darum* vor allem eine solche, weil sie durch ein punktförmiges, besonderes Eingreifen Gottes, das ungeschuldet ist, gegeben gedacht wird und weil hier der unzugängliche Gott in einer besonderen Weise sich selber mitteilt. Aber wie sich eine solche Gnade zu *der* Gnade verhält, die das Christentum als Angebot Gottes an *alle* Menschen verkündet, das wird doch nicht so recht klar, auch wenn diese mystischen Gnaden grundsätzlich als Entfaltung der übernatürlichen Vermögen des gerechtfertigten Menschen gesehen werden. Diese Unklarheit wird am deutlichsten, wenn man nach dem Verhältnis fragt zwischen der mystischen Erfahrung und jener »Erfahrung« (das Wort ist richtig und wichtig!), die wir christlich Glaube, vom Geist Gottes getragen, nennen. Meist scheint es doch so, als sei die mystische Erleuchtung und Einigung ein Geschehen, in dem sich Gott so »unmittelbar« mitteilt, dass man eigentlich nicht mehr recht sieht, warum durch solches mystische Licht der Glaube nicht schon überholt sei, wenigstens während des mystischen Geschehens selbst. Eine wirklich christliche Theologie über Gnade, Glaube, Geistbesitz, Einwohnung Gottes (Wirklichkeiten, die doch nicht mit einem neuzeitlich molinistischen Missverständnis als bloße sachhafte Gegebenheiten jenseits des Bewusstseins verstanden werden dürfen) kann unmöglich denken, dass es für eine wirkliche Gnadentheologie möglich sei, zwischen Glaube und Gnadenerfahrung einerseits und Glorie andererseits einen theologisch sich von beiden wesentlich unterscheidenden Zwischenzustand einzuschieben, der die Begnadigung des Christen, die immer auch Gnaden*erfahrung* ist, im eigentlichen Sinn spezifisch und heilsbedeutsam übersteigt und andererseits doch nicht vorübergehende Partizipation an der Anschauung Gottes wäre, die man gegen manche Auffassungen in den mystischen Theologien denen vorbehalten sollte, die durch den Tod schlechthin in ihre wirksame Endgültigkeit eingegangen sind. Die Vergöttlichung des Menschen, der Besitz der göttlichen ungeschaffenen Gnade (Wirklichkeiten, die das

10

Christentum jedem gerechtfertigten Menschen zuspricht) kann nicht im eigentlichen Sinn durch etwas überboten werden, was nicht Glorie, die unmittelbare Anschauung Gottes ist, die der wirklichen Vollendung des Menschen vorbehalten ist. Es kann nicht angenommen werden, dass mystische Erfahrung den Bereich des »Glaubens« und der darin grundsätzlich schon gegebenen Erfahrung des Geistes Gottes hinter sich lässt durch eine Erfahrung, die nicht mehr Glaube wäre. Mystik ist innerhalb des Rahmens der normalen Gnade und des Glaubens zu konzipieren. Mystische *Theologie* kann, wo sie mehr sein will als »Parapsychologie« (im weitesten Sinn des Wortes, so dass zu ihr alles gehört, was im durchschnittlichen Alltagsbewusstsein nicht gegeben ist), nur ein Stück der eigentlichen Dogmatik nach deren eigenen Prinzipien sein. Diese These schließt zweierlei nicht aus, sondern ein. *Einmal*, dass damit noch nicht gesagt ist, dass der Dogmatiker als solcher etwas über die mystischen Erfahrungen sagen könne und müsse, insofern sie sich *psychologisch* von den Alltagserfahrungen der Gnade unterscheiden. Wenn und insofern dies gegeben ist (bis zu »wesentlichen« Unterschieden *psychologischer Art*), ist der Mystiker und empirische Psychologe zuständig und nicht der Dogmatiker. Dieser hat nur festzustellen, dass es keine im *theologischen* Sinn höhere Erfahrung als die des Glaubens im Geist Gottes auf Erden geben könne, also jede echte religiöse Mystik (im Unterschied zu naturalen Versenkungsphänomenen usw.) nur als »Spielart« dieser Gnadenerfahrung im Glauben zu verstehen sei. Wobei es vermutlich dem empirischen Mystiker und dem Psychologen zu erklären überlassen werden muss, woher diese mystische Spielart der Gnadenerfahrung im Glauben komme. Sodann: Die aufgestellte These von der mystischen Erfahrung (streng als solcher im Unterschied zu an sich denkbaren naturalen und somit grundsätzlich erlernbaren Versenkungsphänomenen und parapsychologischen Vorkommnissen im üblichen Sinn des Wortes) als einer »Spielart« jener Geisterfahrung, die grundsätzlich jedem Menschen und Christen angeboten ist, und die These, dass darum die Theologie der Mystik als solcher ein Stück der dogmatischen Theologie überhaupt ist, besagen nicht, dass eine solche Theologie der Mystik nur konstituiert werden könne mit *den* üblichen Quellen und Methoden, mit denen die traditionelle Dogmatik arbeitet (Schrift, Lehramt, kirchliche Tradition usw.). Im Gegenteil: Wenn und insofern der empirische Mystiker wirklich von seiner mystischen Erfahrung als solcher berichtet, ist der spezifische Gegenstand jene gnadenhafte Geisterfahrung, die mit Glaube, Hoffnung und Liebe in der Selbstmitteilung Gottes an den Menschen gegeben ist, wenn natürlich auch die spezifische *Weise*, unter der diese gnadenhafte Geisterfahrung gemacht wird, Momente »naturaler« Art enthält, wie gleich noch ausführlicher zu sagen sein wird. Empirisch deskriptive Mystik als solche kann (wo sie nicht nur von naturalen Versenkungsphänomenen usw. berichtet) durchaus Offenbarungstheologie sein, weil sie von der eigentlichen vergöttlichenden Gnade berichtet, weil auch das, was wir gewöhnlich Offenbarung im Wort und Offenbarungstheologie zu nennen pflegen, nichts anderes ist als die reflexe Objektivation (in Geschichte und Wort) dessen, was in der gnadenhaften Selbstmitteilung Gottes, die grundsätzlich erfahren wird, geschieht, auch wenn die reine und authentische Objektivation dieser göttlichen Selbstmitteilung gerade in Jesus Christus ihren irreversiblen Höhepunkt und in der Lehre des Christentums ihre ihrer Wahrheit gewisse Selbstaussage gefunden hat. Darum kann es auch in einer »außerchristlichen« Mystik Gnadenerfahrung geben und eine außerchristliche Theologie der Mystik ein Stück Offenbarungstheologie sein (mindestens grundsätzlich), wenn auch eine solche immer auf diejenige Theologie hingerichtet bleibt, die sich ausdrücklich auf den Gekreuzigten und Auferstandenen bezieht, in dem das mystische Geschehen der Übergabe an Gott, so wie er an und für sich ist, endgültig durch Jesu ihn rettenden Tod geglückt ist und sich als so siegreiches Geschehen geschichtlich offenbar gemacht hat.

Damit kommen wir noch ausdrücklicher zu einem dritten Grundproblem einer mystischen Theologie, zum Verhältnis von »Natur« und »Gnade«, wobei jetzt diese beiden Begriffe in ihrem streng theologischen Sinn verstanden werden müssen. Wenn die mystische Erfahrung *nicht* aufgefasst werden darf als ein Geschehen, das die übernatürliche Geisterfahrung im Glauben grundsätzlich als ein Höheres überbietet und überholt, dann muss die »spezifische Differenz« dieser Erfahrung im Unterschied zur »normalen« Geisterfahrung des Christen im »naturalen« Bereich des Menschen gegeben sein, also eine besondere Art einer in sich selbst natürlichen Transzendenzerfahrung und »Rückkehr« zu sich selbst sein. Dies widerspricht dem eben Gesagten über die Mystik als Gnadenerfahrung nicht. Das *psychologische* Wesen mystischer Erfahrungen unterscheidet sich vom »normalen« Wesen alltäglicher Bewusstseinsvorgänge nur in der Dimension der »Natur«, ist insofern grundsätzlich erlernbar. Aber solche seelischen Vorkommnisse an sich naturaler Art können wie jeder andere Akt des Menschen von Bewusstheit, Freiheit und Reflexion durch die gnadenhafte Selbstmitteilung Gottes (habituell oder aktuell) »erhöht« werden, d. h. durch die personale Selbstmitteilung Gottes ebenso auf die Unmittelbarkeit des sich selbstmitteilenden Gottes hin radikalisiert werden, wie dies gewöhnlich geschieht in den normalen »übernatürlichen« Akten des Glaubens, der Hoffnung und der Liebe im »normalen« christlichen Leben. Diese psychischen Geschehnisse von der an sich naturalen Eigenart, wie sie eben in mystischen Phänomenen gegeben ist, können von der Gnade erhöht und so übernatürliche Akte des Glaubens usw. sein und so selbst Heilsakte. Die besondere psychologische, an sich naturale Eigenart solcher Akte kann aus dieser ihrer Eigenart heraus dazu beitragen, dass diese übernatürlich erhöhten Akte existenziell tiefer im Kern der Person verwurzelt werden und in einem höheren Maß das ganze Subjekt prägen und durchformen. Ob diese an sich natürliche größere personale Tiefe des mystischen Aktes und die damit gegebene größere Reflexivität der (an sich natürlichen, aber durch die Gnade erhobenen) Transzendenzerfahrung an sich wunderbar (praeternatural) oder durch Übung unter bestimmten Voraussetzungen natural erreichbar sind, oder je nach der Stufe des Phänomens beides möglich ist, das ist eine Frage, die von der *Theologie* der Mystik als solcher nicht entschieden werden kann. Hält man diese Frage als sachlich offen (wenigstens von den Möglichkeiten der Theologie als solcher her), dann ist von hier aus die Möglichkeit bloß naturaler Versenkungsphänomene denkbar als reine, d. h. unter dem (teilweisen oder gänzlichen) Ausfall kategorialer Vermittlung geschehende, Transzendenzerfahrung. Wenn man eine solche Erfahrung »naturale Mystik« nennen will, kann man dagegen keinen absolut grundsätzlichen Einspruch erheben; es wäre aber besser, den Begriff Mystik jenen psychologisch außergewöhnlichen, von der Gnade erhobenen, eigentlich übernatürliche Geisterfahrung implizierenden Phänomenen vorzubehalten, wie wir dies hier zu tun versuchten. Die genauere Frage wäre dann immer noch die, ob solche existenziell doch sehr zentralen naturalen Phänomene (der Versenkung usw.) wirklich *nur* natural sind oder im Vorgang selbst und in der nachfolgenden Reflexion nur als solche erfasst werden, in Wirklichkeit aber immer auch übernatürlich »erhoben«, d. h. durch das, was wir christlich Gnade nennen, auf die Unmittelbarkeit Gottes selbst hin radikalisiert sind. Diese Frage ist eine Frage der *Gnadentheologie*. Wenn man diese die übernatürliche

Erhebung der geistig personalen Akte des Menschen von an sich unbegrenzter Transzendentalität nur als intermittierend, raumzeitlich punktförmig und nur unter zusätzlichen Bedingungen geschehend auffasst, dann müsste die gestellte Frage im ersten Sinn beantwortet, d. h. angenommen werden, dass es naturale Versenkungsphänomene usw. gibt, die auch an sich *nur* solche sind. Wenn eine andere Gnadentheologie aber (was legitim ist) annimmt, dass die Transzendentalität des Menschen immer und überall von vornherein durch die gnadenhafte Selbstmitteilung Gottes von der Mitte der Existenz her auf die Unmittelbarkeit Gottes hin finalisiert und radikalisiert ist, gleichgültig, ob die so gedachte übernatürliche Begnadigung des Menschen im Modus einer bloßen Vorgabe oder im Modus der Annahme oder im Modus der Verweigerung, von der Freiheit des Menschen her gesehen, existiert, dann wäre die gestellte Frage im zweiten Sinn zu beantworten: Jeder an sich naturale Akt der Versenkung usw. wäre auch immer und überall gnadenhaft erhoben, ein Akt eigentlicher Mystik, Heilsakt, auch wenn diese fundamentale Eigenart in diesem mystischen Geschehen nicht noch einmal besonders deutlich gegeben und in der nachträglichen Reflexion darauf übersehen oder im Sinn einer panentheistischen »Mystik« als Phänomen des undifferenzierten Einswerdens nachträglich missdeutet wird. Der Schreiber dieser Zeilen optiert für die zweite Beantwortung der gestellten Frage. Doch ist natürlich hier keine Möglichkeit gegeben, die Voraussetzungen und Positionen derjenigen Gnadentheologie darzustellen, die dieser zweiten Option zugrunde liegen. Worauf es bei diesem dritten Grundproblem der mystischen Theologie aber grundlegend ankommt, ist die These, dass sich mystische (also von der Gnade getragene, eigentliche Erfahrung des Geistes Gottes beinhaltende) Erfahrungen von den Erfahrungen der normalen christlichen Existenz, die aus der Gnade und Geisterfahrung lebt, nicht dadurch unterscheiden, dass sie *als mystische* Geisterfahrung eine höhere Wesensart hätten, sondern dadurch, dass ihr naturales Substrat (Versenkungserfahrungen usw.) als solches sich von den psychologischen Gegebenheiten des Alltags unterscheidet.

Von da aus lässt sich vielleicht auch eine Ausgangsposition für die Beantwortung eines vierten Grundproblems der mystischen Theologie gewinnen, für die Frage, ob mystische »Erfahrung« eine normale Entwicklungsphase auf dem Weg zur christlichen Vollendung oder ein außergewöhnliches Phänomen sei, mit dem normalerweise auch bei sehr intensivem christlichen Leben nicht zu rechnen ist. Bei dieser Frage ist zunächst zu betonen, dass die mystische Erfahrung, wie sich aus dem bisher Gesagten ergibt, bezogen auf die gnadenhafte Einigung des Menschen mit Gott, bezogen auf die gnadenhafte Geisterfahrung des Christen streng als solche, keine »höhere« Stufe des christlichen Gnadenlebens ist. Oder höchstens *indirekt*, insofern das mystische Phänomen (als Ursache und Wirkung) ein Indiz dafür sein kann, dass ein Christ die ihm angebotene Gnade der Selbstmitteilung Gottes in einem existenziell sehr intensiven Grad angenommen hat. Im Übrigen aber wäre dieses vierte Grundproblem ebenfalls an eine natürliche empirische Psychologie weiterzugeben. Wenn diese verständlich machen kann (vorausgesetzt, dass sie selber etwas zum Menschen als dem einen und pluralen Subjekt einer letzten Freiheitsgeschichte vor Gott auf Endgültigkeit hin zu sagen weiß), dass eine solche radikale Selbstfindung des Subjekts in der bedingungslosen und die ganze Existenz umfassenden Übergabe an das Geheimnis, das wir Gott nennen, auch möglich ist *ohne* solche naturalen Versenkungsphänomene, dann wäre die neue Frage negativ zu beantworten: Nicht jede personale und christliche Reifung auf eine asymptotisch in diesem Leben angezielte Vollendung hin impliziert auch naturale Versenkungsphänomene, wenn solche auch dazu sehr hilfreich sein können; Mystik gehört darum nicht notwendig zu jedem christlichen Leben. Würde die zuständige Psychologie erklären, solche an sich naturalen Versenkungsphänomene usw. gehören, wenn auch nicht immer »technisch« gepflegt und vielleicht oft sehr unreflektiert gegeben, notwendig in einen personalen Reifungsprozess hinein, dann wäre auch Mystik im eigentlichen Sinn ein Phänomen normaler Art im Prozess einer vollkommenen Mensch- und Christwerdung, wenn auch dann noch offenbliebe, ob, wie weit und mit welchem guten oder schlechten Ergebnis solche mystische Erfahrung reflektiert wird.

Dieses kurze Vorwort wollte, wie am Anfang schon gesagt wurde, weder eine zusammenfassende Darstellung noch eine Kritik des hier vorliegenden Buches geben. Der Versuch ging nur auf eine Orientierungshilfe für das Verständnis dieses Buches. Vielleicht können Vorwort und Buch gegenseitig sich ein wenig verständlicher machen. Carl Albrechts frühere Werke und dieses Buch sind jedenfalls wichtige Beiträge zu einer Theologie der Mystik. Eine solche aber ist heute notwendig, soll das christliche Leben nicht profanisiert werden und versanden in einem humanitären Betrieb, den andere ja doch besser fertigbringen, und sollen die enthusiastischen Bewegungen, die heute allenthalb in den Kirchen aufstehen, sich selber verstehen und selbstkritisch mit sich selber fertig werden. Und schließlich: Eine mystische Theologie muss im Abendland wieder lebendig werden, sollen wir verständnisvoll und kritisch zugleich in einen Dialog mit der »mystischen« und mystischen Theologie des Ostens treten können.

I.

MYSTISCHES ERLEBEN
UND ERKENNEN

Carl Albrechts Beitrag zum wissenschaftlichen
und philosophischen Verständnis
mystischer Phänomene

I. ZUR EINFÜHRUNG

Durch einen Text, der aus der Versunkenheit gesprochen wird, können die Erfahrungen, die in ihm zur Sprache kommen, deutlicher werden als durch umständliche Erklärungen. Echte Versunkenheitsaussagen teilen immer *mehr* mit, als sich über sie und über das Sprechen in der Versunkenheit sagen lässt. Das gilt in besonderer Weise für mystische Verlautbarungen.

> *Im Raum des Grundes.*
> *Der Ort ist offen.*
> *Im Sinnen Gottes.*
> *Das Urgeheime*
> *ist laut geworden.*
> *Gelichtet im Dunkel.*
> *Verborgen im Leuchten.*
> *Urheilige Ruhe*
> *im Singen des Meeres.*
> *Urgrund*
> *im Ursprung*
> *aufgetan.*
> *Flamme*
> *in der Schale*
> *des Ja.*
> (1.12.1962)

Dem Unerfahrenen bleibt diese *urheilige Ruhe im Singen des Meeres* zwar unvorstellbar, sie kann ihm aber in solchen Aussagen vernehmlich

19

werden. Dem Nachdenken bleibt ein solches Ereignis im Wort, mag es auch zuweilen strahlende Gestalt annehmen, *im Leuchten verborgen*; es kann nur einige innere Voraussetzungen des Geschehens aufdecken und seinen Spuren nachgehen; indem es sich diesen ausgesprochenen, aufgezeichneten Worten zuwendet, darf es sich der besonderen Verfassung des Menschen vergewissern, in der solche Worte gesprochen werden können.

Die Form dieser Aussagen beeindruckt; ihre schlichte Klarheit spricht für die Helligkeit des Bewusstseins und eine absichtslose Wahrhaftigkeit des Erlebens, das sich Ausdruck verschafft. Die phänomenologische Analyse dieser Erfahrungen kann nachweisen, dass sie in einer aller Willkür entledigten Passivität eintreten, die nahezu oder ganz frei geworden ist von den Möglichkeiten des Trugs und der Selbsttäuschung. Damit sind freilich die objektiven Dimensionen des Geschehens nicht erfasst, sondern lediglich wahrscheinlich geworden, dass nämlich einem radikal erschlossenen Dasein die Ankunft und Anwesenheit eines wirklich Anderen widerfährt, dass es von dieser Anderheit betroffen und zur Aussage ermächtigt werden kann. Diese konkrete Begegnung, die mystische Beziehung, und deren Verlautbarung, das mystische Wort, bleiben der einfachen Reflexion entrückt. Das Phänomen, das sich in mystischen Versunkenheitsaussagen artikuliert, lässt sich nicht an den Tag bringen. Es bleibt einem Denken, das sich auf Objektivationen und Verifikation im Objektiven eingeschworen hat, verborgen. Wir können uns seiner nur in einer kritischen Umwendung des Verstehens vergewissern. Ereignet sich mystische Begegnung doch in einer Tiefe, die auch dem Denken voraus und zugrunde liegt. Aus ihr kommt es hervor ins Sagbare; über ihr schwebt alle Erkenntnis *gelichtet im Dunkel*, wenn das Schweigen bricht und das *Urgeheime laut wird*, wenn der *Urgrund im Ursprung sich auftut*. Darauf kann das Phänomen, von dem ich zu berichten habe, aufmerksam machen.

Nun ist mir aufgetragen worden, möglichst einfach und klar Bericht zu erstatten. Ich bin mir der Gefahr bewusst, auf diese Weise das mystische Sprechen aus der Versunkenheit allerlei Missverständnissen auszusetzen, durch die es für Theologie und Philosophie und für die Wissenschaften des weiteren Bedenkens unwert erscheinen könnte. Andererseits bedeutet der Versuch, sich einer der wissenschaftlichen Redeweisen zu bedienen, wohl auch eine Versuchung; ist doch gar nicht gewiss, ob sich in der Art und Weise, wie heutzutage wissenschaftlich gesprochen wird, das mystische Phänomen angemessen beschreiben lässt. Man wird dazu verleitet, sich einer vermeintlichen Objektivität zuliebe als neutral auszugeben und so, wie das Wort ne-utrum besagt, keinem von beiden gerecht zu werden, weder der subjektiven noch der objektiven Dimension dieses stets einheitlichen Geschehens, das wir mystisch nennen. Man mag dann die persönliche Aufrichtigkeit des einzelnen Mystikers ebenso wenig bestreiten wie die Fremdheit dessen, was sich ihm zu erkennen gibt; aber man wird nicht imstande sein, das Phänomen zu erfassen, wenn man es nicht als eine wirkliche Begegnung von Präsenz und Präsenz, als ein Geschehen zu denken vermag, in dem Offenheit, die »ohne Erwartungen wartet«, sich der verborgenen oder aufgetanen Anwesenheit eines wirklich Anderen hinhält und unterzieht.

Aus Scheu vor weitreichenden Konsequenzen neigt man dazu, die mystischen Phänomene ins bloß Subjektive abzudrängen und sie womöglich der Psychologie zu überantworten – oder sie derart objektiv vorzustellen, dass nur noch die Theologie für ihre Begutachtung zuständig sein kann. Auf die eine wie auf die andere Weise wird die mystische Beziehung auseinandergerissen, um in isolierten Perspektiven irgendwelche Feststellungen zu treffen. Als könne man davon absehen, dass gerade dieses Auf-einander-Bezogensein von Subjekt und Objekt der Erfahrung, ja, ihre mögliche Einung, das mystische Phänomen ausmachen, unterwirft man die Mystik bedenkenlos Kriterien, die erst gelten, wenn dieser Bezug zerfallen und die zugrunde liegende Einheit zerrissen ist. Mystische Aussagen werden dann nur als Zeugnisse oder Diktate einer Art von Offenbarung – oder als somnambules Gestammel verstanden werden können. Dass die Beziehung sich selber im Wort ereignen und ausformen kann, dass sie sich in einer Sprache verleiblicht, die weder Selbstaussage des jeweiligen Mystikers noch reine Verlautbarung der mystischen Anwesenheit, sondern eine Aussage des Geschehens *zwischen* beiden in einer authentischen Sprachform ist – das wird dann undenkbar und unverständlich.

Das Thema des *mystischen Sprechens aus der Versunkenheit* nötigt also zu einer kritischen Reserve gegenüber den verfügbaren Kategorien, die eine adäquate Beschreibung vermutlich nicht gewährleisten. Jeder, der ›über‹ oder ›von‹ etwas redet, begibt sich in eine Distanz, die diesem Phänomen so wenig entspricht wie dem wahrhaft Konkreten. Wenn Mystik überhaupt zur Sprache des Denkens gebracht werden soll, dann wohl nur, indem alle Überlegungen vom konkreten Erleben ausgehen und ihm zugewandt bleiben. Das gilt nicht nur im Allgemeinen, sondern besonders angesichts einer mystischen Erfahrung, die sich selbst als eine radikale Herausforderung des Denkens, als wissenschaftliches Problem verstanden hat. Soviel ich weiß, hat es das bislang noch nicht gegeben: Einen Mystiker, der methodisch nach einer wissenschaftlich einwandfreien Denkmöglichkeit sucht, in der er die mystische Erfahrung zum Verständnis bringen kann, weil er sie verantworten will. Dieses Verlangen ist sonderbar.

Es hat sich nicht aus naiver Kritiklosigkeit ergeben, die meint, nur das sei als wirklich anzuerkennen, was sich ›wissenschaftlich‹ wenn schon nicht exakt verifizieren, so doch als möglich, zumindest als nicht auszuschließen und insofern wahrscheinlich bestätigen lasse. Vielmehr äußert sich in diesem Versuch Carl Albrechts Vertrauen sowohl zur Mystik wie zum gemeinsamen Denken, dessen kritischer Überprüfung sie sich gelassen auszusetzen habe, denn echte Mystik halte jeder Kritik stand.

Dies bedarf der Erläuterung. Könnte man sicher sein, dass die Wissenschaft in allen ihren Bereichen zu einem aufgeklärten Verständnis ihrer selbst und – durch unablässige Reflexion auf die Bedingungen ihrer Möglichkeit und auf die apriori, durch ihre Methoden gesetzten Begrenzungen – zur Gewissheit des Grundes gelangt wäre, aus dem sich ihre Zuverlässigkeit und das Anrecht auf Geltung ergeben, so dürfte statt von einem ›gemeinsamen Denken‹ auch von Wissenschaftlichkeit als Kriterium die Rede sein. Doch leider wird nicht in allen Wissenschaften Disziplin im Sinn einer solchen philosophischen Selbstkritik verstanden und geübt. Deshalb sei hier nur unbestimmt von einem »gemeinsamen Denken« gesprochen. Als intersubjektive Disziplin der Überprüfung nicht erst der Ergebnisse, sondern auch der Voraussetzungen, der Vorentscheidungen und Vor-Urteile der Methode und aller auf dem Weg gedanklicher Annäherung vorgenommenen Eingrenzungen, Aussonderungen und Bestimmungen, kurzum, des gesamten Prozesses, der Interpretation erlaubt – so verstanden genügt »gemeinsames Denken« wohl durchaus den Kriterien der Wissenschaftlichkeit. Nicht nur der Sache nach, auch historisch ist diese in ihm begründet. Es hat sie eingesetzt, und sie bleibt auf die Möglichkeit, sich miteinander einer Sache zu vergewissern, angewiesen.

So mag es ungewiss bleiben, ob sich die Mystik als »Gegenstand« der Wissenschaften und von jedweder Wissenschaftlichkeit erfassen und verifizieren lässt. Dass sie sich vor dem gemeinsamen Denken als natürliches, gesundes Erleben ausweist und als echtes Erkennen bewahrheiten kann, steht außer Zweifel. Psychologisch sind die wesentlichen mystischen Erfahrungen so zu charakterisieren, dass der Verdacht, es handele sich in jedem Fall um wahnartige, krankhafte Erlebnisse, auszuschließen ist; und in einem präzise angebbaren Bereich ist in diesen Erfahrungen die Möglichkeit eines trugfreien Erkennens nachzuweisen, das dem Denken eine neue Transparenz verleihen kann.

Dies lässt sich zumindest im Erleben und Denken dieses Arztes und Mystikers Carl Albrecht beobachten: Wissenschaftliche Kritik und Versunkenheitserfahrungen, philosophische und mystische Aufmerksamkeit vereinigen sich in einem ungewöhnlich wachen Erleben; denkende Vergewisserung und Schau durchdringen einander. Dadurch ist es möglich geworden, das mystische Phänomen und – als eine besondere Möglichkeit seiner Aussage – das mystische Sprechen zu reflektieren und gedanklich aufzudecken.

Dabei korrespondierten sehr tiefe Erfahrungen mit einem sehr hellen Denken. Das mag man als das besondere Charisma dieses Forschers und Mystikers ansehen. Doch dass Mystik und Denken aufeinander eingehen und erkennen, dass sie aufeinander angewiesen sind, ist wohl eine Aufgabe, die uns ganz allgemein gestellt wird. Denn unser Denken findet kein Genügen, da wir verlernt haben, uns im fragenden Denken, im denkenden Erkennen verwandeln zu lassen; und Mystik verliert sich, wenn sie verlernt, sich zu verantworten.

2. CARL ALBRECHT –
ARZT, FORSCHER UND MYSTIKER

Carl Albrecht wird am 28. März 1902 in Bremen geboren. Er stammt aus einer alten Patrizierfamilie. Nach dem 1920 am Realgymnasium bestandenen Abitur studiert er in Leipzig und Heidelberg Geschichte, Volkswirtschaft, Philosophie und Psychologie und entscheidet sich erst in Marburg für das Studium der Medizin, das er dann in Hamburg abschließt; nach dem Staatsexamen, der Promotion und der üblichen Medizinalassistenten-Zeit an verschiedenen Hamburger Krankenhäusern erhält er 1928 die Approbation.

Die jugendliche Leidenschaft, mit der er sich den sozialen Problemen verschrieben hat, führt ihn aus allen theoretischen Abstraktionen heraus zum Dienst am leidenden Menschen. Bis zuletzt bestimmt sie sein ärztliches Tun. Schonungslos gegenüber sich selber wollte Albrecht vor allem anderen ein guter Arzt sein. Was er darunter verstand, übersteigt das Selbstverständnis moderner Medizin freilich bei weitem.

Anfangs war er dazu bereit, Facharzt für Chirurgie zu werden. Doch schon im ersten Jahr einer vorauslaufenden Assistentenzeit in Interner Medizin entscheidet er sich für die weitere Ausbildung in diesem Bereich. Sein Lehrer Georg Strube empfiehlt ihn als Assistenten an den ihm befreundeten Ludolf von Krehl an die Heidelberger Universitätsklinik, und Carl Albrecht wird die Auszeichnung zuteil, einige Jahre mit diesem großen Arzt zusammenarbeiten zu dürfen. Dabei findet er nahen Kontakt zum Leiter der neurologischen Abteilung der Klinik, zu Viktor von Weizsäcker. Ihm verdankt er entscheidende Hinweise in anthropologischen Grundfragen der Medizin, die ihn zeitlebens beschäftigen, wenn auch in einer strengeren, philosophischen Form.

Bereits der junge Arzt wendet sich mit besonderer Aufmerksamkeit Problemen im Grenzbereich der Wissenschaft zu. Sein Bewusstsein von den Voraussetzungen wissenschaftlicher Kenntnisnahme und den Bedingungen begrifflicher Formulierung kann sich über die durch sie in jedem Ansatz gesetzten Begrenzungen der möglichen Erkenntnisse und Aussagen nicht hinwegtäuschen.

Er weiß – und hat es nicht zuletzt von Ludolf von Krehl gelernt, dass der Kranke nur als leib-seelische Einheit verstanden werden kann und deswegen nicht nur somatisch zu behandeln ist, wiewohl sich die »Person«, die Existenz des wirklichen Menschen, nicht objektiv, also wissenschaftlich erfassen und zu einem ins Werk zu setzenden Begriff bringen lässt. Schon der junge Stationsarzt bittet um die Erlaubnis, bei einigen, dafür geeigneten Kranken die Hypnose therapeutisch verwenden zu dürfen. Viktor von Weizsäcker verhilft ihm zu tieferen Einsichten in die Probleme der Psychosomatik, zu einem lebensgeschichtlichen und sozialpsychologischen Verständnis des Krankseins. Bei dem Hamburger Neurologen Max Nonne lernt er die möglichst klare Abgrenzung organisch bedingter von psychogenen Krankheitserscheinungen, von beginnenden Psychosen oder Neurosen in exakter neurologischer Diagnose. Gleichzeitig vertieft er seine Kenntnisse und Fähigkeiten in der Psychoanalyse und Psychotherapie. Zudem nimmt er, wie es sich für einen positiven Empiriker von nahezu angelsächsischer Nüchternheit geziemt, völlig unbefangen die para- und metapsychologischen Forschungsergebnisse zur Kenntnis.

Schon in den Leipziger Studienjahren erfuhr er von ihnen bei Hans Driesch; gleichzeitig hörte er Felix Krueger. Von ihm her führt die Auseinandersetzung mit der Psychologie – durch Nicolai Hartmann, Karl Jaspers, Max Scheler und Weizsäcker zur Kritik angehalten – über die Analyse Freuds zur Tiefenpsychologie C. G. Jungs, über die sorgfältige Beachtung der Arbeiten von Binswanger, Gebsattel und J. H. Schultz zur lebenslangen Beschäftigung mit den Problemen der Wahrnehmungs-, Bewusstseins- und Gestaltpsychologie. Merkwürdigerweise bewahrt er sich – als Arzt und Philosoph – gegenüber allen psychologischen Theorien und Methoden eine kritische Distanz, die es ihm unmöglich macht, sich mit einer der psychotherapeutischen Schulen zu identifizieren. Gerade weil ihm theoretisch und methodologisch nahezu sämtliche Kriterien zur Verfügung stehen, vermag er den einzelnen Theorien und Methoden nur begrenzte Gültigkeit zuzuerkennen. Letzten Endes lässt er nur ein Kriterium gelten: Ob und wie weit sie sich in Therapie und Praxis bewähren. Je älter er wird, desto mehr zieht er sich auf die interne Medizin zurück. Ausdrücklich versteht er sich – freilich in einem weitesten Sinn – als Empiriker.

Seine methodologische Wachsamkeit ergibt sich aus einem anderen, über die Universitätsjahre hinausreichenden Studiengang. Schon dem Studenten ist es möglich gewesen, sich umfassend in der Philosophie und Theologie der Zeit zu orientieren. Grundlegend ist und bleibt die kritische Disziplinierung durch Kant und seine Nachfolger, insbesondere die Philosophen der Marburger Schule. Als prägend erweist sich ein bedachtsames Vertrauen zur Aufklärung, zur positiven Kenntnisnahme, reflektiert in Fragestellungen des Idealismus und der Romantik. Die erkenntnistheoretischen Erwägungen gehen für ihn bruchlos in die Reflexionen der Existenzphilosophie über. Neben Hartmann und Bergson, Scheler und Jaspers wird dann, schon in den Marburger Jahren, Martin Heidegger für Albrechts Denken bestimmend. Mit dessen Schüler Gerhard Krüger verbindet ihn eine langjährige Freundschaft. Krügers Krankheit macht jedoch die vorgesehene Zusammenarbeit unmöglich. Albrecht, der sich in ihr »*auf die empirische Beschreibung der Sache*« beschränken wollte, wird dadurch gezwungen, selbst die theoretischen Voraussetzungen zu klären, die philosophischen Konsequenzen zu ziehen. Hierbei hat sich ihm das Denken Martin Heideggers als wegweisend erwiesen.

Bereits in Marburg findet Albrecht auch zur Theologie. Wie die Philosophie bleibt sie ihm ein »*Studium, für das die zurückliegenden vierzig Jahre nicht ausgereicht haben*«. Neben den Theologen der Marburger Schule gewinnt für ihn Karl Barth überragende Bedeutung. Dessen vermeintlichen ›Offenbarungspositivismus‹ sieht er als durchaus kritisch begründet an, den vielfältigen Anzweiflungen weithin gewachsen, denen Albrecht die Glaubenserfahrung und ihr Selbstverständnis religionspsychologisch aussetzen muss. Freilich lässt er es sich nicht nehmen, Barths schroffe Abweisung der *analogia entis* als einer ›*Erfindung des Antichrist, derentwegen man nicht katholisch werden könne*‹[1], zu überprüfen. Die ihm eigene unnachsichtige Kritik, zu der er sich auch gegenüber den eigenen Kriterien verpflichtet fühlt, drängt ihn dann, am Ende seines Lebens, zum Abschied vom ›Protestantischen Prinzip‹ und den dialektischen Spannungen, die es setzt. Weit entfernt davon, konfessionalistisch Partei zu ergreifen, weiß er sich in die katholische oder, wie man in seinem Fall, mit der Übertragung des Credos ins Französische, sagen sollte, in die universale Kirche gerufen. Seine Konversion hat jedoch weder Voraussetzungen noch Auswirkungen in seinem mystischen Erleben.

Damit sei nicht gesagt, dass Mystik für ihn keinerlei theologische oder gar die Glaubenserfahrung keine mystische Relevanz gehabt habe. Aber in seinem Bemühen, Mystik vor den Kriterien der Wissenschaft und des Denkens zu legitimieren, indem er mit einer zuweilen verwunderlichen Persistenz die trugfreien und, wie sich dann herausstellt, auch zentralen Phänomene des mystischen Erlebens aufzuweisen suchte, wäre es ihm nicht möglich gewesen, einem Ausdrucksgeschehen, in dem allein sich Anzeichen für theologische Motive vorfinden lassen, so weitgehend Vertrauen zu schenken, dass er theologische Entscheidungen von ihm abgeleitet hätte; kann es doch in keiner seiner möglichen Formen als trugfrei angesehen werden.

Vorausgreifend habe ich auf diese Problematik verwiesen, um deutlich zu machen, dass Carl Albrecht auch im Innenbezirk seines religiösen Erlebens einfachhin unfähig war, die ihm eigene Wachsamkeit kritischer Verantwortung preiszugeben. Sie war konstitutiv für sein Denken. Sie ordnete die Vielzahl seiner Kenntnisse und seiner wissenschaftlichen Untersuchungen eben dadurch, dass sie ihn unausgesetzt zur Reflexion auf die methodologischen Grundfragen und auf die unausweichlichen formalen Begrenzungen eines Gedankens zwang. Diese kritische Verantwortung war seine eigentliche ›Disziplin‹. Soll ich sie kennzeichnen, so möchte ich sie, etwa im Sinn der *zweiten Reflexion* Gabriel Marcels, eine Methodologie zum Mysterium – im streng philosophischen Sinn des Wortes – nennen: Ihr Weg führt ins Geheimnis, gewiss, das sich nicht dingfest machen und als solches verifizieren lässt, das sich aber in der kritischen Prüfung und Bestätigung eines jeden Schrittes auf diesem Weg als positiv zugänglich erweist, wenn es sich auch nur durch Negationen bestimmen lässt. Es offenbart sich – aber es ist nicht ausschließlich auf Offenbarungen angewiesen. In seiner Offenbarung wird es zum Thema der Theologie, aber es lässt sich nicht von ihr beschlagnahmen und allein verwalten. Dass es sich aussetzt und uns einverleibt im sakramentalen Leben der Kirche, schließt nicht aus, dass es sich als das lebendige Geheimnis auch dem aufmerksamen Denken, der Mystik, dem konkreten Erleben eines jeden Menschen zu erkennen gibt, tritt es uns doch in jedem Menschen, in der Welt als ganzer, in der Wahrheit entgegen. Als Mystiker musste Carl Albrecht, um es anders zu sagen, Gott aus allen theologischen Bestimmungen entlassen und ihm freistellen, da zu sein, wie immer, wo, wann und für wen auch immer Er will. Er konnte nur radikal theozentrisch denken.

Albrechts wissenschaftliches Werk beweist, wie weitsichtig und scharfsinnig seine kritische Verantwortung reagierte. Nahezu unerbittlich duldet sie keine Unklarheiten. Auch geringfügige Verschiebungen in den Perspektiven oder Kategorien entgehen ihr nicht. Über jeden noch nicht genau bemessenen Begriff, über jede Unbestimmtheit, über jede Maßnahme des Denkens legt sie Rechenschaft ab. Ungenauigkeit und Unordnung sind ihr geradezu verhasst. So sprach der mit Worten so vorsichtig Umgehende gern von der *absoluten* Wahrhaftigkeit und Redlichkeit des Denkens, wozu gerade die Mystik verpflichte. Und er meinte es so, er wusste sich *absolut* zu ihnen verpflichtet.

Dabei dürfte die Gewissenhaftigkeit seines Denkens sich im Wesentlichen aus der dem Mystiker möglichen inneren Anschauung der Gedanken, ihrer Entstehung, ihrer Gestalt und ihrer Färbungen, Bewegungen und Wandlungen ergeben haben. Mir, der ich Carl Albrecht erst spät kennenlernte, schien es allerdings, als könne ich mitdenkend eine hohe, nun schon mühelose und virtuose Kunst beobachten, die ihm bereits selbstverständlich geworden war. Sicherlich war ästhetische Sensibilität zu ihrer Ausbildung unerlässlich gewesen. Denken war für Carl Albrecht ein klares Wahrnehmen und Ausformen von intelligiblen Gestalten. Je deutlicher sie ihm erschienen, desto durchsichtiger waren sie. So, man darf wohl sagen, mystisch durchschaute er sein eigenes Denken. Vielleicht nur auf diese Weise wurde er dazu fähig, des mystischen Phänomens im Denken gewahr zu werden.

Biografisch trat es ihm, in den Erfahrungen einiger Patienten, in der ärztlichen Praxis entgegen. Von seinen weitreichenden Studien her verstand es sich für den jungen Internisten, der 1932 in Bremen eine Privatpraxis aufzubauen begann, nahezu von selbst, dass er über den Bereich der inneren Medizin hinaus auch als Psychotherapeut weiterarbeitete. Die Fähigkeiten des Assistenzarztes von einst in der Hypnosetherapie waren inzwischen durch intensive Selbstausbildung auf alle Bereiche der analytischen Therapie ausgeweitet worden. Dabei sind ihm aber auch die besonderen Probleme dieser Methoden deutlich geworden.

Auf keine der vorherrschenden Richtungen einzuschwören, machte er sich auf die Suche nach anderen, womöglich noch gar nicht erprobten Möglichkeiten der Therapie, in denen sich diese Probleme vielleicht weniger prekär stellten, zumindest aber leichter auflösen ließen. Ähnliche Überlegungen wie jene, die Johannes Heinrich Schultz zur Umkehrung der Hypnosetherapie im Autogenen Training und damit in die Nähe meditativer Methoden gebracht hatten, bewogen Carl Albrecht dazu, mit Versenkungstechniken therapeutisch zu arbeiten. Insbesondere die Methoden des Yoga bieten offensichtlich noch gar nicht abzuschätzende Möglichkeiten für eine Therapie, die den ganzen Menschen zu erfassen sucht.

In diesem Sinn empfiehlt er einigen Patienten, die ihm geeignet erscheinen, Versenkungsübungen zu machen. Sorgsam beobachtet er die verschiedenen Stadien des Versenkungsgeschehens bis hin zum Eintritt in die Versunkenheit. Er registriert die erstaunlich heilende und integrierende Kraft des Versunkenheitsbewusstseins. Er versucht, sich über die verschiedenartigen Ereignisse innerhalb dieses Bewusstseinszustandes Klarheit zu verschaffen und die Erfahrungen in der Versunkenheit zu deuten.

Dazu verhilft erst eine andere entscheidende Überlegung. Sie geht davon aus, dass der Mensch in allen uns bekannten Bewusstseinszuständen – im Wachbewusstsein, im Halb- und Tiefschlaf, in somnambulen und in Trance-Zuständen – fähig ist, zu sprechen. Es wäre nicht einzusehen, weshalb er diese Fähigkeit in Versenkung und Versunkenheit verlieren sollte. Fraglich ist nur, ob und wie die Bereitschaft zu sprechen in der anwachsenden Passivität des Versenkungserlebens, in der mit dem Eingang in die Versunkenheit jede willentliche Ich-Aktivität zum Erliegen kommt, ausgelöst werden kann; denn wie jede andere Willenshandlung zerreißt der Entschluss zu sprechen die Ruhe und damit das Gefüge des Versunkenheitsbewusstseins.

Andererseits war aber zu beobachten, dass die Versunkenheit alle Erlebnisweisen zulässt, nicht nur diejenigen, die dem Wachbewusstsein verschlossen sind, sondern auch sämtliche Erlebnisweisen des Wachbewusstseins, insofern sie nicht willentliche, vom Ich gesetzte Akte sind. Dabei hatte Albrecht zuweilen erstaunliche Leistungssteigerungen beobachtet, die durch die überhelle, ruhige Klarheit in der Verlangsamung des Bewusstseins-Geschehens, die in der Versunkenheit eintritt, zu erklären sind. Deren Untersuchung zeigte nun, dass sich der primären Einstellung, die in der Versenkung auf das Ziel der Versunkenheit gerichtet ist, sekundäre Einstellungen verflechten lassen, die sich in der Versunkenheit aktualisieren. Ähnlich wie man sich den Befehl geben kann, morgens rechtzeitig aufzuwachen, und dann auch tatsächlich zur vorgenommenen Zeit wach wird, kann ein in die Versunkenheit mitgenommener Befehl, sobald er zur Auslösung kommt, unwillkürlich befolgt werden, ohne dass damit das Versunkenheitsbewusstsein durch einen ich-aktiven Impuls zerstört wird.

Dieser Befund regte nun zu dem Versuch an, der primären Einstellung, durch die Versenkung zur Versunkenheit zu gelangen, die sekundäre zu verbinden, in der Versunkenheit zu sprechen. Das Experiment gelang. Sobald sich die Versunkenheit eingestellt und die überhelle, klare, durchsichtige und weitgehend entleerte Ruhe des Versunkenheitsbewusstseins ausgeformt hat, beginnt die Versuchsperson zu sprechen. Ihr ist bewusst, *dass* sie spricht, ohne auf das, was gesprochen wird, Einfluss nehmen zu können oder zu wollen. Dadurch würde die Versunkenheit sogleich zerfallen. Das Sprechen oder das Gesprochene wird auch nicht Gegenstand der Innenschau. Insofern unterscheidet sich dieses Sprechen des Versunkenen deutlich von einem in Worten formulierten Denken in der Versunkenheit, von meditativen Vergegenwärtigungen, von geordneten, sprachhaften Denkvollzügen oder gerichteten Assoziationsabläufen, die im Versunkenheitsbewusstsein angeschaut werden können. Dieses Sprechen ist selber ein unmittelbares und unwillkürliches Ausdrucksgeschehen.

Als solches gewährt es unvermuteten Aufschluss über das seelische Erleben, das sich in ihm nicht-reflektiert und authentisch verleiblicht. Dieses Sprechen aus der Versunkenheit gibt eine Erfahrung ungleich deutlicher wieder, als es nachträgliche Beschreibungen vermögen. Solchen Aussagen scheint die Macht echten symbolischen Geschehens zuzukommen – sie gewähren Vergegenwärtigung. Dass Sprache dazu imstande ist, wusste Carl Albrecht als Philosoph. Nicht zuletzt deswegen hat er sie als Medium der Selbstdarstellung eines solchen, wesentlich nicht mitteilbaren Geschehens eingesetzt. Getreu der methodischen Beschränkung, die er sich auferlegte, hat er sich später in seiner bewusstseinspsychologischen Beschreibung des Phänomens[2] sehr zurückhaltend, doch deutlich genug über diese philosophischen Grundlagen seiner psychologischen Untersuchungen geäußert. Dass deren Ergebnisse ihrerseits für das Verständnis der Sprache und des Sprechens von prinzipieller, entscheidender Bedeutung sind, war ihm selbstverständlich bewusst. Deshalb beunruhigte es ihn am Ende seines Lebens, darüber nicht mehr gesagt zu haben.

Andererseits sind ihm aber auch tief greifende Bedenken gekommen. Hatte er doch an seinen Patienten wahrgenommen, wie umfassend und durchdringend dieses Phänomen die seelischen Strukturen und Geschehnisse ans Licht bringt. Im Unterschied zur analytischen Methode, die nur begrenzte Bereiche der Beleuchtung aussetzt und ins Bewusstsein hebt, tritt auf diese Weise das Gesamtgefüge der Persönlichkeit ans Tageslicht der Sprache, spricht sich hier der ganze Mensch unmittelbar und vollkommen ungeschützt, in einem gewissen Sinn *restlos* aus. Aus dem Erleben einiger Patienten und dann aus der eigenen Erfahrung wusste er zudem, dass dieses Sprechen in Versenkung und Versunkenheit in ein mystisches Sprechen verwandelt werden kann. Dadurch sah er sich zu noch größerer Behutsamkeit verpflichtet. So hoch auch die therapeutischen Möglichkeiten dieser Methode zu veranschlagen sind, so fraglos ihre Erfolge überzeugen, nur allzu deutlich waren auch die Gefahren ihres Missbrauchs.

Wie bereits in seinen Büchern hat er auch späterhin, so sehr ich ihn dazu drängte, gezögert, diese Technik – die sekundäre Einstellung zu sprechen der primären, sich zu versenken, einzuflechten und damit methodisch die Voraussetzung für das Sprechen aus der Versunkenheit zu schaffen – unter den gegenwärtigen Bedingungen ärztlicher Ausbildung der Therapie offiziell zur Verfügung zu stellen. Ihm schien, das Phänomen sei nach wie vor nur von einem erfahrenen Meister bei einem dazu fähigen und bestimmten Schüler verantwortlich hervorzurufen, und es müsse diesem streng disziplinierten Meister-Schüler-Verhältnis vorbehalten bleiben.

So erklärte er sich zwar dazu bereit, die Methode an einige Freunde weiterzureichen; daran haben ihn dann Krankheit und Tod gehindert. Er konnte sich aber nicht dazu entschließen, die Technik als solche zu publizieren oder gar die minutiös geführten Protokolle, in denen er die Versenkungs- und Versunkenheitsaussagen seiner Patienten aufgezeichnet hatte, für eine spätere wissenschaftliche Dokumentation des Phänomens und seiner Methode aufzubewahren. Kurz vor seinem Tod hat er das gesamte, sehr umfangreiche Material restlos vernichten lassen.

Für die Heilkunde ist der Verlust dieser Unterlagen zu beklagen; unersetzlich ist er nicht. Diese Krankengeschichten stellten eine einzigartige Dokumentation dar: Nach Daten und Jahren geordnet, waren Aussage für Aussage mit sämtlichen ärztlichen Notizen über die aufgetretenen Symptome und Randerscheinungen, mit allen diagnostischen Anmerkungen und phänomenologischen Beobachtungen registriert worden. Für das korrekte Verständnis solcher Protokolle wären jedoch die ergänzenden Erklärungen Carl Albrechts unerlässlich gewesen.

Das Sprachgeschehen ist zwar deutlich, oft sogar überraschend prägnant, aber nicht immer sind die Bilder und Bildfolgen, die Metaphern und Allegorien, in denen es sich bewegt, unmittelbar einsichtig. Zuweilen ja, wenn abgedrängte und verwunschene Erinnerungen, auch abgespaltene Partien des Selbst und archetypische Bildmächte in das Versunkenheitsbewusstsein einbrechen und sich unmittelbar zu Wort melden – etwa als wiedererinnerte Szene, die in allen Einzelheiten, wie in medialer Trance, wiedererlebt wird, rückhaltlos offen, ohne jede intellektuelle Filterung. In einem gewissen Sinn wird da nichts verschwiegen. Andere Erfahrungen des Versunkenheitserlebens kommen jedoch nur metaphorisch, allegorisch, in Symbole übersetzt zur Sprache. Diese Aussagen lassen sich nicht ohne Weiteres, vor allem nicht ohne Übung und wohl auch nicht ohne eigene Erfahrung im Versunkenheitserleben eindeutig interpretieren und lesen.

All dies war mir aus gesunden Versunkenheitserfahrungen bereits bekannt. Die Gespräche mit Carl Albrecht machten mich indessen erst darauf aufmerksam, welche Bedeutung dieses Phänomen des Sprechens in der Versunkenheit und seiner therapeutischen Möglichkeiten für eine allgemeine Theorie der Heilkunden haben könnte: Würde es beachtet, ließe sich ein Begriff von Kranksein und Krankheit ausbilden, der ungleich tiefer, konkreter, dem existenziellen Erleben des kranken Menschen gemäßer wäre als die in Medizin und Psychologie gängigen Kategorien. Insofern hätten diese Dokumente dazu beitragen können, die Heilkunde auf ihr eigentliches Thema aufmerksam zu machen, auf den letzten Endes metaphysischen Horizont, in dem allein sie sich der leibhaften Existenz und des Auftrags vergewissern könnte, der Heilung des Existierenden zu dienen.

Carl Albrecht zweifelte indessen nicht daran, dass dies ohnehin geschehen würde, wenn es eben an der Zeit sei – und zwar bald. Die theoretischen und praktischen Aporien heutiger Medizin seien bereits zu offensichtlich geworden. Ihr Selbstverständnis als Wissenschaft, damit aber auch ihre Methoden und ihre Ausbildungskriterien würden sich dann von Grund auf ändern, so dass dann auch dieses Phänomen verantwortlich verwendet werden und dem Menschen zur Heilung und, sofern es nicht missbraucht und missverstanden wird, auch zum Heil dienen

32

könne. Inzwischen genüge es, meinte er, das Phänomen gezeigt zu haben: Jedermann wisse, wie Versenkung eingeleitet und Versunkenheit herbeigeführt werden kann; dass der primären eine sekundäre Einstellung verbunden werden kann, ist auch bekannt und leicht zu überprüfen. Er müsse es jedem einzelnen Arzt überlassen, ob er sich für fähig und geeignet halte, diese Möglichkeit einer Einsicht, die tiefer reicht als alle Analysen, verantwortlich wahrzunehmen und einzusetzen.

Abgesehen von den knappen Auszügen, die er zuvor schon veröffentlicht hatte,[3] und von einigen Notizen, die ich mir in den Aussprachen über die therapeutischen Möglichkeiten, die das Phänomen erschließt, machen konnte, ist also lediglich die vollständige Niederschrift seiner eigenen Versenkungs- und Versunkenheits-Aussagen erhalten geblieben. Aus ihr lässt sich die Entfaltung des Phänomens klar ablesen, deutlicher zudem als von Aufzeichnungen der Aussagen Kranker, die zuweilen erschreckend das Krankheitsgeschehen und seine allmähliche Heilung zum Ausdruck bringen. Insofern ist für die Forschung das Wesentliche erhalten geblieben.

Sobald es für Carl Albrecht keine Zweifel mehr gab, dass sich im Erleben einiger Patienten Erfahrungen zeigten, die in die vorliegenden psychologischen Kategorien und in die Rahmen der bekannten Theorien nicht einzuordnen waren, begab er sich selbst auf den Weg. Jedenfalls war dies der äußere Anstoß. Diese Fremdheit der zur Sprache kommenden Erfahrungen überhaupt bemerkt zu haben, ist sicherlich auch darauf zurückzuführen, dass es ihm als Arzt und Psychologe möglich war, die Phänomene, denen er begegnete, und ihre möglichen Interpretationen mit allen verfügbaren kritischen Instrumentarien philosophischer Reflexion zu überprüfen. Darüber hinaus ist es aber wohl der ihm eigenen, immer schon ungewöhnlich hellen, überwachen kritischen Fähigkeit zu danken, einer besonderen Aufmerksamkeit, in der sich ihm, wie er es später verstehen lernte, von früh an ein anderes Sehvermögen in mystischem Licht ankündigte. Inwiefern es sich dabei *nicht* um irgendwelche außergewöhnlichen Wahrnehmungsfähigkeiten handelte, wird noch näherhin zu erklären sein; nicht *dass* er dieser Phänomene gewahr wurde, ist als ungewöhnlich anzusehen, weit eher die unbestechliche Gewissenhaftigkeit, die es ihm unmöglich machte, dies zu übersehen, außer Acht zu lassen und zu leugnen. Er selber sah, wie gesagt, in dieser unbedingten Aufrichtigkeit, die es nicht zulässt, auch nur die allergeringste Unwahrhaftigkeit oder Vortäuschung zu dulden, die eigentliche und, wie er immer wieder mit Nachdruck betonte, unerlässliche mystische Tugend.

Als sich also im Laufe der Jahre bei zwei, drei, späterhin bei fünf Patienten Erfahrungen einstellten, die offenbar innerpsychisch nicht mehr zu erklären, sondern nur als Gewahrwerden einer echten Anderheit zu verstehen waren, schien es für Carl Albrecht notwendig zu sein, sich selbst auf die »Suche« nach vielleicht auch ihm möglichen Erfahrungen dieses ganz Anderen zu begeben. Aus der Praxis seiner Patienten wusste er bereits, dass dies eben keine Suche sein könne. *Wer* auf diesem Weg, um mit *Kafka* zu reden, *sucht, findet nicht; wer nicht sucht, wird gefunden.* So war ihm aus der Therapie die eigentliche Aufgabe des Unterweisenden, des der Wege kundigen und erfahrenen Meisters, vertraut – eben jene natürliche Erwartung, die finden möchte und auf das Eintreten irgendwelcher Erfahrungen gespannt ist, aufzulösen und zur Ruhe eines *»Wartens ohne Erwartungen«* kommen zu lassen. Er vermochte, was sehr selten ist, sich selbst zu leiten. Da er aber wusste, wie ungewöhnlich die äußeren und inneren Voraussetzungen waren, von denen er ausgehen konnte, hat er im Nachhinein immer wieder geraten, sich nicht ohne zuverlässige Führung in ein solches Experiment mit dem eigenen Dasein zu wagen.

Albrecht konnte sich nicht darüber hinwegtäuschen, dass bei einigen seiner Patienten nach Abschluss aller denkbaren therapeutisch erwirkten, innerpsychischen Vorgänge in den vollkommen entleerten, voll integrierten und absolut ruhigen Bewusstseinsraum der Versunkenheit etwas eingetreten war, das nicht mehr »subjektiv«, nicht als ein irgendwie geartetes seelisches Phänomen, sondern nur als etwas ganz Anderes zu verstehen war. Bereits dessen Ankündigung, die erste, noch kaum bestimmte Wahrnehmung seiner Ankunft, ein noch verborgen bleibendes Anwesendwerden ließ erkennen, dass dieses Ankommende nicht aus dem Unbewussten, nicht aus dem Selbst stammen konnte, sondern anderer, unbekannter Herkunft war.

Weil diese Erfahrungen den Rahmen psychologischer Denkmöglichkeiten sprengten, musste Carl Albrecht sich als Arzt und Psychologe ihnen stellen, um sie therapeutisch verantworten zu können; dass sie ihn als Philosophen und Theologen herausforderten, versteht sich von selbst. Dank seiner umfassenden wissenschaftlichen Ausbildung und seiner besonderen kritischen Fähigkeiten hatte er das Phänomen bemerken und beobachten können; dass es sich dann auch seinem eigenen Erleben erschloss, durfte als Auftrag verstanden werden.

Bereits am 14. Januar 1941 notierte er:

»... ein Gedanke: In Versenkung – so wie meine Patienten es taten – aus mir heraus sprechen und das Gesprochene von A. anhören und aufschreiben zu lassen – so wie ich es für meine Patienten anhörte und aufschrieb.« Einen Monat später begibt er sich auf diesen Weg; er führt ihn durch verschiedene Stadien bis zum 28. April 1965, an dem das Versunkenheitsgeschehen zu einem deutlichen Ende gelangt ist. Zur Ausgangserfahrung hat er später vermerkt:

»Als ich diesen Weg eines Sprechens in der Versunkenheit betrat, glaubte ich, damit ein Mittel zur psychoanalytischen Selbstbehandlung gewonnen zu haben, musste aber zu meiner großen Überraschung erfahren, dass schon nach wenigen Stunden ein mystisches Geschehen zur Darstellung kam. Dieses unerwartete Ereignis hat mein Leben von Grund auf neu geformt und ausgerichtet. Nichts vorher und nichts nachher hat eine solche umwandelnde Bedeutung gehabt wie dieser Einbruch.«

Dieses Experiment im eigenen Leben unterschied sich vor allem dadurch von den therapeutischen Versuchen, dass in ihm – aufgrund der vorausgegangenen meditativen Übungen und Erfahrungen – die Sprache und das Sprechen vom Anfang der Versenkung an das Geschehen begleiten konnten. Dieses seiner selbst vergessende Sprechen wurde in diesem Fall zu einem Element der Versenkung, das sich wie diese ganz selbstverständlich der Versunkenheit anheimgab. Dadurch ist es möglich geworden, die Versenkung als Vorgang, der in der Versunkenheit sein Ziel erreicht, und die allmähliche Umformung des Bewusstseins, die in ihm stattfindet, bis hin zur Ausformung des Versunkenheitsbewusstseins in unmittelbaren Aussagen festzuhalten. Dass sich die volle Versunkenheit in diesem Fall ungewöhnlich rasch einstellte, mindert nicht den exemplarischen Wert dieser Dokumentation[4].

Bereits in den *ersten* Versenkungsaussagen wird deutlich, dass der Sprechende einen Pfad der Bereitung geführt wird. Nach einem Jahr beginnt ein Stufenweg, der durch *Ruhe, Stille, Schweigen, glutendes Schweigen* und *Liebe* – so sind die Stadien überschrieben – zu Erfahrungen *absoluter Anwesenheit* gelangt. Es folgen – ein Jahr vor und ein Jahr nach dem Kriegsende – eigenartige *liedhafte* Aussagen. Dann werden drei *Räume* durchschritten: Der des *Gebetes*, der einer *Leere* und ein *Raum im Zwielicht*, um in ein ›*Jenseits des Minimums*‹ zu gelangen. Danach tritt eine Zeit der metaphorischen Schau ein, die nur nachfolgende Aussagen zulässt.

Inzwischen hatte Carl Albrecht begonnen, sich über solche Erfahrungen des mystischen Phänomens gedanklich Rechenschaft abzulegen. Diese Jahre angestrengter Reflexionen, des ständigen Denkens ›über‹ und des Redens ›von‹ Mystik haben zur Folge gehabt, dass sich das mystische Phänomen ihm entzog. Albrecht hat selber dafür eine Erklärung gegeben:[5] Es hatte ein *Verrat* stattgefunden; wissenschaftlicher Aufklärung und der denkerischen Erhellung des Phänomens zuliebe hatte er meditative Disziplinen in den Dienst der Forschung gestellt. Dadurch war es möglich geworden, die mystische Erfahrung wenn schon nicht zum Begriff, so doch zur Sprache des Denkens zu bringen. Aus der Erfahrung heraus wurden Kategorien und Begriffe in eine letzte Transparenz getrieben, in der sich das mystische Phänomen eigentümlich eindeutig zu erkennen gibt. Dieser Missbrauch der vom Mystischen bereits in die Pflicht genommenen Fähigkeit zur Innenschau, ein Missbrauch auch des bereits mystisch ermächtigten Sprechens aus der Versunkenheit, geschah zwar um der Verantwortung willen, hatte aber den Entzug des mystischen Erfahrens zur Folge. Die Absicht zersetzt das Erleben des Mystischen.

Erst nach nahezu zehn Jahren, im Sommer 1960, hat sich die mystische Präsenz wieder eingestellt. Das ihr nun ohne Willkür aufgetane Erleben wird in immer lichtere Tiefen der Nacht geführt. Das Mystische gewährt sich in einer Klarheit, die zugleich unantastbare Verborgenheit bedeutet. Es spricht sich in Urworten aus, die auch im Unerfahrenen einen spürbaren Widerhall finden, obgleich er sich aus ihnen keinerlei Vorstellungen bilden kann. Das Geheimnis selber kommt zur Sprache und bleibt doch, offenbar, Geheimnis. Mystische Anwesenheit inkarniert sich im Wort.

Dann wird – kurz vor dem Tod Carl Albrechts – diesem Weg des mystischen Sprechens ein Ende gesetzt. Die letzte Notiz besagt:

»Die Versunkenheit ist vollkommen. Aber es kommt nichts an. Es ist ein Ruhen in einer schweigenden Helle, von der man weiß, dass sie endgültig und immerwährend sein wird. Nachher fallen einem die Worte ›Das lächelnde Nein‹ zu. Dieses Nein ist das Finis nach vierundzwanzig Jahren Sprechen in der Versunkenheit, nicht weil sich etwas verweigert oder weil eine Verfehlung einen Entzug bewirkte, sondern weil eine echte Finis geschehen ist.«

In diesen vierundzwanzig Jahren wurden weit über fünfhundert Versunkenheitsaussagen aufgezeichnet. Ihnen fügen sich immer neue Versuche an, das Geschehen und den Wandel seiner Ausdrucksformen auch gedanklich zu erfassen. Halb philosophische Reflexion, halb meditative Vergewisserung, eignen sie sich kaum zur Veröffentlichung. Hinzu treten die beiden systematischen Arbeiten über die »Psychologie des mystischen Bewusstseins« und »Das mystische Erkennen«.[6] Diese beiden Bücher sind mit Unterstützung der Wittheit Bremen bzw. der Deutschen Forschungsgemeinschaft 1951 und 1958 erschienen – in der üblichen kleinen Auflage, die öffentliche Förderungswürdigkeit mit sich bringt. Sie sind inzwischen vergriffen. Welche immense Vorarbeit in der kritischen Durchsicht der eigenen Untersuchungen, in der phänomenologischen Prüfung der historischen Zeugnisse mystischen Erlebens und der sie kommentierenden Literaturen sie erforderten, lassen die beigefügten Verzeichnisse und Anmerkungen nicht deutlich werden.

Albrecht scheute zum Beispiel nicht davor zurück, für die im Text nicht sehr umfangreiche Analyse des Denkens Rudolf Steiners nicht nur die wichtigsten Schriften, auf die im Text verwiesen wird, sondern alle ihm erreichbaren Bücher und Vortragszyklen durchzuarbeiten; ähnlich skrupulös behandelte er die übrige mystische, vor allem aber auch die einschlägige philosophische und theologische Literatur.

Neben diesen Büchern arbeitete er im Laufe der Jahre noch verschiedene Aufsätze und Vorträge über die Mystik aus, aber auch zu theologischen und philosophischen Fragen, insbesondere Heideggers Denken.

Die Frage, wie er diese Arbeitsleistung neben einer umfangreichen ärztlichen Tätigkeit bewältigen konnte, ist nicht leicht zu beantworten. Seit Kriegsbeginn war sein Patientenkreis durch die hinzukommende Kassenpraxis und immer weiter sich ausdehnende hausärztliche Verpflichtungen unerwartet groß geworden. Der Krieg brachte weitere berufliche Belastungen mit sich. Ein großer Teil der Patienten, die sich in jenen Jahren ihm anvertrauten, suchte auch späterhin, selbst dann noch seine Hilfe, als ihn die eigene Krankheit zwang, die Praxis vor die Tore der Stadt zu verlegen. Bei Kriegsende gab er die klinische Tätigkeit als Belegarzt im Roten-Kreuz-Krankenhaus zwar auf, behielt die kassenärztliche Praxis jedoch bei. In seinen letzten Lebensjahren durfte er, wieder im Haus der Familie in Leuchtenburg wohnend, noch einmal eine unerwartete Erweiterung seines ärztlichen Tuns erleben: Immer häufiger wurde er in benachbarte Bauernhöfe und Siedlungen gerufen, um nicht nur als Spezialist, sondern als einfacher, praktischer Arzt bei Unfällen, Erkältungs- und Kinderkrankheiten oder als Seelsorger den

Sterbenden Hilfe zu leisten. Ihm, dem hoch qualifizierten Facharzt, erschien dieser schlichte ärztliche Alltag wie ein unverdientes Geschenk: »*Endlich darf ich weit unter Preis, fast umsonst behandeln* ...«

Über all diesen Verpflichtungen ließ er nie das menschliche Zentrum seines Lebens, seine Familie, außer Acht. Kindern und Kindeskindern galt seine ungeteilte, dankbare Aufmerksamkeit. Auch die schwere Krankheit hielt ihn nicht davon ab, im weiträumigen Haus die ihm zugefallene Rolle des ›Patriarchen‹, wie er mir gestand, von Herzen und mit überlegenem Humor zu genießen. Gerade in den späten Jahren, in denen ich ihn kennenlernte, hatte er zu einer Schlichtheit gefunden, die Spontaneität mit Verhaltenheit, Unmittelbarkeit mit Distanz, ein noch immer leidenschaftliches Temperament mit vollkommener Diszipliniertheit zu vereinigen wusste. Man spürte noch den Spannungsreichtum, der diesem Menschen mitgegeben war. Doch war nun in Überwindung und Ausgleich aus allen möglichen Gefährdungen ein wirklicher Reichtum geworden, der in Entäußerung beruhte. Jeder Aufwand war ihm fremd. Auch seine Anspruchslosigkeit war ohne Absicht und unaufdringlich. Askese ergab sich ihm von selber. Nicht einmal die einzige an ihm auffallende Eigenschaft, die Nüchternheit, wirkte schroff. Sein Humor verlieh ihr Güte.

Dennoch verbarg sich in dieser Nüchternheit eine gewisse Unerbittlichkeit. Carl Albrecht bedurfte ihrer zeitlebens sich selbst gegenüber, musste er doch allzu oft gegen eigene Störungen und Krankheiten ankämpfen und mit einer etwas unheimlichen Energie den eigenen Organismus zum Dienst zwingen. Zwar wahrte er auch im eigenen Fall die Distanz des besonnenen Therapeuten, auch in der Rücksichtslosigkeit sich selbst gegenüber, doch diese Unerbittlichkeit diktierte Jahrzehnte hindurch seinen Tageslauf. Er war buchstäblich auf die Minute genau geregelt. Selten nahm er sich, stets ließ er dem anderen Zeit, stolz darauf, dass kein Patient länger als fünf Minuten über den verabredeten Termin hinaus auf ihn warten musste. Zusammen mit der akribischen Ordnung der Notizen, Unterlagen und Manuskripte ermöglichte ihm diese wahrhaft peinliche Pünktlichkeit, das Privatleben, die ärztliche Praxis und seine wissenschaftlichen Forschungen miteinander zu vereinbaren.

Der praxisfreie Mittwochnachmittag, die Nachtstunden und die Urlaubstage blieben zu gleichfalls streng bemessenen Teilen der Mystik vorbehalten. Ihm war es selbstverständlich, wenngleich er es auch selber komisch fand, dass sich das mystische Phänomen an diesen Terminkalender, der nicht nach eigenen, sondern nach den Ansprüchen anderer geregelt war, zu halten hatte und sich auch weitgehend hielt; man kann es an den Datierungen der Aussagen überprüfen, wenn nicht in der Ferienzeit, sind die allermeisten an einem Mittwochnachmittag diktiert worden. Den alltäglichen Verantwortungen hatte sich die mystische Stunde eben einzufügen, selbst nichts anderes als ein Moment grundlegender Verantwortung im Angesicht des Geheimnisses.

Dieser verblüffenden Nüchternheit entsprach auch die Art und Weise, in der diese Versunkenheitsaussagen notiert wurden. Carl Albrecht lag auf einer Couch in Versenkung, während seine Frau die ruhige Stunde nutzte, um an Freunde, Kinder und Kindeskinder Briefe zu schreiben. Neben ihrem Briefpapier war ein Notizblock bereitgelegt, auf dem sie diese Aussagen aufschreiben konnte, sobald die einzelnen Worte und Sätze ausgesprochen wurden – sehr langsam zumeist, manchmal aber auch stoßweise, meistens mit leiser, zuweilen aber auch mit erregter, volltönender Stimme, immer jedoch mit frei schwingendem, entspanntem Atem. In den langen Zwischenpausen, wenn Carl Albrecht schwieg, wandte sie sich wieder ihren Korrespondenzen zu. Auch die späten, sehr kurzen Versunkenheitsaussagen brauchten oft mehr als eine Stunde, um langsam, Wort für Wort, gleichsam aus der Stille zu tropfen.

Auch in der letzten, furchtbaren Prüfung hat sich diese heitere Nüchternheit als unüberwindlich erwiesen. Bereits Anfang der Sechzigerjahre kündigte sich bei Carl Albrecht eine Koronarsklerose an. Sie führte 1964/65 zu verschiedenen Herzinfarkten mit weitreichenden Komplikationen. In kaum vorstellbaren Schmerzen blieb dem Sterbenden die volle Helligkeit des Bewusstseins erhalten. Die Krankheit verlor nicht ihre Qual; aber die Angst hatte keine Gewalt mehr über die, wie es schien, schlackenlose Glut dieses Geistes. Als habe das mystische Licht sich des Leibes bemächtigt, wurde der Schmerz des Körpers von einer eigentümlich schwerelosen, befreienden Freude durchstrahlt. »... und dabei stehe ich wie in Flammen«, sagte er mir. Wer dieses Sterben miterleben durfte, hatte sich die Trauer zu versagen. Dieser Tod warf keinen Schatten. Er war durchsichtig auf die Gegenwart, auf das Licht hin, dem sich dieses Dasein überlassen hatte. Carl Albrecht starb am 19. Juli 1965.

Mit der Sorgfalt eines Buchprüfers hatte er vor seinem Sterben Manuskripte und Tagebuchaufzeichnungen, die Dokumente seines Lebens und seiner mystischen Erfahrungen durchgesehen und geordnet. Nur eine Arbeit blieb unabgeschlossen. Ihr galt bis in die Wochen vor dem Tod seine Sorge: Der Erklärung und Sicherung dieses von ihm entdeckten Phänomens, des mystischen Sprechens in der Versunkenheit.

3. GESPRÄCHE ÜBER DIE MYSTISCHE BEZIEHUNG, IHRE KRITERIEN UND KONSEQUENZEN

Um zu erklären, wie dieses Phänomen zum Thema einer ausgedehnten Korrespondenz zwischen uns werden konnte, muss ich kurz von unseren Gesprächen berichten. Dem gemeinsamen Freund Viktor Warnach OSB verdanke ich den Hinweis auf die beiden Bücher Carl Albrechts und das Geschenk der persönlichen Bekanntschaft. Unsere erste Begegnung fand im Herbst 1959 statt.

Die Aussprache wandte sich sogleich allgemeinen Problemen der wissenschaftlichen Betrachtung, insbesondere der Phänomenologie mystischer Erfahrungen zu. Dabei versuchte ich, die Frage nach den Gründen für meine Beschäftigung mit den meditativen und mystischen Methoden Asiens zu beantworten, vom lächelnd zuhörenden Fragesteller lebhaft darin bestätigt, dass für deren Verständnis die okkulten Phänomene nahezu bedeutungslos seien. Ausführlich erklärte uns Carl Albrecht, solche Erscheinungen, die in den Zuständigkeitsbereich der Parapsychologie fallen, seien von eigentlich mystischen Phänomenen grundverschieden. Eine Verwechslung könne es nur für ahnungslose Ignoranten geben. Scharf grenzte er auch das mystische Erkennen gegen die sogenannte »Erkenntnis höherer Welten« im Sinn der Anthroposophie Rudolf Steiners ab. Seine Argumentation versetzte durch eine geradezu schlafwandlerische Sicherheit, durch Schärfe und Genauigkeit der Reflexion auf die zugrunde liegenden methodischen Voraussetzungen in Erstaunen – ich kann aber nicht sagen, dass sie mich restlos überzeugte. Fraglich blieb mir vor allem, ob die fein säuberliche – er betonte: *durch die phänomenologische Methode auferlegte und in ihr unerlässliche* – Scheidung des Subjektes mystischer Erfahrung von ihrem sogenannten ›Gegenstand‹, dem in der Versunkenheit ›Ankommenden‹, sinnvoll und durchführbar sei. Wie es allenthalben geschieht, hatte auch ich den Blick etwas einseitig auf die ekstatischen Erlebnisse gerichtet und unter dem Eindruck der Zeugnisse letzter Einung aus Ost und West das mystische Geschehen im Wesentlichen als *unio* zu verstehen versucht, also gerade dadurch gekennzeichnet, dass die Objekt-Subjekt-Spaltung vorübergehend oder gar endgültig aufgehoben wird. Dem widersprachen zwar einige Aussagen, deren Glaubwürdigkeit mir auch damals schon außer Frage und Zweifel zu liegen schien – indessen lag es ja nahe, mich auf den Standpunkt der Ameise angesichts des Himalaya zurückzuziehen und anzunehmen, dass ich diese religiösen Zeugnisse letzten Ranges – des Zen, der taoistischen Mystik, der Upanischaden, aber auch des Chassidismus und der christlichen Mystiker – einfach nicht verstehen könne.

Dieses Missverständnis kam mir gelegen: Es erlaubte mir, eigene Erfahrungen zu neutralisieren und auf sich beruhen zu lassen, was mir wohl unstatthaft erschienen wäre, hätte ich annehmen müssen, sie hätten irgendetwas mit Mystik zu tun gehabt. Vor allem aber räumte es, wie ich im Nachhinein gestehen muss, der theologischen Reflexion über die mystischen Erfahrungen und dem philosophischen Versuch, aus ihnen einige weiterführende Konsequenzen zu ziehen, gewisse Bequemlichkeiten ein.

Wird Mystik mit dem ekstatischen Erleben oder der *unio* gleichgesetzt, so wird sie zu einer Ausnahmeerscheinung, womöglich erhabener Art und scheinbar so unzugänglich wie die Genialität. Wie jedermann konnte ich mich von irgendwelchen »mystischen« Disziplinen dispensiert fühlen – schienen sie mir doch ebenso absurd zu sein wie die Anstrengungen, ein Genie zu werden. Womit ja auch nicht gesagt ist, dass es keine genialen Anstrengungen gibt und ein Genie ohne Methode, ohne Disziplin, ohne Anstrengung lebe; aber diese werden erst sinnvoll und möglich, wenn einer ein Genie ist. Dementsprechend ist es durchaus angenehm, die Mystik hoch zu schätzen und für menschenmöglich zu halten, zugleich aber sich in keiner Weise von ihr in Anspruch nehmen zu lassen. Am einfachsten und im Beweis der eigenen Bescheidenheit auch besonders wohltuend kann dies dadurch geschehen, dass man das mystische Erleben als exzeptionell, anomal, wenn nicht gar als übernatürlich ansieht und ausgibt; dann darf man es bewundern, ohne es bemerken oder gar befolgen zu müssen. Nicht zuletzt dies wird aber durch die Identifizierung der Mystik mit dem Ausnahmeerleben in Ekstase und Einung gewährleistet, denn was außerhalb unseres vertrauten Erlebnisraumes, in dem das Subjekt seinen Objekten gegenübersteht, möglicherweise geschieht, das geht mich, das geht uns nichts an.

Also nicht nur im Interesse phänomenologischer Untersuchung, auch in der Sache selbst hatte Carl Albrecht recht, wenn er, wie in seinen Büchern, so auch in diesem ersten Gespräch, nachdrücklich, geradezu hartnäckig darauf bestand, in mystischem Erleben – nämlich im mystischen Versunkenheitserleben – lasse sich eine echte und sogar extreme Entgegenstellung des Subjektes der Innenschau und eines objektiv Anderen, das ihm entgegentritt, also eine Subjekt-Objekt-Spannung, beobachten. Anfangs leuchtete mir nur ein, dass von der Feststellung einer solchen Unterscheidung die Möglichkeit einer phänomenologischen Klärung abhängig ist; entfällt der gegenständliche Bezug zwischen dem erlebenden Ich und dem, was ihm entgegenkommt, lässt sich nichts mehr analytisch erfassen und eindeutig bestimmen, nichts mehr sagen. Aber allmählich begriff ich auch, dass Albrechts Argumente weiterreichten und mittlerweile auf die phänomenologische Nachweisbarkeit nicht mehr allzu großen Wert legten. Die Möglichkeit der Erfahrung selber, wie sie jedem gesunden Menschen von Natur aus gegeben ist, wird durch solche Fehldeutungen und Missverständnisse verstellt.

So hatte ich dann bei der Lektüre der Bücher Carl Albrechts als Erstes zu lernen, wie notwendig – und eben nicht nur für eine bewusstseinspsychologische oder gnoseologische Klärung der mystischen Phänomene unerlässlich – es ist, auf den Bestand eines *Ichs* in der Versunkenheit hinzuweisen. Dies ist keine Annahme, etwa im Sinn eines unvermeidbaren hermeneutischen Vor-Urteils, ohne dessen Voraussetzung die mystische Erfahrung unaufklärbar und unverständlich bleiben müsste. Wäre es nicht mehr, würde Carl Albrecht wohl nicht gezögert haben, diese Behauptung fallen zu lassen. Nein, es geht um einen Tatbestand. Man kann ihn aus anderen, etwa methodisch-erzieherischen Gründen, wie es im Buddhismus geschehen ist, unbeachtet und unerwähnt, möglicherweise auch nur in Negationen zur Sprache kommen lassen; zu leugnen ist er nicht.

Freilich muss im gleichen Atemzug – und damit stellt sich erst das eigentliche Problem – erklärt und in aller Deutlichkeit aufgewiesen werden, dass dieses Ich des Versunkenheitserlebens, auch der mystischen Innenschau, *anders* ist als das uns im alltäglichen Bewusstsein, wie unbestimmt und unbestimmbar auch immer, vertraute. Das Ich der Innenschau ist verwandelt. Es ist in eine andere Verfassung seiner selbst übergegangen. Es ist erschlossen. Was das bedeutet, auch für die Struktur der Wahrnehmung und des Erkennens, wird noch im Einzelnen zu erläutern sein. Wie grundlegend sich die Erfahrungen verändern, die diesem gewandelten Ich zukommen können, ist aus der Rückhaltlosigkeit, aus der Radikalität dieser Umwandlung zu erklären. Dass sich in alledem Umkehr im religiösen Sinn vorbereitet, ist nicht zu verschweigen. Hier geht es aber vorerst um das, was Carl Albrecht mir seinerzeit zu erklären hatte: In der Versunkenheit kann ein waches, aller Willkür und Aktivität entkleidetes Ich einer echten Anderheit begegnen, der es frei steht, sich als ein wesenhaft Anderes im mystischen Erleben erfahren und erkennen zu lassen. Dann nur kann dieses mystische Geschehen wie eine wirkliche Begegnung, als eine Art Kommunikation höchster Intensität, als Kommunion, dann auch erst, darüber hinaus, als Vereinigung, als Einung verstanden und ernst genommen werden.

Als ich später wieder mit Martin Buber zusammentraf und ihm von diesen Gesprächen mit Carl Albrecht erzählen konnte, erfuhr unsere Fragestellung aus Bubers eigenem Erleben eine bedeutsame Bestätigung. Buber wurde, ich darf wohl sagen, heftig an eine Begebenheit aus seinen jüngeren Jahren erinnert, über die er in seinen autobiografischen Notizen[7] unter dem Stichwort »*Eine Bekehrung*« berichtet hat:

»In jüngeren Jahren war mir das ›Religiöse‹ die Ausnahme. Es gab Stunden, die aus dem Gang der Dinge herausgenommen wurden. Die feste Schale des Alltags wurde irgendwoher durchlöchert. Da versagte die zuverlässige Stetigkeit der Erscheinungen; der Überfall, der geschah, sprengte ihr Gesetz. Die religiöse Erfahrung war die Erfahrung einer Anderheit, die in den Zusammenhang des Lebens nicht einstand. Das konnte mit etwas Geläufigem beginnen, mit der Betrachtung irgendeines vertrauten Gegenstands, der dann aber unversehens heimlich und unheimlich wurde, zuletzt durchsichtig in die Finsternis des Geheimnisses selber mit ihren Blitzen. Doch konnte auch ganz unvermittelt die Zeit zerreißen, – erst der feste Weltbau, danach die noch festere Selbstgewissheit versprühte, und man, das wesenlose Man, das man nur noch war, das man nicht mehr wusste, wurde der Fülle ausgeliefert. Das ›Religiöse‹ hob einen heraus. Drüben war nun die gewohnte Existenz mit ihren Geschäften, hier aber waltete Entrückung, Erleuchtung, Verzückung, zeitlos, folgelos. Das eigene Dasein umschloss

also ein Dies- und ein Jenseits, und es gab kein Band außer jeweils dem tatsächlichen Augenblick des Übergangs. Die Unrechtmäßigkeit einer solchen Aufteilung des auf Tod und Ewigkeit zuströmenden Zeitlebens, das sich ihnen gegenüber nicht anders erfüllen kann, als wenn es eben seine Zeitlichkeit erfüllt, ist mir durch ein Ereignis des Alltags aufgegangen, ein richtendes Ereignis ...«

Nachdem wir ausführlich über diese Erlebnisse religiöser Entrückung aus der Zeit seiner *»Ekstatischen Konfessionen«* gesprochen hatten, erzählte mir Martin Buber die weitere Geschichte, wie ihn dieses Erleben des Alltags – er hatte einem jungen Besucher, der ihn verzweifelt um Rat fragte und bald darauf im 1. Weltkrieg fiel, nicht genügend Aufmerksamkeit gewidmet – ein für alle Mal ernüchterte.

»Seither habe ich jenes ›Religiöse‹, das nichts als Ausnahme ist, Herausnahme, Heraustritt, Ekstasis, aufgegeben oder es hat mich aufgegeben. Ich besitze nichts mehr als den Alltag, aus dem ich nie genommen werde. Das Geheimnis tut sich nicht mehr auf, es hat sich entzogen oder es hat hier Wohnung genommen, wo sich alles begibt, wie es sich begibt. Ich kenne keine Fülle mehr als die jeder sterblichen Stunde an Anspruch und Verantwortung. Weit entfernt davon, ihr gewachsen zu sein, weiß ich doch, dass ich im Anspruch angesprochen werde und in der Verantwortung antworten darf, und weiß, wer spricht und Antwort heischt.

Viel mehr weiß ich nicht. Wenn das Religion ist, so ist sie einfach alles, das schlichte gelebte Alles in seiner Möglichkeit der Zwiesprache.«

Selbstverständlich stimmte Carl Albrecht, als ich ihm später von diesen Gesprächen berichtete, Buber zu: Damit sei ohne jeden Zweifel ein maßgebendes Kriterium echten mystischen Erlebens deutlich geworden – dass es sich im Alltag auszuwirken und zu bewahrheiten habe, nicht zuletzt auch in einem gesteigerten Wahrnehmungsvermögen, in der Aufmerksamkeit für andere Menschen, oder wie es der Tibetische Buddhismus klassisch formuliert hat: *Im absichtslosen Anwachsen der Liebe.* Ebenso selbstverständlich räumte Martin Buber ein, dass sich in der ungewöhnlichen Klarheit der Albrechtschen Fragestellung und seines phänomenologischen Nachweises ein anderes und tieferes Verständnis des mystischen Erlebens abzeichne, das eben nur unzulänglich verstanden werden kann, wenn diese seine inneren Kriterien unberücksichtigt bleiben. Als Ausnahmeerscheinung, als ein Erleben, das, wie Buber es beschrieben hat, aus dem täglichen Zusammenhang heraus nimmt und nahezu übergangslos, kontaktlos in sich selbst beruht, missversteht es sich selber. Um sich aber nicht nur als Entrückung und Ekstase, sondern als einbezogen in jene *»Möglichkeit zur Zwiesprache«*, als deren Vertiefung und Intensivierung begreifen zu können, bedarf das mystische Erleben einer solchen radikalen Aufklärung seiner selbst, die es ihm untersagt, sich in irgendeiner Weise solipsistisch auszulegen, eine Gefahr, der auch das mystische Erleben erliegen kann, wenn es sich selbst reflektiert. Sie wird umso bedrohlicher, wenn das Zentrum, auf das sich alle Reflexion bezieht, nicht beim Namen genannt, sondern sogar geleugnet wird, wie es zuweilen im indischen und im buddhistischen Denken geschieht, indem das Ich negiert und eine, wie Buber meinte, imaginäre Ichlosigkeit vorgegeben werde.

Damals widersprach ich diesen Erklärungen, doch Buber blieb unbeirrbar: Eben dies, dass eine sogenannte Ichlosigkeit *vorgegeben*, also in einem noch durchaus ichverhafteten, eben reflexiven Denken als Forderung und Tatsache ausgegeben werde, sei trügerisch. Eine Selbstvergessenheit, die in sich wahr und echt sei, weil sie das Ich gleichsam hinter sich zurückgelassen habe, als sei nun wirklich eingetreten, was wir so leichthin sagen: *»Ich habe mich auf dich verlassen ...«* – sie sei das Ergebnis, das Ziel des Weges und brauche ein *wozu*. Eben dieses Gerichtetsein gewährleiste ja der Meister, der Guru, der Rôshi – und es sei, wie immer man es auch betrachte, eben doch auf ein Anderes ausgerichtet. Unter den Bedingungen menschlichen Denkens und Sprechens sei es auch nicht anders korrekt zum Ausdruck zu bringen als im Bild einer Richtung, in der sich der Mensch, in der ich mich bewege – auf anderes und andere zu.

Das ist der Weg. Es gibt keinen anderen. Auf diesem Weg kann es geschehen, womöglich ohne dass ich es bemerke und dessen gewahr zu werden vermag, dass ich gleichsam aus mir, aus diesem Ich, als das ich mich empfinde und immer aufs Neue und letzten Endes immer vergeblich zu begreifen suche, unversehens hinaustreten darf, um nun ganz unwillkürlich, ganz absichtslos beim Anderen, im Anderen zu sein – insgeheim eins mit ihm und mit allem. Doch das sei dann wohl nicht mehr Mystik, fügte Buber hinzu (und bestätigte nachträglich Carl Albrecht mit Nachdruck), dies sei dann Heiligkeit.

Dies Gespräch erinnerte mich an den Satz des Zen-Buddhismus: *»Wenn einer noch nichts erfahren hat, sind ihm die Berge Berge und die Gewässer Gewässer; wird er eingeführt in die Wahrheit des Zen,* *so sind ihm die Berge nicht (mehr) Berge, die Gewässer nicht (mehr) Gewässer; gelangt er aber zur Erleuchtung, so sind ihm die Berge (wieder) Berge, die Gewässer (wieder) Gewässer.«* Ich setze die Worte »*mehr*« und »*wieder*«, die man zur Not aus dem Text herauslesen kann, in Klammern; sie erleichtern uns das Verständnis, indem sie uns die Vorstellung eines Prozesses vermitteln. Inzwischen habe ich gelernt, dass gerade diese Vorstellung falsch ist. Zen-Meister halten sie für irreführend. Worum es geht, ist einfach nur, dass die Wirklichkeit, so wie sie ist, der Stein als Stein, die Blume als Blume, das Tier als dieses Tier und jedes Dasein als das, was es ist, angenommen und wahrhaft selbstverständlich »*wird*«. Anders gesagt: In der ursprünglichen Einheit, in die das Ich sich verloren hat, leuchtet alles wieder auf, so wie es immer schon ist. Immer schon da …

Buber nickte: »Das ist es, was ich *nun* unter *Verwirklichung* verstehe …« Ich habe von diesem etwas später geführten Gespräch berichtet, um möglichst einfach die Fragen zu erklären, die meine ersten Aussprachen mit Carl Albrecht bestimmten. Auf vielerlei Umwegen, in viel komplizierteren phänomenologischen Analysen einzelner Phänomene und in den philosophischen Reflexionen über die Bedeutung des mystischen Geschehens für das menschliche Selbstverständnis ging es ihm vor allem darum, mir klar zu machen, wie konkret echte Mystik ins alltägliche Leben eingehe und sich in ihm zu verwirklichen habe. Alles andere als herausgenommen, abgelöst, in sich selbst verfangen, in ein leibloses, leeres *für sich* versunken, sei das echte mystische Erleben in einem letzten Sinn als eine Heimkehr ins Konkrete, eben als Verwirklichung zu verstehen.

Nach diesen ersten Begegnungen mit Carl Albrecht war es für mich notwendig geworden, seine beiden Bücher noch einmal durchzuarbeiten. Dass diese Lektüre tatsächlich Arbeit bedeutet, wie es mir der Autor lächelnd vorausgesagt hatte, wurde mir nun erst bewusst. Der ungemein klare, durchsichtige Stil, in dem Albrecht seine Gedanken niedergeschrieben hat, lässt sie evident erscheinen und bereitet keine Schwierigkeiten. So war auch ich bei der ersten Durchsicht nicht darauf aufmerksam geworden, wie gewissenhaft hier zugleich wissenschaftlich und in Verantwortung gegenüber der Mystik gedacht worden ist. Nur einige Wendungen hatten mir den Verdacht aufkommen lassen, da werde nicht nur sehr sorgfältig und aufgeschlossen über mystisches Erleben, sondern auch aus eigener Erfahrung gesprochen. Nun erst, da sich diese Vermutung bewahrheitet hatte, wurde ich der ganz eigentümlichen, weil in zweifacher Verantwortung stehenden Anstrengung des Begriffs und der eigentlichen Disziplinen dieses Denkens gewahr, die zu einer solchen Einfachheit der Aussage verholfen haben.

1962 erschien dann ein erster Versuch[8], Rechenschaft über die vielfältigen Belehrungen zu geben, die mir Carl Albrecht zuteil werden ließ. Was als Rezension gedacht war, nahm bei der Niederschrift die Form einer etwas überschwänglichen Würdigung an. Da inzwischen Äußerungen ähnlichen Sinnes von berufenen Gelehrten[9] vorliegen, brauche ich diesen Tenor nicht zu entschuldigen. Dankbarkeit hatte mir immerhin dazu verholfen, eine Einführung in das Werk Albrechts zu entwerfen, die er selber gelten lassen konnte.

Deshalb möchte ich diesem Gedankengang noch einmal nachgehen und ihn etwas weiter ausführen. Dadurch kann deutlich werden, welche Untersuchungen der Klärung des besonderen Phänomens *Mystisches Sprechen* vorausgelaufen sind und ihr den kategorialen Rahmen und die Begrifflichkeit bereitgestellt haben. Kaum zu vermeidende Wiederholungen sind zu rechtfertigen, sie verweisen auf weiterführende Fragen.

Zuvor aber möchte ich auf eine Tatsache aufmerksam machen, die für das Verständnis beider Bücher Carl Albrechts entscheidend ist: In einer Verhaltenheit der mystischen Gewissheit, die Rätsel aufgibt, sind sie nahezu voraussetzungslos geschrieben worden. Als seien ihm selber *keine* Erfahrungen zuteil geworden, unternahm es Carl Albrecht, die Mystik gleichsam von außen zu betrachten, als sei sie nichts anderes als ein Thema, dem sein besonderes psychologisches und philosophisches, eben sein wissenschaftliches Interesse gelte. Wie das möglich gewesen ist, wirft methodologische Probleme auf, die hier nur angedeutet werden können. Die Darstellung der Untersuchung mag zu ihrer Klärung beitragen.

4. VORAUSSETZUNGEN UND METHODISCHE PROBLEME DER UNTERSUCHUNGEN

Die Mystik wird leider ebenso hartnäckig von ihren gläubigen Anhängern wie von denen missverstanden, die sie schlichtweg außer Acht lassen oder leugnen. Man hält sie für derart abseitig, zufällig und verborgen, dass es sich gar nicht lohnt, um eine Erklärung und Interpretation, um ein Verständnis mystischer Erfahrungen bemüht zu sein. Selbst wenn akzeptiert wird, dass solche Erfahrungen auch Menschen zuteil werden, die nicht erwiesenermaßen krank und absonderlich sind, verdrängt und verwünscht man sie ins Unzulängliche. Dieses Dogma, wir alle seien dem Geheimnis gegenüber Blindgeborene, ist ernst zu nehmen; nicht nur weil es weithin blindlings befolgt wird, sondern auch, weil es in der Tat blind macht. Es gilt so unangefochten, dass sich, wenn über mystisches Erleben gesprochen wird, sofort der Zweifel einstellt, ob überhaupt von »echter« Mystik die Rede ist und die Rede sein kann.

Wie unreflektiert und trivial solche Vorbehalte auch sind, die über etwas entscheiden, was sie nicht zu Gesicht bekommen haben, von dem sie sogar behaupten, es könne einem vernünftigen Menschen, sofern er bei Sinnen ist, auch gar nicht zu Gesicht kommen – sie zwingen dazu, den Weg der bewusstseinspsychologischen, phänomenologischen Annäherung an das mystische Geschehen, den Carl Albrecht eingeschlagen hat, und seine Methode Schritt für Schritt zu verfolgen. Zumal diese Methode in der Tat in Schwierigkeiten gerät und angesichts der mystischen Präsenz und ihrer »Phänomene« merkwürdige Krisen zu bestehen hat.

Albrecht hat sie unausgesetzt, in jeder Wendung der Untersuchung reflektiert. Auch dann noch, wenn es ihm gelungen ist, zentrale Erfahrungen des mystischen Erlebens aufzudecken, unterzieht er seine phänomenologischen Beschreibungen einer unnachsichtigen Kritik und weist nach, dass und in welchem Maß sie unzureichend sind. Aber dieser Nachweis widerlegt nicht die Methode. Geschweige denn stellt er unter Beweis, dass mystische Erfahrungen eben doch wesensgemäß nicht zu erfassen, nicht intelligibel sind. Gerade in der präzisen Kritik der Unzulänglichkeit dieser uns vorerst möglichen Bestimmungen und Beschreibungen wird das Phänomen deutlich. Indem es, gleichsam von sich aus, die Bezeichnungen, die sich uns anbieten, zurückweist, *zeigt es sich als das Mystische.*

Albrecht hat mich immer wieder auf dieses eigentümliche Schicksal der Phänomenologie als Methode aufmerksam gemacht. Wir haben die dadurch gestellten Probleme oft und ausführlich diskutiert. Dass sie sich allenthalben, nur nicht so deutlich wie angesichts mystischer Erfahrungen stellen, war für Carl Albrecht, den Arzt, nachgerade selbstverständlich geworden. Denn auch der Leib, den ich im Unterschied zum Körper nicht *habe*, wie ein Werkzeug, sondern der *ich bin*, lässt sich nicht ohne Weiteres *positiv* erfassen und bestimmen. Erst auf den recht mühsamen Umwegen kritischer Analyse ist zu erläutern, *was er nicht ist* – nämlich nicht objektivierbar, wiewohl in ihm alle Objektivität verankert ist. Ebenso wird das Mystische erst ganz eindeutig bestimmt durch den kritischen Nachweis, dass es das, was wir uns – auch im Prozess phänomenologischer Annäherung, auch als Mystiker, die sich nachträglich und oft sehr missverständlich auslegen – unter mystischer Präsenz vorstellen, *nicht* ist; dass es nicht *dies* ist und dass es *so* auch nicht erfahren werden kann, wie es beschrieben wird. Doch darin ist nicht ein Scheitern des Versuches zu sehen, Mystik zu erfassen; gerade in der Kritik der Beschreibungen, die das Phänomen umkreisen, werden die Verweise präzise, die Andeutungen in einem gewissen Sinn exakt. Dies widerfährt indessen dem Erkennen nicht nur angesichts mystischer Phänomene, sondern in gleicher Weise, wie gesagt, angesichts des Konkreten überhaupt.

Carl Albrecht versuchte am Ende seines Lebens diese unausweichliche Aufgabe philosophischer Aufmerksamkeit in Analogie zur Methode der Negativen Theologie als *»Negative Phänomenologie«* zu bestimmen und verständlich zu machen. Mir selber drängte sich diese Bezeichnung auf, und nach wie vor will mir keine bessere einfallen, wiewohl sie in sich problematisch, wenn nicht sogar widersinnig zu sein scheint; denn was man auch immer unter »Phänomenologie« begreifen mag, von einem Phänomen kann oder sollte nur dann die Rede sein, wenn sich etwas zeigt, indem es in irgendeiner Weise *in Erscheinung tritt.* Geschieht dies nicht – wie es in einigen mystischen Erlebnissen der Fall ist, so kann eben kein Phänomen beschrieben werden, das in gewisser Weise positiv gegeben ist, sondern lediglich die Haltung, die Verfassung des Bewusstseins und der Existenz »gegenüber« einem Nichts, einem Nicht-Etwas. Nun ließe sich natürlich eben diese Haltung als das gegebene Phänomen betrachten, ohne Rücksicht darauf, worauf sie sich in womöglich rückhaltloser Erschlossenheit, wie im mystischen Erleben, richtet, wenn sich bloß ein Subjekt auffinden ließe, das sich in dieser Weise verhält; also irgendetwas wie ein Ich, das sich in diese besondere existenziale Verfassung begibt, sich ihr und *in ihr* aus-setzt. Phänomenologie kann gewiss alle möglichen Erfahrungen aufdecken und beschreiben, sofern sie nur denjenigen annehmen und auffinden kann, der erfährt. Lässt er sich nicht mehr ausmachen, wird es heikel. Dann wird das Grundmuster fragwürdig, nach dem auch die Perspektiven phänomenologischer Betrachtung entworfen sind: Von einer transzendentalen Subjektivität, von einem, wie auch immer verstandenen *cogito* aus.

Damit ist nicht nur die Beschränktheit aller so entworfenen Perspektiven infrage gestellt. Albrechts Untersuchungen lassen auch Schritt für Schritt deutlich werden, wie rigoros die dem wirklichen mystischen Erleben gewährte Schau verengt werden muss, um gleichsam in einer trennscharfen Optik beobachtet werden zu können. Notwendig ist, darauf im Vorhinein aufmerksam zu machen. Sonst wird allzu leicht das, was sich aufzeigen lässt, mit dem verwechselt, was in vielfältiger Verflechtung der Erfahrungen und in überströmender Fülle der Phänomene dem mystischen Erleben konkret widerfährt. Es lässt sich nur in einigen Bereichen, nur *nach* einer sorgsamen Unterscheidung der Erfahrungsbereiche, ausleuchten und aufzeigen.

Fraglich bleibt freilich auch, ob und wie weit Phänomenologie als eine geeignete Methode zur Klärung mystischen Erlebens gelten kann. Wenn sich ihr letzten Endes kein Phänomen mehr bietet und auch derjenige abhanden kommt, für den irgendetwas in Erscheinung treten könnte, muss sie sich als Methode derart umformen und umkehren, dass es ihr gelingt, wenn nicht aufzuzeigen, so doch gerade dadurch wahrscheinlich und deutlich werden zu lassen, dass sie klar erkennen lässt, *dass* und *warum* sie nicht mehr zu zeigen und direkt zu erfassen vermag. Ist es ihr möglich, sich umzuwenden, um nun in diesen Negationen ihrer unzulänglichen Verweise, wie in Spiegeln, dessen gewahr zu werden, was sich nicht unmittelbar aufzeigen lässt? Und wie zuverlässig nimmt sie dann noch wahr?

Diese Fragen stellen sich unausweichlich gegen Ende der Untersuchungen, wenn sich nach immer neuen Umkreisungen des Phänomens immer fragloser der Eindruck einstellt, nun werde man dessen, was sich dem mystischen Erleben als Ankunft und Anwesenheit zu erfahren und zu erkennen gibt, doch irgendwie angesichtig, und zwar eindeutig als eines Anderen, als Anderheit. Auch wenn man nicht der allgemeinen Überzeugung nachhängt, dies könne nicht möglich sein, weil es nicht sein darf – fragwürdig bleibt, wie es möglich wird.

Zumal auch deutlich wird, dass sich diese Fragen der ungewöhnlichen Aufmerksamkeit, mit der Carl Albrecht sich immer wieder der Voraussetzungen und Möglichkeiten seiner Methode zu vergewissern sucht, von Anfang an gestellt haben. Sie begleiten ihn durch alle Stadien dieses Annäherungsweges und bewähren sich vom Ansatz der Untersuchung an, indem sie die kritischen Instrumente präzisieren, zuschleifen und kontrollieren, wodurch die Aussonderung jener Erfahrungen gewährleistet wird, die zwar im konkreten Erleben fast immer gegeben sind, sich aber nicht eindeutig erfassen und bestimmen lassen. Vor allem wird aufgrund dieser fortlaufenden kritischen Reflexion der Methode möglich, die verschiedenen nicht-mystischen Phänomene des Versunkenheitserlebens klar von den mystischen zu unterscheiden.

Die Methode gewinnt also gerade in ihrer ständigen Selbstkritik, indem sie sich selber nicht über den Weg traut, eine gewisse Zuverlässigkeit ihrer Ergebnisse. Nötigt diese Kritik sich selbst gegenüber doch bereits im Ansatz zu einer nahezu befremdenden, die eigenen Erfahrungen und Gewissheiten scheinbar verleugnenden Distanz, zu einer Verhaltenheit, die noch hinter die gemeinhin geforderte Epoché phänomenologischer Nachfrage zurücktritt. Eine nachträgliche Analyse des Gedankengangs könnte aufzeigen, in welcher Weise hier der Mystiker Carl Albrecht dem Phänomenologen zur Hilfe kommt. Ihm ist möglich, sich auch mit den gar nicht vermeidbaren ersten Festlegungen und vorausgehenden Entscheidungen der Untersuchung, mit den hermeneutischen Vor-Urteilen *nicht* zu identifizieren. Bei aller Ernsthaftigkeit, die das Thema auferlegt, bewahrt sich diese Untersuchung dadurch eine spielerische Leichtigkeit, die derart unvoreingenommen wirkt, dass man versucht ist, ihr so etwas wie Voraussetzungslosigkeit zuzubilligen, die es gewiss nicht geben kann, die sich hier aber immer wieder einzustellen scheint, da die kritische Unnachsichtigkeit ihre Voraussetzungen sogleich vorzeigt und ihre Kriterien relativiert.

So lässt es sich vielleicht erklären, dass Carl Albrecht nicht vorgefasste Ergebnisse anbietet, zu denen die Reflexion erst im Nachhinein die Wege ebnet, und sei es auch im Sinn einer Verifikation. Er setzt vielmehr eine Betrachtung in Gang, die sich gleichsam ahnungslos und ohne Vorbehalt auf die Erfahrungen zubewegt, um sich von den Phänomenen des Versunkenheitserlebens und des Mystischen überraschen zu lassen. Sie treten ihr unversehens entgegen und erschließen sich dem Verständnis wider Erwarten.

Tatsächlich hatte sich Carl Albrecht vorgenommen, die Mystik der Kritik des Denkens *ohne jeden Vorbehalt* auszusetzen, zu überantworten; und er war, wie er mir eingestand, nicht im Geringsten sicher, dass mystische Phänomene der Kritik standhalten würden. Zugleich schien es ihm der Würde des mystischen Erlebens unangemessen zu sein, kritische Nachsicht walten zu lassen und den Zugriff der Anzweiflung zu mildern. Der kritische Zweifel hatte so radikal zu sein wie die Betroffenheit, die mystisches Erleben auslöst.

Solche Vorbehaltlosigkeit der kritischen Nachfrage ist vermutlich nur aufgrund einer Gelassenheit möglich, die selber aus mystischer Ruhe erwächst. Weil ihr die Erfahrungen fraglos evident sind, kann und darf sie diese Erfahrungen einer solchen Überprüfung ausliefern. Gerade darin erweist sich mystische Gelassenheit als echt: Sie ist nicht mit dem mystischen Erleben identifiziert, aus dem sie sich ergeben hat.

Sie lässt sich auch nicht auf eine Wissenschaftlichkeit einschwören, deren Disziplin gerade darin besteht, sich der Relativität der ihr verfügbaren Maßstäbe zu vergewissern und dadurch eine bestimmbare Zuverlässigkeit in der begrenzten Gültigkeit ihrer Aussagen zu erlangen. Andererseits wäre es aber auch falsch, Albrecht zu unterstellen, er habe sich der wissenschaftlichen Möglichkeiten lediglich unverbindlich bedient, als des nun einmal vorliegenden kritischen Instrumentariums, ohne das sich das Erkennen nicht als allgemein verbindlich ausweisen könne. Er vertraute das mystische Erleben wahrhaft rückhaltlos der wissenschaftlichen Überprüfung und Aufklärung an, und dies, scheint mir, ist problematischer als die Tatsache, dass sich das mystische Phänomen in einer solchen Untersuchung als unauflösbar und unbestreitbar erwiesen, als eine dem Menschen mögliche natürliche Erfahrung bewahrheitet hat. Wird da der Wissenschaft nicht viel zu viel zugemutet und zugetraut? Ist dieser kritische Zugriff nicht unangemessen, ja, so unerbittlich vorgenommen, auch unstatthaft?

Gerade wenn man meint, im mystischen Erleben gehe es um die »innersten«, tiefsten und erhabensten Erfahrungen, die Menschen zuteil werden können, wird man entsetzt sein, dieses nahezu heilige und geheimnisvolle Geschehen einer klinisch nüchternen, nahezu teilnahmslosen Untersuchung ausgesetzt zu sehen, als ließe sich Innerlichkeit röntgen.

Lassen wir dahingestellt, was es mit dieser Innerlichkeit auf sich hat. Sehen wir auch davon ab, dass sie sich, wie nicht zuletzt Albrechts Untersuchungen zeigen, tatsächlich sehr weitgehend durchleuchten lässt. Entscheidend ist, dass diese Untersuchungen davon ausgehen, dass jenes *gemeinsame Denken*, das aller Wissenschaft zugrunde liegt und ihr überprüfbare Kriterien gewährt, diesem Mystiker als gleichen Ranges und gerade auch geistig von gleicher Würde erschien wie die tiefsten, aber doch stets einsamen Erfahrungen des Einzelnen. Das unterschied ihn von allen Esoterikern. Mehr noch: Der Wahrheit, die sich diesem gemeinsamen Denken in all seiner kritischen Unzulänglichkeit zu erkennen gibt, wusste er sich mehr verpflichtet als der Wahrheit des eigenen mystischen Erlebens, womit nicht gesagt sei, zwischen beiden sei ein offenbarer Widerspruch aufgebrochen. Wäre das geschehen, hätte sich Carl Albrecht ohne Zögern für das Denken, das Wissenschaft möglich macht, und gegen die Mystik entschieden.

Das mag verwunderlich erscheinen. Albrecht schärfte es mir jedoch immer wieder, als nachgerade unerlässlich für das Verständnis seiner Untersuchungen, mit so großem Nachdruck ein, dass ich nicht im Geringsten bezweifeln kann, was er wiederholt bekannte: Würde das mystische Erleben der Kritik des Denkens nicht standgehalten haben, er hätte es sich untersagt. So gesehen, ist er ein Wissenschaftler gewesen, der Zugang zur Mystik gefunden hat – nicht ein Mystiker, der sich um eine nachträgliche Verifikation seiner Erfahrungen bemüht hat. Ich muss dies so schroff wiedergeben, wie Carl Albrecht es mir gesagt hat.

Wie immer man diese seine Haltung verstehen und beurteilen mag, sie macht es dem Leser seiner Bücher möglich, am oft mühseligen Prozess der Auflichtung und an den kritischen Reflexionen teilzunehmen, durch die sich, angesichts der sich allmählich aufklärenden Phänomene, die Fragen *richtig* stellen lassen. Zu Beginn der Untersuchung liegt nicht einmal eine ungefähre, dämmrige Gewissheit von ihrem Ausgang vor. Die Ergebnisse, zu denen sie führt, bestätigen sogar, dass sie gar nicht vorauszusehen waren. Nehmen sie doch eine gedankliche Form an, auf die es die phänomenologische Methode nicht abgesehen haben kann, da sie sich im Zuge dieses Annäherungsversuches in der angedeuteten Weise umwenden, umformen muss, um dadurch, dass sie ihre Beschreibungen verwirft, das noch aufzuzeigen, was sich nicht mehr bezeichnen und beschreiben lässt.

Anfangs versteht sich Carl Albrecht jedoch durchaus als Phänomenologe im Sinn Husserls, der »zurück zur *Sache selbst*« vordringen möchte. Scheler hat ihn gegen Husserls spätere »transzendentale Reduktion« und Rückwendung zum subjektiven Idealismus gefeit. Nicolai Hartmann hat ihn darauf aufmerksam gemacht, dass die Phänomenologie noch nicht die ganze Ontologie zu konstituieren vermag; zugleich ist er aber aufgeschlossen für Heideggers Verständnis von Philosophie überhaupt als einer universalen phänomenologischen Ontologie, die von der Hermeneutik des Daseins auszugehen hat, welche als eine »Analytik der *Existenz* das Ende des Leitfadens alles philosophischen Fragens dort festgemacht hat, woraus es *entspringt* und wohin es *zurückschlägt*«. [10] Als Aufgabenstellung ist diese Richtlinie Heideggers dann für Carl Albrecht bestimmend geworden. Er versucht, ihr auch dann noch zu folgen, wenn sie sich auflöst.

Vorerst beschreibt er als Psychologe die empirischen Phänomene. Dazu wählt er bewusst den klar und besonders eng bemessenen Beobachtungsrahmen der Bewusstseinspsychologie. Gerade der, so scheint es, lässt dem mystischen Phänomen keine Chance, sich aufzudecken und verständlich zu machen. Er scheint unangemessen zu sein. Zumal dieser Mystiker wenig Zuversicht bekundet, das phänomenologische Experiment könne gelingen; gerade die eigenen Erfahrungen lassen ihm das nur noch unwahrscheinlicher werden. Wie soll wissenschaftliche Reflexion einem Geschehen auf die Spur und nachkommen, das spontan eintritt, das wesentlich kontingent zu sein scheint und in dem das reflektierende Denken wie alle Ich-Aktivität entfallen ist? Vielleicht ist mystisches Erleben im Rückschluss, durch einen Indizienbeweis, als rechtmäßige und gesunde Menschenmöglichkeit zu beglaubigen, aber seine Wahrhaftigkeit und die Wahrheit, die ihr widerfährt, sind doch offenbar anderen als jenen Bereichen zuzuweisen, in denen Verifikationen möglich und sinnvoll sind.

Es ist verständlich, dass sich Carl Albrecht als Arzt und Philosoph einen Weg zur Mystik zu bahnen versuchte, da er ihren Phänomenen in seiner therapeutischen Praxis und im eigenen Erleben begegnet war; dass er sich aber als Mystiker derart hartnäckig um einen Nachweis, um Rechtfertigung, sogar um eine Verifikation dieser Phänomene bemüht hat, lässt sich nur mit seiner Überzeugung begründen, dass dieser Nachweis für das Selbstverständnis der Mystik ebenso notwendig sei wie für das der Wissenschaften und des gemeinsamen Denkens. Der Psychologe in ihm musste herausfinden, ob es sich um »gesunde«, »normale« Erlebnisse handele. Der Philosoph wollte prüfen, ob überhaupt und in welcher Weise mystische Erfahrungen ein echtes Erkennen in sich enthalten und gewährleisten. Aber auch als Mystiker sah er sich dazu verpflichtet, seine Erfahrungen von der Möglichkeit, sie zum allgemeinen Verständnis zu bringen, abhängig werden zu lassen, sie für die dazu erforderlichen Reflexionen aufs Spiel zu setzen. So ungewöhnlich wie seine besondere Fähigkeit, reflektiv denken zu können, ohne die Spontaneität des Erlebens einzubüßen, ist – ich wiederhole es – dieses Vermögen, von der unmittelbaren Evidenz seines mystischen Erlebens abzusehen und auch die eigenen Erfahrungen rückhaltlos der psychologischen und gnoseologischen Kritik auszusetzen. Albrecht wusste, dass er damit einen Ausnahmefall darstellte.

Schau und Reflexion schließen sich gemeinhin aus. In Albrechts Erleben sind sie gelegentlich ineinander übergegangen, konnten sie sich durchdringen. Ebenso sieht sich ein Mensch, dem mystische Erlebnisse widerfahren, auch im Denken so tief getroffen und verwandelt, dass ihm der bloße Gedanke an eine Rechtfertigung oder Beglaubigung der Mystik durch das allgemein verbindliche Denken der, wie man meint, Unerfahrenen absurd erscheint. Es sei denn, er versteht überhaupt nicht, worum es geht, wie manche moderne Inder, und begreift nicht, dass Mystik der Problematik entzogen und wesenhaft dem Metaproblematischen zuzuordnen ist. Doch Carl Albrecht kannte die Aporien, in denen sich Reflexion erschöpft, nur zu gut und war sich von Anfang an darüber im Klaren, worauf er sich einließ. Er begab sich offenen Auges in dieses »kritische Fegefeuer«, wie er selbst seine wissenschaftliche Arbeit später genannt hat, und trat nicht nur pro forma, sondern allen Ernstes in die Rolle des vorurteilslosen Phänomenologen, der sich zurücknimmt.

Zur radikalen Anzweiflung bediente er sich sogar einer besonderen Fähigkeit, die von der Mystik bereits in Anspruch genommen worden war – seines Vermögens zur Innenschau. Wesentliche Analysen sind in der Versunkenheit durchgeführt, manche Beschreibung erst im Versunkenheitsbewusstsein gefunden und zur Sprache gebracht worden. Das war, der Wissenschaft zuliebe, ein bewusster Missbrauch der eigenen Erfahrungen und Fähigkeiten. Jedoch auch Zweifel dürfen nicht blindlings vorgetragen werden. Offenen Auges war dieses Rigorosum durchzuführen, um letzten Endes vielleicht doch einige zureichende Kriterien zu entdecken. Dieser Missbrauch bereits vom Mystischen ermächtigter Fähigkeiten erfolgte, um die Erfahrung wissenschaftlich unanfechtbar und deutlich werden zu lassen. Er musste sich rächen. Auf Jahre hinaus hat sich, wie bereits erwähnt, das Mystische entzogen. Die Innenschau blickte ins Leere.

Dieser Vorgang bleibt rätselhaft. Albrecht selber vermochte ihn nicht hinreichend zu erklären. Er sprach oft darüber, beantwortete dann aber Nachfragen mit Schweigen. Mir schien und scheint heute mehr denn je, dass er über sein inneres Schicksal nichts sagen wollte und auch aus Scheu, so etwas wie einen Auftrag einzugestehen, nicht reden konnte; denn dass es notwendig gewesen sei, eigentlich schon mystische Fähigkeiten in den Dienst wissenschaftlicher Untersuchung zu stellen, hat er nie geleugnet. »Einmal musste das geschehen …«, sagte er mir noch zuletzt. Dennoch sei die Arbeit an den beiden Büchern einem Purgatorium gleichgekommen. Dabei sei die Zurückhaltung, die er sich auferlegen musste, noch die leichteste Disziplin gewesen. Sie entsprach der natürlichen Wesensart dieses Menschen.

Mir scheint es geboten, so ausführlich auf diese Vorfragen einzugehen, um der inneren Spannungen gewahr zu werden, aus denen Albrechts Untersuchungen hervorgegangen sind. Um der Klarheit ihrer Ergebnisse willen mussten Einbußen hingenommen, musste Buße geleistet werden. Das Unterfangen erwies sich als alles andere als harmlos. Es war ebenso gefährdend für das eigene mystische Erleben wie für das Selbstverständnis wissenschaftlichen Denkens im Allgemeinen. Albrechts Nüchternheit lässt diese innere Dramatik des Gedankengangs nicht zum Vorschein kommen. Erst eine gründliche Interpretation des gesamten Werks, die hier zu weit führen würde, könnte sie bemerken und die Tragik verstehen lernen, die diesen Versuch beherrscht: Mystik und Denken sind einander so sehr entfremdet, dass eine Verständigung zwischen ihnen nur unter Opfern herbeigeführt werden kann. Albrecht hat auf seine Weise unter diesem historischen Verhängnis gelitten – ohne viele Worte darüber zu verlieren. Wie ein Naturwissenschaftler hat er sich auf Empirie und genaue Beobachtungen verlassen. Dass dabei fremde Maßstäbe, und zwar möglichst strenge, die allgemein gelten, von außen an die mystischen Phänomene herangetragen werden mussten, lag nicht an ihm. Vorerst lassen sich keine geeigneteren finden. Worauf er achtete und worin sich zeigt, dass er eben nicht als Blinder von der Farbe redet, ist lediglich dies: Über das sich immer mehr einengende Blickfeld der wissenschaftlichen Optik hinaus werden die unermesslichen Tiefen des konkreten Erlebens sichtbar. Auch das unerfahrene Nachdenken vermag über den Rand des Okulars hinweg die Wirklichkeit der mystischen Erfahrungen im Blick zu behalten.

Zugleich ging es ihm darum, die Rückwirkungen dieses Versuches, Ungreifbares zum Begriff zu bringen, auf das Denken deutlich werden zu lassen, also den Leser in die Lage zu versetzen, der kaum erträglichen Spannung gewahr zu werden, die zwischen wissenschaftlicher Vergewisserung und mystischer Gewissheit entstanden sind. Die Konflikte mitzuerleben, in denen mit fortschreitender Prüfung, Klärung und Sicherung der mystischen Relation die kritischen Instrumentarien der wissenschaftlichen Prüfungsmethoden als unzureichend oder untauglich selber der Kritik verfallen.

Er hat mir mehrfach versichert, eben dies habe er nicht vorausgesehen. Doch selbst wenn es nicht so gewesen wäre, dies sei nachzuweisen gewesen. In dem Maß, in dem das Phänomen unbezweifelbar wird, werden die psychologischen und philosophischen Voraussetzungen und Maßstäbe, von denen aus das mystische Phänomen befragt wird, ungewiss, zweifelhaft und fragwürdig.

Das beginnt mit den räumlichen und zeithaften Vorstellungen, in denen wir uns psychische Vorgänge zum Bewusstsein bringen, in gegenständlich entworfenen Kategorien, mit denen wir so leichtfertig umgehen, und es endet nicht bei den idealistischen Implikationen der uns geläufigen Erkenntnisbegriffe, bei der Imagination eines Ichs, das sich als Innen gegenüber einem Außen, gedanklich und sprachlich, zu behaupten sucht; auch nicht bei den Existenzialien der Analytik des Daseins als Fundamentalontologie. Dieser Versuch einer Kritik der Mystik führt das Denken selbst unweigerlich in eine letzte Krisis.

In diesem Zusammenhang ist dieser Prozess nur andeutungsweise zu beschreiben. Diese Umkehr der Kritik als methodische Konsequenz lässt Albrechts Untersuchungen weit über ihr Thema hinaus bedeutsam werden. Sie hätte nicht so unausweichlich eintreten, nicht so zwingend durchgeführt werden können, wären schon zu Beginn dieses Gedankengangs Vorbehalte gemacht und gegen die Bedingungen und Möglichkeiten heutiger Bewusstseinslage Einwände erhoben worden. Stattdessen wird – und wer an die List der Vernunft glaubt, mag meinen *deshalb* wird – die Identifikation des Denkens mit seiner besonderen Verfassung in der Wissenschaftlichkeit fast fraglos akzeptiert. Lediglich dadurch, dass auch die geringfügigste methodische Wendung, jede Verschiebung der Perspektive, jede Korrektur der Maßnahmen zur Sprache kommt, wird auf die Unangemessenheit der Kategorien aufmerksam gemacht. Immer wieder erweisen sich die vorgenommenen Abgrenzungen als trügerisch, wird eine gerade erfolgte Beschreibung angesichts des Phänomens hinfällig. Der Vorgang der Untersuchung gleicht einem ständigen Auswechseln eingefärbter Gläser vor der Lichtquelle. Noch durch das dunkelste Glas dringen die Strahlen und lassen dem Auge einen Glanz sichtbar werden, den es ungeschützt nicht ertrüge.

Dieses eigentümliche Abenteuer der Vergewisserung ist nur mit wachsender Erregung zu verfolgen. Indem unablässig Einblick in die methodologischen Vorüberlegungen gewährt wird, gewinnen die Aussagen eine merkwürdige Durchsichtigkeit zu ihren Bedingungen hin, bleiben auch komplizierteste Erwägungen transparent. Dies wird möglich in der klaren inneren Anschauung des Gedankens als Denk-Gestalt; in sehr einfacher Sprache können deren Konturen nun nachgezeichnet werden. Entkleidet aller Unbestimmtheiten, wird eine gleichsam klinische Untersuchung der Fragestellungen durchgeführt, die an die Beobachtung von Symptomen in der medizinischen Diagnose erinnert.

5. BEDINGUNGEN UND MÖGLICHKEITEN DES NACHWEISES MYSTISCHER PHÄNOMENE

Der Überblick über die keineswegs klare Problemlage in den Wissenschaften hat Carl Albrecht dazu gezwungen, unter den verschiedenen denkbaren Zugangswegen zum mystischen Phänomen die bewusstseins-psychologische Phänomenologie und die gnoseologische Kritik auszuwählen:

»In der gegenwärtigen Lage der Wissenschaft, die durch einen Zerfall in Teilwissenschaften mit inkongruenten Prinzipien gekennzeichnet ist, musste eine Wahl aus Zweckgründen getroffen werden. Die Tatsache einer Wahl als solcher ist Folge der wissenschaftlichen Situation, und darum fällt auch allein dieser die Einengung des Zugangsweges zur Last. Unter den verschiedenen möglichen Wegen schien mir die psychologische Phänomenologie am besten zu gewährleisten, dass das Ziel, eine wissenschaftliche Erhellung des mystischen Phänomens zu gewinnen, auch erreicht wurde. In dem gegenwärtigen Zeitbewusstsein ist das Phänomen Mystik nur als Zerrbild enthalten. Es sollte erwiesen werden, dass die mystische Versunkenheit ein überklarer und gesunder Bewusstseinszustand ist. Der Beginn der Innenschau musste erarbeitet werden, und die phänomenologische Scheidung zwischen einem Ankommenden aus der Selbstsphäre und einem ankommenden Umfassenden vollzogen werden, um eine Grundlage zu schaffen für philosophische Fragestellungen, seien diese erkenntnistheoretischer oder metaphysischer Natur.«[11]

So leitet das Ende des ersten in die Aufgaben des zweiten Gedankengangs über, zu dessen rechtem Verständnis es ebenso notwendig ist, sich dieses methodischen Vorentscheids bewusst zu bleiben. Wird er außer Acht gelassen, versteht man kaum, warum dieser Forschungsweg so vorsichtig, mit einer jeden Schritt prüfenden Bedachtsamkeit begangen wird, die mühsam und geradezu quälend wirken kann. Dann wird auch kaum bemerkt, dass dieser Konflikt zwischen dem immer deutlicher in Erscheinung tretenden Phänomen, der mystischen Relation, und einer sich immer enger zusammenziehenden wissenschaftlichen Optik unausweichlich und notwendig ist: Er ist das versteckte Thema dieser Untersuchungen.

Verräterischerweise könnte hier die philosophische Kritik zu demselben Missverständnis verleitet werden wie ein unbedenklicher Mystizismus: Albrecht sei eben ein naiver Rationalist, ein positivistischer Empiriker. Wie jedes ernsthafte Missverständnis träfe auch dies einen Teil der Wahrheit. Im Szenarium seines Lebens hat er auch diese Rolle angenommen und bis zuletzt gern gespielt, mit einem vergnügten Augenzwinkern. Ungenauigkeiten, Verschwommenheit, Unordnung waren ihm zuwider; mangelndes Vertrauen zur Rationalität, mangelnde wissenschaftliche Akribie, Leichtfertigkeit im Urteil – all das sollte und kann man ihm nicht vorwerfen. Nur war diese Wissenschaftlichkeit wie die penible Ordnung seines Tageslaufes alles andere als naiv. Sie kannte genau die Grenzen ihrer Zuständigkeit, ihrer methodischen Möglichkeiten; und wenn Albrecht es als Auftrag empfand, diese Grenzen auszuweiten, so geschah das nicht aus Wissenschaftsgläubigkeit, sondern aus tieferen Motiven.

Hielt er doch den vorherrschenden Szientismus in einem genauen, auch medizinischen Sinn für krank – eine Ausflucht des verängstigten Bewusstseins in die Infantilität. So ist auch die Entscheidung zu Ansatz und kategorialer Bedingung seiner Untersuchung von einem gewissermaßen ärztlichen Entgegenkommen bestimmt worden. Dieser Versuch eines Nachweises musste von Voraussetzungen ausgehen, die allenthalben anerkannt und für zuverlässig gehalten werden, wie unangebracht und unangemessen sie auch seien: So zum Beispiel ein Erkenntnisbegriff, der durch vorgängige Abstraktionen in den psychologischen wie in den nachfolgenden gnoseologischen Überprüfungen zu einer imaginären Neutralität verpflichtet, als gäbe es dieses archimedische Observatorium transzendentaler Subjektivität, von dem aus sich alles gegenständlich betrachten ließe; und dessen skeptische Kriterien nur gelten lassen, was sich verifizieren – also auch das wesenhaft Nicht-Objektivierbare nur in dem Maß, in dem es sich, und sei es unter Einbuße seines wesentlichen Sinns, doch irgendwie objektivieren lässt.

Eben dazu sah sich Carl Albrecht genötigt: Zu dem Versuch eines Nachweises. Er selber scheute sich nicht zu sagen: Zu einer Verifikation der mystischen Phänomene unter allgemein anerkannten Bedingungen, nach Maßgabe der vorherrschenden Wissenschaftlichkeit – also für dieses auf Objektivationen eingeschworene Denken. Dabei ging es ihm nicht allein um die Bestätigung des mystischen Erlebens. Sich selbst, den Mystiker, brauchte Albrecht nicht von dessen Wirklichkeit und Wahrheit zu überzeugen. Anderen zu erklären oder gar den Beweis dafür zu liefern, dass es dies gibt – ein gesundes, waches, klares mystisches Erleben und Erkennen – hätte ihn wohl kaum dazu veranlasst, die Mühsal solcher Untersuchungen auf sich zu nehmen. Als erfahrener Psychotherapeut wusste er nur zu gut, wie blindwütig sich ein verängstigtes Bewusstsein gegen Einsichten sperrt, durch die es seine vermeintlichen, schmalen Gewissheiten bedroht sieht; wie hartnäckig es Erfahrungen ignoriert, von denen es sich ausgeschlossen glaubt.

Aber gerade damit war die eigentliche Aufgabe, das eigentliche Problem gestellt. Absonderlich ist ja nicht die Tatsache, dass der eine oder andere das Mystische zu erfahren vermag; rätselhaft ist die Überzeugung der allermeisten abendländischen Menschen, dass sie solcher Erfahrungen nicht gewürdigt worden, von der Präsenz des Mystischen nicht betroffen seien. Absonderlich und beklemmend ist, dass sich das heutige Bewusstsein weithin gegen die Nähe, das Licht, die Anwesenheit des Geheimnisses abzuschirmen vermag, ohne zu bemerken, dass dies nur gewaltsam, in einer krankhaften Verkrampfung ins Abstrakte, nur irrational geschehen kann. Diese Unaufmerksamkeit gegenüber dem eigenen Erleben, die immer weniger wahrzunehmen vermag, was sie erfährt – und zwar nicht allein gegenüber der mystischen Präsenz, sondern ebenso angesichts jeder anderen Anwesenheit, die uns leibhaft begegnet, blind für das eigene Leibsein, für das Konkrete überhaupt – diese Unaufmerksamkeit ist anerzogen. Wie die Erfahrungen der Leibhaftigkeit werden die mystischen Erlebnisse nicht beachtet und anerkannt, weil sie als solche nicht gedacht werden können. Es gehört zur Technik ihrer Verdrängung, dass Mystik für undenkbar gehalten wird.

Solche Abschirmungen sind nur indirekt zu beseitigen. Die Riegel sind eingerostet. Die Halterungen, in denen sie festklemmen, müssen entfernt werden. Aber eine solche Destruktion der falschen Vorstellungen ist nur möglich, wenn die Bewusstseinsverfassung derer berücksichtigt wird, die solcher Zwangsvorstellungen bedürftig sind. Sie wird durch Ängste konstituiert, die jedes Gewahrwerden, jede noch so vorläufige Erkenntnis bereits wachrufen und in Kraft setzen kann. Diese Verängstigung galt es aufzulösen, um Mystik als eine normale und natürliche Erfahrungsmöglichkeit des Menschen erklären zu können; denn nur dann ist das mystische Erleben korrekt aufgewiesen, wenn es nicht mehr als Ausnahmefall verstanden werden kann.

Listigerweise versteht sich dieses persistente Nicht-wissen-Wollen, das auch in der Tat nicht zur Kenntnis nehmen kann, aufgrund vermeintlicher Gewissheiten. Was Mystik sei, wisse man doch; deshalb könne man auch zweifelsfrei sicher sein, nie vom Mystischen berührt worden zu sein, geschweige denn es jemals zu Gesicht bekommen zu haben. Man gibt vor, absolut gewiss zu sein im Nichtwissen. Angesichts dieser absurden Verstellung sah sich Carl Albrecht zu therapeutischer Vorsicht und äußerster pädagogischer Disziplin in den Aussagen verpflichtet. Die möglichen Missverständnisse waren vorauszusehen. Welche Sorgfalt und Geduld er aufbrachte, zeigen besonders deutlich die späteren Erklärungen des schon Sterbenskranken zum mystischen Sprechen aus der Versunkenheit, die hier vorgelegt werden.

Wer nicht im gleichen Maß unfähig zum Zynismus ist wie Carl Albrecht, dem mag dies Abenteuer der Reflexion wie eine spirituelle Don-Quichotterie vorkommen. Unverdrossen barmherzig, aufrichtig und ritterlich kämpft das Denken des Mystikers gegen die Windmühlenflügel der Vorurteile, ficht mit Vorstellungen, die jeder vernünftige Hindu oder Buddhist als die sattsam bekannten Phantome der Maya, als Imagination im Samsara unbeachtet und unerwähnt lassen könnte. Unseren abendländischen Überlieferungen sind jedoch die Kriterien des geistlichen Lebens, die Methoden der Verwirklichung weithin abhanden gekommen. Carl Albrecht hat diese Situation, in der die Wegweisungen vergessen sind, ernst genommen. Nicht nur geschichtlich, auch real ist dies der Ort, von dem unser Denken auszugehen hat – in einer Unerschrockenheit besonderer Art, in der Solidarität mit den Unwissenden. Ihnen ist nicht zu helfen durch die Feindseligkeit gegen die Unwissenheit, wie berechtigt sie auch sein mag. Die Verfangenen halten sich an den Gitterstäben fest – an ihren Vorstellungen, die sie sich vom Unvorstellbaren gemacht haben.

Dass diese Vorstellungen auch in den Wissenschaften und, seltsamerweise früher noch, in den Theologien zur Geltung gelangt sind, gehört zum abendländischen Schicksal.

Hier sind nicht die Konstellationen anzugeben, unter denen es gestanden hat. Nur dies sei angemerkt: Lesen und deuten lassen sie sich erst, wenn unter anderem – werde es nun als Selbstentfremdung, Seinsvergessenheit, als Verleugnung des Leibes oder als Tod Gottes zum Verständnis gebracht – auch berücksichtigt wird, dass im westlichen Abendland die Überlieferungen religiöser Praxis zerfallen sind und das vorherrschend gewordene religiöse Denken, Theologie genannt, die Mystik immer tiefer verwunschen und missverstanden hat. Vorerst brauchen uns die teils guten, teilweise aber auch bösartigen Gründe dieses Fehlverhaltens noch nicht zu beschäftigen. Beachtenswert ist jedoch, dass viele wissenschaftliche Interpretationen in der Unfähigkeit, mystische Phänomene als solche anzuerkennen und zu verstehen, sich als profane Wiederholungen vergessener theologischer Vorbehalte hervortun. Gerade in dieser Frage zeigt sich, wie entscheidend Theologie, als spezifisch kirchliche, aus dem konziliar empfangenen Dogma als dessen Interpretation entsprungene Denkmöglichkeit, die Prinzipien der Wissenschaftlichkeit bestimmt hat, die nicht selten Dogmen des allgemeinen Bewusstseins, des *common sense*, dogmatisch interpretiert, ohne sich ihrer bewusst zu sein.

Zumindest ist nur im Christentum dieses religionsgeschichtliche Sonderphänomen aufzufinden: Theologie im eigentlichen Sinn, also Reflexion einer Orthodoxie, die nicht notwendig auf eine methodisch vermittelte Orthopraxis angewiesen ist – und die eine religiös unbestimmte Verfassung eines religiös auch kaum noch motivierten Bewusstseins hervorruft oder zulässt. Radikal säkularisiert gewinnt dieses Bewusstsein die gleiche Verbindlichkeit und Autorität, wenn möglich noch größere Glaubwürdigkeit als ehedem die Wahrheit religiöser Überlieferungen. Im Unterschied zu jenen hat es jedoch zum konkreten Dasein, zu allen Fragen menschlicher Existenz buchstäblich gar nichts zu sagen. Vermag es solche Fragen doch nicht einmal sinnvoll zu stellen. Ohne das erstaunliche Vertrauen der Theologie, absolute Wahrheit könne sich selbst in einem vom Geist Gottes beatmeten Denken der konziliaren Gemeinschaft ausdenken und so in menschlicher Sprache eine authentische, wenn nicht eindeutige, so doch der Vernunft einsichtige Gestalt annehmen, wäre Wissenschaft, wie ich vermute, unglaublich geblieben und deshalb wohl auch gar nicht entworfen worden. Sie kann ihre Herkunft nicht verleugnen – von einer theologischen Wahrheit, die allgemein zu verstehen ist, ohne die leibliche Existenz des Einzelnen notwendig, um überhaupt erkannt werden zu können, in Anspruch zu nehmen, deren Verleiblichung zwar gefordert, aber nur in einem einzigen Fall als menschenmöglich angenommen wurde. Abstraktionen im religiösen Denken haben die rigorose Abstraktion, die eine perfekt säkularisierte Rationalität darstellt, zur Welt gebracht.

Insofern ist es nicht verwunderlich, dass theologische Ressentiments gegenüber dem mystischen Erleben in vielen vermeintlich rationalen Vorbehalten weiterwirken und umgekehrt durch eine Phänomenologie der mystischen Erfahrungen Grundfragen aufgeworfen werden, die sich in einem Denken, das sich aller religiösen Bestimmungen, auch der Metaphysik, entledigt zu haben glaubt, kaum oder gar nicht korrekt artikulieren lassen. Es verliert sich unausweichlich in Aporien.

Carl Albrecht hat diese Problematik in seinen Schriften nicht erwähnt. Sie diktierte jedoch die Bedachtsamkeit seiner Untersuchungen. Eben diese Aporien sollten unausweichlich werden. Über Mystik dürfe nur noch so gesprochen werden, dass Ausflüchte, auch die vermeintlich theologischen, unmöglich würden oder doch zumindest als solche sofort zu erkennen seien. Gerade deshalb sei unnachsichtige Genauigkeit und Härte der Argumente, der Begriffe geboten.

Rückblickend wusste er selber, dass sich die Mühsal seines Denkweges gelohnt hatte. In ihrem Kern, in der Präsenzerfassung der bildlosen Schau, hat sich die mystische Relation nicht nur als phänomenologisch zugänglich, sondern in der gnoseologischen Prüfung auch als trugfrei und unbestreitbar erwiesen. Je deutlicher sich dieses bildlose Zentrum aus den kreisenden Bildern und Gestalten mystischen Erlebens herauslösen ließ, desto eindeutiger kehrte die Kritik sich um, erwiesen sich die Kategorien und Begriffe, die an das Phänomen herangetragen wurden, als unzulänglich. Mystik ist erklärlich, und zugleich ist eine grundlegende Revision des Denkens unerlässlich geworden. Das Phänomen erzwingt die Rekapitulation der Methoden und die Suche nach anderen, weiteren, tieferen Ansätzen eines Denkens, das insofern »neu« ist, als es heimkehrt ins Konkrete.

Zugleich ist mit den Grenzen wissenschaftlicher Denkmöglichkeiten eines ihrer Motive deutlich geworden, das nicht genügend beachtet worden ist: Auch angesichts des Mystischen ist es sinnvoll und rechtmäßig, *gemeinsam* zu denken. So wie sich mystisches Erfahren und Erkennen vor der Kritik der Wissenschaftlichkeit bewahrheitet, werden rückwirkend auch deren Form und deren Kriterien bestätigt, denen sich das mystische Erleben im Wesentlichen unbeschadet aussetzen kann. Einerseits zwingt Kritik zur Aufmerksamkeit, wenn sie nur radikal genug ist; andererseits hat sich auch das mystische Erleben der Disziplin gemeinsamer Verantwortung zu unterziehen.

6. ZUR »PSYCHOLOGIE DES MYSTISCHEN BEWUSSTSEINS«

Nicht ohne Bedenken, aber ohne Zögern erklärt sich Albrecht dazu bereit, das Begriffssystem der psychologischen Schulen als Prüfstein ausdrücklich anzuerkennen. Die weiteren Untersuchungen werden streng empirisch begründet: »Die Rückwendung während der Versenkung auf das eigene Erleben kann allein Grundlage einer psychologisch richtigen Untersuchung sein«[12], heißt es im Vorwort. Geschieht »diese Selbstbeobachtung« doch »in einer ungewöhnlichen Klarheit«. Nur diese knappe Andeutung gibt zu erkennen, dass sich der Verfasser bei seinen Forschungen dieses überhellen und überwachen Bewusstseins in der Versunkenheit als eines Observatoriums bedient hat.

Als Methode wird die psychologische Phänomenologie gewählt und mit einigen Verweisen auf Begriffsbestimmungen von Karl Jaspers[13] von der auf anderen Prinzipien beruhenden philosophischen Phänomenologie abgegrenzt. Das Wort, das für Hegel die Gesamtheit der Erscheinungen des Geistes in Bewusstsein, Geschichte und Denken bezeichnet, wird also hier nur »für den viel engeren Bereich individuellen seelischen Erlebens« verwendet; im Sinn des frühen Husserl bezeichnet es eine »deskriptive Psychologie«.

Wie problematisch diese methodische Eingrenzung angesichts des mystischen Phänomens und als strikte Verhaltenheit eines der Wesensschau fähigen Blicks bleibt, haben wir erwähnt. Dennoch hat sich Carl Albrecht hartnäckig darum bemüht, sie beizubehalten. Mit einem weiteren Jaspers-Zitat bestimmt er seinen Ansatz: »Nur das wirklich im Bewusstsein Vorhandene soll gegenwärtig werden, alles nicht wirklich im Bewusstsein Gegebene ist nicht vorhanden. Wir müssen alle überkommenen Theorien, psychologischen Konstruktionen, alle bloßen

Deutungen und Beurteilungen beiseitelassen, wir müssen uns rein dem zuwenden, was wir in seinem wirklichen Dasein verstehen, unterscheiden und beschreiben können. Dies ist eine, wie die Erfahrung lehrt, schwierige Aufgabe.«[14]

Wie schwierig sie in diesem Fall ist, erweist sich sogleich daran, dass sich ein gemäßes Vorstellungsbild, unter dem sich Bewusstsein denken lässt, schlechterdings kaum finden lässt. Bilder wie »Feld« oder »Bühne« sind nur begrenzt tauglich. Auch ein »fensterloser Innenraum mit Tiefe und Grund« stellt das Bewusstsein in der Versunkenheit nur unzulänglich vor. So wird gleich deutlich, dass die Rahmen, in dem sich Feststellungen treffen und Begriffe ausbilden lassen, die konkrete Wirklichkeit des Bewusstseins nicht umfassen können. Dennoch müssen nun in solchen Beobachtungsrahmen die Gegebenheiten überprüft werden: Die sensorischen und sensiblen Umweltwahrnehmungen und die vitalen Bereiche des Wahrnehmens, das Leiberleben, die Vitalgefühle und die Gestimmtheiten.

Aus diesen Voruntersuchungen ergeben sich die ersten Kennzeichnungen des Versenkungsgeschehens. Sie lauten:

»Die Versenkung ist eine Herauslösung aus der Umwelt. Die Versenkung ist der Vorgang einer Entleerung des Bewusstseinsraumes. Die Versenkung ist eine Vereinheitlichung des Bewusstseins.«[15]

Ihnen folgt die Erklärung des Versenkungsverlaufes als sowohl durchgängig geordnetes wie auch durchgängig determiniertes Geschehen. Dieser Vorgang ist als eine Desintegration des Wachbewusstseins und als Integration des Bewusstseins im Zustand der Versunkenheit zu verstehen, wobei sich die Triebe wie die Einzelelemente des Bewusstseins wandeln, umfügen und einer neuen Vereinheitlichung des Bewusstseins in der Versunkenheit einfügen.

Die Versenkung wird durch einen wachsenden Willensakt mit klarer Zielsetzung und determinierter Tendenz eingeleitet; dass sich dieser ›primären‹ Einstellung, die zur Versunkenheit hinführt, ›sekundäre‹ Einstellungen verbinden können, durch die in Versenkung oder Versunkenheit verschiedene spezifische Leistungs- und Erfahrungsweisen ausgelöst und ausgebildet werden, ist schon erwähnt worden und hat die Klarstellung des Phänomens, um das es uns geht, ermöglicht. Bedeutsam ist vorerst für das Verständnis des Geschehens, dass es zwar durch einen Willensakt eingeleitet wird, selber aber auf keiner Stufe der Versenkung, geschweige denn in der Versunkenheit einen *ich-aktiven* Willensakt zulässt. *Wille und Versenkung schließen einander aus.*

Diese Feststellung kann zu Missverständnissen Anlass geben, wenn außer Acht gelassen wird, dass hier der zwar präzise, jedoch gerade in diesem Zusammenhang fragwürdige Willensbegriff der Psychologie zur Anwendung gelangt. Man wird sich fragen müssen, ob denn dieses ich-hafte und als solches erlebbare Wollen im eigentlichen Sinn *Wille* ist und so genannt werden darf? Regen sich nicht in den ›Vollzügen‹ des Versunkenheitsbewusstseins, gerade in ihrer spezifischen Grundgestimmtheit der Ruhe, ausrichtende Impulse, die den ganzen Menschen ergreifen, obgleich sie wesensgemäß ich-entbunden sind? Und dürfen nicht gerade sie Wille genannt werden? Gibt sich nicht in jener ›Ganzheit der Gefühlslage‹, in der Ruhe selbst, die das Bewusstsein allmählich vom Grund her durchtränkt, eine Grunderschlossenheit zu erkennen, in deren Bereitsein ein gleichsam entspannter, kaum noch oder gar nicht mehr ich-gebundener Wille »wartet«? Entspricht dem nicht, dass dieses Warten sich auf nichts mehr bezieht, leer zu sein scheint, *ohne Erwartungen*? Ruhe kann als noch unbestimmte Ankündigung und vorauslaufende Einwirkung mystischer Ankunft verstanden werden; ihr Aufgetansein willigt ein in die bevorstehende Erfahrung des Kommenden. Ist nicht dies auch und eigentlich *Wille*, der zu sagen erlaubt, ›*ich selbst will*‹ – bereit zu Entgegnung und fähig zur *Einwilligung*?

Entsprechendes ließe sich auch für die Gedankenabläufe erfragen, die in der Versunkenheit zum Stillstand kommen; das Denken kommt mit ihnen *nicht* zum Erliegen. Vielmehr meldet sich in der Versunkenheit, sobald sich mitgebrachte, ›sekundäre Einstellungen‹ in überklaren Denkbewegungen aktualisieren, deutlicher als im Wachbewusstsein auszumachen, aber auch im *unmittelbaren Einsehen*, ein womöglich ursprünglicheres, über alles bloße Nach-Denken hinausreichendes, spontanes und mit der Ganzheit des Wesens geleistetes Denken zu Wort. Es schaut nicht nur Gedanken, die sich ausbilden, Gedanken, die das Ich ›*hat*‹ – es ist *Erleben als Erkennen*, weit mehr als eine bloß psychologische Funktion, sondern Existenzvollzug im Licht. Ist nicht das erst das eigentliche Denken, das dazu berechtigt zu sagen: Ich selbst denke oder es denkt in mir? Die von Albrecht aufgewiesene Verlagerung der Aufmerksamkeit in der Versunkenheit, die sich von den gegenstandsgerichteten Akten ab- und den unmittelbar erlebten Zuständlichkeiten des Ichs zuwendet, würde in diesem Sinn für die asiatischen Erkenntnislehren gerade Denken – für einige Schulen, etwa den Karma-Yoga, ähnlich für die Bhagavadgita, auch das wahre Wollen – erst frei setzen.

Aber noch aus einem anderen Grund sind diese kritischen Anmerkungen geboten.[16] Man könnte übersehen, dass ein Fehlen des Willens-Erlebnisses, das für Albrecht den Bewusstseinszustand in der Versunkenheit bestimmt, noch nicht das Erlöschen des Willens bedeutet. Die in der Versenkung sich ausbreitende Ruhe als Qualität des Gesamterlebens und die übergroße Klarheit des Versunkenheitsbewusstseins, die den Bewusstseinsraum durchdringt und auch die Störungserlebnisse und die mitbewusste Randsphäre umfasst, lässt einen ich-aktiven Willensakt nicht zu. Er kann natürlich einsetzen, doch zerstört er augenblicklich das Gefüge der Ruhe und der Versunkenheit. Jenes ich-freie und befreiende Einwilligen wird jedoch auch nicht als eine vom Ich gesetzte Entscheidung erlebt. Das Sich-Auftun, dieses Erschlossen- und Bereit-Sein, werden als ›mit ganzer Seele getan‹ und zugleich als vollkommen unwillkürliche Vollzüge erfahren – so absichtslos wie Liebe.

Damit stellt sich die Problematik des Ich, die schon in einem anderen Zusammenhang hervorgehoben werden musste, bereits beim ersten Blick in die Welt des Versunkenheitserlebens als ausschlaggebend für ein korrektes Verständnis der Geschehnisse dar. In der Tat fehlt »das Erlebnis eines echten Willensaktes« in der Versunkenheit, nicht aber der Wille und die jederzeit bestehende Möglichkeit, ihn ich-aktiv wieder in Kraft treten zu lassen. Dieser Tatsache versuchen Begriffe wie Absichtslosigkeit oder Willkürfreiheit Rechnung zu tragen, die besonders darauf aufmerksam machen, dass von einer Freiheit des Willens erst in Bereichen sinnvoll gedacht und gesprochen werden kann, in denen Autonomie hinfällig geworden ist[17] und eine solche Freiheit von Willkür herrscht.

Sieht man jedoch die Entscheidung zwischen konkurrierenden Motiven als wesentliches Kennzeichen der Willenshandlung an,[18] so muss einfachhin von einem Erlöschen des Willens in der Versenkung ausgegangen werden. Dadurch wird die Problematik jedoch nur verlagert, und man gerät in verschiedene Aporien. Ist doch bereits in allen einfachen Willenshandlungen eine solche Wahlentscheidung gar nicht gegeben. Auch lässt sich vielfach nachweisen, dass ein willentliches Sich-Verfügen – etwa in Versenkung und Gebet, aber auch in durchtragenden Einstellungen des Fragens und Denkens – im nebenher und nach außen hin normale Willenstätigkeiten und Entscheidungen zulässt. Vor allem aber bleiben diesem Vorverständnis eigentliche und elementare Willensvollzüge, in denen gar kein ›was‹ zur Wahl steht, sondern nur ein ›dass‹, ein ›ob oder ob nicht‹, in ihrem Wesen unfassbar. Als eines Urphänomens wird es des Willens gar nicht gewahr.

Entscheidend werden diese Fragen für die Bewertung mystischer Erfahrungen in Philosophie und Theologie, wo sie zumeist ungenügend reflektiert werden. Diese Wertungen sind oft allzu deutlich von der uneingestandenen Angst diktiert, in der Willkürlosigkeit büße der Mensch seine Freiheit ein, während sich in ihr der Wille lediglich aus den Voraussetzungen und verwunschenen Vorentscheidungen einer vom Ich entworfenen und bestimmten Perspektive löst. Das entspricht dem Fazit der existenzphilosophischen Analyse, dass *Autonomie den Bereich einnimmt, in dem Freiheit unmöglich geworden ist*[19].

In dieser Sicht gewinnt die Versenkung eine hohe Bedeutung; in ihr kommen die setzenden und steuernden Funktionen des Ichs zum Erliegen. In dem Maß, in dem dies geschieht, können abgedrängte und unterdrückte Erlebnisinhalte wieder in den Bewusstseinsraum eintreten, kann sich Abgespaltenes einfügen. Darauf beruhen die psychotherapeutischen Möglichkeiten des Versenkungsgeschehens. Das Versunkenheitsbewusstsein kennt dann zuletzt keinerlei Spaltungen mehr. Es ist integriert in einem umfassenden, vollen Sinn. Je weiter die Versenkung fortschreitet, desto fugenloser wird nicht nur die Außenwelt abgeschirmt, desto weitreichender werden auch innere Störungsmöglichkeiten aufgelöst. Das Erleben wird zu einem ruhigen, kontinuierlichen Fluss sichtbarer, hörbarer, denkbarer Gestalten, in denen sich der Strom des Fühlens ausformt. Diese Bildabläufe werden in ungeminderter Überklarheit angeschaut. Sie sind – wie Albrecht betont – wesentlich verschieden von den Traumbildern, in denen sich Strebungen des Unter- oder Unbewussten ausdrücken, die im Zwielicht und unklar bleiben. Im Unterschied zu deren Allegorien lassen die Bilder des Versenkungsbewusstseins auch keine Psychoanalyse zu, weil sich in ihnen nicht wie in geträumten Bildsymbolen unterschiedliche Teilinhalte verdichten, sondern das Versenkungsgeschehen sich klar ordnet und unmittelbar ausformt. An ihnen lässt sich lediglich der Fortgang der Versenkung zur Versunkenheit und zu deren absoluter Ruhe hin ablesen. Dass sich dabei von Fall zu Fall spezifische und aufschlussreiche Strukturen der jeweiligen Persönlichkeit erkennen lassen, ist ohne Weiteres verständlich. Aber Einzelelemente sind aus ihnen *nicht* hervorzuholen und ans

Licht zu bringen; die Versenkung dient, wenn man das voreilig sagen darf, nicht der Analyse, sondern weit eher einer Psychosynthese.

Weil dieses Geschehen die übliche therapeutische Verantwortung übersteigt und Seelsorge erfordert, trat Carl Albrecht – je älter er wurde, desto nachdrücklicher – dafür ein, dass es der Leitung eines erfahrenen Beobachters und Führers anvertraut werden solle. Er selbst hatte seinen Weg ohne einen solchen ›Guru‹, wie der Meister im Yoga genannt wird, suchen müssen. Rückblickend erkannte er nur umso deutlicher, wie notwendig im regulären Fall die persönliche Unterweisung durch einen des Weges Kundigen ist. Er hat darüber zu wachen, dass sich die Störungen in der rechten Weise auflösen und das, wodurch sie hervorgerufen werden, sich dem geordneten Gefüge des Bewusstseins verbindet; dass auch nach Möglichkeit gefahrlos jene Umfügung des Bewusstseins eintritt, in deren Verlauf sich, wie es Albrecht beschrieben hat, die rezeptiven, passiven Erlebnisweisen des Ichs ausformen und vereinigen.

In ihnen findet das Ich selbst zu einer einheitlichen Offenheit, die im alltäglichen Wachbewusstsein zumeist aufgespalten und verstellt ist. Das Ich wird *einfach*, und es wird zu einem *schauenden* Ich; es kommt zur *Ruhe* und in ihr zu *gelassenem* Bestand. Es löst sich *nicht* auf und erlischt. Es ist erhoben in die übergroße Klarheit des Bewusstseins, vertieft in den Zustand durchdringender und umfassender Einheitlichkeit, in regloser Betrachtung der langsamen und durchsichtigen Vorgänge, die sich in der Innenschau ereignen.

Daraus ergibt sich: *Die Versunkenheit ist der klarste und hellste Zustand menschlichen Bewusstseins, den wir kennen.* Im Verlauf der weiteren Untersuchungen wird dieser Satz von Carl Albrecht vielfach abgesichert und als zweifelsfrei bestätigt.

Die – späterhin auch für die gnoseologische Prüfung bedeutsame – Armut und Dürftigkeit der Erlebnisinhalte in der Versunkenheit, die sich in einer, dem mystischen Erleben vorauslaufenden Erfahrung zur restlosen Leere ›ohne ein Etwas‹ vertiefen kann, ist psychologisch verhältnismäßig leicht zu verstehen. Das Bewusstsein erleidet eine *Entäußerung vom Gegenständlichen.* Der gegenständliche Bereich der Ruhe schrumpft ein, wie Albrecht es erklärt, und löst sich weitgehend auf; in ihrer zuständlichen Dimension wächst die Ruhe weiter, bis sie zur reinen Zuständlichkeit des Ichs geworden ist, ein *»reines Zumutesein«*, oder wie Albrecht mit Felix Krüger formuliert, *»die Gesamtqualität des Erlebnistotals«*.

Die Ruhe wird zum einzigen Erlebnisinhalt der Innenschau, sie lässt keinen anderen ›Gegenstand‹ zu. Anfangs wird sie selbst noch gegenständlich, als ein ›Ankommendes‹ erfahren, dann saugt ihre Zuständlichkeit diesen gegenständigen Bereich immer mehr in sich ein.

Das Ich gibt sein Gegenüber auf. Es steht in reiner Zuständlichkeit, entfärbt und entbildert, in »klarer Leere«, in »bewegungsloser Ruhe«. Seine Reglosigkeit ist dem Erlebnis der Objekt-Subjekt-Spaltung in einem gewissen Sinn enthoben. Als ein Ich, das stets einem Etwas gegenüber gestanden hat und von irgendetwas bestimmt worden ist, löst es sich auf – es geht zugrunde. Doch so herausgelöst und entäußert vermag es erst, ruhig zu werden, sich der Ruhe anheimzugeben und in den *Stand* der Ruhe zu treten. In ihm schaut das Ich der Versunkenheit in den leer gewordenen Bewusstseinsraum hinein, der sich immer weiter ausdehnt und klärt. Es überlässt sich ganz diesem neuen, anderen Wahrnehmen, der *Schau*.

So wird es, erklärt Albrecht, zum *Träger der Innenschau*. Diese kennt zwar die Innenwendung und ein inneres Gewahrwerden, ein Innewerden, stellt aber *keine* willentliche Reflexion dar, die nur im Wachbewusstsein vorkommt. Diese Innenschau setzt notwendig eine Überklarheit des Bewusstseins, dessen Klarsichtigkeit voraus; sie ist niemals nur eine mehr oder minder trüb-sinnige, gefühlshafte Innewerdung, sondern *stets* ein *klar bewusstes* Erfassen des »Angeschauten«. Sie lässt darüber hinaus eine Entleerung des Bewusstseinsraumes von all jenen Inhalten und Akten eintreten, die nicht Gegenstand, nicht der Vorgang der Innenschau sind. Der Erlebnisstrom verlangsamt sich. Das Ich wird vollkommen passiv. »*Alle aktiven Funktionen des Ichs zerstören das Phänomen der Innenschau. Das nur noch rezeptiv erlebende Ich ist der Träger, ist das Subjekt der Innenschau.*«[20]

An die so verwendeten Begriffe ›aktiv‹ und ›passiv‹ müssten nun ähnliche Überlegungen geknüpft werden wie zuvor an den Willensbegriff. Sie können unscharf und widersinnig werden, wenn man sie nicht im Sinn dieses psychologischen Sprachgebrauchs versteht. Aber wichtiger ist eine kritische Anmerkung, die Albrecht selber vornimmt: Diese einzelnen Voraussetzungen und Momente der Innenschau lassen sich nur in einer nachträglichen Reflexion gedanklich aus dem Bewusstseinsgefüge herauslösen, das »als ein Gesamtes vorhanden ist«. »*Dieses Gesamtgefüge ist das Versunkenheitsbewusstsein*«, und man kann deswegen »*als Ergebnis dieser Überlegungen zusammenfassen:*

Das Bewusstsein der Versunkenheit ist die zureichende Bedingung der Innenschau. Überall da, wo das Versunkenheitsbewusstsein vorhanden ist, ist auch die Funktion der Innenschau in einer notwendigen Zuordnung als vorhanden zu denken.«[21]

Dieser Begriff der Innenschau darf nicht dem der Innewerdung gleichgesetzt, nicht mit dem des Inneseins verwechselt werden. Für die Auseinandersetzungen mit diversen Theorien okkultistischer Herkunft und mit Missdeutungen asiatischer Anthropologie wird entscheidend, dass die Innenschau keine Wahrnehmung im üblichen Sinn dieses Begriffs ist: Weder ist ihr der Objektivitätscharakter sinnlicher Umwelt-Wahrnehmungen zu eigen noch ist sie als eine Leibwahrnehmung zu verstehen, zu deren Randphänomen – wenn auch noch so abgeblendet – das Bewusstsein eines äußeren, objektiven Raumes gehört. Man darf also nicht von der Innenschau wie von einem inneren sechsten Sinn sprechen, durch den man wahrzunehmen vermöchte; diese Vorstellung wäre verfehlt. *»Der Gegenstand der Innenschau wird weder durch Sinnesempfindungen konstituiert noch wird er in einem äußeren objektiven Raum ›vorgefunden‹. Der Sehraum der Innenschau deckt sich vielmehr mit dem inneren subjektiven Vorstellungsraum.«*[22]

In ihm erscheint das *Ankommende*. Dadurch unterscheidet sich die Innenschau klar von den Trugwahrnehmungen aller Art, denen der Charakter von Wahrnehmungen verbleibt; klar auch von der Reflexion, die ihren Gegenstand in den *»aus der Reproduktionsgrundlage aufsteigenden Vorstellungen und Gedanken«* findet. Die Innenschau ist also *»ein ›Anschauen‹ des Ankommenden und läuft als solches allem reflexiven Denken über das Angeschaute voraus«*.[23]

Auch in diesen Kennzeichnungen überwiegen die Vorzüge bei weitem die Fragwürdigkeiten, die verbleiben. Sie ergeben sich wiederum aus der verwendeten, vorgefundenen und aus Gründen wissenschaftlicher Verbindlichkeit nicht modifizierten Begrifflichkeit. Fragwürdig bleibt vor allem die Festlegung des Wahrnehmungs-Begriffs auf die Sinnenhaftigkeit, den Leib – der hier nicht näher vom habhaften Körper unterschieden wird – und das objektive Äußere – gerade angesichts der Möglichkeiten und Dimensionen mystischen Erkennens. Richtung und Methode dieses psychologischen Zugangs machen es allerdings vorerst unmöglich, die tatsächlich zu beobachtende Gegenströmung zu beachten, die aus dem Versunkenheitsbewusstsein und der Innenschau in das Wachbewusstsein und seine Wahrnehmungsfähigkeiten vordringt und diese ergreift, sie verwandeln und einschmelzen kann in ein umfassendes Gewahrwerden, das zugleich wahrnimmt und alle Merkmale der Innenschau in sich vereinigt. Von dieser Erfahrung hätte der Mystiker sehr wohl zu berichten gewusst, und in der Abhandlung über die verwandelnden Auswirkungen des mystischen Erlebens weist er auf sie hin. Freilich betrifft diese Problematik, wie noch zu berichten sein wird, eine persönliche Beschränkung des Erlebens, die Albrecht freimütig eingestand. In ihr entscheidet sich die Bedeutung der ›kosmischen Schau‹ für die Mystik. Sie ist zwar nicht als eine Wahrnehmung üblichen Sinnes zu verstehen, enthält jedoch gewisse Momente des normalen Wahrnehmens und insbesondere der Leibwahrnehmungen so deutlich in sich, dass sie gewiss nicht als wahrnehmungslos zu bezeichnen ist. Aus verschiedenen, nicht nur metaphysischen und theologischen Gründen, auch um eines besseren Verständnisses der Mystik willen, ist nach den Beziehungen zwischen mystischem Gewahrwerden und der Wahrnehmung im weitesten Sinn mit besonderem Nachdruck zu fragen; nach der Möglichkeit also eines umfassenden, auch mit den Sinnen des Leibes, mit allen Erfahrungs- und Erkenntnisfähigkeiten, die dem Menschen verliehen sind, zu vollziehenden Gewahrens von Wirklichkeit, eines universalen »Erkennens«, das sich in objektiven Gewissheiten nicht erschöpft. In ihm brauchte die natürliche Welt unserer sinnlichen Wahrnehmungen nicht zu verblassen, um den Blick in die Tiefen mystischer Präsenz zu öffnen; sie könnte zum mystischen Licht hin durchsichtig werden. Dies wäre ein zugleich sinnenhaftes *und* mystisches Wahrnehmen, Weltsicht und *kosmische* Schau in einem.

Das mystische Erleben außerhalb des Abendlandes wird uns noch eingehender auf diese Erfahrungsmöglichkeit verweisen. Vorerst sind die Begriffsbestimmungen festzuhalten, mit denen Carl Albrecht seine bisherigen Analysen abschließt und die alle weiteren Untersuchungen leiten:

»1. Die Versenkung ist ein aus sich selbst ablaufender psychischer Vorgang, der durch einen vorlaufenden Willensentschluss durchgängig determiniert ist und dessen kennzeichnendes Merkmal die Desintegrierung des Wachbewusstseins und die Neuintegrierung des Versunkenheitsbewusstseins ist.
2. Mit dem Begriff Versenkungsbewusstsein bezeichnen wir Bewusstseinszustände, welche durch den Vorgang der Versenkung determi-

niert sind und welche ein Bewusstseinsgefüge haben, das als eine
Übergangserscheinung zwischen Wachbewusstsein und Versunken-
heitsbewusstsein aufzufassen ist. Dem Versenkungsbewusstsein sind
die folgenden spezifischen Funktionen zugeordnet: Die Abblendung
der Umwelt, die Ausgliederung, Auflösung und auflösende Meditati-
on von komplexen Störungserlebnissen, die durch die Umwandlung
oder Umfügung bewirkte Einschmelzung und Einfügung aller Inhal-
te und Vorgänge in die einheitliche Grundgestimmtheit der Ruhe.
3. Die Versunkenheit ist ein voll integrierter, einheitlich und einfach
gefügter, überklarer und entleerter Bewusstseinszustand, dessen Er-
lebnisstrom verlangsamt ist, dessen Grundgestimmtheit die Ruhe ist
und dem als einzige Funktion eines nur noch passiv erlebenden Ichs
die Innenschau zugeordnet ist.«[24]

Zur Erklärung der Vorgänge, Erfahrungen und ›Handlungen‹ in der
Versunkenheit trägt nun das Phänomen, um dessen Verständnis wir uns
bemühen, selber wesentlich bei: Carl Albrecht kann diese Geschehnisse
an Versunkenheitsaussagen demonstrieren, dass in der Versunkenheit
überhaupt geordnete und gerichtete Vollzüge ausgeführt werden, dass
eben alle Erlebnisweisen des Wachbewusstseins – als sekundäre Einstellungen in die Versunkenheit mitgenommen und zur Auslösung gebracht – im Versunkenheitsbewusstsein in Kraft treten können, ohne die
Innenschau durch einen ich-aktiven Willensakt zu zerreißen, ist zuvor
als Tatbestand sorgsam nachgewiesen worden. Mir scheint, dass Carl
Albrecht mit diesem Nachweis über die spezielle Thematik hinaus, zu
deren Aufklärung er wertvolle Hilfe leistet, einen wesentlichen Beitrag
für die Forschung im Allgemeinen, für das psychologische und philosophische Verständnis des Bewusstseins und seiner Tätigkeiten geliefert
hat. Zu welchen Konsequenzen dies zwingt, ist noch nicht abzusehen.

Der Mensch kann also in der Versunkenheit nicht nur *schauen, hö-*
ren, bemerken, fühlen und in anderer Weise *erfahren,* er vermag auch
zu *lächeln,* zu *weinen,* zu *seufzen,* zu *stöhnen,* zu *schreien* und die erlittene Erfahrung in *»leibhaften Bewegungsstürmen«* zum Ausdruck
zu bringen. Er kann mitgebrachte Einstellungen aktualisieren und so
schreiben, sprechen, und – was Albrecht, weil es Missverständnisse
hervorrufen könnte, nur ungern zugibt – er vermag auch in der Versunkenheit zu denken.

Bei diesen ›Handlungen‹ in der Versunkenheit lassen sich überraschende Leistungssteigerungen beobachten. Diese sind von den Texten,

die aus der Versunkenheit heraus gesprochen werden, vor allem in der Umformung, Reinigung und Verdichtung des Sprachgeschehens, deutlich ablesbar. Davon wird noch ausführlich die Rede sein. Deshalb genügt hier die Anmerkung, dass die eigentümliche Ausdruckskraft dieser Versunkenheitstexte, die als Beleg der Erfahrungen herangezogen werden, das Verständnis dessen, was sich in der Versunkenheit begeben und so zu Wort melden kann, sehr erleichtert. Dass da eine Ankunft einer »*außerbewusst gedachten Ganzheit*«, »*die in einer Erlebnisreihe zunehmend bewusst wird*«,[25] zur Erfahrung gelangt, lässt sich wohl nicht bezweifeln. Das »*Ankommende*« selber wird in diesen Verlautbarungen unerhört klar und prägnant artikuliert, es verleiblicht sich zuweilen in solchen Aussagen als ein fremdes Etwas, das nicht *ich* ist und nicht zum Ich gehören kann, als ein wirkliches ›*Anderes*‹, das dem Bewusstsein in der Versunkenheit entgegentritt und den Versunkenen zutiefst betrifft.

Die Formen dieses Ankommenden sind nun, wie die Untersuchung nachweist, identisch mit den Formen der Innenschau und für alle ankommenden Inhalte die gleichen, mögen sie nun neurotischer, telepathischer oder mystischer Herkunft sein. Phänomenologisch unterscheidet Carl Albrecht vorerst:

Das *Bildstreifenerlebnis*, das wie ein Film aus der durch das antwortende Fühlen noch ungestörten Ruhe heraus angeschaut wird; das *antwortende Fühlen*, das unmittelbar als die Form erlebt wird, in der sich das Ankommende zuerst ausprägt, wobei das Versunkenheits-Ich in Überklarheit die Ankunft an seinen eigenen Zuständlichkeits-Änderungen *gegenständlich* erfasst; dann das *Symbol*, in dem ein ankommendes Abgespaltenes im Bewusstsein in Erscheinung treten kann;[26] dann als vierte Form der Ankunft eines Ankommenden der *symptomatische leibliche Bewegungssturm*, der den in Ruhe, Klarheit und Schau ausgerichteten Menschen unerwartet, urplötzlich überfällt, eine Art von Besessenheitserfahrung in einem epilepsieähnlichen Anfall, nach dessen Ablauf die Innenschau in Überklarheit auf die Erlebnisketten ausgerichtet ist, die den Anfall begleitet haben; dann die Erscheinung des Ankommenden als ein *gefügter Erinnerungsbereich*, der in Form eines schauenden Selbstverstehens erfasst wird; als Weisen der Erfahrung eines Ankommenden aus Teilbereichen des Selbstes lassen sich darüber hinaus die *metaphorische Form* des Ankommenden, die sich als Gegenstand der Innenschau darbietet, die *Intuition* als unmittelbar sich einstellende *Evidenz* und die Erscheinungsform der *Sprache* phänomenologisch unterscheiden. Fühlendes, symbolisches und metaphorisches Erleben, das denkende Selbstverstehen und die Intuition sind individuell und mannigfaltig zu einer einheitlichen Gesamtform der Innenschau zusammengefügt. Diese acht Formen des Ankommenden, in denen *Abgespaltenes* in der Versunkenheit uns entgegentritt, um dem Selbstbewusstsein integriert zu werden, oder *Teilbereiche des Selbst* sich ankündigen und einfügen, sind in der konkreten Erfahrung stets in vielfacher Weise miteinander verschränkt.

»*Jeder versunkene Mensch hat eine seiner individuellen Eigenart entsprechende Gesamtform, um ein Ankommendes zu erleben.*«[27] Eine Möglichkeit, in der Versunkenheit ein Ankommendes zu erleben, ist jedoch nicht grundsätzlich für jeden Menschen vorhanden, sie scheint vielmehr auf bestimmte Typen beschränkt zu sein; typologische Gegebenheiten dürften auch die individuelle Auffassungsform des Ankommenden jeweils mitbestimmen. Die Erlebnisweisen können nicht generalisiert werden.

Immerhin lassen sich diese acht Formen des Ankommenden – Bildstreifenerlebnis, antwortendes Fühlen, Metaphorik, Symbolik, der somatische Anfall, das Selbstverstehen, Intuition und Sprache – deutlich unterscheiden. Ebenso deutlich lässt sich aus dem Erleben heraus unterscheiden, welcher Art diese Erfahrungen einer Ankunft sind; denn alle diese Erlebnisse sind nicht nur von Wertungen begleitet. Wertungserlebnisse »*tragen Entscheidendes zur Determinierung der Abläufe bei*«; diese »*Wertungen in der Versunkenheit sind fast immer Erlebnisse der Zugehörigkeit oder Nichtzugehörigkeit zu einer ... Wertsphäre*«, wiewohl es in der Versunkenheit immer »*nur unmittelbare Wertungen gibt und niemals Wertungen aufgrund von Denkleistungen reflexiver Art*«.[28] Zusammenfassend heißt es dann: »*Das wertende Schauen oder das schauende Werten ist die Gesamtform, in der erlebt wird. Es gibt kein Erleben, welches nicht mit Wertungen durchflochten ist ...*«[29]

Diese Wertungen und Werterfahrungen weisen sehr zuverlässig auf die *Herkunft* eines Ankommenden hin. Hinsichtlich dieser Bestimmungen des jeweils Ankommenden gemäß seiner Herkunft treten nur selten Täuschungen auf, was sich aus der reinen Passivität des schauenden Ich in der Innenschau zureichend erklären lässt. Abgespaltenes und Verdrängtes kann ankommen, Teile aus der Selbstsphäre können in Erscheinung treten, archetypische Bilder des Unbewussten symbolisieren sich. Bevor nun aber die Erfahrung eines Ankommenden ganz anderer

Herkunft und Art, des Mystischen, betrachtet werden kann, ist aus dem bisherigen Forschungsgang das Fazit zu ziehen; in Albrechts eigenen Formulierungen lautet es:

»*Das Versunkenheitsbewusstsein ist ein durchgängig geordneter, überklarer, vereinheitlichter Bewusstseinszustand, dessen Bewusstseinsraum entleert ist und dessen Grundbefindlichkeit die Ruhe ist. Der Begriff Versunkenheit, in dieser Weise als formales Gefüge bestimmt, fordert zu seiner Ergänzung den Begriff eines phänomenologisch inhaltlichen Erlebens in der Versunkenheit. Der überklare entleerte Bewusstseinsraum ist in der konkreten Wirklichkeit niemals leer, da in ihn immer schon Erlebnisformen und Erlebnisinhalte eingefüllt sind ... Unter dem Gesichtspunkt der Wertung ausgesagt, ist das Versunkenheitsbewusstsein der höchstrangige Bewusstseinszustand, den wir kennen. Der Begriff der Innenschau erfordert in jedem konkreten Bewusstseinszustand den Gegenbegriff eines angeschauten Gegenstandes ... Die voll ausgeformte Funktion der Innenschau wird erst phänomenologisch sichtbar, wenn in Gegenstellung zu ihr ein Ankommendes im entleerten Bewusstseinsraum erscheint. Das Ankommende ist eine außerbewusste Ganzheit, die dadurch im Bewusstseinsraum zunehmend sichtbar wird, dass ihr unterschiedliche Formen antwortenden Erlebens zugeordnet sind. Wir haben acht Formen des Ankommens aufweisen können. Die einzelnen Formen des Ankommens können miteinander zu einer Gesamtform verschränkt sein. Das Ankommende hat verschiedene Qualitäten, die darauf hinweisen, woher es kommt. Das Ankommende kann ein Abgespaltenes sein oder das Ankommende kann ein Teilbereich des Selbstes sein. Das Versunkenheitsbewusstsein als ein überklares Bewusstsein ist notwendigerweise hinsichtlich all seines Erlebens gebunden an die Grundform der Objekt-Subjekt-Spaltung. Ein mystisch Ankommendes wird im Versunkenheitsbewusstsein immer in klarer Gegenüberstellung zur Innenschau stehen. Das Erlebnisschema des Versunkenheitsbewusstseins ist also in Hinsicht auf ein mystisches Erleben das Schema der Begegnung. Die Grundform einer Aufhebung oder Einebnung der Subjekt-Objekt-Spaltung ist an das ekstatische Bewusstsein gebunden. In Hinsicht auf ein mystisches Erlebnisgeschehen ist das Erlebnisschema des ekstatischen Bewusstseins das der Einigung. Das Versunkenheitsbewusstsein kann durch das ekstatische Bewusstsein abgelöst werden ... Das Versunkenheitsbewusstsein und das ekstati-*

sche Bewusstsein sind die beiden Bewusstseinszustände, in denen ein mystisches Erleben aufgefunden werden kann.«[30] Beachtenswert für ein klares Verständnis des weiteren Gedankengangs des mystischen Phänomens ist an dieser Zusammenfassung die *Scheidung* des Versunkenheitsbewusstseins vom ekstatischen Bewusstseinszustand. Albrecht hat sie zuvor schon phänomenologisch durchgeführt; dass ihr entscheidende theoretische Bedeutung zukommt, haben wir bereits erwähnt. Sie wird unerlässlich für eine gnoseologische Prüfung der mystischen Erfahrung. Deshalb muss sie noch kurz erläutert werden:

Drei Aspekte sind nach Albrecht aufzufinden, unter denen eine Minderung der Subjekt-Objekt-Spannung zu verstehen ist. Im Ersten geht das Bewusstsein vom Ich als erlebenden Mittelpunkt in Gegenüberstellung zum Ankommenden, das in der Versunkenheit alle Erfahrung durchschwingt und begleitet, in zunehmendem Maß verloren. Der Totalverlust bedeutet Bewusstlosigkeit, einen Endzustand, der noch jenseits des ekstatischen Bewusstseins liegt, das in dieser Hinsicht als ein Zwischenbewusstsein zwischen dem Wach- und Versunkenheitsbewusstsein einerseits und der Bewusstlosigkeit andererseits angesehen werden kann. Im zweiten Aspekt wird eine Überwältigung, Überflutung und Auslöschung des Ichbewusstseins durch ein Ankommendes erfahren, das so machtvoll einbricht, dass das Ich aus seiner Mittelstellung verdrängt wird. In einem dritten Aspekt geht die Unterscheidungsmöglichkeit zwischen Ich und Gegenstand der Innenschau verloren im Überschwang einer übermächtigen Zustandserfahrung, eines alles in eins fassenden Zumuteseins – sei es in der Wonne des Einsseins, im totalen Schmerz oder in der ewigen, randlosen Ruhe. Diese drei Aspekte sind natürlich nur Zugangsweisen für das Verständnis, um einen im konkreten ekstatischen Erleben stets *einheitlichen* Bewusstseinsvorgang zu erfassen.

Nun vermag das Versunkenheitsverständnis in das ekstatische Bewusstsein überzugehen, und ohne Zweifel stellt das Entrücktsein aus allen Objekt-Subjekt-Spaltungen eine echte Möglichkeit mystischen Erlebens dar – dennoch erhebt Carl Albrecht schwerwiegenden Einspruch gegen eine Identifikation der Mystik mit dieser Erfahrung, wie sie Karl Jaspers vorgenommen hat.[31] Lassen sich doch vielerlei Erlebnisformen aufweisen, in denen die Objekt-Subjekt-Spaltung überstiegen wird, ohne dass von einem mystischen Erleben die Rede sein kann. Die enthusiastische Selbsthingabe, die Selbstvergessenheit in allen ihren Formen, das Entrücktsein aus verschiedensten Anlässen und Gründen und nicht zuletzt das künstlerische Erleben sowohl in seinen schöpferischen wie nacherlebenden Erfahrungen stellen ekstatische Erlebnisweisen dar, die *nicht* mystisch sind. Aus diesen sachlich phänomenologischen, freilich auch aus prinzipiellen Überlegungen ergibt sich Carl Albrechts Vorschlag, das Wort ›mystisch‹ *nicht* für ekstatische Phänomene zu verwenden. *»Es gibt eine mystische Ekstase, aber es gibt ekstatisches Erleben außerhalb des Bereiches der Mystik als eines der Urphänomene des Erlebens.«*[32]

Damit wird nun freilich, ehe der Zugang zum eigentlich mystischen Phänomen überhaupt erschlossen worden ist, ein für das konkrete mystische Erleben wesentlicher Bereich der Erfahrung ausgesondert. Das ist aus verschiedenen Gründen notwendig, unter anderem deswegen, weil sich jenseits der klaren Gegenüberstellung des erlebenden, schauenden Ichs und des Ankommenden als Gegenstand der Innenschau weder psychologisch noch gnoseologisch irgendwelche Feststellungen treffen lassen. Die ekstatischen Erlebnisse und die mystische Einung entziehen sich restlos den Beobachtungs- und Aussagemöglichkeiten der Wissenschaften, die auf eine solche Subjekt-Objekt-Gegenüberstellung angewiesen sind. Andererseits rückt aber auch eine derart eingegrenzte Phänomenologie des mystischen Erlebens die ihr unfassbaren Erfahrungen dem Verständnis näher. Indem die zugrunde liegende Struktur mystischen Erlebens und Erkennens aufgedeckt wird, lichtet sich auch das unaufklärbare Dunkel der ekstatischen und einenden Erfahrungen.

Zum Verständnis des mystischen Phänomens bedarf es im Folgenden nur noch einer, allerdings wache Aufmerksamkeit erfordernden Begriffsbestimmung – der des mystisch Ankommenden. Dieses unterscheidet sich deutlich von allen anderen Formen des Ankommenden durch seine besondere, dem Erleben sich fraglos vergegenwärtigende Qualität, die Carl Albrecht so beschreibt:

»Das in den Bewusstseinsraum eintretende Ankommende ist, gemessen an allen bisherigen Erlebnisinhalten, ein Ganz-Anderes, Fremdes. Es kommt … her aus einem Reich, das … unbekannt ist … (ihm) fehlt jede Ich-Qualität. Es ist weder ein Bereich von Erlebnissen, die früher dem Ich zugehörig waren, es ist kein schon einmal Gehabtes oder Gewusstes, noch ist es ein Bereich, den man in Zukunft einmal zur Verfügung haben könnte … es wird erlebt, als ob es ein schlechthin Fremdes und Anderes wäre … ein unabmessbar Großes, ein ›alles andere Über-

ragendes‹. Es hat den Charakter des Numinosen ... als ein Mysterium tremendum und als ein Faszinosum zugleich.«

»Es ist das Unbedingte – ich möchte ausweichen und mich verstecken, und ich möchte es irgendwie aushalten können.«

»... es wird erlebt, als ob es ein Unerkennbares wäre, das selber niemals als Ganzheit im Bewusstsein sichtbar wird, sondern immer nur durch ›Boten‹ herannaht. Das Abgespaltene wurde im Verlauf der aufeinanderfolgenden Versunkenheitsstunden als Ganzes bewusst und verfügbar, und auch das aus der Selbstsphäre Ankommende hat die Tendenz, in Vollständigkeit an die Persönlichkeit gebunden zu werden.«

Dieses mystisch Ankommende aber, *»das Umfassende, ... hat eine Erlebnisqualität, die es zu einem Unerkennbaren macht«.*[33] Diese neue Qualität des Ankommenden ist als Erlebniswert streng von dem philosophischen Begriff eines »Umgreifenden« zu unterscheiden. Albrecht wählt den Terminus zwar in Anlehnung an Karl Jaspers, doch ausdrücklich als unterschieden von dessen Begriff des ›Umgreifenden‹, auf den sich Jaspers festgelegt hat, nachdem er anfangs zuweilen auch vom ›Umfassenden‹ gesprochen hatte.

Diese Wahl lässt sich auch dadurch rechtfertigen, dass in der Tat ein Zusammenhang zwischen den mystischen Erfahrungen und jenem »Grundwissen« des Menschen besteht, welches – laut Jaspers[34] »in den Kategorien des Verstandes das allgemeine Apriori des Bewusstseins und in den Ideen das Apriori des Geistes« bereithält und das auch »den beherrschenden Wertschätzungen und Tendenzen« zugrunde liegt. Auch das Versunkenheitsbewusstsein bestimmt seine Erfahrungen von diesem Grundwissen aus als daseiend, einheitlich und werthaft. Wenn der Versunkene vom »Ursein«, vom »Ureins«, vom »Ur« als Letztheit, von »Ursprung«, »Urgrund« oder »Urwesen« spricht, so äußert er keine Reflexionen, sondern Bilder aus dem unmittelbaren Wissensgrund. Insofern liegt es nahe zu vermuten, dass die Erfahrung eines Ankommenden, das als ein Umfassendes so erlebt wird, als ob es alles umfasse – seinsmäßig dem Umgreifenden begegnet. In der psychologischen Analyse des Phänomens muss sich Carl Albrecht derartige Grenzüberschreitungen in philosophische Vermutungen versagen. Er stellt ausdrücklich fest, dass das Umgreifende philosophisch kein Erlebnis, sondern Grund und Grenze der Erkenntnis zum Begriff bringt, wogegen der psychologische Begriff des Umfassenden ein aus deskriptiver Definition gewonnener Begriff für ein Erleben ist.

Daraus ergibt sich die folgende Bestimmung:

»Ein Ankommendes wird ein Umfassendes genannt, wenn es von dem Versunkenen so erlebt wird, als ob es ein aus fremder Sphäre herkommendes, schlechthin letztes unerkanntes Sein sei, auf dessen ganzheitliche Einheit alle vergangenen, gegenwärtigen und zukünftigen Erlebnisgehalt in unverkennbarer Weise Bezug haben.«[35]

Sie führt zur Aufklärung von weiteren drei Formen des Ankommens, in denen nun jeweils ein Umfassendes apersonal oder personal erfahren wird: Die *unanschauliche Gewissheit von der Anwesenheit* des personal Umfassenden – das sich phänomenologisch vom Ankommen aller anderen außerbewussten Ganzheiten klar unterscheidet als *»die unanschauliche Bewusstheit von der Anwesenheit des Er«.*[36] Dann das innere *Hören und Lauschen auf* auditiv erfassbare *Tonfolgen* oder *Einsprachen* und schließlich die elfte Form des Ankommens in der Leibwahrnehmung, die – in Korrespondenz zur vierten Form – für die Erklärung der psychosomatischen Begleiterscheinungen mystischen Erlebens von Bedeutung sein könnte.

Es steht außer Frage, dass noch weitere Formen des Ankommens aufgedeckt werden können. Die erfolgte Klärung dieser elf Formen reicht jedoch zur Beschreibung des mystischen Geschehens aus. Aus ihr ergibt sich nun ohne Weiteres die abschließende Definition der Mystik, die Carl Albrecht unter der Voraussetzung, dass der Bereich ekstatischer Erlebnisse ausgesondert bleibt, als ausreichend zur Bestimmung sämtlicher Phänomene mystischen Erlebens *diesseits* der Unio empfiehlt: *»Mystik ist das Ankommen eines Umfassenden im Versunkenheitsbewusstsein.«*

Dieser strenge und präzise Begriff von Mystik lässt sich der Vollständigkeit zuliebe ins Unbestimmbare erweitern: *»Mystik ist sowohl das Ankommen eines Umfassenden im Versunkenheitsbewusstsein als auch das ekstatische Erleben eines Umfassenden.«*[37]

7. PHÄNOMENOLOGISCHE ERFAHRUNGEN ANGESICHTS DES MYSTISCHEN – ZUR KRITIK DER METHODE

Niemand weiß besser als der Mystiker Carl Albrecht, dass eine solche phänomenologische Deskription im Beobachtungsrahmen der Bewusstseinspsychologie dem mystischen Phänomen unangemessen bleiben muss. Mystik als im konkreten Erleben einheitliches Gesamtphänomen lässt sich *so* nur unvollkommen zu Gesicht bringen, lediglich in seinen bewusstseinspsychologischen Aspekten. Diese jedoch gewährleisten weitreichende Rückschlüsse und Konsequenzen. Ihnen vermag nur nachzugehen, wer im Gedächtnis behält, dass zwischen den ethischen und metaphysischen Kategorien, in denen der Mystiker denkt, und dieser weitgehend wertfreien psychologischen Phänomenologie keine unmittelbare Übereinkunft möglich ist. Der Mystiker wird die Kriterien, denen sein Erleben hier unterworfen wird, selbstverständlich für verfehlt halten; auch dass die Enge der bewusstseinspsychologischen Betrachtung weite Bereiche des konkreten mystischen Erlebens ausgrenzen und abblenden muss, wird ihn befremden; dass aber das *Kernphänomen* mystischen Erlebens durch diese Untersuchungen aufgedeckt und sichtbar geworden ist, dürfte unbestreitbar sein. Das ermöglicht, im nachfolgenden zweiten Forschungsgang, die mystische Erfahrung der gnoseologischen Kritik auszusetzen.

Dieses zweite Buch Carl Albrechts über »Das mystische Erkennen« in einigen Andeutungen inhaltlich und formal wenigstens insoweit wiederzugeben, wie es für das Verständnis der nachgelassenen Erklärungen zum Phänomen des mystischen Sprechens notwendig erscheint, ist ungleich schwieriger. Der Gedankengang ist nicht nur sehr viel weiter gespannt, er ist auch angespannter; ein Überspringen einzelner Schritte in der Rekapitulation verstößt gegen seine innere Konsequenz und Folgerichtigkeit.

Deutlicher noch als im ersten Buch vermag der Leser die einzelnen Etappen der Untersuchung, die Stufen dieses langwierigen und vorsichtigen Annäherungsprozesses zu verfolgen und an seinen »*Sorgen, Bedenken und auch an den Abirrungen*«, wie Albrecht eingesteht, teilzunehmen. »*Das Buch ist also nicht auf ein schon gekanntes Ziel hin entworfen und systematisch gegliedert worden.*«[38]

Dadurch wird meine Aufgabe, auszugsweise wenigstens die Motive und Momente, die methodisch gesicherten Ergebnisse dieser Untersuchungen verständlich zu machen, nicht erleichtert. Aber der Versuch ist notwendig.

Diesen Weg schrittweise zu verfolgen, käme allerdings einer Wiedergabe des ganzen Buches gleich. Ich habe mich daher auf Hinweise zu beschränken, die für die spätere Erklärung des Phänomens »*Mystisches Sprechen*« unerlässlich und für ein Verständnis des Menschen Carl Albrecht und seines Werkes aufschlussreich sind.

Kennzeichnend für das Denken Carl Albrechts scheint mir die sorgfältige Verankerung dieser Arbeit über »Gnoseologie und philosophische Relevanz der mystischen Relation«, wie ihr Untertitel lautet, in den vorausgegangenen bewusstseinspsychologischen Untersuchungen zu sein. Im Vorwort wird sie erklärt:

»*Die psychologische Bestimmung der Mystik hat in eindeutiger Weise das Phänomen ›Mystik‹ herausgestellt und von seinen Nachbarbereichen abgegrenzt. Dieses Ergebnis ist ohne Frage als solches wertvoll, aber das Endziel unserer Untersuchung geht doch hinaus über eine psychologisch-phänomenologische Bestandsaufnahme. Letzthin geht es uns um zwei miteinander zusammenhängende Fragestellungen: Ist Mystik … eine echte Phänomenletztheit, die auf kein anderes Phänomen zurückgeführt werden kann? Und wenn dem so ist, welche Relevanz hat das Phänomen ›Mystik‹ für das philosophische Denken?*«[39]

Der psychologische Begriff der Mystik hat zwar den Vorzug, eindeutig streng bestimmt und im Horizont positiven Wissens ziemlich lückenlos erarbeitet worden zu sein, lässt jedoch durch die Enge des Gesichtskreises, in dem er gebildet worden ist, nur einen Aspekt des Phänomens sichtbar werden. Um die Fragen, die sich Albrecht stellt, beantworten zu können, muss der Horizont psychologischer Forschung überschritten werden, über den hinaus bereits die gefundene psychologische Begriffsbestimmung verweist: Ihre drei Elemente – die Ankunft, das Umfassende und das Versunkenheitsbewusstsein – geben sich als Teile einer *Beziehung* zu erkennen. Zwischen der Innenschau und dem ankommenden Umfassenden ergibt sich in der Erfahrung des Ankommenden, in der Ankunft, die *mystische Relation*. Sie ist bislang nur in der bewusstseinspsychologischen Chiffre deutlich geworden; erst wenn sie auch in anderen Perspektiven phänomenologisch aufgewiesen werden kann, darf die Frage nach der Phänomenletztheit bejaht werden. *»Die mystische Relation ist zunächst nur gesichtet. Das Wesen der Relation bleibt dunkel. Um Zugang zu ihr zu gewinnen, müssen wir einen rationalisierbaren, phänomenologisch erfassbaren Anteil dieser Relation auffinden ... es leuchtet ein, dass dieser Anteil eine gnoseologische Struktur hat, dass er sich also in einer mystischen Erkenntnisrelation darstellt. Die psychologische Struktur ist ihrem Aufbau nach eine Erfassungsstruktur. Die Formen der Innenschau sind Erfassungsformen des Ankommenden. Der entscheidende phänomenologische Schritt, der den Horizont der Psychologie überschreitet, ist jener, der an die Stelle einer psychologischen Ordnung, die ihr Prinzip in einer Orientierung an den einzelnen Bewusstseinsletztheiten hatte, eine gnoseologische Ordnung setzt, die ein mystisches Erfahrungsgefüge aufbaut.«*[40]

Das geschieht nun durch differenzierende Ausfächerung der einzelnen Erfassungsweisen, mit dem Ziel, die mystische Erkenntnisrelation herauszuheben. Dabei erfährt der bereits im ersten, psychologischen Forschungsgang peinigende Konflikt zwischen wissenschaftlicher Methode und ihrem Gegenstand, der mystischen Relation, noch eine Steigerung; denn der Übergang von der bewusstseinspsychologischen zur phänomenologisch-gnoseologischen Fragestellung erweitert keineswegs, er verengt die Perspektiven noch mehr. Ließ sich bislang ohnehin nur ein schmaler Streifen der mystischen Erfahrungsfülle ins Licht rücken, so muss die gnoseologische Recherche nun auch noch vieles aussondern, was in der formalen Analyse der bewusstseinspsychologischen Phänomenologie zur Anschauung und Geltung gebracht werden konnte. Nun geht es allein darum, den noch engeren Bezirk des erkenntniskritisch Stichhaltigen, Trugfreien und Unbezweifelbaren abzustecken. Dabei wird die Diskrepanz zwischen dieser kleinen, allen gnoseologischen Kriterien standhaltenden Kernzone und der abgeblendeten Formenfülle konkreten mystischen Erfahrens überdeutlich.

Umso zwingender stellt sich aber jener bereits angedeutete ›Umschlag‹ in diesen Erklärungen ein: Indem sie unablässig nachweisen, *weshalb* und *in welchem Ausmaß* die jeweils versuchten Beschreibungen des mystischen Phänomens *nicht* zutreffen, *warum* und durch welche Verschiebung der Perspektiven eine neue, weitere Deskription zu entwerfen ist, schälen sie das Unermessliche durch die Negation des Unangemessenen, das Unvorstellbare aus allen möglichen Vorstellungen heraus. In dieser Aufhebung der unzureichenden Begriffe wird dem Denken das Unbegreifliche wie in Spiegeln sichtbar unantastbar, doch klar umrissen.

Wenn es auch diese Rekapitulation der Gedankengänge und Forschungsergebnisse Carl Albrechts hemmt, bei diesen Fragen der Methode müssen wir uns etwas länger aufhalten. Zu viel hängt von ihnen ab. Sie sind entscheidend. Nicht nur für ein korrektes Verständnis dieses Versuches, seiner Voraussetzungen und der Disziplinen, die er dem Mystiker Albrecht auferlegte; in ihnen entscheidet sich vor allem und letzten Endes, ob es überhaupt möglich ist, Mystik dem Denken zu erschließen und zu verstehen.

Gründlich können wir auf diese Probleme freilich nicht eingehen; das zwänge zu weiteren, sehr umfangreichen Untersuchungen, die den Rahmen dieses Buches sprengen würden. Sie hätten zu zeigen, welche Konsequenzen die Philosophie im Allgemeinen und die philosophische Anthropologie im Besonderen aus diesem Fall zu ziehen haben, aus der Tatsache, dass es Carl Albrecht gelungen ist, mystisches Erleben als Phänomenletztheit, als konstitutiv für menschliches Dasein, und in dieser Grunderfahrung als ein echtes, trugfreies Erkennen nachzuweisen. Dadurch könnte deutlich werden, weshalb die Philosophie und auch die Theologie daran interessiert sind und aus Gründen der Selbstbehauptung interessiert sein müssen, diesen Nachweis *nicht* zur Kenntnis zu nehmen. Tun sich doch Abgründe der Problematik auf – nicht nur in offenen Fragen, in denen sich alle Gewissheiten aufzulösen drohen wie Dunstschleier; auch in neuen, der abendländischen Reflexion bislang unbekannten Möglichkeiten und Aufgaben, die man nicht einmal andeuten kann, ohne anstößig, wenn nicht gar abstrus zu wirken.

Eine sei immerhin erwähnt: Die Möglichkeit, das Denken selber meditativ anzuschauen und mystisch einzusehen, nicht jenseits, sondern *diesseits* aller Reflexionen, in denen es seiner Funktionen gewahr zu werden vermag. Aus ihr wird verständlich, dass sich der in diesem Sinn erwachte Geist nicht unmittelbar und unbedingt mit dieser seiner Fähigkeit zu denken identifizieren kann, sondern sich von dieser »Tätigkeit in Gedanken«, die er betrachtet, von diesem Bereich »leibhaften« Erlebens und erkennenden »Einverleibens« unterschieden empfindet wie das Licht vom Beleuchtet-Leuchtenden. Historisch lassen sich für diese Deutung, der eine Erfahrung zu Grunde liegt, mannigfaltige Belege anführen, nicht zuletzt aus den Erkenntnislehren der asiatischen Überlieferungen. Philosophisch stellt sich damit die Aufgabe, nicht nur die Sprache ohne Ich zu denken, wie es die Hermeneutik versucht hat, sondern auch das Denken von einem Ich, das sich aus Reflexionen ergibt, als seinem Subjekt zu lösen und es im Licht der Schau gleichsam phänomenologisch zu betrachten, als ein leibhaftiges Geschehen lichtenden Erkennens, und als Daseinsvollzug in mehr oder minder durchsichtigen Sprach- und Denkgestalten zu beschreiben. Um nun nicht allzu unverständlich von einer Art »Phänomenologie des Denkens« sprechen zu müssen, könnte man vielleicht bei älteren Begriffen wie dem der Spekulation Zuflucht suchen, in der Symbolik von Prisma und Spiegelung, wenn schon nicht bei asiatischen Vorstellungen vom Denken als einem Sinn, als dem Wahrnehmungsorgan des Geistes. Als solchem würde sich das unauffindbare Wesen, das eigentlich wahrnimmt und erkennt, der »aus sich selbst leuchtende Atman«, des Denkens bedienen – und zugleich würde nicht »ich« denken, sondern »es« »in mir« … Überlegungen, zu denen auch der Nachweis zwingt, dass in der Versunkenheit gedacht werden kann und in diesem aller Ich-Aktivität entledigten Bewusstseinszustand sogar ein vom Mystischen erleuchtetes und ermächtigtes Denken möglich ist. Es gibt also wirklich mystisches Denken.

Natürlich ist es viel bequemer, an der Behauptung festzuhalten, die mystischen Erfahrungen seien schlechthin nicht intelligibel. Das ist alles andere als weise Selbstbeschränkung, die das Geheimnisvolle demütig unangetastet, es ist vielmehr nur ein Dogma, das es außer Acht lässt. Wer es akzeptiert, hat sich damit abzufinden, dass alles, worüber wir nicht verfügen können, undenkbar, unkenntlich zu sein hat. Um nicht auf das Geheimnis aufmerksam zu werden, muss er ständig schielen.

So gesehen darf das Schicksal, das Carl Albrechts Bücher erlitten haben, nicht bloß der Nachlässigkeit eines Verlegers angelastet, es muss als kennzeichnend betrachtet werden: Für das Niveau spiritueller Bewegungen und meditativer Moden, in denen wenig gefragt und gedacht wird, wie für das der so eifrig beschworenen und proklamierten anthropologischen Bemühungen in Theologie, Philosophie und Medizin. Unter solchen Bedingungen konnten diese Untersuchungen keine Sensation auslösen. Zumal sie jede polemische Spannung vermissen lassen. Albrecht weist nicht einmal auf die unausweichlichen Widersprüche hin, in die sich ein Denken verliert, das sich auf das festlegt und einschränkt, was sich real erfassen und in einem nahezu buchstäblichen Sinn begreifen lässt. Es verfällt der Absurdität, indem es die Fähigkeit einbüßt, das Konkrete, Leib und Welt, überhaupt sinnvoll zu denken. Mystik ist, wie gesagt, nur *ein* Thema *unter anderen*, die zu der gleichen methodischen Besinnung herausfordern.

Als Philosoph und Mediziner sah Carl Albrecht dies alles sehr deutlich. Gesprächsweise machte er immer wieder darauf aufmerksam, welche unabsehbaren Fragen nun, da der Nachweis des mystischen Phänomens gelungen sei, auf die Wissenschaft, sofern sie sich um eine Klärung menschlichen Selbstverständnisses bemühe, insbesondere auf Philosophie und Theologie zukommen. Er wusste auch, dass sich die methodologischen Aufgaben *mutatis mutandis* ebenso radikal in einer Phänomenologie der Leibhaftigkeit stellen; das Gespräch mit Gabriel Marcel bestätigte diese Einsicht.

Unsere gemeinsamen Reflexionen über seine Methode phänomenologischer Annäherung und über das, was sich an ihr und in ihr unterwegs begeben hat, gingen davon aus, dass hier *durch die Kritik der Bezeichnungen etwas gezeigt wird*. Indem die Zeichen, die das Denken zu setzen vermag, zurückgenommen werden, wird deutlich, *was* sie *nicht* zu bezeichnen vermochten. Wir nannten das in Analogie zur *Negativen Theologie* eine »negative Phänomenologie«. Ich habe bereits eingestanden, dass diese Kennzeichnung unzulänglich ist. Sie trifft einfach nicht zu. Letzten Endes geht es ja gerade darum, etwas wesenhaft *Erscheinungsloses* aufzuzeigen, das sich zwar auch zeigen kann, aber gerade dann *trugfrei* zur Erfahrung kommt, wenn es *sich nicht zeigt*.

Obgleich die mystische Anwesenheit in der bildlosen Schau, im gewissen Sinn jedoch auch in der Lichtschau, *nicht in Erscheinung tritt*, lässt sie sich aufdecken und »beschreiben« in der konkret erlebten Beziehung, die sie zum menschlichen Dasein und Bewusstsein eingeht. Es lässt sich auch nachweisen, dass diese Beziehung allen Phänomenen, in denen das Mystische sich Ausdruck verschafft und Gestalt annimmt, innewohnt und zugrunde liegt. Zugleich wird die unüberbrückbare Differenz bestimmbar, in der die mystische Präsenz zu allen Erscheinungen, in denen sie aufleuchtet, zum Vorschein der Ausdrucksphänomene, der Visionen und Auditionen etwa, verbleibt. Gerade die Relation, die deutlich wird, lässt das »Ausmaß« der Distanz und der Verborgenheit erfahrbar, erkennbar werden. Es wird gleichsam exakt bestimmt. Das Unfassliche wird nicht angetastet. Doch gerade in dem *negativen* Nachweis seiner Unberührbarkeit lässt es sich als Präsenz, als eine absolute Anwesenheit erfassen und auch denken. Es bleibt verborgen. Aber indem es sich als wesensgemäß und eigentlich verborgen zu erkennen gibt, lässt es sich zwar nicht aufdecken und enthüllen, doch als Mysterium, das *da* ist, erfahren und verstehen – *als Geheimnis offenbar*.

Die phänomenologische Methode bewährt sich als ein möglicher Weg der Annäherung gerade darin, dass sie dazu nötigt, die Phänomene zu durchdringen und zurückzulassen. Sie trifft nicht, worauf sie es abgesehen hat, oder doch nur partiell. Sie lässt aber etwas ganz anderes deutlich werden, auf das man es auch in phänomenologischen Perspektiven unmöglich abgesehen haben kann, weil es diese sprengt und, überbelichtend, blendet. Was geschieht, gleicht dem Abtasten einer hohlen Form, durch das man sich des Geschehens zu vergewissern sucht, das im mystischen Erleben sich ihr eingießen kann. Auch in der gnoseologischen Prüfung ereignet sich ein solcher paradoxer Umschlag: Indem die bildhafte Fülle und Mannigfaltigkeit des konkreten mystischen Erlebens als nicht trugsicher abgetan wird, womit ja nicht erwiesen ist, dass sie in jedem Fall trügerisch sein muss, schält sich ein harter Kern mystischer Erfahrung heraus, in dem unzweifelhaft trugfrei erkannt wird. Seltsamerweise teilt sich dem Denken auch auf diesem Weg in die absolute Verarmung des Erlebens, ins Leere, ein deutliches Empfinden, der Geschmack, die Erschütterung des wirklichen, vollen Erlebens mit. Wie ist dies zu verstehen?

Dass es diese Methode gibt, dass sie positiv begehbar ist und auf ihrem Weg eine solche Umkehrung der kritischen Sicht eintreten kann – dafür darf Carl Albrechts Untersuchung durchaus als Beispiel und Beleg gelten. Aber nicht nur sie. Andere Fragestellungen fordern zu einem ähnlichen Vorgehen heraus. Entsprechende Bewegungen des Denkens lassen sich, wenn gemäß diesen Kriterien gesucht wird, auch geschichtlich auffinden. Nicht nur bei Plotin, bei den griechischen Kirchenvätern und Augustin, bei Meister Eckhart und Cusanus, Leibniz, Pascal, den Romantikern, Nietzsche, Heidegger und Marcel; vor allem aber scheinen solche Momente die Disziplinen des indischen und fernöstlichen Denkens entscheidend zu bestimmen.

So oft ich mit Carl Albrecht und seither mit anderen versucht habe, diese Denkbewegung zu charakterisieren, unzweideutig lässt sie sich vorerst nicht bestimmen. Es sei denn in doppelten Negationen, die zu einer eigentümlichen Auflösung der Dialektik führen und zu der, diese womöglich zureichend begründenden, Kritik des Ich als des allein aktiven Subjektes im Denken im Sinn des cartesianischen *cogito*. Hier bleibt die Analogie zur negativen Theologie freilich in Kraft: Auch sie wandte sich im Grunde gegen dieses Subjekt, indem sie unermüdlich erklärte, vom Ich her lasse sich nicht mehr als die Negation des Inadäquaten zur Sprache bringen, eben das »*neti, neti* ... « der Upanischaden.

Stadien des Weges sind im Sinn der »phänomenologischen Erfahrung« immerhin zu unterscheiden:

Jeder Versuch, des Phänomens angesichtig zu werden und es in hinreichender Klarheit »auszumachen«, setzt Perspektiven. Diese Perspektiven sind nicht nur in sich auszumessen, also begrenzt, in ihnen kann das Phänomen nur unter bestimmten Aspekten in Erscheinung treten, gleichsam in verschiedenen Phasen wie der Mond, als schmale Sichel, als halbe oder volle Scheibe, jedoch nie in voller Plastizität und allseitig erkennbar. Je präziser die Perspektiven kritisch ausgemessen und der Ansatz, die in ihm entschiedenen Bedingungen und Begrenzungen ihres Entwurfs reflektiert werden, desto klarer vergewissert sich das Denken der Tatsache, dass es andere Aspekte des Phänomens geben muss und gibt. Der Versuch, ihrer gewahr zu werden, nötigt zur Einnahme eines anderen Gesichtspunktes, zum Entwurf einer anderen, abermals beschränkten Perspektive, unter der sich nun eine andere Ansicht des Phänomens gemäß dem wie geringfügig auch immer verschobenen Beobachtungswinkel zeigen kann. Freilich geraten nun zuvor sichtbare Partien außer Sicht. Sie müssen aus der vorherigen Perspektive erinnert und übernommen werden, was nur umso dringlicher einen weiteren, nächsten Aspekt aus einem anderen Gesichtspunkt herausfordert – und so fort. Wie in einer kritischen Umlaufbahn kreist das phänomenologische Erkennen um seinen »Gegenstand«, der sich immer deutlicher, je zahlreicher die Perspektiven und Aspekte werden, als nicht objektivierbar und eigentlich un-gegenständlich herausstellt. Im Zuge dieser phänomenologischen Umkreisung tritt der besagte Umschlag, die Umkehrung der Sicht ein.

In dem Maß, in dem sich das Denken seiner Unfähigkeit vergewissert, das Phänomen exakt und vollständig zu erfassen und zu kennzeichnen, scheint sich die Bahn seines Umlaufes auf das Phänomen hin zusammenzuziehen und wie eine Spirale auf das Zentrum zuzubewegen. Aber zugleich setzt jene Spiegelung ein, in der sich dem Subjekt in den kritischen Negationen, die es aussprechen musste bei der Umkreisung des Phänomens, gleichsam auf den inneren Kegelwandungen der jeweiligen Perspektiven, die es aufgeben musste, das nicht zu bezeichnende Phänomen abzubilden beginnt. Die Negationen dienen nun als Spiegel, in die das Denken blickt, um – als stünde dies nicht vor ihm, sondern im Rücken – des Phänomens gewahr zu werden. Zugleich wird bemerkbar, dass sich jene Negationen nicht, wie es den Anschein hatte, allein auf die unzutreffenden Kennzeichnungen, auf die Unvollständigkeit der Beschreibungen, auf die verengten, begrenzten Perspektiven und die fragmentarischen Aspekte bezog, die perspektivisch zu erfassen sind – sondern eigentlich immer auch, und zwar notwendig, wie sich zeigen lässt, auf das Ich, das diese Perspektiven entworfen hat. Das Ich wird gleichsam als das rissige und undurchsichtige Silber erkennbar, mit dem der Spiegel jener Negationen belegt ist.

Jedenfalls wird auf diesem Spiralenweg der Annäherung, der das Phänomen durch die Perspektiven hindurch umkreist, zweierlei deutlich: Die Perspektiven der phänomenologischen Betrachtung sind vom aktiven Ich des *cogito* entworfen, und dieses aktive Ich ist in Wahrheit den Phänomenen des Mystischen – aber auch des Leibes, der Welt, der Intersubjektivität und des »Zwischen« – *nicht* zugewandt und vermag ihrer nicht in direkter Sicht gewahr zu werden. Erst und *nur* in der kritischen Wendung, in der sich die Epoche der phänomenologischen Methode vom Ansatz her auswirkt und bewährt, indirekt oder, wenn man die Herkunft dieses Begriffes vom Wort *speculum* = »Spiegelchen« ernst nehmen will, spekulativ vermag es dessen gewahr zu werden, worauf es die Perspektive abgesehen hatte, was sich aber *durch Absicht nicht* wahrnehmen lässt.

In dem Maß aber, in dem sich das Denken auf der Spirale der kritischen Negationen dem zentralen Phänomen nähert, teilt sich ihm zugleich eine eigentümliche Gewissheit mit, die sich freilich durch nichts als die Erfahrung selber begründen lässt, dass es, wenn es ins Phänomen eintreten könnte aus der Mitte heraus, die es fragend umkreist, die Erfahrung, das konkrete Erleben, die Wirklichkeit selbst zu erkennen vermöchte, unvermittelt und auch gar keiner Vermittlung bedürftig, wie auch in den Spiegelungen der zurückgelassenen Denkmöglichkeiten. Albrecht deutet die Möglichkeit eines solchen Denkens, das selbst mystisch geworden ist, nur an. Es stand für ihn außer Zweifel, dass ein solches mystisches Denken Ziel der asiatischen Erkenntnislehre sei. In der Tat *erkennt das mystische Denken im Erkanntwerden und Erkanntsein*. Der Undurchsichtigkeit des Ichs entledigt, weiß sich ein solches Denken inbegriffen und so einbegreifend.

Seltsamerweise teilt sich der kritischen Verhaltenheit, die vor der Negation ihrer phänomenologischen Perspektiven und Deskriptionen und der sie entwerfenden transzendentalen Subjektivität nicht zurückschreckt, eine deutliche Ahnung, eine Vorerfahrung, ein Vorwissen um diese mystische Denkmöglichkeit mit – und zwar *in* den Negationen.

Dennoch – als »negative Phänomenologie« ist diese Methode sicherlich nur unzureichend bestimmt. Werden ihre Spiegelfunktionen hervorgehoben und wird in diesem Sinn von »Spekulation« gesprochen, so beschwört das Missverständnisse herauf, die nicht weniger irreführen als eine Interpretation des Vorgangs in dialektischen Kategorien. Das wesentliche Moment aller Dialektik, das Ich, begibt sich, auf Vermittlung angewiesen, auf diesen Weg, wohl um am anderen zu sich selbst zu gelangen, doch von Schritt zu Schritt wird es fragwürdiger, blasser, undeutlicher – einer Gelassenheit überantwortet, in der alle Dialektik verstummt.

Keine dieser Beschreibungen des Verfahrens lässt zudem verständlich werden, dass das Erkennen nicht notwendig asymptotisch bleiben muss, sondern unversehens eingehen kann und darf in das Zentrum des Mystischen, auf das es sich bezieht und von dem es, insgeheim von Anfang an immer schon »mystisches« Denken, belichtet und durchleuchtet wird. Dementsprechend bleibt ein wesentliches Merkmal unbeachtet, das auch und gerade Carl Albrechts Gedanken charakterisiert, für dessen Erklärung sich indessen nicht der geringste Anhalt bietet; dass sie nämlich immer durchsichtiger werden. Als würden jene Spiegelungen in Negationen noch einmal ihrerseits durchlichtet, empfängt der Gedankengang immer tiefere Transparenz und in ihr wohl erst Evidenz. Umfassende, durchdringende Aufklärung tritt ein, kristallinisch …

Solange zur eindeutigen Bestimmung die Begriffe fehlen, scheint es mir ratsam zu sein, sich mit einer Beschreibung dieses Denkweges in Metaphern und Gleichnissen zu begnügen. Wichtiger als seine genaue Kennzeichnung ist, dass er als Methode verstanden, als Weg begangen wird.

8. »DAS MYSTISCHE ERKENNEN« – ZUR GNOSEOLOGISCHEN KRITIK DER MYSTISCHEN RELATION

Carl Albrecht hat mich mit Nachdruck dazu aufgefordert, philosophische Konsequenzen aus seinen Untersuchungen zu ziehen, wie vorläufig ein solcher Versuch auch sein möge. Für ihn selber bildeten sie freilich die Voraussetzungen seiner Bemühungen, das Phänomen, die mystische Relation, dem Verständnis zu erschließen; denn dass diese Relation denkbar sei und menschliches Denken in sie eintreten könne, das war ihm gewiss: Er hatte es zuvor erfahren. So durfte er sich in einer wahrhaft rücksichtslosen Gelassenheit der Kritik überlassen. Sie kann gar nicht radikal genug sein, um das Phänomen eindeutig zum Vorschein kommen zu lassen – nun auch in der rigorosen Durchführung der Frage nach dem Erkennen, das dem mystischen Erleben eingesenkt und verwoben ist. Diese Nachfrage zwingt zur unnachsichtigen Aussonderung aller Erfahrungsmöglichkeiten, in denen dieses Erkennen zweifelhaft und truggefährdet bleibt, ohne Rücksicht darauf, welche Bedeutsamkeit solchen Erfahrungen im Erleben des jeweiligen Mystikers zukommt, welche existenzielle Betroffenheit sie auslösen.

So werden bereits in der umfangreichen Einleitung dieser Untersuchung verschiedene Bereiche des Erlebens als *gnoseologisch irrelevant* und mit dem gewonnenen Begriff von Mystik unvereinbar ausgeschieden. Es sind dies alle Formen sogenannter ›okkulter‹ Erfahrungen, der parapsychischen oder paraphysischen Erlebnis- und Leistungsmöglichkeiten; ferner die theosophisch und anthroposophisch proklamierten ›Erkenntnisse höherer Welten‹ und ›Geistwesen‹; dann aber auch, in Fortführung der kritischen Eingrenzungen, die kosmische Schau und das kosmische Bewusstsein.

Der Titel ›Pseudomystik‹, mit dem Carl Albrecht alle diese Erfahrungsweisen belegt, scheint mir in der Wertung, die er enthält, nicht jedem der besprochenen Phänomene gerecht zu werden und deshalb unglücklich zu sein. Er entspricht der gewiss verständlichen, vielleicht etwas zu heftigen Sorge Albrechts, das mystische Phänomen sei Missverständnissen und Missbräuchen ausgeliefert, sobald es mit übersinnlichen Fähigkeiten und Erfahrungen in Zusammenhang gebracht werde. Weniger Unkenntnis der Literatur oder phänomenologische Ungenauigkeit, wie Gerda Walther vermutet hat,[41] vielmehr das Verantwortungsbewusstsein des erfahrenen Mystikers hat diese Zurückweisung diktiert. Ausgehend von der Unterscheidung zwischen einer *okkulten* Welt, zu der sämtliche paraphysikalischen und parapsychologischen Phänomene einschließlich der außersinnlichen Erfahrungen gehören, und einer durch außersinnliche Erfahrungsweisen in weiterem Maß zugänglich gewordenen *normalen* Welt kann Albrecht konstatieren:

»Die okkulten Erfahrungsweisen geben keinen Zugang zur okkulten Welt. (Sie) sind ein ... transnormaler Zugangsweg zu der Innen- und Außenwelt unserer natürlichen Erfahrungsweisen. Da die mystische Erkenntnissphäre ... keinen Gegenstand erhält, der der natürlichen oder der okkulten Welt angehört, folgern wir: Sowohl der Bereich der normalen Welt, in welchem die Gegenstände der okkulten Erkenntnisweisen aufgefunden werden, als auch der Bereich der okkulten Welt, in welche diese Erkenntnisrelationen selber als seiende mit anderen okkulten Phänomenen zusammen hineingehören, sind unverwischbar zu scheiden von der Objektsphäre mystischer Erkenntnis. Die okkulten Phänomene sind in jeder Hinsicht irrelevant für das Problem der Erhellung der mystischen Relation. Dies ist die entscheidende Einsicht ...«[42]

Albrecht gibt zu, dass er absichtlich eindeutig und radikal abgrenzend formuliert. Er erkennt nicht an, dass außergewöhnliche Erfahrungsweisen und außergewöhnliche Erkenntniswelten einander wesensnotwendig zugeordnet sind. Vielmehr sieht er die okkulten Erfahrungsweisen auf die Objektsphäre der normalen Welt eingeschränkt, wogegen die Objektsphäre der okkulten Welt nur naturwissenschaftlich erschlossen werden könne. Auch das Phänomen der telepathischen Erfahrung besitzt *keine* Relevanz für eine Gnoseologie der Mystik, weil ihr Gegenstand praktisch niemals mit dem mystischen Erkenntnisgegenstand verwechselt wird. Der Erfahrende bleibt hier offenbar niemals über die Herkunft des Ankommenden trügerisch im Unklaren.

Allein die Tatsache, dass es außersinnliche Erfahrungsweisen gibt – so führt Carl Albrecht in einem anderen Zusammenhang aus –, »*und noch mehr der Sachverhalt, dass die innere Struktur und der Mechanismus dieser parapsychologischen Erfahrungsrelationen zur Zeit noch total irrational sind, also ihr vom Geheimnis umwitterter okkulter Charakter hat Schuld an einer erstaunlichen Fehleinschätzung ihrer gnoseologischen und auch ihrer existenziellen Bedeutung*«.[43]

Das trifft gewiss auch für die übersinnlichen »Erkenntnisse höherer Welten« zu, von denen Rudolf Steiner berichtet hat, vor allem aber für die erstaunliche Geltung, die sie in den Augen derjenigen gewonnen haben, die sich auf die Anthroposophie einschwören. Auch für solche Erkenntnisse gilt, dass ihre Objektsphäre ein Teilbereich oder eine Region, eine weitere Dimension der gewöhnlichen realen Welt ist. So wird diese Welt zwar durch transnormale Erkenntnisweisen ausgeweitet, von denen jedoch *nichts* gesichtet und angetroffen wird, was als ein *ganz Anderes* alle Schichtungen der normalen Welt durchschlägt und als das eine ankommende Umfassende, als der Erkenntnisgegenstand der Mystik, erfahren wird. Dieser ist stets der *eine* und der *einzige* Gegenstand des Erfahrens und Erkennens, immer mit sich selbst identisch, unvergleichlich und bedingungslos – das *Mystische*.

Carl Albrecht bemüht sich ausdrücklich um ein behutsames Urteil über die anthroposophischen Erfahrungen. Die Frage nach der Echtheit der von Rudolf Steiner bekundeten Erkenntnisse stellt er mit Bedacht zurück und späteren Überprüfungen anheim. Kritische Zweifel deutet er nur an, weil die Gefahr eines voreiligen Urteils ungewöhnlich groß ist, solange es ihm so wenig wie anderen gelungen ist, in der Nachfolge Steiners einen in der ›Erkenntnis höherer Welten‹, wenn schon nicht gleichermaßen, so doch wenigstens vergleichbar erfahrenen Anthroposophen ausfindig zu machen. Doch von diesem beklagenswerten Umstand, der ihn, den Empiriker, störte, einmal abgesehen – die entscheidende erkenntnistheoretische Wendung des anthroposophischen Denkens konnte ihm in ihrer *Petitio principii* nicht verborgen bleiben: Steiner behauptet, dass die ontologische Einheit, die Subjekt und Objekt übergreift und in ihre Aussonderung entlässt, grundsätzlich erkennbar, sogar real gegeben und erfahrbar sei. Nicht nur die ›Geistwesen‹, die in Objekt und Subjekt identisch vorgestellt werden, seien *real* und in der übersinnlichen Erfahrung *gegenständlich, wahrnehmungsartig* zu erfassen, auch die Zusammenhänge zwischen diesen Wesenheiten könnten erkannt werden. Die Erkenntnisrelationen überlagern sich also. Das *Subjekt* der übergreifenden, transnormalen Erkenntnisrelationen ist jedoch ein und dasselbe, das in der gewöhnlichen Erkenntnisrelation seinen Gegenstand erfasst – aber der erfassbare Gegenstand der hinzukommenden, höheren Relation soll die ontologische Einheit der ersten, gewöhnlichen sein. So dient letzten Endes die höhere Erkenntnis dazu, sich den Aporien der normalen und niederen zu entziehen, statt sie aufzuheben. Was zu beweisen wäre, wird vorausgesetzt als Beweisgrund.

Dennoch lässt Albrecht in diesem Drang nach ›Erkenntnis höherer Welten‹ einen gewissen mystischen Eros gelten, der sich auf die ungewisse Argonautenfahrt durch die Geister- und Götterwelten bis hin in die letzten Wirbel der Urzusammenhänge begibt, ohne so jemals seinen ersehnten Gegenstand finden zu können. »*Erst wenn alle Bereiche der ›geistigen Welt in einer vergeblichen Suche bis an die Unerkennbarkeitsgrenze heran durchschritten sind, (erst) wenn dieser Anspruch des Findenkönnens ›mystisch gereinigt‹ worden ist*« – Buber würde gesagt haben, in der Preisgabe der wisserischen Begierde –, »*kann ein Standort erreicht werden, von dem aus in einer grundsätzlich anderen Weise des Erkennens die mystische Schau Wirklichkeit werden kann. Der mystische Gegenstand kann auf dem Weg der Geisterseher* (im Sinn Steiners oder der Theosophie) *gesucht werden, aber er kann erst gefunden werden, wenn, um in mystischer Sprache zu reden, alle Erkenntnisgehalte der übersinnlichen Welt der Geister wieder vergessen worden sind, wenn diese ganze große Welt zum Nichts geworden ist vor diesem einen Punkt, auf den das mystische Auge in einer ›erkennenden Schau‹ ausgerichtet ist.*«[44]

Wie wenig der Titel »Pseudomystik« in einem abwertenden Sinn gemeint ist, zeigt zuletzt die Betrachtung des kosmischen Bewusstseins, die gleichfalls zur Aussonderung dieses Phänomens führt, obwohl es – phänomenologisch zumeist ein vielfach gemischter Bewusstseinszustand – auch deutlich erkennbare mystische Elemente enthält. Dieser Abschnitt der Untersuchung dient dazu, in der Aussonderung nicht genuin mystischer Momente der Erfahrung des eigentlich mystischen Erlebnisraumes gewahr zu werden.

Das Eigenschaftswort ›kosmisch‹ besagt nichts über die Art des Bewusstseins, sondern lediglich, dass der ganze Kosmos als Gegenstand dieses durchschauenden Bewusstseins verstanden wird. Es ist deshalb auch ›Überbewusstsein‹ genannt worden, womit zum einen die Ausweitung des Erkenntnisbereiches ins Übersinnliche, zum anderen eine merkwürdige Verknüpfung versunkener Schau angesichts der normalen Wahrnehmungswelt mit der zunehmenden Aufhebung der Objekt-Subjekt-Spaltung gemeint ist, die dem ekstatischen Bewusstsein nahe kommt. Dem verbindet sich die Theorie, dieses überwache, innige Erfahren und Erkennen des Kosmischen sei in ähnlicher Weise, aber entgegengesetzter ›Richtung‹ dem normalen Bewusstsein entrückt wie das Unter- oder Unbewusste. Diese Vorstellung ist nur denkbar, wenn der tiefenpsychologisch geprägte Begriff ins Metaphysische versetzt wird, so dass der normale Bewusstseinszustand zwischen dem unbewussten und jenem überbewussten Bereich als eine Zwischenschicht oder Zwischenfunktion verstanden werden kann. In solchen Vorstellungen werden Erinnerungen an frühe, verschollene Interpretationen der Bewusstseinserweiterungen in der Initiation wach und psychologisch oder metaphysisch missverstanden. Das erklärt und rechtfertigt Carl Albrechts Vorgehen.

Als *Gemisch* aus verschiedenen einzelnen Phänomenen, etwa dem *ekstatischen Überschwang*, dem *okkulten Hellsehen*, einer *hellsichtigen Durchschauung*, der *Lichtschau* und einer Erfahrung des subjektiven Anteils an der *Lichtschau als Verklärung*, welches sich in der Wahrnehmung der normalen Außenwelt aktualisiert und gleichzeitig Strukturelemente des Wachbewusstseins, des Versunkenheitsbewusstseins und des ekstatischen Bewusstseins enthält, kann das kosmische Bewusstsein nur als ein Phänomen im Grenzbereich der Mystik anerkannt werden. Allerdings vermerkt Albrecht ausdrücklich, dass sich die Durchschauung der Wahrnehmungswelt zur Durchschauung des Kosmos als Ganzen steigern und dann zu einer mystischen Schau werden kann, die des Umfassenden gewahr wird: Des unergründlich strahlenden Lichtmeeres; des alle Erscheinungen durchtönenden ›OM‹; der zugrunde liegenden und alles umfassenden Allgegenwärtigkeit des Alleinen, Zweitlosen, das apersonal als das »Allleben«, als »Urlicht«, als »Urschönheit« oder »Urliebe« erfahren werden kann. Insbesondere die *durchdringende Lichtschau* ist ein echt mystisches Phänomen *innerhalb* des kosmischen Bewusstseins.

Carl Albrecht war sich darüber im Klaren, dass gerade dieses Phänomen zu einer ausführlicheren Betrachtung, als sie in diesem Zusammenhang notwendig und methodisch möglich war, herausfordert. Nicht nur religionsgeschichtlich, auch philosophisch und theologisch ist dieses ›kosmische Bewusstsein‹ von außerordentlicher Bedeutung. Dass es der phänomenologischen Analyse als eine Mischung verschiedener Erfahrungs- und Erkenntnisweisen erscheint, mindert seine Bedeutung nicht. Jedes konkrete mystische Erfahren ist so betrachtet ein Geflecht verschiedener Erfahrungsformen. Vielmehr scheint das echte kosmische Bewusstsein sich von anderen Weisen der mystischen Relation dadurch zu unterscheiden, dass diese Verflochtenheit mehrerer Erfahrungsweisen sich in ihm *nicht entflechten* lässt.

In der *echten* kosmischen Schau verbinden sich nicht nur die Strukturen des Wach-, des Versunkenheitsbewusstseins und des ekstatischen Bewusstseins, in ihren höchsten Ausformungen tritt eine komplexe Einheit aller Erlebnismöglichkeiten des Menschen in der radikalen *Umwandlung aller Erlebnisweisen* ein. ›Angesicht in Angesicht gesetzt mit dem reinen Urlicht‹, wie es im Tibetischen Totenbuch erklärt wird, gewinnt das Erleben in einer restlosen Integration aller leiblichen, seelischen und geistigen Erfahrungsvermögen eine vollkommen offene und heile Einheitlichkeit. Diese entzieht sich allerdings restlos dem Zugriff phänomenologischer Analyse.

Dies gilt für die eindrucksvollen, in sich jedoch vieldeutigen Erfahrungen »kosmischer Schau«, wie sie von manchen indischen Visionären und ihren Adepten – Albrecht zitiert das Zeugnis des Paramahansa Yogananda – geschildert worden sind. Es gilt weit mehr für einige Schau-Erlebnisse der Hildegard von Bingen, in denen die Bilder durchsichtig werden zum mystischen Licht, so dass das Geschaute wie die Erscheinungen der realen Welt als Sinngestalten des sich ausgießenden göttlichen Lichtes verstanden werden können. Es gilt in besonderer Weise für die »Große Erfahrung« des Zen, die sich analytisch überhaupt nicht erfassen lässt. Sie ist ohne Zweifel ein echtes mystisches Erleben und zugleich – vollkommen konkret und nüchtern – ein »kosmisches« Erleben, eine Erfahrung des Realen, so, wie es ist, und als das, was es ist: »... *ist einer zur Erleuchtung gelangt*«, heißt es im Zen, »*sind die Berge Berge und die Gewässer Gewässer* ... «, oder: »... *Blumen sind rot und Wiesen grün.*«

In unseren Gesprächen sind wir immer wieder auf diese zugleich mystische und welthafte Erfahrung zurückgekommen. Carl Albrecht hatte ohne Zweifel recht, wenn er, wie in seinem Buch, auch im Gespräch die phänomenologische Unzulänglichkeit der »Großen Erfahrung« des Zen, des *Satori*, vor allem in seiner dauerhaften, »ständigen«

Form, dem *Daikensho*, hervorhob. Untersuchungen, wie er sie vorgelegt hat, »*können vielleicht zu ›Zen‹ hinführen, sie können aber nicht von ›Zen‹ her ihren Ausgang nehmen*«[45], meinte er. Dies trifft jedoch auf jedes echte mystische Erleben zu, das im Zentrum der religiösen Erfahrungsmöglichkeiten seiner selbst bewusst geworden ist, im Yoga wie im Buddhismus, in der islamischen wie in der jüdischen oder christlichen Mystik. Das Erstaunliche an der Überlieferung des Dhyana-, des chinesischen Ch'an- oder japanischen Zen-Buddhismus ist lediglich, dass es ihr aufgrund einer in die letzte spekulative Durchdringung meditativen Geschehens gesteigerten Reflexion, aus der diese scheinbar aller Reflexionen entledigte Orthopraxis entsprungen ist und aus der sie als Methode ihre Kriterien gewonnen hat, bis zur Stunde gelungen ist, die tiefste mystische Erfahrung und die alltägliche Erfahrung von Welt und Wirklichkeit als Einheit zu verstehen und zu vermitteln. Diese Einheitlichkeit lässt sich logisch nicht entschlüsseln. Dieses Zugleich von mystischem und leibhaft-welthaftem, alltäglichem Erleben vermag sich nur in Paradoxien zu äußern. Doch diese Paradoxien, wie die Koans, verlieren ihren Sinn, wenn sie nicht als Frage eines erfahrenen Meisters an den Schüler verstanden werden, dem sie – gerade indem sie alle horizontalen Ausflüchte verstellen – zum gleichsam senkrechten Durchbruch in die Erleuchtung verhelfen wollen.

Bis zu diesem Ereignis aber, das aller Beschreibungen spottet, indem es die aus Unterscheidung gewonnenen Gegensätze und Begriffe zunichte werden lässt, gelten indessen sämtliche Kennzeichnungen und Kriterien dieser »Phänomenologie«, wie ich mich in Gesprächen mit Zen-Meistern belehren ließ, auch im Zen – und zwar in dem präzisen, exakten Sinn der Deskriptionen, Begriffe und Kategorien, in dem Carl Albrecht seine Untersuchungen verstanden wissen wollte. Gerade diese Genauigkeit der Unterscheidungen und Kriterien verblüffte und überzeugte die Roshis japanischer Klöster, die ich nicht zuletzt deswegen aufgesucht habe, um Albrechts Erklärungen im Licht der Zen-Erfahrung überprüfen zu lassen. Ich hatte ihm das vor seinem Tod versprochen. Die Ergebnisse sind eindeutig. Entgegen seinem eigenen Dafürhalten treffen Carl Albrechts Erklärungen auch auf die Erfahrungen des Zen-Weges zu. Sie gelangen im klösterlichen Leben und seiner unausgesetzten mystischen Disziplinierung tagtäglich zur Anwendung. In den offiziellen Texten und Beschreibungen brauchen sie deshalb nicht erwähnt und erklärt zu werden. Das Zen hat eine solche kritische Sondierung der mystischen Phänomene in gewisser Weise hinter sich; geschichtlich erfolgte sie in jenen »Spekulationen« des chinesischen 5. und 6. Jahrhunderts. Sie hatte zur Folge, dass außer der Letzt-Erfahrung nichts zur Geltung gelangen kann. Sämtliche Ausdrucksphänomene des mystischen Erlebens, aber auch die ekstatischen Erfahrungen werden als vorläufig angesehen, wie die Kennzeichnung des Zen als »Bewusstseinszustand jenseits der Gegensätze« und als »der Weg zu diesem Zustand«[46], die Albrecht von Karlfried Graf Dürckheim übernommen hat. Eben dieses »Jenseits« gibt es letzten Endes im Zen nicht. Zeit und Ewigkeit, Vielheit und Einheit, Gegensatz und Vermittlung werden als eins und nichts erfahren – »jenseits«, wie gesagt wird, oder »diesseits« »von Zeit und Ewigkeit«.

So ist auch zu verstehen, dass diese Überlieferung aus der buddhistischen Dreiheit der Disziplinen, »Hingabe, Denken und Übung«, scheinbar nur die Übung, die praktische Methode des mystischen Erwachens, beibehalten hat, nahezu ohne Lehrinhalt, ohne Reflexion und Erklärung, ohne religiöse Bestimmung. Das hat zu vielen Missverständnissen Anlass gegeben; die meisten Zen-Interpretationen beruhen auf schlichter Unkenntnis.

Während sich Albrechts Vermutung, die Zen-Methode lasse sich phänomenologisch in seinem Sinn überhaupt nicht erfassen, als unzutreffend erweist,[47] ist seine Zurückhaltung angesichts der »Großen Erfahrung« des Zen durchaus berechtigt. *Kensho* und *Dai-Kensho* sind unantastbar. In allen Gegensätzen und über alle Unterscheidungsmöglichkeiten hinaus werden sie in konkreter Inständigkeit des Umfassenden gewahr; »ohne Zweifel«, wie Albrecht betont, »ein Phänomen echter, reiner, unmittelbarer, erfahrungsmäßiger Erfassung des Umfassenden«[48] und kein ›Mischphänomen‹. »Es gehört zu seinem Wesen, dass jede unterteilende Phänomenologie an der ungestalteten undurchdringlichen Einheitlichkeit seiner Phänomensphäre scheitern muss ... Zen-Erfahrung kann vollzogen werden. Sie kann aber nicht beschrieben werden, denn alles Beschreiben bewegt sich auf der Ebene der Unterscheidungen, Zen aber steht jenseits dieser Ebene.«[49]

Carl Albrecht war bei der Sichtung dieser Phänomene leider auf Berichte, zum Teil aus zweiter oder dritter Hand, angewiesen. Vielleicht sind seine Feststellungen dahingehend zu modifizieren, dass jene »Einheitlichkeit« in der Zen-Erfahrung noch einfacher ist, als sie gemeinhin beschrieben wird, und nicht »ungestaltet«, sondern eins ist mit der Sinngestalt des Seienden im Ganzen, die wir »Welt« nennen, sofern ihr das leibliche Dasein des Menschen nicht gegenübergestellt, sondern als ihr Inbild, als Inbegriff des Universums gedacht werden kann.

Damit ergibt sich aber, gerade aus der so unvorstellbar konkreten Zen-Erfahrung, die Frage, ob nicht jedem »kosmischen Bewusstsein«, dem Erleben »kosmischer Schau«, eine solche einheitliche, einende Erfahrung zugrunde liegt als finale Ermöglichung und Bestimmung; ob das ›kosmische Bewusstsein‹ nicht auf eine solche Letzterfahrung angewiesen ist, wie sie das Zen methodisch rein ausgeformt hat und mitteilt. Diese Frage ist nicht nur für die religiösen Erfahrungen Asiens, sondern ebenso für ein Verständnis der Schöpfungsmystik in den abendländischen Religionen von entscheidender Bedeutung, von der spekulativen Mystik des Islams über die jüdische Kabbala und den Chassidismus bis hin zur kosmischen Schau christlicher Mystik: Kirchenväter, einer Hildegard oder eines Jakob Böhme, deren Zeugnisse Albrecht zitiert.

Herausgenommen aus dem Gesamtgefüge des kosmischen Bewusstseins, bietet die mystische Durchschauung phänomenologisch gar keine neuen Gegebenheiten. Sie ist vielmehr fast ununterscheidbar von der mystischen Schau und ihrer Struktur.

Wie künstlich und gewaltsam eine solche Betrachtungsweise ist, die weite, religiös höchst bedeutsame Bereiche mystischen Erlebens aus dem Blickfeld rücken muss, kommt hier schmerzhaft zum Bewusstsein. Die Untersuchung kann gemäß ihrem methodischen Ansatz eine solche Ausklammerung aber gar nicht vermeiden; der vorgegebene, gegenstandsbezogene Wissenschaftsbegriff, beziehungsweise ein in den Kategorien der bestehenden Wissenschaften entworfener, von diesem wissenschaftlichen Verständnis mit Beschlag belegter Gegenstands-Begriff zwingen zu diesem Verzicht.

Carl Albrecht war sich darüber im Klaren. Das kosmische Bewusstsein leuchtet ja durchaus im Bereich des Gegenständlichen auf. Es entzündet sich geradezu an alltäglichen Gegenständen und überwindet, die Gegenständigkeit der Gegenstände gleichsam durchstrahlend und so ihres umfassenden Grundes im mystischen Durchschauen gewahr werdend, die Spaltung in einem ›Innestand‹, der ›ekstatisch‹ der Objekt-Subjekt-Scheidung enthoben und dennoch ›ekstatisch‹ der wirklichen Welt eingesenkt ist. Von unserem Verständnis des Gegenständlichen her ist dieses Bewusstsein nicht anders als paradox zu beschreiben.

Abgesehen von der Kennzeichnung als überklarer Zustand angesichts des Umfassenden vermag die Phänomenologie ihn nur ebenso paradox zu besprechen wie die Zeugnisse, die von ihm berichten. Er entzieht sich der Rationalisierung und muss deshalb für diese Untersuchung ausscheiden, weil sich der phänomenologisch Ordnende an die Bereiche des Rationalisierbaren zu halten hat. So sind Albrechts Thesen zu verstehen: *»Das ›Kosmische Bewusstsein‹ ist kein phänomenologisch reiner Bewusstseinszustand ... Zum Phänomenkern des Kosmischen Bewusstseins gehört die Verkoppelung der gehobenen Stimmung mit der hellsichtigen Durchschauung. Die hellsichtige Durchschauung ist keine Innenschau. Sie ist wesensnotwendig gebunden an eine Außenwahrnehmung. Die Durchschauung der Wahrnehmungswelt ist eine ›mystische Durchschauung‹, falls der Kosmos als Ganzes durchschaut und dabei das Umfassende gegenwärtig wird.«*[50]

Dass dies in der echten mystischen Erfahrung des »Kosmos« oder der »Schöpfung«, also des Seienden im Ganzen und als Ganzes, immer geschieht, dass in ihr die Elemente des ›kosmischen Bewusstseins‹ – Hellsehen, Durchschauung, Einsicht, Lichtschau, Wahrnehmung und ekstatischer Überschwang – aus dem Erleben des Umfassenden erleuchtet und geordnet werden, so dass eine solche Erfahrung des durchschauenden Durchleuchtetseins der Existenz als Dasein in Welt tatsächlich wie eine Vorerfahrung eschatologischer Verklärung verstanden werden kann, dies sei als religiöses Kriterium abschließend vermerkt. Es ergibt sich aus der letzten Einheit von Schau und Licht, in der jedes Einsehen Lichtung, jede Erleuchtung ein Erkanntsein, jede Schau ein Im-Licht-Stehen, ein Angeschautwerden bedeutet.

Carl Albrecht selber durfte dies am Ende seines Lebens, mitten im Schmerz der Krankheit erfahren. In unserem letzten Gespräch bekannte er, nie zuvor die Farben des Herbstlaubs so »erkannt« zu haben: *»... die Liebe ist eine unfehlbare Architektin des Kosmos: sie richtet alles, was uns gegeben ist, und alles, was uns geschieht, in endgültiger Schönheit ein.«*

Um nun im weiteren Gedankengang das Gefüge der mystischen Erfahrung gnoseologisch aufgliedern und im Einzelnen prüfen zu können, müssen die Begriffe »Erfahren«, »Erfassen« und »Gewahren« näherhin bestimmt und voneinander abgegrenzt werden:

Das *Erfahren* wird als Betroffenwerden durch ein Widerfahrnis im Gesamtbereich der Erlebnismöglichkeiten verstanden. Nur wenn ein geordnetes Gefüge mystischer Erfahrungsgehalte sichtbar wird, kann weiter von einer ›mystischen‹ Erfahrung gesprochen werden.

Das *Erfassen* ist dagegen cognitiv bestimmt, so dass zwar häufig von einem erfahrenden Erfassen gesprochen werden darf, zuweilen jedoch, etwa angesichts von Ideen, logischen Zusammenhängen, philosophisch phänomenologischen Schaugehalten oder mathematischen Gebilden, eindeutig auch im Vollzug apriorischer Erkenntnisse, von einem Erfassen des schlechterdings Unerfahrbaren gesprochen werden muss.

Das mystische *Gewahren* ist als analoger Begriff zu dem des Wahrnehmens gebildet worden und betont die konkrete Unmittelbarkeit und spezifische Zusammengehörigkeit der Erfahrung und ihres sie hervorrufenden, wirkenden ›Gegenstandes‹. Dieser Gegenstand des mystischen Erfahrens selber kann auf zweifache Weise die Qualität ›mystisch‹ erhalten: Entweder ist das Ankommende selbst mystisch oder es wird als ein Ankommendes erfahren, das vom mystischen *›Es‹ erwirkt* worden *ist*.

Diese Unterscheidung zwischen dem unmittelbar mystischen Ankommenden und einem mystisch gewirkten Ankommenden erweist sich nun für das Verständnis der weiteren Untersuchungen als notwendig und entscheidend. Dabei geht es, es sei noch einmal hervorgehoben, nicht um eine Darstellung der konkreten Erfahrungsvielfalt mystischen Erlebens, sondern allein um die Suche nach den beinahe oder vollkommen trugfreien Elementen, die in ihr enthalten sind.

Für unsere weiteren Betrachtungen ist vor allem bedeutsam, dass Carl Albrecht auf diesem kritischen Weg allmählich sämtliche Ausdrucksphänomene, alles bildhafte, klanghafte, gestalthafte und sinnfällige Geschehen als truggefährdet oder gar überwiegend trügerisch aussondern muss. Wir können diesen komplizierten Prozess nicht durch seine einzelnen Stadien verfolgen, zumal Albrecht von sich aus in den Urteilsbegründungen weitere Berufungsverhandlungen ankündigt. Vor dieser Instanz der gnoseologisch-phänomenologischen Kritik kann eben nur einem engen Bereich mystischer Erfahrungsmöglichkeiten Gerechtigkeit widerfahren. Er selber reicht das Verfahren an die nächste Instanz, an die Philosophie, weiter und weist vor ihr nach, dass gemäß allen vorliegenden Kriterien die Kompetenz für die Beurteilung mystischen Erlebens bei *einer Theologie* liege – bei einer Theologie, wie ich hinzufügen muss, um diese merkwürdige unbestimmte Formulierung zu erklären, die es nicht mehr und noch nicht gibt.

Im Gesamtgefüge mystischen Erfahrens lassen sich mit Albrecht zehn Beziehungsweisen deutlich unterscheiden; es sind dies:
»*1. Die ›mystische Gewirktheit überhaupt‹. Also das, was von der Erfahrungsseite, vom Subjekt her gesehen, das unanschauliche Wissen um die wirkmäßige Gegebenheit von Bewusstseinszuständen, Einsichten, Sinnbildern und anderen Phänomenen ist. 2. Das Phänomen der ›mystischen Wirkungen‹, die im Vollzug eines ›Gewahrens‹ als Wandlungen des Zumuteseins und der Einstellung erkannt werden. 3. Die ›eingewirkten Einsichten‹, die intuitiv zufallen. 4. Die ›Präsenz‹, die in drei Erfassungsbezügen erfasst wird: Im Vollzug des Spürens, im Zufallen einer Bewusstheit und in der Schau. 5. Das ›mystische Licht‹, welches geschaut wird. 6. ›Fluidum‹ und ›Atmosphäre‹ die gespürt werden. 7. ›Eingewirkte Bilder‹, die geschaut werden. 8. ›Ausdruckserscheinungen‹, die geschaut werden. 9. ›Stimmen‹ und ›Einsprachen‹, die vernommen werden. 10. ›Lenkungen‹, die aus dem Erlebnis des Gelenktwerdens erschlossen werden.*«[51] Dabei ist zu beachten, dass »*die Ausdruckserscheinungen, die Stimmen und Einsprachen und die Lenkungen nur als personale Bewirkungen verstanden werden*«[52] können, während in apersonalen Erfahrungen diese Phänomene, in denen ja nicht nur die Betroffenheit durch das Ankommen eines Umfassenden, sondern auch erfasst wird, dass dieses Ankommende den Erfahrenden *persönlich* meint, gar nicht auftreten. Das berechtigt phänomenologisch dazu, auf die Erweiterung des Wirkgefüges hinzuweisen, in dem sich der personal erfahrende Mystiker erlebt: »*Gemeint ist er hier schon im Bereich der Auswirkungen und Einwirkungen. In der Sphäre der Bewirkungen ist er überdies noch angeblickt, angeredet und geführt.*«[53]

Für die weiteren Überlegungen genügt eine Erwähnung der Thesen, zu denen die Analyse dieser verschiedenen Formen des mystischen Erfahrens, Erfassens und Gewahrens gelangt. Für die Prüfung der »bildhaften Schau« ist die Unterscheidung von Sehen und Schauen bedeutsam, deren Grenze dort liegt, »*wo der echte Wahrnehmungsraum umschlägt in einen Vorstellungsraum, der den Wahrnehmungsraum als Vorstellung enthält*«.[54] Das gewährleistet die Aussonderung von Illusionen und Halluzinationen als trügerische Weisen des Sehens bzw. Vermengung von Sehen und Schauen. Zusammen mit physiologischen Nachbildern, eidetischen Anschauungsbildern und in den vorgestellten Außenraum projizierten Vorstellungsbildern sind sie als äußere Visionen zu begreifen, die zuweilen gesehen, zuweilen aber auch geschaut werden, in den vorgestellten Außenraum hineinprojiziert und oft fälschlich als reale Gegenstände der Wahrnehmung missverstanden. *»Die bildhafte Schau hat ein Phänomenband, das die Grenzlinie zwischen dem Innen- und dem Außenraum überschreitet«*[55] – so lautet die These.

Phänomenologisch liegt der Schwerpunkt der bildhaften Schau außerhalb der Mystik; außerhalb der mystischen Phänomensphäre liegen sämtliche *gesehenen*, äußeren Visionen. Das Kriterium für die Echtheit einer *geschauten* Vision – wie aller Ausdruckserscheinungen – ist in der Präsenzerfassung zu finden, die sie begleitet. Die nähere Untersuchung der Bildtypen, die visionär gesehen oder geschaut werden, ergibt eindeutig, dass in allen diesen charakteristischen Formen – in dem ›*Bild als solchen*‹, im ›*Sinnbild*‹, in der ›*Allegorie*‹, im ›*Doppelphänomen aus Bild und Präsenz*‹, in der ›*nicht-mystischen*‹ und in der ›*mystischen Erscheinung*‹ wie im ›*Bild als metaphorischer Aussage*‹ – das mystisch Ankommende nur in dem Maß sich authentisch darstellt, in dem seine *unanschauliche Präsenz* erfasst wird. Das führt zu der Konsequenz der abschließenden Thesen: *»Die mystische Schau ist niemals nur reine Bildschau. Die Bildschau kann ein Einzelelement im Gesamtgefüge der mystischen Erfahrung sein.«*[56]

Wie wenig diese kritische Aussonderung außerhalb ihrer phänomenologischen Absicht anwendbar ist und bei der Beurteilung eines konkreten und unbestreitbar echten mystischen Geschehens zu leisten vermag, demonstriert Carl Albrecht selber sogleich in der Betrachtung der Visionen der Hildegard von Bingen. Sie stellen ein höchst komplexes Gefüge aus allegorischer, metaphorischer und symbolischer Schau, Hellsehen, okkultem Gewahren, Durchschauung, Einsicht und äußeren Visionen dar, ohne dass damit ihr Wesen hinlänglich erfasst wäre. Albrecht selbst deutet an, dass Hildegards Visionen als symbolisch-metaphorische Gesamtschau des Kosmos im umfassenden ›Urlicht‹ verstanden werden können.

Demgegenüber erschaut die reine Bildschau *Sinnbilder*; allein kann sie jedoch die Erscheinungsbilder nicht erfassen, weshalb ausdrücklich hervorgehoben werden muss, dass *»in einer reinen bildhaften Christus-Schau das mystisch gegebene Sinnbild Christus, nicht aber das Erscheinungsbild des Christus erschaut wird«*.

Aufgrund dieser Vorklärung lässt sich dann verstehen, dass die bildhafte Schau nicht als Element *mystischer Erkenntnis* anerkannt werden darf: *»Die metaphorisch-symbolische Bildschau ist als solche keine*

Erfassungsform des Umfassenden«[57] – lautet die schroffe These, die nur gelten kann, wenn der Zusatz ›als solche‹ unterstrichen wird. Im faktischen mystischen Erleben ereignet sich die bildhafte Schau natürlich nur sehr selten derart isoliert. Auch sei darauf verwiesen, dass der Begriff ›symbolisch‹ hier nach wie vor in einem psychologischen Verständnis gebraucht wird, wie es zuvor bestimmt worden ist: »*Das Symbol ist eine anschauliche Vergegenwärtigung in einem Bild, das auf ein Unbekanntes und auf ein Unerkennbares hinweist.*«[58]

Diese Begriffsbestimmung betont nicht nur den Hinweis- und Zeichen-Charakter des Symbols, durch den es sich kaum oder gar nicht von Metapher oder Allegorie, Wahrzeichen und Merkmal unterscheidet; sie versteht ihn auch vorwiegend innerpsychisch. Dadurch wird die *Vergegenwärtigung des Unerkannten und Unerkennbaren* zwar psychologisch ernst genommen, wird aber nicht als ein freies Sich-Zeigen, als das Sich-zu-Erfahren- und Sich-zu-erkennen-Geben einer echten Anderheit verstanden, wie sie in den Symbolisationen der Religionsgeschichte allenthalben erfahren worden ist, in Ritus und Kult, als Liturgie und Sakrament, aber auch in den symbolischen Erfahrungen der Kosmologien und Anthropologien, der Überlieferungen, in den Alchemien und in der Metaphysik der Heilkunden.

Albrecht hat in diesem Zusammenhang jedoch bewusst von einem solchen strengeren Symbol-Begriff, der sich aus der Phänomenologie der religionsgeschichtlich zugänglichen Erfahrungen in Symbolen ergibt, abgesehen und den ungefähren, metaphysisch kaum reflektierten und bestimmten Begriff der Psychologie eingesetzt. Nur er lässt die fragliche These nicht widersprüchlich werden; anderenfalls bleibt die Metapher, die, wie das Wort besagt, eine Übertragung des Sinnes darstellt, unvereinbar mit dem Symbol, das eben dies, was es bedeutet, konkret vergegenwärtigt. Für denjenigen, der es als Symbol zu erfahren vermag, nimmt im Symbol das, was sich in ihm symbolisiert, also Präsenz verschafft, konkrete und eigentliche Gestalt an – wie Geist und Seele im Leib.

Albrecht gab gern und ohne Zögern zu, dass der so gefasste Symbolbegriff maßgebend sein kann für die philosophisch-theologische Deutung mystischer Erfahrungen, und zwar »*in ihrer vollen Bandbreite*«, wie er sich ausdrückte. Er gewährleistet, die Präsenzerfassung *und* alle ihre Erscheinungsformen, in denen sich das Mystische symbolisiert, zugleich und doch kritisch differenziert zu beobachten. Gehört es doch zur symbolischen Erfahrungsfähigkeit, dass sie zwischen dem, was sich symbolisiert, und dem Symbol, in dem es sich vergegenwärtigt, zu unterscheiden vermag. Dieses durchaus kritische Bewusstsein der symbolischen Differenz ist konstitutiv für die symbolische Erfahrung, die pervertiert oder einfachhin erlischt, wenn diese Differenz nicht mehr erkannt wird.

Um kritisch zu sondern und klarzustellen, um einige konkrete Ausformungen mystischen Erlebens in den Religionen überhaupt zum Verständnis bringen zu können, werden wir auf diese besonderen Möglichkeiten noch näher eingehen müssen, um mithilfe der geklärten Begriffe von Symbolisation, Symbol und symbolischem Erfahren beziehungsweise Erkennen der vieldimensionalen Einheit der mystischen Erfahrungen gewahr werden zu können. Gerade die den oft truggefährdeten Erfahrungen eingefügte Erkenntnisrelation wird auf diese Weise verständlicher und präziser bestimmbar werden – eingesenkt den Gleichnissen und Sinnbildern, umspült von der überschäumenden Fülle möglicher Ausdrucksphänomene, Erscheinungsformen, Spiegelungen und metaphorisch-allegorischen Zeichen – und zugleich deutlich von ihnen zu unterscheiden und *nicht* auf sie angewiesen. Dann erst, wenn das Verständnis mystischen Erlebens als ein symbolisches Erfahren und Erkennen es ermöglicht, Bildschau *und* Erfassen der Präsenz, Ausdrucksgeschehen, Erscheinungen, Sinnbilder *und* mystische Vergegenwärtigung, die Gestaltenvielfalt *und* die eine Anwesenheit zugleich zu begreifen, wird auch ganz deutlich werden, was das mystische Erkennen vor allen anderen Formen menschlichen Erkennens auszeichnet: *Es bedarf keiner Symbole.* Wie dies zu verstehen ist, lässt sich erst abschließend erklären.

Vorerst sei hier nur darauf hingewiesen, dass eine gleichsam selbstverständliche, unaufhörliche Unterscheidung zwischen dem, was sich zeigt, und dem Zeichen, in dem es sich zeigt und vergegenwärtigt, in einer natürlichen Erfahrung des menschlichen Geistes aufzudecken und vorzufinden ist. Dies lässt es zu, um noch einmal auf diese Problematik zurückzukommen, die in Albrechts Untersuchungen aus Gründen der methodischen Exaktheit ausgesondert werden musste, ohne Einbuße an kritischer Differenzierung die »kosmische Schau« und das »kosmische Bewusstsein« angemessener phänomenologisch zu erfassen. Dass dies notwendig sei, stand für Carl Albrecht außer Zweifel. Obwohl diese Erfahrungen für das konkrete mystische Erleben von höchster Bedeutung sind, mussten sie eliminiert werden, weil sich in ihnen die Phänomenbereiche mischen und weil sie truggefährdet sind. Sofern in ihnen jedoch jenes spontane Unterscheidungsvermögen wach ist, so dass der Kosmos, das Seiende im Ganzen, als universale Symbolisation erkennbar wird, als Präsenz des Mystischen im Ganzen, die womöglich gar nicht mehr auf einzelne Symbole angewiesen ist, tritt ein echtes und zweifelsfreies mystisches Erkennen ein. In ihm verbinden sich Wahrnehmen, Hellsicht, Durchschauen, bildhaftes Schauen und die nahezu vollkommen trugfreie »Lichtschau« – wodurch nicht zuletzt dieses Phänomen leichter zum Verständnis gebracht werden könnte.

Denn dass die »Lichtschau« unter den Bedingungen dieser Untersuchung nur mühsam zu erklären ist, zeigt Albrechts Versuch, die Lichtschau Simeons, des »Neuen Theologen«, zu analysieren:

Fraglos schaut sie ein Gebilde, das bildartig vor dem Schauenden steht, doch nur spärliche Gehalte der sinnlichen Vorstellungswelt aufweist – *Glanz, Leuchten, Helligkeit, eine gewisse Formbeschaffenheit, Richtung* und *Ausdehnung*. Es ist *kein* Sinnbild, sondern ein Erscheinungsbild, dem sich die Gewissheit der Präsenz des Umfassenden verbindet, weshalb es ›bildhafte Erscheinungsgestalt‹ genannt wird.

Mir scheint, nicht nur der Einfachheit halber ist dieses Phänomen klarer mit einem – allerdings nicht objektiv erstarrten, sondern dynamisch-transparenten – Symbolbegriff zu kennzeichnen, der zugleich die Gestalthaftigkeit und die Präsenzerfassung *in* der Gestalt als einheitliches Geschehen, als vergegenwärtigendes In-Erscheinung-Treten, deutlich werden lässt. Das hätte zudem den Vorzug, nicht nur visionäre, sondern auch auditive, die intuitiven und inspirativen Formen des Ankommens und Gewahrens unter einem Terminus begreiflich machen zu können. In der phänomenologischen Klärung und Prüfung des *Hörens, Lauschens* und *Vernehmens* stellen sich nämlich die gleichen Probleme sofort wieder. Vor allem aber ließen sich bestimmte Formen bildhaften Schauens nun vom Grunde der mystischen Lichtschau her verstehen, und eine derart kategorische Ausgrenzung der kosmischen Lichtvision wäre zu vermeiden, wie sie in der 34. These der Untersuchung vorgenommen wird: »*Die kosmische Lichtvision ist keine mystische Lichtschau.*«[59] Dieser Satz kann nur gelten, wenn man sich diese kosmische Vision als abgeschlossen und konstitutiv erblindet gegenüber dem Urlicht des Umfassenden vorstellt, eine Abstraktion, die neben vielem anderen auch den Erfahrungen der Hildegard von Bingen kaum gerecht zu werden vermag.

Mutatis mutandis stellen sich dann allerdings ähnliche Probleme in der phänomenologischen Kritik des symbolischen Erfahrens und Erkennens, jedoch unter der Voraussetzung, dass Gestalt und Präsenz-Erfahrung, Bild und Vergegenwärtigung als Einheit und in einem begriffen werden können. Dabei würden zudem die Kriterien Carl Albrechts sich im Wesentlichen, wenn nicht in allem bestätigt sehen, und zwar nicht nur aufgrund der zwangsläufigen Eingrenzung einer wissenschaftlichen Untersuchungsmethode, sondern auch in der Sache selbst, als Richtlinien für das mystische Erleben. Sobald nämlich Mystik, wie es in den meisten Schulen des indischen Denkens, insbesondere in der buddhistischen Unterweisung, geschehen ist, auf das untrügliche Erkennen ausgerichtet ist und in ihm ihren praktischen, methodischen Anhalt gewinnt, gibt sie solche nüchternen Richtlinien aus, durch die sie ihre Überlieferung rein erhält und gewährleistet. Diese Kriterien mystischer Orthopraxien stimmen in überraschender Weise mit den Urteilen überein, zu denen Carl Albrecht, wie es scheint, lediglich aus Gründen wissenschaftlicher Exaktheit und gnoseologischer Kritik gelangt ist. Das kritische, hellwache, aufmerksame, genaue Denken oder, wie es Carl Albrecht sagte, *»absolute, unerbittliche Wahrhaftigkeit«*, sind nicht nur wissenschaftliche, sondern ebenso mystische Tugenden.

Insofern können die Schlussfolgerungen, zu denen diese Untersuchungen gelangt sind, wohl auch in einem weiteren Sinn uneingeschränkt gelten; so die Folgende: *»Das geschaute Licht ist ein mystisches Licht, wenn ihm eindeutig das Merkmal des Umfassenden zugesprochen werden kann. Das mystische Licht ist übersinnlich und transokkult … eine bildartige »Erscheinungs«-Gestalt des Umfassenden. In dem Gesamtgefüge der mystischen Lichtschau sind zwei Erfassungsweisen zu einer Einheit verschränkt: Die Erfassung der Präsenz des Umfassenden und die Schau eines ankommenden Schaugebildes, das unter der Metapher Licht am gemäßesten ausgesagt wird.«*[60]

Bereits diese Feststellungen machen deutlich, dass der gnoseologisch bestimmbare Kern der mystischen Relation in Richtung einer möglichst ausdrucksarmen, bildlosen Präsenzerfassung zu suchen ist. Die Schau der Präsenz kommt diesem schmalen Sektor unbestreitbaren mystischen Erkennens nahe: Sie ist fast völlig bildlos, und was ihr an restlicher Bildhaftigkeit verblieben ist, bildet die Räumlichkeit ihres Schaugehaltes, die imaginär ist, während die Präsenz als solche »etwas« real da und anwesend sein lässt.

Die nicht mehr räumliche Präsenzerfassung leitet bereits über und tritt ein in die bildlose Schau, die im Unterschied zu allen anderen noch untersuchten Formen mystischer Einsicht und mystischen Gewahrens in einmaliger Deutlichkeit und Trugfreiheit die Struktur der Schau mit der *Präsenzgewissheit* vereinigt. Die bildlose Schau ist vollkommen und ausschließlich dem mystischen Gegenstand zugewandt und aufgetan. Ihn erfasst sie als *einziges Gegenüber*. Als bloßes Hinschauen auf das Anwesende stellt sie die reinste Ausformung der mystischen Relation, gnoseologisch *den unbestreitbaren Kern des mystischen Erkennens dar*. Alle anderen, so vielfältigen Möglichkeiten eines Ankommens von Umfassendem – die *mystische Einsicht*, das *Erleben des Numinosen*, die *Schau der Majestas*, der Engel, das für das konkrete mystische Leben so bedeutsame *Gewahren mystischer Einwirkungen* und *Verwandlungen*, der ›Blick Gottes‹ und die verschiedenen *Ausdruckserscheinungen*, in denen sich das ›Was‹ der in ihnen präsenten Wesenheit zu erkennen gibt –, alle diese Formen mystischer Erfahrung besitzen *nicht* die gleiche Trugfestigkeit. Vielmehr ist die *Präsenz-Erfassung*, die alle diese Ausdrucksformen, Bilder und Wirkungen erfüllt, das entscheidende Kriterium für deren Echtheit, für die Frage nach der Wahrheit des mystischen Erkennens.

»Jede Stufe der Entbilderung vermehrt den Echtheitscharakter und vermindert die Täuschungsmöglichkeiten. Die reinen Bildelemente, also Farbe, Gewand und Gestalt, entsprechen dem Sinnbild und sind das subjektive Medium, in welchem die Erscheinung erscheint. Die Ausdruckserscheinungen stehen dem bildlosen Bereich näher und haben deswegen schon von vornherein einen höheren Echtheitsrang. Die bildlos erfahrene Präsenz aber ist das hinter einem Erscheinungsbild stehende, für die Wahrheitsfrage eigentlich Bedeutsame. Entbilderung bedeutet nicht nur immer weitergehende Vermeidung von Täuschungsmöglichkeiten, sondern bedeutet eine zunehmende Annäherung an die nackte Präsenz.«[61]

In der Entbilderung der Schau gewinnt also die Anwesenheit immer deutlichere Nähe, bis dann, indem sich die schaubare Gegenständlichkeit auflöst, die volle Präsenz hereinbricht. Das bringt die abschließende These sehr klar zum Ausdruck:

»Die Reihe abnehmender Bildhaftigkeit ist der Reihe zunehmender Präsenz gleichzusetzen. Die Reihe zunehmender Bildausprägung ist der Reihe abnehmender Präsenz gleichzusetzen.«[62]

Damit ist jedoch nicht nur für die gnoseologische Beurteilung, sondern auch für das mystische Erleben selbst ein Kriterium gegeben; denn so unübertreffbar dürftig die bildlose Schau in gnoseologischer Hinsicht erscheint, sie ist das mystische *Kernphänomen*, das die »*höchstrangige existenzielle Betroffenheit auslöst. Sie ist ein Hineinschauen in die Dunkelheit, in der nichts erkannt wird, aber gerade in dieser Finsternis ist das anwesend, was der Schauende sucht. Darum ist das Suchen ein bedingungsloses Anhaften, ein unvergleichliches, unmittelbares, durch kein Bild gestörtes Anhangen.*«[63]

So wenig sich von der bildlosen Schau sagen lässt, so unermesslich ist ihre existenzielle Bedeutung. Merkwürdig bleibt, dass sie zwar in ihrer Bildlosigkeit nichts Gegenständliches mehr erfasst, also der Ekstase und ihrem aller Subjekt-Objekt-Scheidung entrückten und entledigten Bewusstsein ganz nahe steht, dass sie jedoch reiner als alle anderen Weisen der Schau durch diese Geschiedenheit des Subjektes von seinem ›Gegenstand‹ bestimmt wird. In erschreckender Eindeutigkeit wird das präsente Gegenüber als *Nicht-Ich*, als eine unbezweifelbare *Anderheit* erfahren und erkannt.

Wenn Carl Albrecht schlicht und gnoseologisch wie phänomenologisch ganz konsequent von einem »*Gegenstand*« der bildlosen Schau spricht, so lässt sich dies noch verstehen; dass jedoch angesichts dieser gestaltlosen, in nichts mehr zu erfassenden Präsenz, der die bildlose Schau geweiteten inneren Auges gleichsam entgegenstarrt, von einem »*alleinigen Gegenstand*« des Erfahrens gesprochen werden muss, ist nicht ohne Weiteres gedanklich zu erfassen. Sind wir doch gewohnt, einen Gegenstand nur *unter anderen Gegenständen* vorzufinden. Ein Objekt steht immer neben anderen möglichen Objekten. Von Objektivität sprechen wir im Allgemeinen als von der idealen Fähigkeit, einzelne Objekte oder eng begrenzte Bezirke des Objektiven sachgemäß zu beobachten, zu deuten und darzustellen. Allen Gegebenheiten gegenüber sich ›streng objektiv‹ zu verhalten, ist nicht einmal der Mathematik möglich. Totale Objektivität ist so undenkbar wie die Gesamtheit aller möglichen Objekte – das Objektive im Ganzen –, gleichsam der fugenlose Kerker einer fiktiv isolierten Subjektivität inmitten glatter Wände. Das ist eine Abstraktion oder eine Imagination der Angst. Als konkrete Erfahrung ist unserem Bewusstsein ein ›alleiniger‹ und ›einziger‹ *Gegenstand*, der zudem den Charakter des *Umfassenden*, des alles Einschließenden hat, *nicht* gegeben.

So vermag man nur zögernd den Terminus »einziger Gegenstand« anzuerkennen, den uns der phänomenologische Nachweis einer solchen Erfahrungsmöglichkeit in der bildlosen Schau aufzwingt. Für unser Verständnis der Gegenständigkeit des Gegenständlichen könnte dies weitreichende Konsequenzen haben. Sie richten sich auf eine Liquidation der Grundvorstellungen und drängen dazu, das Objektive selbst als Erscheinungsweise des ›Objizierens‹, des Entgegenwerfens, des ›Vorwurfs‹, als ein Geschehen, das uns widerfährt, zu verstehen. Sind doch in dieser Erfahrung die Fähigkeiten des aktiven Ich, zu objektivieren, samt und sonders entfallen. Dieser *»einzige Gegenstand«*, totale, weil *»umfassende«* Objektivität, wird vollkommen passiv geschaut, empfunden, erlitten.

Diese Erfahrung ist wesensgemäß und notwendig unvorstellbar; denn alle unsere Vorstellungen werden vom Ich entworfen oder sind von ichaktiven Erfahrungen abgeleitet und übernommen, in denen die Objektivität immer schon »zerschnitten« und zerteilt ist in verschiedene Objekte, als deren Zusammensetzung sie unserer Reflexion erst wieder zu Begriff kommt als eine abstrakte Ganzheit, die dem Ich gegenüber in sich Bestand hat. Wie uneinsehbar dies dem Denken auch bleibt: In der bildlosen Schau wird das Gegenständliche umfassend und eins, als ein *einziger Gegenstand* erfahren – zugleich aber auch als ein Geschehen, das herandrängt, hereinbrandet und weht aus dem Unkenntlichen, lautlos sich nähernd im Dunkel. Etwas, von dem sich gar nicht mehr in Unterscheidung zu anderem sagen lässt, dass es ein Etwas ist, und das man deshalb genauso gut als Nicht-Etwas, als Nichts bezeichnen könnte – es kommt entgegen, kommt an, steht bevor und widersteht, unendlich wesenhaft, bedeutsam, wie eine absolute Anwesenheit.

Carl Albrecht hat diese Erfahrung in großer Klarheit beschrieben und zum Verständnis gebracht: *»Die bildlose Schau ist eine Schau in die Dunkelheit hinein, aber nicht eine Schau des Dunkels. Sie ist eine Schau, in der nichts gesehen wird, aber nicht eine Schau des Nichts; denn in der Dunkelheit, in die hineingeschaut wird, und im Vorgang eines Nichtsehens ist gleichzeitig und immer die mystische Präsenz verborgen enthalten. Die Dunkelheit ist Gefäß für die ganze Fülle des umfassenden ›Es‹. Das Erfahren der Präsenz und das Anhangen der Schau sind zwei mystische Bezüge, die gegenseitig aufeinander angewiesen sind. Der Begriff ›mystische bildlose Schau‹ enthält wesensnotwendig das Phänomen der Präsenzerfassung, und die Präsenzerfah-*

rung erhält erst ihre volle mystische Ausprägung, wenn im Medium der Überklarheit aus der Urtiefe der Ruhe heraus jenes schauende Anhaften geschieht, welches das Kernphänomen einer mystischen Subjekt-Objekt-Gegenüberstellung am reinsten zum Ausdruck bringt.«[64]

Diese überklare Gegenüberstellung kann nun umschlagen in die Einung. Wenn es erlaubt ist, durch die Glaubenserfahrung geprägte Begriffe hier anzuwenden, darf von einer Überwältigung der *Urdistanz* durch die *Urbeziehung*[65] gesprochen werden. Das Ankommende durchbricht sein bloßes Nahesein:

»Aus der großen Dunkelheit heraus, aus der dem Schauenden gegenüberstehenden Finsternis, die ja Umhüllung des präsenten Umfassenden ist, an dem der Schauende anhaftet, bricht im ekstatischen Ereignis der treffende Blitz heraus, der gleichzeitig der betäubende Donner ist. In ihm wird die Schau nicht nur geblendet, sondern zerstäubt. Es ist nicht mehr die Schau, welche erfährt. Der Blitzschlag ist Untergang der Schau. Er betrifft den Schauenden nicht nur als Schauenden, sondern er trifft ihn in seiner Ganzheit. Diese ist das Gefäß einer erleidenden Erfahrung, die nicht unterscheidbar sowohl ein ›Gewahren‹ als ein ›Spüren‹, als auch ein Wahrnehmen und auch ein Fühlen ist. Im Ereignis des Überwältigtwerdens wird das Schauen durch jenes ›Es‹ geblendet, welches in der Dunkelheit verhüllt war.«[66] Aus dieser rein leidenden Erfahrung erklärt sich, dass die Mystiker immer wieder von der überhellen Finsternis, vom schwarzen Licht sprechen. Dieser Umschlag lässt aus der ›schauenden Erfahrung des bloßen Da-Seins‹, der mystischen Präsenz, eine Erfahrung vom *»Wesen des Umfassenden«* werden.

So schmal die Eingangspforte gewesen ist, die zu ihm führte, und so unerbittlich konsequent der Weg phänomenologischer Untersuchung Schritt für Schritt begangen worden ist, ohne Abweichungen vom methodischen Pfad zu erlauben – hier, an seinem Ende, gibt er dem Nachdenkenden den Blick frei in die unabgrenzbare Fülle der konkreten mystischen Erfahrung.

Es wird von selbst verständlich, dass diese mystische Relation als solche, so uferlos wie sie wirklich erfahren wird, nicht rationalisierbar ist und sein kann,. Die rationalisierbaren Einzelelemente, die sich in ihr aufweisen lassen, sind nur ein weitmaschiges Netz, das, wie alle unsere Erkenntnis, über einer grundlosen Tiefe ausgespannt ist und die Einsicht nicht aufhalten kann, sondern nur umso erschrockener in jenen phänomenologischen Raum blicken lässt, in dem ein wirklich Ganzes dem Subjekt begegnet, es ereignishaft betrifft und von diesem Subjekt als Ankommendes ganzheitlich erfasst wird. Die mystische Erkenntnis ist nur ein schmaler, nur mühsam herauszuhebender Teilbereich der mystischen Erfahrungsrelation.

»Die mystische Erkenntnisrelation ruht in der mystischen Erfahrungsrelation. Sie ist die rational strukturierte Aufgipfelung eines breiten, undifferenzierten Erfahrungsfeldes«[67], das seinerseits im tragenden Grund der mystischen Relation ruht. Diese ist in der Tat und phänomenologisch gewiss und ohne Frage eine *»Phänomenletztheit«*. Als solche muss die mystische Relation hingenommen werden, wiewohl sie sich *nicht* rationalisieren lässt.

Carl Albrecht fasst alle Momente, die dem Wissen verfügbar sind, zusammen in einer Aufzählung: *»Eine helle, bewusstseinspsychologisch geordnete Innensphäre, umschlossen von einer weniger hellen pathischen Erlebnissphäre, anschließend daran ein gnoseologisch erfassbares Strukturglied der mystischen Relation und darüber hinaus nichts anderes mehr als jener Sachverhalt, dass auch ohne weitere Einzelbestimmungen die mystische Relation als solche und damit auch ihr zweiter Bezugspol, das mystische Es, phänomenologisch eindeutig gewiss ist. Für diese ›Urrelation‹ haben wir das Wort ›Phänomenletztheit‹ gewählt.*[68] Die Frage, die zu Beginn gestellt war, ob es sich in der Mystik um eine Phänomenletztheit handelt, kann nun ohne Zweifel bejaht werden. Was als eine solche ›*Urrelation*‹ erkennbar wurde, scheint wenig zu sein. Mehr vermag der wissenschaftliche Zugriff jedoch nicht zu erfassen.

Dieses Wenige ist aber bedeutsam genug, weil es vollkommen trugsicher gegeben und weil es zweifelsfrei nachzuweisen ist.

9. ZUR PHILOSOPHISCHEN UND THEOLOGISCHEN PROBLEMATIK DER MISSVERSTÄNDNISSE

So wird ein weiterer Versuch möglich, zu dem sich Carl Albrecht verpflichtet fühlt: In ›*einer erkenntniskritischen Reinigung der mystischen Erkenntnisrelation diese selbst unvermischt zu Gesicht*‹ zu bringen, um diese Phänomenletztheit »*mystische Relation*« nun in den Raum philosophisch-anthropologischer Fragestellungen einzufügen. Dieser Versuch ist alles andere als harmlos. Er gleicht einem Experiment mit atomarer Energie. Albrecht selber wusste nur zu gut, dass die mystische Relation als *erwiesene Tatsache* wie ein »*Sprengkeil*« wirkt. Nicht nur in der Psychologie, in der philosophischen Anthropologie, in der Erkenntnistheorie und in den Grundproblemen der Fundamental-Ontologie, sondern ebenso – und dort vielleicht mit den weitesten Auswirkungen – in einer *theologischen Anthropologie.* Wegweisend kann ein solcher Nachweis darüber hinaus und nicht zuletzt in den so dunklen Fragen eines philosophischen und theologischen Verständnisses mystischer Grunderfahrungen sein, zu denen andere Religionen führen.

Viele dieser problematischen Konsequenzen werden durch das Phänomen, zu dessen Aufklärung und Dokumentation diese Vorüberlegungen führen möchten, noch in besonderer Weise verschärft. Dass sich die mystische Relation nicht nur in nachträglich konzipierten Berichten, sondern *im unmittelbaren Aussprechen der Erfahrungen,* in einem mystischen Sprechen bezeugen kann, also nicht im Schweigen versunken bleibt, sondern klar und authentisch zur Sprache kommt, sich selber ausspricht, sich im gesprochenen Wort verleiblicht – das lässt sie zu einem unausweichlichen Problem werden. Deshalb möchte ich, um unnötige Wiederholungen zu vermeiden, dem Gedankengang des Buches nur noch so weit Folge leisten, wie er gerade Wegs auf das Phänomen des mystischen Sprechens zuführt und dem Verständnis der Motive dient, die Carl Albrecht dazu bewogen haben, noch einmal die Mühsal der Reflexion auf sich zu nehmen, um dieses Phänomen zu erklären.

Wiederholt werden muss, dass diesem Mystiker das kritische Fegefeuer, dem er das mystische Phänomen aussetzte, notwendig und unausweichlich erschien. Er glaubte, sich dieser Krisis – die auch eine Krisis des mystischen Erlebens gewesen ist – nicht entziehen zu dürfen. Die naheliegende Vermutung, sie sei diesem Mystiker mystisch aufgetragen worden, hat er selber mit keinem Wort bestätigt. Wahrscheinlicher ist, dass tiefere, letzten Endes theologisch begründete Vorentscheidungen ihn nötigten, dem gemeinsamen Denken so unverbrüchlich die Treue zu halten und sich dessen Kriterien zu unterwerfen. Doch halte ich es für geboten, die Frage offen zu lassen, wie er selbst es getan hat.

Noch bevor Carl Albrecht ›die Relevanz der mystischen Relation für das philosophische Denken‹ anzugeben versucht, stellt er ausdrücklich klar, dass die vorgelegte gnoseologische Analyse noch keine erkenntnistheoretische Deutung des Phänomens ist. In ihr müsse das mystische Erkennen theoretisch genauso betrachtet und in denselben Kategorien zum Begriff gebracht werden wie jede andere uns bekannte Weise des Erkennens, denn es übernehme ebenso wie jene den gesamten Bestand »wesensmäßig zum Erkenntnisphänomen gehöriger Aporien«, wie in Anlehnung an Nicolai Hartmanns Erkenntnislehre erklärt wird. Von Hartmann übernimmt Carl Albrecht auch den vorausgesetzten Begriff von Erkenntnis ›als das Erfassen eines an sich seienden Gegenstandes‹[69]. Dass er sich für diese Form der Aporetik entscheidet, entspricht der Zielsetzung seiner Untersuchung, die stets die Wahl besonders schwieriger Voraussetzungen diktiert, um das Vorgefundene als einwandfrei und zweifellos real wissenschaftlich nachweisen zu können.

Diese Entscheidung ist jedoch auch von der Sache her zu rechtfertigen. Das von Hartmann geforderte »unbekümmerte Aufrollen der Aporien ohne Liebäugeln mit vorgesehenen Resultaten und ohne Rücksicht auf ihre Lösbarkeit« zwingt als Methode zwar noch nicht unbedingt auf, von einem aller Geschichte enthobenen Bestand der Aporien und Probleme überzeugt zu sein als von dem einzig ›Bleibenden im Wechsel der Systeme‹. Doch selbst eine solche ins Problematische gewendete *philosophia perennis* kann angesichts der langen Tradition von nahezu kanonisierten Missverständnissen gegenüber der Mystik im abendländischen Denken als angebracht erscheinen.

Nur zwingt eben das Verständnis des ›ursprünglichen Sinns von Erkenntnis als der Erfassung eines Seienden‹ dazu, den Ausblick auf das mystische Phänomen noch einmal rigoros einzuengen. Auch wer die vorauslaufenden gnoseologischen Erklärungen in ihrer methodischen Einschränkung begriffen und nicht bereits als ontologische Aussagen missverstanden hat, ist nun versucht, die hartnäckige Wertschätzung des gegenständlichen ›An-sich-Seienden‹, die auch die erkenntnistheoretischen Erwägungen kennzeichnet, außerhalb des methodischen Bezuges als eine metaphysische Vorentscheidung anzusehen. Es fällt wahrhaftig schwer, sich immerfort der erklärten Voraussetzungen und Bedingungen dieses Experiments zu vergewissern und so die geradezu persistente Bemühung um den Nachweis eines trugfreien Kerns im mystischen Erkennen richtig zu verstehen. Nicht nur als Urteilssuche am Leitfaden eines nicht angemessenen Erkenntnisbegriffs, der formal insgeheim schon von den Aporien, auf die er ausgerichtet ist, vorausbestimmt wird und der nicht wahrhaben will, dass jedes *tiefere* Erkennen vieldeutig, funktional, nur als vieldimensionaler Bezug, nur als Beziehung verständlich, also stets truggefährdet sein wird. Menschliches Erkennen würde in seinem Wesen beeinträchtigt werden, wenn es aus dieser Gefährdung gelöst und so aus dem Ereignis der Wahrheit zur verifizierbaren Feststellung werden könnte.

Die Diszipliniertheit, mit der Carl Albrecht eben jener Wahrheit zuliebe, ohne die Umzäunung zu durchbrechen, auf dem Terrain wissenschaftlicher Feststellungen bleibt, ist bewundernswert, auch wenn sie zuweilen wunderliche Formen annimmt. Er hat sie sich auferlegt und aufgezwungen, nicht aus Eigensinn, sondern weil die wissenschaftliche Situation, die er vorfand, keine andere Weise des Aufschlusses und Nachweises zugelassen hat. In sie, in diesen von anderen abgesteckten ›*Raum philosophisch-anthropologischer Fragestellungen*‹, will er die exakt erfasste Phänomenletztheit ›Mystische Relation‹ hineinstellen. Freilich ist er nicht überrascht, wenn die mystische Relation dann den Horizont dieser Fragestellungen aufreißt und ihren Raum sprengt. Die geltenden Koordinaten lassen Dimensionen außer Acht. Die vorliegenden Kategorien und Ordnungsrahmen erweisen sich als zu flach, zu eingeengt, um die Tiefe und Weite mystischer Erfahrung zu ermessen. In gewisser Weise bleibt das Nachdenken hinter dem Erkennen, insbesondere hinter dem mystischen Erkennen zurück. Doch, wie gesagt, gerade auch darauf, dies zu demonstrieren, kommt es an. Einen anderen Weg, sich der mystischen Erfahrungen zu vergewissern und schließlich auch zur Klärung der philosophischen und der verworrenen theologischen Fragen angesichts der Mystik zu gelangen, gibt es nicht.

Es gehört zur Disziplin dieser Untersuchungen, dass sich Carl Albrecht nahezu jeden Hinweis auf irgendwelche Konsequenzen für die Wissenschaft versagt. Er führt bewusst in jenen Umschlag der kritischen Tendenzen hinein, der sich unausweichlich einstellt. Er zwingt zur gründlichen Überprüfung der Voraussetzungen und ermöglichenden Bedingungen wissenschaftlichen, aber auch des philosophisch-theologischen Fragens. Diese Prüfung selbst, mit all ihren doppelten Reflexionen, überlässt er jedoch anderen. Ihm genügt, das zentrale Phänomen, die Präsenzerfassung, aufgezeigt und klargestellt zu haben, dass in ihm eine echte mystische Erkenntnisrelation sich nachweisen lässt, dürftig, arm, in gewisser Hinsicht auch unvollkommen, weil individuell und privat, aber unbestreitbar echt, ein trugfreies Erkennen. In alledem zeigt sich nur, wie wenig wissenschaftliches Nachdenken aus der überströmenden Erlebnisfülle mystischer Relation entnehmen und von diesem anders strukturierten, anders dimensionierten Erkennen erfassen kann.

Jenseits des Horizontes solcher Betrachtungen leuchtet das Phänomen jedoch auf, wie strahlende Bläue des Meeres in den Luftspiegelungen der Wüste. Es bedarf kaum der wiederholten Hinweise auf die nicht hervorgeholte Fülle des konkreten Erlebens – also dass die wirklich vollzogene mystische Erkenntnis niemals derart einfach, karg und leer ist, wie die gnoseologische Restriktion sie erscheinen lässt.

Zudem kennen wir keinen Fall mystischen Erlebens, der nicht von den geschichtlichen Strömen religiöser Überlieferungen getragen ist und sich nicht in irgendeiner Weise religiös versteht. Mystik lebt in den Religionen. Ihnen verdankt sie die Motive und Bilder, in denen sie sich erfährt. Inhalte und Gestaltung ihrer Erfahrungen entnimmt sie zumeist den religiösen Traditionen. So tritt im Islam, im Judentum wie im Christentum eine Verschmelzung der mystischen Gewissheiten, die sich unvermittelt in der Erfahrung einstellen, mit den Figurationen, den Sinnbildern und Symbolen des mitgebrachten Glaubenswissens ein, das aus Offenbarung stammt. Nicht *nur* so, aber doch nicht zuletzt auch dadurch wird die mystische Präsenzerfahrung zu einer personalen Begegnung, verliert das mystische Erkennen seinen extrem privaten Charakter. All dies muss aber, wiewohl die Glaubenserfahrung dem mystischen Erleben nahezu immer und unlösbar verflochten ist, in dieser Untersuchung außer Acht bleiben, nicht willkürlich, sondern zwangsläufig. Dabei ist die mystische Relation doch nur zum kleineren Teil ihres Phänomenbestandes ein echter Erkenntnisakt; zum weitaus größeren Teil jedoch ist sie – wenigstens hierzulande – ein »*Ergreifen im Glauben*«, also ein Geschehen, das sich aus dem Glaubensvollzug ergibt und nährt. Das wissentlich ›neutral‹, um nicht zu sagen theologisch steril gewählte Instrumentarium der psychologischen Phänomenologie, der gnoseologischen Kritik und der philosophischen Betrachtung ist aber religiös stumpf und eigentlich unbrauchbar. So lässt sich auch die Gegenstellung von erfassender Erkenntnis und mitgebrachtem, einfallendem Glaubenswissen im Bereich dieser Kritik nicht aufheben, so wenig sie der Wirklichkeit des Erlebens entspricht und so wenig sie theologisch befriedigen kann. Nicht die Engstirnigkeit des Experimentators, der seinen Denkversuch redlich und konsequent durchführt, sondern die Bedingungen, unter denen der Versuch stattfinden muss, machen es unmöglich, religiöse Wertungen einzusetzen und zur Geltung zu bringen. Andere, geeignetere Bedingungen lassen sich jedoch vorerst nicht ausfindig machen.

So ist zum Beispiel die Struktur der Präsenzerfassung in einer Christus-Vision, die als Ausdruckserscheinung verstanden werden darf, in diesem Rahmen nicht von der in einer Vision des Shiva oder des Amitabha zu unterscheiden, obgleich das religiöse Erleben diesen drei Gestalten doch in einem je verschiedenen Selbstverständnis und unter verschiedenen »dogmatischen« Bestimmungen begegnet. So bleiben nicht nur das ekstatische Erleben und die existenziell für den Mystiker bedeutsame Erfahrung der Unio unberücksichtigt, sondern ebenso das *Shokensho* und das *Daikensho* des Zen, die Opfermystik der Veden und die Einung des Vedanta, vor allem aber auch die spezifisch volkhafte Mystik Israels und der Kirche. Das ist nicht als kritischer Einwand zu verstehen, kann aber im Sinn Carl Albrechts auch nicht nachdrücklich genug erklärt werden.

Was psychologisch, phänomenologisch und gnoseologisch festzustellen ist, bleibt ein schmaler Ausschnitt des mystischen Erlebens und lässt dessen eigentliche Fülle und Tiefe, seine religiöse Bestimmtheit unberührt. Dadurch kann jedoch umso unzweideutiger gezeigt werden, welche Relevanz dieser schmale Sektor einer mystischen Erkenntnisrelation für die Philosophie haben könnte und *dass* Mystik für das Denken relevant ist. Das ist nicht viel, doch weit mehr, als zu Beginn dieses Versuches zu erwarten stand.

Mehr lässt sich unter den gegebenen Bedingungen nicht erreichen: Mystik ist als Phänomen erklärt, als eine natürliche, gesunde und normale Erfahrung gesichert, als echtes Erkennen unter Beweis gestellt. Dadurch werden Philosophie und Theologie dazu herausgefordert und auf die Dauer wohl auch dazu genötigt sein, mystisches Erleben zu beachten. Stellen sie sich aber der Mystik im Ernst, so können sie es nicht damit bewenden lassen, deren unbezweifelbare, trugfreie Kernzone, das mystische Erkennen, derart eingegrenzt und mühsam herausgeschält, zur Kenntnis zu nehmen. Sie müssen die vielschichtige, vieldimensionale Fülle der Erfahrungen akzeptieren; denn die Unzulänglichkeit der Kriterien ist zu offensichtlich geworden. Erstaunlich genug, dass Mystik sich in ihnen überhaupt bewahrheiten konnte. Anders gesagt: Werden mystisches Erleben und Erkennen in Philosophie und Theologie verstanden und nicht mehr verdrängt, so wird ein entschiedenes Umdenken unvermeidlich; nicht nur in den Prinzipien von Psychologie, Erkenntnistheorie und, wie wir noch bemerken werden, der Sprachphilosophie, auch in der Ontologie, in der philosophischen und theologischen Anthropologie, also metaphysisch. Dieses Umdenken wird den Interpretationen der Religions- und Kulturgeschichte eine andere Richtung geben und womöglich ein neues Verständnis der Glaubenserfahrung, aber auch des vermeintlichen oder wirklichen Unglaubens erschließen. Im mystischen Licht wird der Mensch sich und sein Dasein in der Welt anders verstehen lernen.

Indessen sollte es etwas beunruhigen, dass eine der höchstrangigen und geschichtlich wirksamsten Erfahrungen des Menschen, die ihn allenthalben zutiefst betroffen und seit jeher entscheidend bestimmt hat, sich in unserer Denksituation kaum aufklären lässt, ohne in Aporien zu geraten. Gewissenhaft ist es nicht, diese Unruhe mit Ausreden zu beschwichtigen, etwa mit der Behauptung, solche Aporien seien kennzeichnend für die menschliche Bewusstseinslage – Mystik sei eben undenkbar. Dadurch würde eine prinzipielle Resignation des Denkens zum Dogma erhoben und insgeheim Kritiklosigkeit zur Disziplin erklärt. Das dürfte in besonderer Weise für die Theologie gelten, die sich angesichts der mystischen Relation auf alle erdenklichen Ausflüchte verlegt.

Nicht in voreiligen Übereinkünften und gewiss nicht durch Mystizismus ist der vermeintliche Zwiespalt zwischen dem mystischen Erleben und der Glaubenserfahrung zu überwinden. Doch womöglich lässt sich diese wechselseitige Entfremdung vom Grunde neu und anders gefasster ontologischer Fragestellungen her in der kritischen Vertiefung des metaphysischen Ansatzes aufheben, von dem aus theologisch gefragt und gedacht wird, nicht zuletzt aber durch phänomenologisch geprüfte, präzise Begriffe und Kategorien, die gewährleisten, dass überhaupt von derselben Sache geredet wird. In den Auseinandersetzungen zwischen Mystik und Theologie ist dies oft nicht der Fall gewesen. Die Denkhaltungen waren oft grundverschieden und konnten, im Christentum wie im Judentum und im Islam, nur selten miteinander kommunizieren; dass die mystische der Erfahrung des Glaubens nicht entspreche, wurde von den Mystikern nie erfahren. Dieser Dissens ist wohl lediglich vorgestellt, aus verständlicher Furchtsamkeit konstruiert und dann, aus Angst vor dem Unverfügbaren, geradezu verordnet worden. Der Verdacht lässt sich nicht ohne Weiteres zurückweisen, ein nachweislich unzulänglicher, wenn nicht falscher Begriff von Mystik habe dazu dienen müssen, ein mystisch unerfahrenes Denken vor der Betroffenheit durch die mystische Präsenz zu bewahren. Er hat sicherzustellen, dass man dieses dem Menschen natürlichen Widerfahrnisses *nicht* gewahr und inne zu werden braucht. Dazu verhilft die abstrakte Deklaration der Mystik als »übernatürlich« ebenso zuverlässig wie ihre Disqualifikation als »bloß natürliches« Erleben, dessen vermeintliche Unkontrollierbarkeit dann ohne Weiteres mit Willkür oder Einbildung verwechselt werden kann. Solche theologischen Vorurteile und Missverständnisse brauchen nur gründlich genug säkularisiert zu werden, um nichts anderes zu besagen als die strikte Leugnung von Mystik als gesunde und in diesem Sinn »normale« Erlebnismöglichkeit des Menschen.

Meines Erachtens muss der religionsgeschichtliche Tatbestand berücksichtigt werden, wenn die Probleme der mystischen Erfahrungen richtiggestellt werden sollen. Dies ist kaum möglich, wenn außer Acht bleibt, dass im Abendland die Traditionen religiöser Praxis und mystischer Disziplinen abgestorben sind. Die lebendige Überlieferung, in der ein in den mystischen Erfahrungen bewanderter Mensch anderen, die den Weg suchen, in persönlicher Unterweisung und nach erklärbaren methodischen Kriterien Hilfe leistet, gibt es im Christentum nicht mehr. Sicherlich leben Erfahrene, und sicher gibt es auch Erfahrung

Suchende. Doch sie finden nur gelegentlich zueinander. Beinahe ausnahmslos werden die mystischen Wege von Einzelnen beschritten, ohne zuverlässige Führung, unkontrolliert, und allzu oft verlieren sie sich in Wirrnis und Dunkel.

Dadurch wird es der theologischen wie der philosophischen Kritik leicht gemacht, mystisches Erleben für unkontrollierbar, ganz und gar zufällig, sogar für unzugänglich zu halten. Dem widersprechen die methodischen Überlieferungen der Mystik in anderen Religionen. Deshalb neigt man dazu, sie gar nicht zur Kenntnis zu nehmen. Dem entspricht, dass man solche Methoden als bloße *Techniken* missverstehen möchte, ohne im Geringsten zu beachten, dass sie die Ich-Aktivität auflösen, die sich technisch bestätigt, indem sich das Ich eines seine Fähigkeiten verlängernden, erweiternden Instruments, also zur Erlangung innerer Ausnahmezustände etwa des Meskalins oder anderer Drogen, oder Yoga-Übungen sowie buddhistischer Meditationspraktiken bedient. Leider werden diese mystischen Methoden von manchen Leuten, die nicht verstehen, worum es geht, auch tatsächlich so gehandhabt wie Rauschgift.

In dieser verworrenen Lage, in der nicht ohne Grund von einer neurotischen Versperrung des Zugangs zum mystischen Erleben gesprochen werden kann, tut nüchterne Aufklärung not. Zu ihr gehörte der Versuch, eine Geschichte der Missverständnisse gegenüber der Mystik aufzuzeichnen, die sich, um mit Carl Albrecht zu reden, als die Geschichte des Versuches und der Versuchung darstellen würde, die Phänomenletztheit»mystische Relation« aus theologischem oder metaphysischem oder ideologischem Interesse aufzulösen und zu reduzieren auf die Vorstellungen eines bloß privaten, innerpsychischen Geschehens, das bestenfalls Gegenstand psychopathologischer Untersuchungen sein könnte.

Albrecht hat den Begriff *»Phänomenletztheit«* sorgsam abgehoben von den benachbarten Begriffen *»Phänomen«*, die aus den vorgefundenen Tatsachen und ihren möglichen Interpretationen ersehene Ordnungsgestalt, und *»Urphänomen«*, einer wissenschaftlich unantastbaren, dem fragenden Denken selber vorgegebenen und zugrunde liegenden, endgültigen *»Gegebenheit«*, wie sie der Leib ist. Demgegenüber wird die Phänomenletztheit von Albrecht als eine Gestalt verstanden, *»die der zurückführenden, auflösenden und ableitenden Tendenz des Denkens bisher widerstanden«*[70] hat, also lediglich deshalb als Letztheit gelten kann, *weil* sie sich als vorerst *unauflösbar* erwiesen hat. In diesem Sinn deutet er die Geschichte der Philosophie als einen Enthüllungs- und

Verbesserungs-Prozess, in dem irrige Versuche einer vermeintlichen Auflösung und Reduktion solcher Phänomenletztheiten – etwa der Freiheit, des Lebens, des Geistes oder des Gewissens, sei es psychologisch, philosophisch oder theologisch – von Zeiten abgelöst werden, in denen diese Letztheiten wieder unversehrt hervortreten als das, was sie sind. Was die Mystik angeht, so ist zu hoffen und zu vermuten, dass dies heutzutage wieder geschieht. Gerade auch die affektive Erregtheit, mit der man heutzutage Mystik missdeutet und missverstehen möchte, auch der dumpfe Missbrauch meditativer Disziplinen zu autogener Psychoanalyse oder vermeintlicher Bewusstseinssteigerung in einer neuen Gnosis – viel spricht dafür, dass diese dem Selbstverständnis des europäischen Menschen nahezu verschollenen Möglichkeiten des Erlebens und Erkennens wieder ins Bewusstsein treten.

Paradoxerweise wird dies am wenigsten in den Theologien bemerkt. Der Seelsorge, zu der sie ertüchtigen wollen, entgeht anscheinend das elementare Verlangen vieler Menschen, Sinn zu *erfahren*, statt blindlings in frommer Zuversicht zu unterstellen. Mit der freundlichen Aufforderung, zwischenmenschlich, sozialtechnisch und politisch aktiv zu werden, wird dieses Heimweh nach konkreter Erfahrung im Glauben gewiss nicht gestillt.[71]

Freilich tauchen in alledem Probleme auf, die zum theologischen Schicksal des abendländischen Denkens in einem tieferen Sinn gehören und weit über die aktuellen Krisen der kirchlichen Glaubensgemeinschaft hinausreichen. Sie können hier nicht eingehend erörtert werden. Wichtig ist indessen, darauf hinzuweisen, dass in diesen unaufgeklärten Fragen zwischen Orthodoxie und überlieferter Orthopraxie nicht nur die Wertung der mystischen Phänomene im europäischen Christentum, sondern auch das Selbstverständnis und die Selbstauslegung der mystischen Erfahrungen, der Mystiker selbst unsicher geworden ist. Die Kriterien verkümmerten, verdarben, sind verloren gegangen, genauer gesagt, werden gar nicht mehr als Kriterien verstanden, auch nicht von denen, die sie nach wie vor von Amts wegen und auch einigermaßen korrekt handhaben, wie das etwa in der äußerlichen Anwendung echter Maßstäbe geistlichen Lebens bei der Beurteilung mystischer Erfahrung durch das kirchliche Lehramt geschieht.

Die Traditionen des abendländischen Christentums haben dem Glauben, der sich kaum noch als authentische Erfahrung zu verstehen vermag, ein letztes Urbild vermittelt, in dem sich das mystische Erleben erkennen darf, immer schon eingeholt und überformt von allen Erfahrungen zuvorkommenden »Gnaden«, in denen sich Gott dem Menschen mitteilt. Wenn man dies so missverständlich phänomenologisch ausdrücken darf: Dem Glauben ist der ermöglichende Grund und die Erfüllung aller mystischen Geschehnisse im Symbol der Selbstaufgabe, des Opfers Gottes erfahrbar, im Archetyp gottmenschlicher Vereinigung offenbar geworden. Christliche Existenz weiß sich im Glauben in dieses Mysterium eingesenkt, sakramental eingepflanzt und im Tode Gottes verwurzelt, aus dem sie geboren wird und aufwächst in einem anderen, todfreien, gotteigenen Leben, dessen sich das gläubige Denken nur in der Einwilligung in eine radikale Enteignung zu vergewissern vermag: Es lebt und stirbt nicht mehr in sich selbst. Gott hat sich – als Liebe, als befreiende Wahrheit und als wahre Freiheit – des Leibes, des Lebens und des Sterbens bemächtigt.

Gäbe es so etwas wie eine Phänomenologie der Glaubenserfahrung – sie könnte nicht nur an den »normativen«, wegweisenden Aussagen und Satzungen des kirchlichen Glaubens orientiert sein. Sie müsste von Dogma und Dogmatik als dem eigentlichen religionsgeschichtlichen Sonderphänomen, das es als grundlegend für das Selbstverständnis gläubiger Existenz zu erklären gilt, notwendigerweise ausgehen. Wäre sie auch nicht identisch mit einer Phänomenologie des mystischen Erlebens, so würde sie doch Strukturen aufdecken, die denen sehr ähnlich sind, in denen dem Mystiker das Geheimnis, das sich ihm erschließt, *widerfährt*. Erst dann könnte ein vernünftiges Gespräch beginnen.

Ließe sich doch nun erst der Begriff der mystischen Erfahrung zur Glaubenserfahrung als zu ihrem offenbaren Ursprung hin vertiefen, in dem das offenbarende Geschehen und das (oder derjenige), was (oder der) sich in ihm mitteilt, unsere Existenz aufschließt und befähigt, Offenbarung als liebende, sich opfernde Selbstmitteilung der Gottheit zu erfahren, als das Befreitwerden zu absoluter Freiheit durch die absolute Freiheit. Zugleich würde ein solcher dynamischer, vom offenbarenden Ereignis her entworfener Begriff des Glaubens durchsichtig auf das mystische Erfahren und Erkennen hin, das sich in ihm begibt – und zwar auf ganz *natürliche* Weise, weil dieser Offenstand dem Dasein natürlich und eigentlich ist, wie philosophisch zu zeigen ist.

Damit wäre viel gewonnen, für das Selbstverständnis mystischen Erlebens, aber wohl auch für die Glaubenserfahrung und das theologische Denken, das sie zu verantworten versucht. Die positive Zugänglichkeit mystischer Erfahrungen würde nicht mehr durch Vorurteile und Vorbehalte verstellt, die auf theologischen Missverständnissen oder ihren Derivaten im desakralisierten Denken beruhen. Die psychologischen, vor allem aber metaphysischen Kriterien für die Echtheit des Erlebens und die Ausrichtung der mystischen Wege ließen sich wieder auffinden. Mystik als Methode wäre wieder denkbar und von Erfahrung zu Erfahrung zu vermitteln. Initiation bliebe nicht wie bisher ein Fremdwort, Mystik kein Privatissimum. Der Mystiker wäre aus seiner Einsamkeit erlöst, dass diese nahezu uferlos sein kann, musste auch Carl Albrecht schmerzlich erfahren. Auch ans Ziel gelangt, beklagte er nicht ohne Bitterkeit die vorherrschende Verblendung. Auch er konnte keinen Meister finden und musste bereits Führung gewähren, als er selber noch der Leitung durch einen Erfahrenen bedurfte. Diese seine Forschungen zur Kritik des mystischen Erlebens und Erkennens waren wohl notwendig, forderten aber, wie schon angedeutet, einen sehr hohen Preis. Nur möglich mit Hilfe der im Versunkenheitsbewusstsein gewährten Leistungssteigerungen, sowohl im Denken, in der betrachtenden Einsicht, wie im sprachlichen Ausdruck, verführten sie zu einem Missbrauch dieser Fähigkeiten, die das Mystische bereits in Anspruch genommen hatte. Wie ich schon berichtet habe, entzog sich die mystische Präsenz, um dann erst nach Jahren geduldigen Wartens wieder »anzukommen«, in einer nun ausgeglühten Reinheit, schlackenlos auch in der Verleiblichung des Geschehens im Wort. Mir scheint, diese letzte Läuterung hat sich aus, ich gebe der Versuchung nach und sage – stellvertretenden Schmerzen ergeben.

Versteht es sich doch beinahe von selbst, dass der Auftrag, das mystische Erleben und Erkennen denkbar werden zu lassen, tief in die mystische Biografie dieses Menschen eingriff und in seinem eigenen Erleben deutliche Spuren hinterließ. Bereits die Fähigkeit, sich in der Reflexion auf die eigenen Erfahrungen und das bei den Patienten beobachtete mystische Erleben zu härtester Objektivität zu zwingen, stellt ein solches prägendes Moment dar. In seinem eigenen Fall sogar in einer sehr seltenen Ausformung und höchst eigentümlich, da die kritische Reflexion im Denken Carl Albrechts die Spontaneität der schauenden Einsicht *nicht* verstellte oder ausschloss. Im Purgatorium der phänomenologischen Analyse hat sich eine Nüchternheit bewährt, die selbstverständlich auch die mystischen Erfahrungen dieses Menschen mitbestimmt und ernüchtert hat. Wer sich Jahre hindurch intensiv mit nichts anderem als den Problemen der Trugfreiheit des mystischen Erkennens befasst, wird auch als Mystiker in sich die konstitutiven Verwandlungen zulassen, durch die jene truggefährdeten Erfahrungsweisen allmählich ausgeblendet und die als trügerisch durchschauten Elemente des Erlebens ausgesondert und abgetan werden. So reinigte sich das mystische Erfahren, um klarer, strenger urteilen zu können, und diese anwachsende kritische Aufmerksamkeit trieb ihrerseits die Entäußerung und Entbilderung, den Prozess der Entschlackung des Erlebens voran. Insofern lässt sich mit einem erfahrenen Japaner vermuten, gerade die wissenschaftliche Aufgabe habe im Fall Carl Albrechts einige Funktionen des Guru, des Roshi übernommen und diesen Mystiker vor Abwegen ins Trügerische bewahrt.

In alledem mag deutlich werden, dass in solchen Fragen die üblichen psychologisierten Vorstellungen und Vorurteile gegenüber der Mystik überhaupt nicht weiterhelfen. Psychologisch lassen sich nur schmale Zugangswege erschließen. Das Wesen des Mystischen jedoch ist nicht zu erfassen, geschweige denn zu begreifen. Wie noch im Mittelalter, wie von den Kirchenvätern, von Sufis, Hindus, Buddhisten und Taoisten, also bei allen mystischen Traditionen und ihren spekulativen Theorien muss so etwas wie die Wandlung der ontologischen Verfassung des Daseins angenommen werden. Bei aller Verschiedenheit der Sprachen und Denkweisen stimmen die Überlieferungen darin überein, dies als menschenmöglich zum Verständnis zu bringen: *Der Mensch kann erwachen.* Dadurch wird er nicht nur von den Albträumen seines alltäglichen Selbstverständnisses befreit. Indem sich Existenz auf andere Weise begreift, verändert sich auch ihre innere Struktur, ihre existenziale Konstitution, wie immer diese Wandlung auch gedanklich angedeutet oder erklärt werden mag, als Umwandlung und Erleuchtung des »Bewusstseins« durch eine ursprüngliche und endgültige Einsicht oder als Umkehr des Willens in die bedingungslose Einwilligung der Liebe.

Die entscheidende Frage, wie eine solche Umkehr und Wandlung zu *denken* ist, lässt sich heute kaum unmissverständlich und klar stellen. Das ist sicherlich nicht nur auf materialistischen Stumpfsinn, idealistischen Individualismus oder die Verkrampfung abendländischen Denkens in dem metaphysischen Ego-Zentrismus des als *res cogitans* verstandenen *cogito* zurückzuführen, durch den Objektivation heutigen Sinnes erst möglich gemacht wurde. Ältere, theologische Vergehen wirken nach und verstellen das Problem. Sie ließen es als angebracht erscheinen, den Menschen für unabänderlich zu halten – wenn nicht auf ewig, so doch auf Lebenszeit. Die real eintretenden und zweifelsfrei zu beobachtenden Verwandlungen im Einzelfall ließen sich umso eher als außerordentlich, als Eingriff des prinzipiell Unverfügbaren, der übernatürlichen Gnade und als deren erweisbare Auswirkung ansehen. Dies war richtig und zugleich ein Alibi für alle diejenigen, die solche Einwirkungen nicht zulassen.

Dem entspricht die Unachtsamkeit der Theologien, Mystik immer als gefährlichen Alleingang oder als Begleiterscheinung der Heiligung zu verstehen, sie jedenfalls nur im Kontext, als Ausdruck eines geheiligten Lebens zögernd anzuerkennen. Das ist kurzschlüssig. Es öffnet Fehldeutungen im mystischen Erleben selbst und Missverständnissen gegenüber der Mystik Tor und Tür. Es ist aber auch theologisch riskant; denn es verleitet zu einer ungeprüften und unbedachten Identifikation des mystisch Ankommenden mit der Präsenz Gottes, was umso eher und trügerischer geschehen kann, wenn sich das Ankommende bildreich darstellt und in religiösen, möglichst christlichen Allegorien und Sinnbildern ausspiegelt. Ob es sich dabei um fromme Imaginationen, Schau von Gleichnissen, Symbolisationen oder echte Ausdruckserscheinungen handelt, lässt sich dann wiederum nur aufgrund der religiösen Beschaffenheit des jeweiligen Lebens vermuten. Vor allem aber drängt sich der fatale Begriff einer »privaten Offenbarung« auf, der nahezu unweigerlich umschlägt in die heute vorherrschende Vorstellung, Offenbarung sei nichts anderes als eine Privatangelegenheit und immer nur an den jeweils Einzelnen adressiert.

In alledem wird Gottes Geduld, wenn dieses staunenswerte Thema der theologischen Besinnung empfohlen werden darf, außer Acht gelassen: Die absolute Freiheit scheint auf die Befreiung, auf das Freisein des Menschen warten zu wollen und ihr in nichts anderem als in Liebe entgegenzukommen, sie nur in der Wahrheit herauszufordern, wiewohl sie das Dasein immer schon vom Grund her trifft, ihm nahe ist, wahrhaft unmittelbar bevorsteht – auch wenn sich diese befreiende Wahrheit, diese grundlose Liebe dem menschlichen Leben noch nicht eingestaltet, einverleibt, um es offensichtlich zu heiligen.

Andererseits ist das mystische Erleben durch alle seine Stadien hindurch kaum anders zu verstehen als im Sinn des Weges, den der Einzelne konkret gehen kann und der in eine solche Verwandlung führt, die ihm widerfährt. Wahr ist, dass er ihrer nicht mächtig ist. Wahr ist aber auch, dass er von Natur aus auf sie angelegt und ihrer fähig ist. Indem er sich selbst als Frage verstehen lernt, beginnt er, sich als geheimnisvolle Möglichkeit zu verstehen, offen als Frage wie als Möglichkeit. In diese Richtung drängen Carl Albrechts Überlegungen im letzten Gedankengang seiner Untersuchungen, deren theologische Relevanz er nicht erwähnt hat. Aus den Gesprächen mit ihm weiß ich, wie sehr ihn diese Dimension der Problematik bekümmert, im gelassenen Blick auf die nachgerade kuriosen Missverständnisse freilich auch mitunter belustigt hat. Wie wenig echtes geistliches Erleben er – selbst in den Ordensgemeinschaften – beobachten konnte, sein Vertrauen, dass es wieder in neuer, gleichsam aufgeklärter Ursprünglichkeit zum Durchbruch kommen werde, nicht da und dort, sondern im Leben der Kirche, kannte keinen Zweifel.

Auch philosophisch musste er sich auf die Anordnung der aufgeworfenen Fragen beschränken. *Dass* das nun gesicherte mystische Phänomen zu Konsequenzen zwingt, die in ihren Auswirkungen noch gar nicht abzusehen sind, war ihm klar. Vorerst kann es nur darum gehen, durch die unausweichlich gewordene Einsicht in diese Erfahrungsmöglichkeit der mystischen Relation und das in ihr gewährte trugfreie Erkennen eine prinzipielle Entscheidung herbeizuführen. Albrecht versucht sie anzubahnen in der Durchsicht der tiefenpsychologischen Interpretation, in den Auseinandersetzungen mit C. G. Jung, mit V. E. von Gebsattel, mit der biologischen und medizinischen Anthropologie im Allgemeinen, A. Portmann und V. von Weizsäcker im Besonderen. Dann wendet er sich den Fragen der phänomenologisch orientierten philosophischen Anthropologie zu, in kritischen Diskussionen mit Paul Häberlin, August Vetter, Max Scheler, Arnold Gehlen, Ludwig Binswanger und anderen. Allenthalben wirkt sich das Phänomen der mystischen Relation, wie Albrecht feststellen muss, als »*Sprengkeil*« aus – letzten Endes dann auch in der Hermeneutik des Daseins, in Heideggers Fundamentalontologie, von der sich Carl Albrecht bis zuletzt verspricht, sie werde am ehesten gewährleisten, das mystische Erleben zu Sprache und Begriff kommen zu lassen.

10. DIE SUCHE NACH EINEM »MYSTISCHEN EXISTENZIAL« – KRITISCHE KONSEQUENZEN FÜR DIE ANTHROPOLOGIE

Der Rahmen dieser Untersuchungen ließ es leider nicht zu, ausführlich auf die weiterreichenden, wenn nicht neuen Denkmöglichkeiten einzugehen, die Carl Albrecht durch Martin Heidegger erschlossen worden sind. Albrecht konnte nicht einmal auf das gesamte vorliegende Werk Heideggers Bezug nehmen, das er, soweit es erschienen ist, nicht nur vollständig, sondern auch sehr gründlich in wiederholter Lektüre zur Kenntnis genommen hatte. Andere Arbeiten[72] lassen das deutlich werden. Dankbar und nicht ohne eine gewisse Ergriffenheit vertraute sich Carl Albrecht diesem Weg eines »neuen« Denkens an, das in Fragen zurückzugehen wagt, die der als Geschick der Seinsvergessenheit gedeuteten Geschichte abendländischer Metaphysik voraus und zugrunde liegen. In ihnen sah Albrecht eine Denkweise in Kraft treten und sich bewähren, die in die Abgründe mystischen Erlebens fragend zu blicken vermag. Noch in den freilich tief greifenden Einwänden und Bedenken, die er vorbringen musste, sah er sich in der Vermutung bestätigt, in Heideggers Denken sei ein neues Fragen nach einem ursprünglicheren Selbstverständnis in Gang gekommen, denn »*auch dann noch, wenn sie sich als unzulänglich erweist, bleibt diese Philosophie der Sache, dem, was zu denken ist, adäquat*«. Den eigenen Versuch, die Grenzen der ontologischen Bestimmungen des Daseins, die Heidegger gegeben hat, auszuweiten, diese Bestimmungen zu ergänzen und in einer eben dadurch als notwendig erwiesenen neuen Struktur zu ordnen, hat er ausführlich als vorläufig gekennzeichnet. Albrecht wusste, dass er nur einige radikale Fragen formulieren und eine weiterführende Aufgabe stellen konnte. Es war ihm nicht mehr möglich, ihr nachzukommen.

Wieder erlaube ich mir, der Beschreibung dieses letzten Gedankenganges einige Notizen aus unseren Gesprächen einzuflechten. Damit jedoch nicht aus dem Blick gerät, worum es geht, und festgehalten wird, was sich aus den bisherigen Untersuchungen ergeben hat – nämlich *der gesicherte Nachweis der mystischen Relation als einer Phänomenletztheit*, sei zuvor eine knappe Zusammenfassung gegeben:

Ausgehend von einer bewusstseinspsychologischen Analyse, die zu dem klaren Begriff:»*Mystik ist die Ankunft eines Umfassenden im Versunkenheitsbewusstsein beziehungsweise das ekstatische Erleben eines Umfassenden*« gelangte, wurde eine gnoseologische Überprüfung der mystischen Erfahrungen vorgenommen, die aus dem weiten, nicht immer eindeutig zu differenzierenden Gefüge vielgestaltigen Erlebens einen schmalen Streifen untrüglichen, echten Erkennens herausziehen konnte. Erstaunlicherweise ist in diesem engen Ausschnitt der mystischen Erfahrungsmöglichkeiten, der sich einwandfrei aufklären lässt, das eigentliche und zentrale Erleben der mystischen Relation anzutreffen.

Zuvor war erklärt worden:

Die Versenkung kann in einer entspannten, gelösten Leiberfahrung zur Versunkenheit führen; in ihr fügt sich das Bewusstsein um, die Aktivität des Ichs schwindet, die rezeptiven Fähigkeiten des Ichs bilden sich zur Überklarheit aus.

Dabei vereinheitlichen sich das Bewusstseinsgeschehen, der Bewusstseinsraum und sein Inhalt. Störendes wird aufgelöst, Abgespaltenes integriert.

Der sich einstellenden Innenschau treten verschiedene Formen des Ankommenden entgegen.

Mystisch ist das Ankommen eines Umfassenden im Versunkenheitsbewusstsein (und dessen Erleben in der Ekstase).

Gnoseologisch lassen sich zehn Momente im Gesamtgefüge mystischer Erfahrung unterscheiden, von denen drei dem Ankommen eines personal erfahrenen Umfassenden zugeordnet sind.

Der abnehmenden Bildhaftigkeit der Schau entspricht ein Anwachsen der Präsenzerfassung, dem Schwund der Inhalte eine zunehmende Trugfreiheit des mystischen Erkennens.

Die breite, undifferenzierte Erfahrungsrelation trägt eine schmale Erkenntnisrelation, die in der Präsenzerfassung der Lichtschau und in der bildlosen Schau trugfrei wird.

Alle Fähigkeiten der Persönlichkeit können sich im Versunkenheitsbewusstsein aktualisieren, sofern sie nicht den ich-haften Willen voraussetzen. Das versunkene Sprechen zeigt eine strenge Diskretion gegenüber den Inhalten, eine hohe Deutlichkeit hinsichtlich der Tatsache und der Intensität des Erlebens. Das Denken in der Versunkenheit klärt auf, indem es unreflektiv, von keiner Ich-Aktivität gestört eine Umstrukturierung und Durchleuchtung des freiströmenden Denkgeschehens ermöglicht und die bildenden, ordnenden, konstitutiven Beweggründe der Gedanken aufdeckt. In der Meditation unterzieht sich das Denken dem mystischen Licht. Jede dieser Feststellungen löst vorerst noch nicht absehbare Kettenreaktionen des Fragens aus. Die mystische Relation erweist sich, wie gesagt, unter den Bedingungen wissenschaftlicher Kenntnisnahme als »*Sprengkeil*«[73], gerade indem sie sich als eine echte »Phänomenletztheit« beweist. Vielleicht als Vorzeichen bevorstehender Läuterung des Denkens unter dem Licht mystischer Einstrahlungen brechen vor jedem Schritt des Gedankengangs jene methodologischen Probleme einer Umkehrung der Kritik auf, durch welche die Möglichkeitsbedingungen unseres Fragens fraglich werden.

Diese Problematik wird unaufhörlich durch die »Sache selbst« hervorgerufen und bestätigt: Im Gewahren jener eigentümlichen Nähe des Versunkenheitserlebens in seiner reinsten Ausformung, der bildlosen Schau, welche die strengste Erfahrung der Gegenständigkeit erleidet, zur Ekstase, in welcher die Subjekt-Objekt-Scheidung zusammenbricht; in der beachtenswerten Trugsicherheit des wertenden Schauens bei der Bestimmung der Herkunft eines Ankommenden, als gewähre die Erkundung des Ursprungs des »woher« tiefere Zuverlässigkeit als alle Zielsetzungen; im stringenten Nachweis, dass zumindest im mystischen Erleben ein bloßes »Transzendieren ohne Transzendenz«[74] unauffindbar ist, geradezu unsinnig erscheint, da sich die Echtheit des Transzendierens erst durch die Präsenzerfassung, durch die konkrete Erfahrung von »Transzendenz«, begründen lässt; in der Aufklärung und Erkenntniskritik, die das Denken in der Versunkenheit meditativ leisten kann und die jene Katharsis des Denkens möglich werden lässt, in der es sich vereinheitlicht, vereinfacht, läutert und sammelt, um, vom Mystischen ergriffen, ein mystisches Denken werden zu können.

In alledem erweist sich die mystische Relation als »Phänomenletztheit«. Als solche ist sie ein unabweisbares Thema der Philosophie. Bislang der religiösen Anerkennung und dem theologischen Bedenken zugewiesen, tritt die *Mystik als positive Gegebenheit, als positive Gewissheit* und *positiv zugänglich* in den Raum wissenschaftlicher Forschung und philosophischer Besinnung. Das besagt nicht, dass sie sich ihrer religiösen Momente entledigen, ihres theologischen Sinns entkleiden und als ein *nur* »natürliches« Phänomen betrachten lässt.[75] Aber gerade diese Verschränkung von philosophischer Aufgabe und theologischer Relevanz stellt sich nun als unausweichliches Problem. Es lässt sich nur richtigstellen, wenn es den Problembestand der vorauslaufenden wissenschaftlichen Untersuchungen bis hin zu deren offenbaren Aporien übernimmt.

Auch die ontologische Problematik kommt nicht umhin, dies zu tun, will sie sich ihrem eigentlichen Auftrag nicht entziehen. Wie leicht das fällt, bemerkt man in den verschiedenen Versuchen moderner Theologie, Denkformen heutigen Philosophierens einfachhin aufzugreifen und zu verwenden, ohne zu beachten, dass sie ihren Sinn verlieren, wenn sie dem Horizont, durch den sie bestimmt sind, entrissen werden. Dann leisten sie gerade das nicht, was man sich von ihnen erhoffen mag – nämlich die angemessenere Artikulation der theologischen Wahrheit. Dabei bedarf es gar nicht erst des methodischen Fehlgriffs, etwa die Existenzialien der Hermeneutik des Daseins, wie sie von Heidegger entworfen worden sind, gegen dessen ausdrücklichen Einspruch als Kategorien einzusetzen; bereits die Deklaration eines »übernatürlichen Existenzials« verstößt gegen die inneren Gesetze einer solchen Hermeneutik, die ihre existenziale Analytik des Daseins als Fundamentalontologie verstehen kann, insofern sie das Fragen nach dem Sein selbst und zugleich alle regionalen Ontologien begründet,[76] zugleich aber Ontologie nur als Phänomenologie möglich sein, und die phänomenologische Wahrheit, die Erschlossenheit von Sein, als *veritas transcendentalis* denken lässt.[77] »Ontologie und Phänomenologie ... charakterisieren die Philosophie selbst nach Gegenstand und Behandlungsart. Philosophie ist universale phänomenologische Ontologie, ausgehend von der Hermeneutik des Daseins, die als Analytik der Existenz das Ende des Leitfadens alles philosophischen Fragens dort festgemacht hat, woraus es entspringt und wohin es zurückschlägt.«[78] Bereits im Ansatz sperrt sich dieses Denken gegen den Übergriff, der sich seiner Ergebnisse bemächtigen will, ohne seine Methoden übernehmen zu wollen. Das bedeutet aber vor allem: Ohne phänomenologisch zur Einsicht und zur Erfahrung bringen zu können, was behauptet wird, was also etwa unter einem »übernatürlichen« Existenzial verstanden werden soll. Um beim Bild Heideggers zu bleiben: Der Leitfaden allen Fragens wird in solchen theologischen Versuchen, die Existenzialität als aufschlussgewährende Denkform zu übernehmen, nicht in der Existenzanalyse festgemacht, und dies kann wohl auch gar nicht geschehen; ebenso wenig ist Theologie darauf gefasst, ihr Fragen in eine solche Hermeneutik des Daseins zurückschlagen zu lassen, wenn sie ihren Auftrag nicht verfehlen will. Theologie denkt aus anderem Ursprung und auf ein anderes Ziel zu. Für Karl Rahner[79] ist das selbstverständlich gewesen, als er »die Fähigkeit für den Gott der persönlichen Liebe, die sich selber schenkt«, als »das zentrale und bleibende Existenzial des Menschen, wie er wirklich ist«, und in diesem Sinn als »übernatürlich« zu verstehen suchte.[80] Ihm ging es darum, im Dasein ein dieses konstituierendes Moment zu denken, eine – von Rahner apostrophierte – »Potenz«, die es immer schon als das ihm Innerste und Eigentlichste, als seine Mitte und seinen Wurzelgrund hat und ist[81] und die den Menschen auf die Liebe Gottes hinordnet. Dieses »übernatürliche Existenzial« erscheint wie eine Magnetspule, welche dem Dasein, »ungeschuldet«, wie es der Problemzusammenhang gebietet, eingesenkt ist und die, sobald sie kraft der übernatürlichen Gnade unter Strom gesetzt wird, in Wirkung tritt und sich so zu erkennen gibt: »Das Existenzial für die übernatürliche Gnade (lässt) die Gnade nur dann die ungeschuldete Gnade sein, wenn es selbst ungeschuldet ist und im Augenblick, da es erfüllt von der Gnade selbst bewusst wird, *als* übernatürlich, d. h. als dem realen Menschen ungeschuldet aufleuchtet. Der Mensch soll … die Liebe Gottes als Geschenk und unerwartetes Wunder aufnehmen«[82].

Wenn ich recht sehe, verwendet der Gedankengang den Begriff, um der fundamentaltheologischen Absicht, »die verpflichtende, unentrinnbare Hinordnung des Menschen auf das übernatürliche Ziel« als »eine reale Bestimmung des Menschen selbst«, als ein Konstituens seines natürlichen Daseins zu erklären, einen gewissen transzendentalen Anhalt zu bieten. Er rückt ihn nicht zufällig in die Nähe der Begriffe »Potenz« und – späterhin – der Eigentümlichkeit, wenn nicht gar der Eigenschaft. Rahner, als einem Schüler Heideggers, bleibt fraglos bewusst, dass er den Terminus nicht im ursprünglichen Sinnbezug belässt, ihn nicht als Seinscharakter des Daseins verwendet, der *aus der Analyse der Exis-*

tenz gewonnen und durch die Existenzialität bestimmt ist, sondern ihn allenfalls in Assoziation und metaphorischem Bezug zu dieser seiner Bedeutung verwendet. Fraglich bleibt, ob eine Übersetzung solcher Art den Begriff nicht struktural bereits rigoros verändert, indem sie ihn in eine ihm fremde Denkweise einsetzt, von der er nicht mehr so, wie er gemeint war, sondern wie eine Kategorie gedacht wird, das heißt aber insgeheim »metaphysisch«. Das bringt zumindest in die Gefahr, Dasein kategorial, das heißt aber wie ein Seiendes zu bedenken. Ohne Frage ist das in manchen nachfolgenden theologischen Versuchen erfolgt.[83]

Der Versuch, den philosophischen Begriff nicht bloß zu annektieren, sondern der theologischen, einer ursprungsgemäß anderen Denkweise einzuschmelzen, wurde kaum gewagt; vielmehr wurde er im Zug der Einebnung der Theologie in Anthropologie nicht selten um seine Würde und ontologische Tiefe gebracht, indem er, nun wirklich als Kategorie verstanden und verwendet, zu Aussagen herhalten musste, in denen Dasein wirklich wie jedwedes andere Seiende fassbar, begreifbar, verfügbar erscheint.

So bleibt nach wie vor zweifelhaft, ob eine *existenziale Theologie* solchen Sinnes überhaupt korrekt denkbar ist; oder ob Versuche in dieser Richtung, einfach um Theologie zu bleiben, nicht zwangsläufig derartige Grenzüberschreitungen, derart ungedeckte Anleihen vornehmen müssen, die sich aufgrund der verfassungsgebenden Gesetze und Bestimmungen des jeweiligen philosophischen Entwurfs nicht rechtfertigen lassen. Begriffe, Kategorien und in diesem Fall Existenzialien lassen sich nicht ohne Weiteres aus dem Gesamtgefüge ihrer Ordnungen und aus den diese Ordnungen (und durch sie Begriff und Denkform) konstituierenden Bestimmungen herauslösen und in einem anderen Sinn verwenden, ohne um den ihnen eigenen und gemäßen Sinn gebracht zu werden.[84]

Das hat auch für den Versuch zu gelten, eines mystischen Existenzials gewahr zu werden, wie ihn Carl Albrecht unternimmt. Da er seine kritische Aufmerksamkeit nicht einbüßt, deutet er lediglich die Richtung an, in der eine vergleichbare Bestimmung der Existenz zu suchen sein wird. Zugleich zeigt er aber, dass nicht erst die mystische Relation erzwingt, die Voraussetzungen, von denen aus dieser Begriff eines Existenzials entworfen worden ist, also die phänomenologische Analytik und Hermeneutik des Daseins, zu verlassen. Als Phänomen, das sich in diesem Horizont aufweisen lässt, sprengt Mystik diesen Horizont.

Gerade im Hinblick auf die Denkbarkeit eines »übernatürlichen Existenzials« ist es von Belang, dass in einer Überprüfung der von Binswanger und Bollnow aufgedeckten Daseinsphänomene – der Liebe und der Hoffnung – Carl Albrecht zu dem Ergebnis kommt, dass sie keine »Grundbefindlichkeiten« im Sinn der Fundamentalontologie darstellen und deshalb die existenziale Erschlossenheit des Daseins *nicht* begründen. Beide müssen zwar phänomenologisch als eigenständige, irreduzible anthropologische Seinsweisen, also als »Phänomenletztheiten« anerkannt werden; aber aus der Struktur der Liebe und der »Wirheit« lässt sich hermeneutisch lediglich erweisen, »*dass dem Dasein nicht nur die je schon vorgegebene Transzendenz des In-der-Welt-Seins zugehört, sondern dass das Dasein überdies offen ist für eine Transzendierung dieses In-der-Welt-Seins*«.[85] Wie aber ist dieses Transzendieren des In-der-Welt-Seins, der »natürlichen« Transzendenz, zu denken? Die anthropologischen Strukturen »Liebe« und »Hoffnung« verweisen lediglich darauf, dass »*die Grundbefindlichkeit der Angst nicht die einzige Weise existenzialer befindlicher Entschlossenheit des Daseins ist*«.[86]

Hinzu treten negative Thesen: Der »Liebe« kommt gegenüber der Seinsstruktur der »Sorge« kein Primat zu. Sie vermag die »Angst« nicht aus ihrer zentralen ontologischen Stellung zu verdrängen. Diese findet eine ihr ebenbürtige Partnerin erst in der »Grundbefindlichkeit« der Ruhe.

Dass Ruhe als eine solche Grundbefindlichkeit im Sinne Heideggers verstanden werden kann, scheint sich aus der Analyse des In-sich-Seins zu ergeben, als das die Versunkenheit zu verstehen ist, als ein defizienter Modus des In-der-Welt-Seins. Phänomenologisch ist die Ruhe als allumfassend und durchdringend zu bestimmen. Als Ganzheitsqualität der Gefühlslage lässt sie sich nicht noch einmal umgreifen; es gibt schlechterdings nichts, »worin« sie ruht, es sei denn sie selbst. Erwartungslos verharrt sie in der Überklarheit ihres Leerseins.

Späterhin bezweifelte Carl Albrecht selber, ob sich Ruhe als eine solche Grundbefindlichkeit charakterisieren lasse. Ihr fehlt die erschließende Funktion. Sie kennt eben kein Wovor und kein Worum wie die »Sorge«. Sie gibt lediglich die Struktur der Offenheit des Daseins zu erkennen. Je genauer und differenzierter der Blick, desto deutlicher werden die Schwierigkeiten; auch in ihrer reinsten Ausformung als »In-sich-Sein« in der Versunkenheit, der Seinsweise der Ruhe schlechthin, müsste sie, gemäß dem Ansatz Heideggers, stets als ein »In-der-Welt-

Sein«[87] zu verstehen sein. Albrechts Ausdruck, sie sei dessen »defizienter Modus« macht auf ein Problem aufmerksam und versucht zugleich, es zu verdecken. Denn dieses »In-sich-Sein« ist gerade in seinem restlosen und randlosen Offensein nur schwer als »*ruhendes In-der-Welt-Sein*« zu begreifen, worin die ontologische Verfassung des Daseins sich nicht geändert haben, sondern nur aus der Aktualisierung entbunden und in sich ruhend geworden sein soll. Diese Weise, in Welt zu sein, ist ja durch die in der Ruhe gewährte und erlangte Offenheit ausgezeichnet. Dieses In-sich-Sein steht so radikal und universal offen, dass dieses Offensein geradezu übermächtig wird: Es reißt gleichsam alle Welt mit sich ins transzendierende Offensein, so dass auch jene Andeutung einer Differenz von Dasein und Seiendem im Ganzen, wie sie durch den Begriff eines »*In*-der-Welt-Sein« gesetzt wird, in sich fragwürdig wird. Ein Gegenüber von Mensch und Welt, auch im Sinne einer Inständigkeit, lässt sich in der Erfahrung der Ruhe *nicht* auffinden, nur in der Reflexion, die in der Versunkenheit zum Stillstand gekommen ist. Alles raumhaft Andere ist im »Raum« der Ruhe versunken und untergegangen, aufgelöst ins Uferlose.

Nicht nur dem konkreten mystischen Erleben, und zwar in den allermeisten Fällen, auch phänomenologisch gibt sich die Ruhe zudem als eine Erfahrung zu erkennen, die der Ankunft des Mystischen voraus und in gewisser Weise auch zugrunde liegt. Sie sickert aus der Tiefe des Erlebnisraumes ein wie Grundwasser und steigt auf, bis sie alle Bereiche ausfüllt und zugleich unermesslich werden lässt. Sofern sie als eine mögliche, der Präsentation des Umfassenden vorauslaufenden Auswirkung der mystischen Präsenz selber verstanden werden kann, ist sie als eine insgeheime oder bereits deutlich erfassbare *mystische Ruhe* zu kennzeichnen, in der das Sich-Auftun mystisch zum vollen Offensein befähigt und ermächtigt wird.

Dieser mystischen Ruhe ist nun aber auch nur der eine und einzige »Gegenstand« des *Umfassenden* zuzuordnen, sei es als Präsenz, die sich ihr bereits enthüllt hat oder die ihr noch bevorsteht. Die besondere Problematik dieser Gegenstandserfahrung dringt nun auch in das In-sich-Sein der Ruhe in der Versunkenheit ein und lässt es nicht nur als Grundbefindlichkeit, sondern auch als In-der-Welt-Sein fraglich werden; denn ein solcher einziger, umfassender »Gegenstand« lässt sich nicht in den Horizont des In-der-Welt-Seins einfügen, ohne ihn und den aus der Hermeneutik des Daseins erschlossenen Begriff von Welt überhaupt zu sprengen. In der Umkehrung des Problems ist aber auch das *In-der-Welt-Sein* nicht als reiner Offenstand ins absolute Darüberhinaus, in ein wirkliches Jenseits von Welt und Mensch zu denken. Solche »Transzendenz« gefährdete nicht nur den fundamentalontologischen Ansatz; sie höbe ihn auf. Kann sie doch nicht als konstitutiv für die Existenz verstanden werden, ohne dass die in der Daseinsanalytik so mühsam gewonnene Bestimmtheit verloren geht. Der Horizont, in dem solche Bestimmungen möglich werden, indem sich Dasein von ihm her versteht und auf ihn hin auslegt, zerfließt gleichsam im Licht. Bereits mit der Ruhe lässt sich *»in«* ihm ein Phänomen auffinden, das er *nicht* umschließt. Die mystische Ruhe zerbricht den Rahmen einer Hermeneutik des Daseins, die vom Dasein selbst ausgeht und, um es noch einmal so präzise wie nur möglich, mit Heidegger selbst zu sagen: »Das Ende des Leitfadens alles philosophischen Fragens dort festgemacht hat, woraus es *entspringt* und wohin es *zurückschlägt*.«[88]

Anders formuliert: Es mag noch angehen, die Ruhe als ein »Sichbefinden im Offensein«[89], als gleichermaßen gegenstandslos zu kennzeichnen wie die Angst als das »Sich-befinden-im-Erschließen des Daseins«. Darin erweist sich die Ruhe als hinreichende Bedingung der Seinsmöglichkeiten von »Empfängnis« und »Schwangerschaft«. Gerade im versunkenen »In-sich-Sein«, das »nicht nur Ruhe schlechthin, sondern Offenheit schlechthin«[90] ist, tritt Empfänglichkeit ein; es kann insgeheim trächtig sein. Aber *das*, was da »erhofft« und *ohne alle Erwartungen* erwartet, dann, im mystischen Augenblick des Erkennens im Erkanntsein auch wirklich empfangen wird, kommt aus einem absoluten Jenseits, das in der Hermeneutik des Daseins nicht vorgesehen ist. Festzustellen bleibt lediglich, dass diese Offenheit, dieses Erwarten, diese Empfänglichkeit sich immer schon in dieses reine Darüberhinaus ausspannen, aus dem dann das Umfassende, das Mystische, kommen kann.

Dem weiterführenden Gang der philosophischen Kritik stellen sich sogleich, und nun unausweichlich, die gleichen Probleme in den Weg. Albrecht hat sie bemerkt. Er muss zu erklären versuchen, dass in diesem radikalen Offensein des ruhenden In-sich-Seins auch die Struktur der Sorge »zur Ruhe kommt«. Ihm gelingt das, auf den ersten Blick überzeugend, in dem Satz: »*Ruhe überformt die Sorge.*«[91] Phänomenologisch ist dies nachweisbar. Für das Existenzverständnis bricht in diesem Satz jedoch die Frage auf, ob in der Sorge – als der Einheit von Existenzialität, Faktizität und Verfallensein, in welcher die ontologischen Strukturen des ›Sich-vorweg-Seins‹, des ›Im-Schon-sein-in-der-Welt‹ und des ›Seinsbei‹, also dem, was innerweltlich dem Dasein begegnet, ineinandergefügt sind[92] –, ob sich in dem so verstandenen Existenzial der Sorge das »Sein des Daseins« vollkommen enthüllt.[93] Wird Dasein allein ›wesentlich‹, konstituiert es sich wirklich nur in der eigentlichen Existenz als jene »*eigentliche*« Sorge,[94] in der »*vorauslaufenden Entschlossenheit*«[95], als »*Sein zum Tode*«[96] – und tritt es so wirklich in seine »*ursprünglichste, weil* eigentliche *Wahrheit*«?[97]

In der Ruhe ist Dasein *nicht* ›entschlossen‹, gibt es sich nicht »*aus dem Worumwillen des selbstgewählten Seinkönnens … frei für seine Welt*«[98]. Auch die ›Entschlossenheit‹, dieses »*schweigsame, angstbereite Sichentwerfen auf das eigenste Schuldigsein*«[99] ruht im In-sich-Sein. In dieser die Sorge »*überformenden*« Ruhe erschließt sich Dasein nicht dem eigenen, nicht dem eigentlichsten, sondern einem anderen Seinkönnen, auf das hin es sich nicht entwerfen kann, das von sich aus auch nicht zu wählen vermag. Diese Erschlossenheit kennt kein Worum. Sie unterzieht sich einem anderen Willen, einer anderen Freiheit, durch die das erschlossene Dasein zwar in seinem In-der-Welt-Sein bestätigt und auch für diese seine Welt freigegeben werden kann, deren alles umfassende und durchdringende Anwesenheit jedoch die Sorge nur als Vorform und Modus einer anderen, tieferen Verantwortung in Kraft treten lässt.

Diese Verantwortung ›überformt‹ in analoger Weise das existenziale Gewissen »als Ruf der Sorge«, in dem das Dasein, »*durch die Angst gestimmt*« sich selber aufruft »*zu seinem eigensten Seinkönnen*«[100]. Ihr geht es um alles, um das Ganze, um das Da des Daseins wie um das »Welten« und »Walten« des Seins, weiß sie sich doch betroffen durch eine Präsenz, die alles, Dasein und Welt, *umfasst*. Angesichts dieser welt-freien und welt-fremden Anwesenheit erscheint die in der Sorge aufgedeckte Struktur als ermöglichende Vorform einer anderen Erschlossenheit, durch die sie und zu der sie immer schon bestimmt ist. In ihr bereitet sich das Dasein der *Empfängnis* einer anderen Wahrheit.

Dem entspricht, dass durch den gleichen Satz ein anderes Phänomen infrage gezogen wird, das Heidegger als »*Zeitlichkeit*« zu Begriff gebracht hat. In ihm enthülle sich »*der Sinn der eigentlichen Sorge*« und finde »*das Sein des Daseins seinen Sinn*«[101]. Zeitlichkeit ist als »*der ursprüngliche ontologische Grund der Existenzialität des Daseins*«[102]

zu verstehen, in dem die »*Sorge gründet*«[103]. Albrecht berührt das nun gestellte Problem lediglich, indem er zugibt, in zeitlicher Weise verstünde er den besonderen Modus der Zeitlichkeit, der sich in der Ruhe des In-sich-Seins zeigt, nicht zu benennen. So beschreibt er ihn nur: »*Ruhe ist Zeitlichkeit ohne ekstatische Zeitigung*«.[104]

Auch die vorauslaufenden Erklärungen beschreiben lediglich das Problem, das dieser Satz aufreißt: »*Wenn die Sorgestruktur entsunken ist, ist die Zeitlichkeit gleichsam ohne Zeitigung. Die Zeitlichkeit ist nicht mehr ekstatisch, sie hat die Weisen ihrer Zeitigung* in sich *hineingenommen*«[105]; wenn anschließend vermerkt wird, die ontischen Phänomene der ›stehenden Zeit‹ und das mystische Phänomen des ›ewigen Nu‹ seien in diesem Horizont einer Zeitlichkeit ohne Ekstase zu verstehen, wird das Problem nur erweitert.

Mir scheint, es ist im Rahmen der in »Sein und Zeit« von Heidegger entwickelten Begrifflichkeit *nicht* zu lösen. Der angesichts der gegebenen Phänomene ohne Zweifel notwendige Gedanke einer »*Zeitlichkeit ohne ekstatische Zeitigungen*« hält sich nur mühsam in diesem Rahmen, der gleichsam verfugt ist und festgemacht wurde in dem Versuch, Dasein *ohne* Überzeitliches, ohne Bezug zu einem der Welt und der Zeit transzendenten Sein zu verstehen und es doch nicht zu einem nichtmenschlich Seienden, das nur in Zeit und innerzeitig ist, werden zu lassen; in dem Versuch also, das *Wesen der Zeit* ohne einen solchen transzendenten Bezug aus der Hermeneutik des Daseins heraus zu bestimmen. Dadurch gewinnt die Zukunft die Bedeutung eines polaren Bezugspunktes, was in der unreflektierten Übernahme dieses Denkens in die existenziale Theologie gerade das Verständnis der religiösen Existenz einschränkte und derart einseitig werden ließ, so dass ihr Bestimmtsein durch die lebendig gelebte Überlieferung nur noch als hermeneutischer Bezug auf einen zersplitterten Spiegel der Zukünftigkeit Gottes in einem historisch-kritisch purifizierten Text und Nachfolge lediglich aktualistisch als Sich-betreffen-Lassen und Re-aktion auf diese im Kerygma uns zukommende Zukunft Gottes gedacht wird; in einem Kerygma überdies, das *als Interpretation* zu einer Selbstauslegung des Daseins auf seine Eigentlichkeit provozieren soll.

In Heideggers ursprünglichem Gedankengang, der streng philosophisch bleibt, ist diese Konsequenz *nicht* vorgesehen. Dort wird Zukunft als der »*primäre Sinn*« der *Existenzialität* verstanden, da sie »*ermöglicht, dass Dasein so sein kann, dass es ihm um sein Seinkönnen geht*«[106].

Deshalb: »*Das Sich-Vorweg gründet in der Zukunft. Das Schon-sein-In ... bekundet in sich die Gewesenheit.* Das Sein-Bei ... wird ermöglicht im Gegenwärtigen*«[107]; »*Zukunft, Gewesenheit, Gegenwart zeigen die phänomenalen Charaktere des* ›*Auf-sich-Zu*‹, *des* ›*Zurück-Auf*‹, *des* ›*Begegnenlassens von*‹. *Die Phänomene des zu ..., auf ..., bei ... offenbaren die Zeitlichkeit als das* ἐϰστατιϰόν *schlechthin. Zeitlichkeit ist das ursprüngliche* ›*Außer-Sich*‹ *an und für sich selbst.*« Daraus ergibt sich dann, dass das Wesen der Zeitlichkeit *in der Zeitigung der Ekstasen* erfasst wird, die selbst einheitlich und gleich ursprünglich gedacht werden müssen, wiewohl sich eigentliche Zeitlichkeit aus eigentlicher Zukunft »*zeitigt*«, so dass »*sie zukünftig gewesen allererst die Gegenwart weckt*«; das primäre Phänomen der Zeitlichkeit sei deshalb die Zukunft.[108]

Hier kann nur angemerkt werden, dass das asiatische Denken sicherlich nicht zufällig gegen diese Deklaration der Zeitlichkeit Einspruch erhebt; und zwar unter Berufung auf die primäre, weil auch der ekstatischen Zeitigung, wie die chinesische Kritik meint, voraus und zugrunde liegende Präsenzerfahrung, die im Leibsein des Menschen gegeben sei. In der »Erleuchtung« als dem eigentlichen, Welt und Existenz in einem, universal erfassenden Erkennen komme sie zu sich selbst, erfülle und vollende sie sich, ohne, wie immer nachdrücklich betont wird, im Geringsten ihre Konkretheit einzubüßen, sondern ganz zeitlich und zugleich auch »ewig«, oder wie es der japanische Zen-Buddhismus heute ausdrückt: »Jenseits von Zeit und Ewigkeit.«

Wir haben uns indessen zu fragen, ob und wie sich aus diesem Begriffsgefüge Heideggers, das ebenso dicht wie schwierig ist, eine Zeitlichkeit *ohne* ekstatische Zeitigung erklären und zum Begriff bringen lässt. Kann sie doch nur *in* ihrer Ekstatik und eigentlich und ursprünglich nur *als* Zeitigung *aus* eigentlicher Zukunft erfasst werden. *Zeitlichkeit* selbst offenbart sich, wie es heißt, *als ekstatisches Außer-Sich* – und eben dieses ist im In-sich-Sein der mystischen Ruhe aufgehoben. Wäre dieses In-sich-Sein kein In-der-Welt-Sein, wäre es in sich verschlossen und nicht, wie aufgewiesen wurde, radikales, weil ruhigsorgloses Offensein – das Problem bestünde gar nicht. So aber lässt sich in ihm bereits die endgültige Aporie voraussehen, die dem Versuch, die Phänomenletztheit ›mystische Relation‹ im Horizont der Hermeneutik des Daseins zu begründen, bevorsteht.

Zumindest werden Fragen aufs Neue fragwürdig, die Heidegger sich – wie sein weiterer Denkweg in die ›Kehre‹, die auch Umkehr seines eigenen Denkens bedeutet, vermuten lässt – in »Sein und Zeit« gewiss nicht nur rhetorisch gestellt hat: Ob denn mit dem Phänomen der Sorge die ursprünglichste existenzial-ontologische Verfassung des Daseins bereits erschlossen sei? Ob diese Interpretation des Menschen, die ihn durch die Sorge ontologisch charakterisiert, ursprünglich genannt werden dürfe?[109] Wenn in einem äußersten Erschlossensein, in dem sich das Dasein gleichsam unbedingt ins Da gestellt sieht, die Sorge aber ›ruht‹ und Zeit nicht mehr als Zeitlichkeit in ekstatischer Zeitigung, sondern eher als eine Vergegenwärtigung in der παρουσία, in der Ankunft und im lichten Da des Seins erfahren wird – bricht dann diese existenziale Begründung des Daseins nicht auf in einen ›Grund‹, der sich als solcher womöglich gar nicht erfassen und bestimmen lässt? Muss dann nicht das Fragen nach einer ontologischen *Begründung* ›dort‹ suchen, ›wo‹ es seinen Sinn einbüßt, *da jede mögliche Grundlegung entfällt?* Ist eine »begründende« Ontologie überhaupt möglich?

Diese Fragen drängen, wie es scheint, ins Allgemeine ab, zu einer Besinnung auf die abendländische Denkgeschichte, wenn nicht im Ganzen, so doch in einigen ihrer Stationen. Sie mag als Abschweifung empfunden werden, erscheint mir jedoch als unumgänglich, wenn der Sinn und der Rang des gestellten Problems, wenn Gewicht und Auswirkung jenes »*Sprengkeils*« angedeutet werden sollen, den dieser Nachweis einer *mystischen Relation* in der Tat bildet.

Diese Fragen sind durchaus im Sinn der ›Seinsgeschichte‹ und ihres Geschicks zu verstehen, wie Heidegger sie im Zeichen der Kehre‹ anzudenken und vorzudenken versucht. Sie können jedoch nicht erledigt werden, indem man in analoge frühere, womöglich tiefer greifende Fragestellungen zurücktritt, die wir erinnern müssen, die wir aber nicht mehr einnehmen können.

Aufschluss gewährt in diesem Sinn der Versuch, die ontologischen Grundsätze des Thomas von Aquin von der Problematik der Fundamentalontologie her aufzusuchen, zusammenzustellen und auszulegen. Ähnlich den Bemühungen Maréchals und seiner Nachfolger, Thomas auf die transzendentale Problematik Kants und des Idealismus hin zu deuten – ist er wiederholt unternommen worden. Ihm gelingt es zwar[110] – und fraglos mit gewissem Recht, ohne den Gesetzen, nach denen Heideggers heutiges Denken angetreten ist, prinzipiell zuwider zu handeln –, die Wahrheit dieses Denkens und auch das Dunkel seiner Aporien auf die Wahrheit der mittelalterlichen Metaphysik hin zu durchschauen.

Die Umwendung des Blicks aus der Hermeneutik des Daseins in das Geheimnis der φύσις, des aus dem Urgrund in sein Erscheinen tretenden Seins, vermag symptomatische Bedeutung zu gewinnen. Denn Heideggers spätere Selbstinterpretation, so sei durch die Angst hindurch, in der alles Seiende entgleitet, der Zugang zur Frage nach dem Sein selbst gewonnen worden, bleibt fragwürdig.[111] Die ›Kehre‹ wird auch von Heidegger nur gefordert, kann jedoch lediglich als Umsprung, nicht als methodische und konsequente *Umkehrung* vollzogen werden; dass damit Zeit und Geschichte aus dem Dasein heraus in das Sein selbst verlegt werden, ist dessen ungeachtet ausschlaggebend für das theologische Denken.

Dieses Sein, »*das als Welt ›weltend‹ aufgeht, in urtümlichem Entscheidungskampf* (der πόλεμος Heraklits wäre dann identisch mit dem sich im Heraufgang ereignenden Logos[112] als das ›dem Denken noch unbewältigt überwältigende An-wesen‹«), ist theologisch offenbar von höchster Relevanz; »*... in diesem Ur-Ereignis stehend und ihm bis zum Grund (ek-statisch) geöffnet hat der Mensch wahre (mitschöpferische) Geschichte.*«[113]

Das so an-gedachte Sein ist nur als ein Ganz anderes, nur geheimnisvoll, als die »*schlichte Nähe eines unaufdringlichen Waltens*«,[114] nur in seiner *Unantastbarkeit*[115], *einzigartig* und *unvergleichbar,*[116] also nur *überbegrifflich* zu erfassen. Es lässt sich jedoch *an-denken*, weil es einwohnt in der Sprache, deren Wort wie ein »*Geläut der Stille*«[117] das Schweigen bricht und zugleich bewahrt, so wie der Mensch »dichterisch wohnt auf dieser Erde«. In der Sprache als der auflichtenden *Entbergung*, die zugleich, indem sie das Sein des Seienden namhaft werden lässt, immer tiefer dessen eigentliches Geheimnis *verbirgt*, tut sich das Sein selbst in der ἀλήθεια über einem Dasein auf, das der Gelassenheit fähig ist. Wenn schließlich bei Heidegger sagbar und denkbar geworden ist, dass der Mensch in einem wahrhaften Denken, das sich für die Wahrheit des Seins verschwendet, »*sein geschichtliches Wesen ... der einzigen Notwendigkeit überantwortet, (welche) die Not schafft, die sich in der Freiheit des Opfers erfüllt*« – so hat Theologie dankbar zu sein, da sich die Philosophie tiefer denn je der paradoxalen Wahrheit des Glaubens erschließt: »Das Opfer ist die allem Zwang enthobene, weil aus dem Abgrund der Freiheit erstehende Verschwendung des Menschenwesens in der Wahrung der Wahrheit des Seins für das Seiende. Im Opfer ereignet sich der verborgene Dank ...«[118]

Es mag also nicht unberechtigt sein, dieses Denken auf Thomas und bei der Übereinstimmung (in der ontologischen Differenz, im Verständnis des *actus purus* als Lichtung und als den eigentlichen Ort der Wahrheit, in der Besinnung auf das Zugleich von Offenbarung und Verborgenheit, Nähe und Ferne, Fülle und Nichts), darüber hinaus auf Plotin zurückzuführen, dem das Sein, von keiner »Metaphysik« erfassbar, »das überbegriffliche Mysterium verbleibt«[119]. Darüber darf aber nicht verschwiegen werden, dass diese merkwürdige Nähe Heideggers zu Thomas erst *uns* erkennbar geworden ist, die wir den Aquinaten aus diesen uns auferlegten Fragestellungen heraus befragen, die systematisch erst von Heidegger, wie er es selbst empfindet, stellvertretend – in der Gegenwendung zu Hegel und in der Nachfolge Nietzsches – aufgedeckt worden sind, außerhalb und sogar im Widerspruch zur thomistischen Überlieferung. Gerade darin war er nicht allein, wie er meinte; in echter, weil von der nämlichen Situation diktierter Übereinstimmung mit ihm, nahezu ausnahmslos auch unabhängig von Thomas und der Wirkgeschichte seines Denkens, sind Denker verschiedener Herkunft, Haltung und Richtung zu ähnlichen Grundfragen vorgestoßen.

Im Licht unseres Themas, in dem die Betroffenheit der Einzelnen, aber wohl auch die der Zeitgenossen durch ein Geschehen deutlich wird, das sich zeitlich nicht verrechnen lässt, wäre es nur verwunderlich, wenn es nicht so wäre. Im Geist gibt es keinen Alleingang. So müssten viele Namen genannt werden, nicht nur die leicht erkennbarer Weggefährten – wie Rosenzweig, Przywara, Marcel und Buber, auch Tillich und Karl Barth –, sondern auch scheinbar entferntere wie Wittgenstein, ein an der Sprache resignierender »Mystiker«, oder Whitehead, von den Philosophen anderer Erdteile, etwa den großen Japanern, Nishida Kitaro, Tanabe Hajime oder Nishitani Keiji, ganz zu schweigen.

Doch gerade die verdeckten und offenbaren Gemeinsamkeiten mit diesen Mitdenkenden und Mitleidenden unterm Joch dieses Augenblicks lassen deutlich werden, was Heidegger vom Aquinaten trennt. Nicht nur eine lange historische Wegstrecke im Gang abendländischen Denkens, sondern ein gemeinsam erfahrenes und erlittenes Schicksal, das wir uns – auch mit Hilfe Heideggers – nach wie vor kaum zu deuten wissen.

Thomas kann nicht das Gleiche gemeint und zugleich aller Rätsel Lösungen angeboten haben. Gewiss hat er in einmaliger Klarheit, die fast keiner seiner Schüler verstanden hat, den *actus essendi* als die nicht subsistierende Fülle gedacht, die in den endlichen Wesenheiten erst zu sich kommt; er hat von ihr, dem *esse ipsum* als dem Gleichnis der *divinae bonitatis*[120], die *essentia*, die aus dem *actus* ins Wirkliche tritt, unterschieden und dabei die Einheitlichkeit, das Mysterium des Seins-Ereignisses, nicht verletzt oder gar zerteilt, wie es in der ›metaphysisch‹ gedachten Real-Distinktion der Nachfolger geschehen ist. Aber unbestreitbar bleibt doch, dass er zu dieser Fassung einer ontologischen Differenz auf anderen Wegen des Fragens und um eines anderen Zieles willen gelangt ist. Er begründet durch sie den Versuch, die Glaubenserfahrung des Geschaffenseins zum Begriff zu bringen. Seine Frage richtet sich darauf aus, dass die Wesen, weil doch ein nichtsubsistierender Seinsakt aus sich allein keine subsistierenden Wesen entlassen kann, ihre in sich geschlossenen Wesensgestalten vom absoluten, göttlichen Sein empfangen müssen, welches seine Fülle zugleich austeilt im *actus essendi illimitatus* und in den Wesensgestalten, die es »*als Empfänger dieser Seinsteilhabe erfindet*«[121].

Unter jenen anderen geschichtlichen und gedanklichen Konstellationen war dies denkbar. Unsere Ratlosigkeit, die kaum als Frage zu erfassen vermag, was ehedem souverän als Antwort ausgegeben und verstanden werden konnte, hat sich vor einem solchen großartigen Denkmal zu beugen. Ob es maßgebend sein kann, bleibt mir so fraglich wie jeder Versuch, irgendwelche historischen Abhängigkeiten und Korrespondenzen aufdecken zu wollen, die sich aus bloßer Übernahme von Fragestellungen und Denkweisen, nicht aber aus der Sache selbst erklären lassen. Die wesentlichen und entscheidenden Fragen, die sich dem Denken stellen und in denen sich die Existenz zu verstehen versucht, sind durch die Geschichte hindurch, vielleicht sogar in allen Kulturen und Religionen, nahezu dieselben. Ihre Zuordnung und Rangfolge, damit auch ihre innere Struktur, die Intensität, mit der sie Existenz betreffen und herausfordern, unterliegen Veränderungen, formalen Modifikationen. Dadurch verlieren geschichtliche Zusammenhänge nicht an Bedeutung. Sie sollten aber nicht nur konstatiert, sondern auch – und zwar als das verständlich werden, was sie sind: als Interpretationen. Als solche bedürfen sie ihrerseits noch einmal der Auslegung, und zwar der kritisch prüfenden auf das Geschehen, wie es womöglich wirklich gewesen ist, und auf diese unsere Situation, die durch nichts klarer bestimmt wird als durch die Kritik des Verständnisses, das ihr von Geschichte gegeben ist, also eben dadurch, dass Geschichte ihr *so* erscheint.

Auf das Thema der Mystik gewendet, ergibt sich daraus die Aufgabe, die Geschichte der Missverständnisse ihr gegenüber, der gutwilligen und feindseligen Fehldeutungen zu erklären; also jenen Prozess, in dem sie verdrängt, verwunschen und nachgerade undenkbar geworden ist. Er scheint gerade im 12., 13. Jahrhundert einzusetzen (ob Thomas von Aquin die Schau der Hildegard von Bingen noch verstehen konnte, ist zu bezweifeln) und begleitet die Ausbildung des europäischen Denkens vom Nominalismus zur Reformation, von Descartes zu Kant und Hegel, bis zur rigorosen, nahezu schon selbstverständlichen Verständnislosigkeit im 19. und 20. Jahrhundert. Stets wurde dieser Ignoranz widersprochen. Aber noch zur Stunde gehört das mystische Erleben zur Nachtseite unserer Geistesgeschichte, obwohl sich in ihm das hellste, wachste und klarste Bewusstsein vorfinden lässt, das wir kennen. Das Gleiche ließe sich für die Existenz als solche und die allermeisten Erfahrungen und Fragen nachweisen, die man heutzutage als existenziell bezeichnet. Sie blieben eigentümlich unterbelichtet, und die Gefahr scheint zu bestehen, dass sie dunkel und unklar bleiben.

Ist doch »die Frage der Existenz … immer nur durch das Existieren selbst ins Reine zu bringen«, von einem Selbstverständnis geleitet, das selber existenziell ist.[122] Dies ist nicht vorherrschend gewesen und auch heute nicht dominant geworden. Das festzustellen, heißt aber zugleich, die Frage aufzuwerfen, wodurch und auf welche Weise dies geschehen konnte. Wie ist es menschenmöglich geworden und nun, da wir dessen gewahr werden, zu deuten? Damit wird uns eine Frage aufgegeben, die sinnvoll nur unter Einbezug der gesamten Geschichte zu verstehen ist, die zur Ausbildung dieser Frage geführt hat.

Dies gilt nicht nur für eine korrekte philosophische Besinnung auf das mystische Phänomen, sondern ebenso für eine Richtigstellung der Frage nach der Existenz, nach dem Leib und leibhafter Anwesenheit, nach der Welt als Sinngestalt, nach Gemeinschaft, nach dem Konkreten überhaupt. Das mystische Problem teilt das Schicksal vieler Grundfragen, weshalb zu vermuten ist, dass sie mit ihm zusammenhängen. Mit ihm sind sie der Aufmerksamkeit entglitten und geradezu synchron verleugnet worden. Nur mit ihm, unter Berücksichtigung der Phänomenletztheit »mystische Relation«, dürften sie zu klären sein.

Dessen eingedenk mag es aufschlussreich sein, sich in die Positionen des mittelalterlichen Denkens zurückzuversetzen, als wären sie uns existenziell noch zugänglich. Im Licht der Einsichten des Thomas, eines Erkennens, in dem sich philosophische und theologische Evidenz wunderbar durchdringen, wäre dann Heideggers Denken einer tief greifenden Kritik zu unterziehen, wie das Gustav Sieverth, Hans Urs von Balthasar und andere versucht haben. Sie macht darauf aufmerksam, dass bei Heidegger der überbegriffliche *actus essendi*, der sich in die Wesen hinein zeitigt, »nach-christlich« gedacht, und zwar »mit den Merkmalen des subsistierenden (göttlichen) Aktes ausgestattet« werde; »Heidegger setzt die Negationen der antik-christlichen Gotteslehre (als ›negative Theologie‹) identisch mit dem Nichten des weltenden Seinsaktes«[123]; dadurch lasse er den Menschen für das Sein, als ›Botengänger der Wahrheit‹, unentbehrlich werden, auf dass Welt im seingeschichtlichen Aufgang welte. Die Differenz selber, das ›Ereignis‹ als ›der in sich schwingende Bereich, durch den Mensch und Sein einander in ihrem Wesen erreichen‹, werde zum absolut Letzten, zu Gott. Zugleich lasse Heidegger in der Zurückweisung des Willens, die es erforderlich werden lässt, menschliche Existenz zu reduzieren und allein im reinen Denken zu begründen, die dem Menschen wesentliche Freiheit außer Acht. Die so bedeutsame ›Kehre‹ bringe die beiden verschiedenen Ansätze des Heideggerschen Denkens nicht zur Einheit. *Hier* treibe die »*Geworfenheit*« des Daseins ohne Werfer, durch die Zeitstruktur des Daseins in eine Endlichkeit des Seins und der Wahrheit – »die lichtende Ekstasis zeigt sich ins Nichts«[124]; *dort* werde zwar das *Sein als der Ursprung* des »Wurfs« erfasst, doch nun gebe es nur den »*Satz vom Grund*« als Sprung aus und in den Ursprung, die »*Geworfenheit*« aber sei verschwunden. »Die ›Kehre‹ zeigt das Identische nur von der anderen Seite – als ›Sein *des* Seienden‹ oder als ›Seiendes *des* Seins‹«[125].

Hier ist nicht zu prüfen, ob und inwieweit diese Kritik zutrifft. Sie wirkt erhellend. Sie deckt die Struktur der unauflösbaren Aporien auf, in denen sich fragendes Denken vorfindet, wenn es sich seines Daseins unvoreingenommen zu vergewissern sucht und zugleich der vermeintlichen Autonomie absagt, die es als Postulat der Angst und als eine trügerische Selbstbehauptung durchschaut. Durch sie enthält sich der Mensch gerade dem vor, was er sich zuschreibt, und entzieht sich, indem er es sich zuschreibt: Nämlich der Möglichkeit, frei zu werden und frei zu sein.

Jener verzweifelte Umsprung des Fragens, das Paradox der Verschränkung und Unvereinbarkeit der uns möglichen Fragen und Aussagen, zeichnet sich zudem auch in unserer Problematik ab. Er bestimmt die Methode, auf der wir uns mit Carl Albrecht dem mystischen Phänomen zu nähern versuchten. Der Rückblick auf Thomas lässt das wohl deutlicher werden, in gewisser Weise auch deutbarer. Doch die Aporien löst er nicht auf. Balthasars Kritik muss Heidegger deshalb auch zugestehen, er habe sich unausweichlichen Fragen gestellt. Das christliche Denken komme gar nicht umhin, dieses Erbe anzutreten; denn das vorausgegangene Urteil beruft sich eben auf Entscheidungen im Denken, deren formale Klarheit und Konsequenz wir bewundern, in die wir aber nicht mehr zurücktreten können. In einer anderen Situation haben wir anders zu fragen: Situationsgemäß auch und gerade in unlösbaren Problemen.

Wenn sich das mystische Problem nicht vollständig erfassen und aufklären lässt, spricht dies also noch nicht dafür, dass es von Carl Albrecht her unrichtig gestellt worden sei. Vielmehr kann Albrechts Versuch, ein mystisches Existenzial zu bestimmen, diese Offenheit der Frage durchaus erläutern. Scheitert dieser Versuch, der als Phänomenletztheit aufgewiesenen mystischen Relation im Horizont der Hermeneutik des Daseins einen Ort anzuweisen, doch in einer denkwürdigen Weise: Sobald das Phänomen nahekommt und in diesen Denkformen Gestalt annimmt, entsinkt jener Horizont und gibt den Ausblick in ganz andere Dimensionen frei.

Insofern kommt einer existenzialen Analyse der mystischen Erfahrung eine besondere Bedeutung zu. Sie verweist, wie mir scheint, in den metaphysischen Ort, in dem sich das Problem befindet. Sie lässt erkennen, aus welchen Bereichen das Denken emigrieren musste, um in diese Problematik zu geraten – und insofern darf auch der Rückbezug auf verschollene Einsichten, auf Thomas, auf die griechischen Väter,[126] auf Plotin und die Vorsokratiker als gerechtfertigt und notwendig angesehen werden. Zugleich wird so etwas wie der Widerschein der Feuer sichtbar, in deren konkreter Erfahrung womöglich auch die Formen des Denkens unserer Zeit zur Schmelze gebracht werden.

Was sich in der ontologischen Deklaration der mystischen Ruhe bereits angekündigt hat, tritt im Fortgang der Bestimmungen unausweichlich ein: Das Phänomen, das es zu begreifen gilt, zersprengt das dichte Gefüge der Begrifflichkeit, von der aus es erfasst und ermessen werden soll. Befragt nach ihrer anthropologischen Grundstruktur, gab die Versunkenheit die Seinsverfassung des *In-sich-Seins* mit den Momenten des »*In-sich*«, der »*Ruhe*« und der »*Offenheit*« zu erkennen. Von ihnen lässt sich, wie Carl Albrecht klar sieht, *nicht* sagen, wie ihre Einzelstrukturen in einer Gesamtstruktur umfangen, wie eine ihnen zugrunde liegende fundamentalontologische Seinsverfassung aufgefunden werden könnte, ob sich die Einheit dieser drei Momente überhaupt in den Bestand der vorliegenden existenzialen Strukturen einordnen lässt.

Tritt nun die von der bewusstseinspsychologischen und gnoseologischen Kritik stringent nachgewiesene Phänomenletztheit »Mystische Relation« hinzu, so geraten die vorgegebenen Begriffe aus den Fugen. Bereits im Ansatz passt sich das mystische Phänomen ihrem Ordnungsrahmen nicht ein. Die Relation zu einem Umfassenden ist ontisch in die »*Welt*« eingelassen, weil Menschsein eben als In-der-Welt-Sein existenzial verfasst ist. Aber wenn das Ankommende auch *wie* »innerweltlich Seiendes« begegnet, es kommt nicht aus Weltlichkeit her. Es lässt sich *gemäß seiner Herkunft* nur als Fremdheit und Andersheit kennzeichnen, die aus einer »Ferne« nahekommt, die auch und gerade dem ›ontologisch Fernsten‹ entrückt ist, dem »*Seienden, das wir selbst je sind*«[127]. Das Ankommende erscheint als *Außerweltliches, das sich im Horizont der Daseins-Hermeneutik* auch dann *nicht denken lässt*, wenn dieser in der ›Kehre‹ eine Erweiterung erfährt. Auch wenn ausdrücklich vermerkt wird, dass die Frage nach dem Sein selbst die Möglichkeiten der Ontologie übersteigt, die Existenzialanalyse deshalb nur im Hinblick auf die regionalen Ontologien, nicht aber hinsichtlich der Seinsfrage, der »Fundamentalfrage«, als Fundamentalontologie gelten dürfe.

»*Das Phänomen ›Mystik‹ widersetzt sich jedem Versuch, es dadurch anthropologisch zu begründen, dass man es in die Struktur des ›In-der-Welt-Seins‹ hineinnimmt.*«[128] Albrecht sieht sich deshalb genötigt, einer anthropologischen Bestimmung der mystischen Erfahrung zwei Pole zu geben: »*Das Menschsein ist je schon ›In-der-Welt-Sein‹*« – anders kann die gewonnene Seinstruktur der »*Sorge*« nicht in Geltung bleiben –, »*und das Menschsein ist je schon Sein in einem nicht-weltlichen Bezug*«.[129] Dieser letzte Pol liegt aber *außerhalb* der existenzialen Bestimmbarkeit.

Albrecht versucht, weil er das selbstverständlich bemerkt, diese anthropologische Formel und ihre zwei Pole in eins zu fassen und in einem tiefer greifenden, existenzialen Terminus zu verankern. Er findet ihn im Begriff »*Offenstand*«, der im Unterschied zur »*Offenheit*«, dem aus den ontischen Phänomenen abgeleiteten Begriff, die Bedingung der Möglichkeit von Offenheit angibt, also als ein »*Existenzial*« verstanden werden kann. Als die grundlegende ontologische Bestimmung bietet sich an: »*Dasein als In-der-Welt-Sein ist Offenstand ... ist gefensterte Weltlichkeit.*«[130] Wenn dem so ist, wenn Dasein je schon mystisch und im Offenstand verfasst ist, stets bestimmt durch die Möglichkeit ontischen Betroffenseins durch Außerweltliches, dann lässt sich die Reihe der Existenzialien noch erweitern durch das »*Betroffensein*«, dessen Möglichkeit bedingt ist durch den Offenstand und das als Existenzial besagt, »*dass Dasein je schon Sein im Getroffensein ist*«.[131] Damit tritt der Gedankengang letztendlich in die Aporie, die vorauszusehen war.

Das mystische Phänomen als ›Letztheit, die sich auf keinen zugrunde liegenden Bereich zurückführen lässt, nötigt zu Aussagen, die den Rahmen der Daseinsanalytik und ihrer ontologischen Möglichkeiten des Verstehens übersteigen. Im Unterschied zur theologisch begründeten Kritik geschieht dieser Überstieg jedoch unter dem Diktat *innerer Notwendigkeit*: Er wird nicht von außen gefordert, er wird von einer phänomenalen Gegebenheit erzwungen, die sich im Horizont philosophischer Denkmöglichkeiten positiv stellt – und lasse sie sich auch nur als Problem verstehen. Ein erwiesener Tatbestand, dessen fundamentalontologische Bedeutung offenbar ist, sprengt den Deutungszusammenhang auf in neue Dimensionen, die nur eingesehen und zum Verständnis gebracht werden können, wenn Denken sich selbst anders verstehen und so das Dasein anders deuten lernt.

Auch dieses Scheitern versetzt in die Aufgabe eines neuen Beginns. Er ist in einer anderen Denkweise zu suchen. Ihre phänomenologische Deskription kann zwar gegeben, ihre gnoseologische Analyse jedoch nicht durchgeführt werden, weil in ihr nicht nur, wie wir gesehen haben, Analytik und Reflexion aufhörten, sondern auch Dialektik keinen Anhalt mehr findet. Weder ihre Möglichkeiten, positive Einsichten zu gewähren und eine Umwandlung des Denkens zu bewirken, noch ihre Rechtmäßigkeit können im Ernst bezweifelt werden – sofern sie selber *nicht* die Stelle der intersubjektiv verbürgten Denkweise einnehmen möchte, sondern sich als deren komplementäre, aber auch notwendige Ergänzung verstehen lernt, als deren – in jenem angedeuteten Sinn gewissenhafter Innenschau – mögliche ›kritische‹ Belichtung und Aufklärung.

Doch auch andere, zentrale Probleme, die wir außer Acht ließen, müssen vorerst als unlösbar gelten und hingenommen werden: So ließ sich die aufgewiesene ›Phänomenletztheit‹ *Liebe*[132] auch mit Hilfe der hinzugewonnenen mystischen Existenzialien des »Offenstandes« und des

»Betroffenseins« *nicht* zulänglich ontologisch begründen. Wir haben das als Hinweis darauf zu verstehen, dass *Mystik allein* auch *keinen* gültigen Entwurf der Verfassung des Menschseins gewährleistet.

So stellt sich Carl Albrecht die entscheidende letzte Frage:

»*Lässt sich überhaupt innerhalb des Horizontes der Hermeneutik des Daseins eine ausreichende ontologische Grundlegung für das Menschsein entwerfen? Ist nicht die Hermeneutik des Daseins, die doch in der existenzialen Verfassung des Daseins als ein Modus seines Seins als Verstehen gründet, wesensnotwendigerweise in sich selbst gefangen und befangen? Muss nicht eine Ontologie, die das Menschsein begründen will, über den Bereich einer ›Metaphysik des Daseins‹ hinauswachsen und eine Metaphysik sein, die ihren Ausgang von anderen Seinsregionen hernimmt?*«[133]

Die Präzision, mit der dieser Mystiker formuliert, ist verräterisch. Die Form, in der diese Fragen gestellt werden, deckt ihre Problematik auf: Die Hermeneutik des Daseins, in der die ›metaphysische‹ Denkweise als von Subjektivität diktiert zurückgelassen werden soll, erweist sich im Licht der mystischen Relation selbst noch als eine ›Metaphysik des Daseins‹; und die Suche nach »anderen Regionen« des Seins, von denen eine dem Menschen angemessene Begründung seines Seins ausgehen könnte, scheint die vermeintliche Fundamentalontologie selbst zu einer regionalen Ontologie werden zu lassen.

Damit ist die Aufgabe gestellt. Sie kann nicht bloß als Destruktion der ontologischen Begründungen verstanden werden, die in der Existenzial-Analytik erarbeitet worden sind. Sie wird auch nicht um ihre Dringlichkeit gebracht durch den Hinweis auf die ›Kehre‹, in der sich das Fragen nach dem Sein selbst zur An-dacht entschließt vor der ›lichtend-verbergenden Ankunft des Seins‹ als Sprache. Weder diesseits noch jenseits der Wende lässt sich das mystische Phänomen angemessen erfassen. *Hier* bleibt unbegreiflich, dass dem Dasein ein nur außerweltlich zu verstehendes, umfassendes Geheimnis nahe und präsent werden kann – *dort* bleibt undeutlich, wie dieses Geheimnis des Daseins konkret in seinem In-der-Welt-Sein antrifft und betrifft. Vor allem kann nicht gedacht werden, dass diese Parousie *in* vollkommener *Freiheit gewährt* wird; dass diese Freiheit nicht gleichgültig bleibt, sondern sich zu erfahren, zu erkennen gibt und den Menschen meint. In dem ruhigen und gelassenen Offensein, das sie gewährt, kann sie empfangen werden als umfassende Anwesenheit. Mehr noch, sie wird immer schon empfangen, da diese Ruhe des Offenstandes Sorge »überformt« und die Angst durchdringt. Weil es insgeheim immer schon aufgetan ist und berührt wird durch die Präsenz, die sich seiner annimmt, weiß es sich nicht allein gelassen – offen in einer offenstehenden Welt ist *Dasein je schon mystisch.*

Was ihm mystisch widerfährt, lässt sich vorerst kaum und in den sprachlich-begrifflichen Möglichkeiten, deren abendländisches Philosophieren mächtig ist, wohl überhaupt nicht eindeutig benennen. *Dass* ihm ein außerweltlich, überweltlich »Anderes« entgegentritt, ist eindeutig gewiss. Das Denken wird sich auf diese Begegnung einlassen müssen, um sie zu verstehen und um das Dasein verstehen zu lernen, das durch sie bestimmt wird als »*Sein im Getroffensein*«[134]. Es kann nicht in neutraler Betrachtung und Reflexion verharren. Womöglich steht ihm erst *im* mystischen Vollzug die verwandelnde Läuterung bevor, durch die es befähigt wird, das Wesen der Erfahrung zum eigentlichen Verständnis zu bringen. Eine konkrete Begegnung wird nur von dem verstanden, der an ihr teilnimmt. Gerade die Beziehung zum Umfassenden ist ihrem Wesen nach kein Gegenstand, der sich von außen betrachten lässt. Das Denken muss in sie eintreten, um sie und in ihr auch sich selbst als ein Moment dieser mystischen Beziehung zu verstehen; dass dies möglich ist, haben wir gesehen.

Damit erweist sich die »*mystische Relation*« selbst als die eigentliche Aufgabe, die dem Denken gestellt ist – thematisch und methodisch. Das Fragen hat sich der dunkelsten Zone dieser Phänomenletztheit zuzuwenden, ihrer undurchsichtigen Mitte, in der die geheimnisvolle Anwesenheit, die sich zeigt, auf jene andere trifft, die ihrer Ankunft und Vergegenwärtigung unterliegt. Was sich *zwischen* ihnen begibt, das ist Mystik.

Aber dieses »*Zwischen*« ist nicht als Linie der Beziehung zwischen den Polen, nicht als Raum zu denken, der sich ergibt zwischen Präsenz und Präsenz; aus ihm scheint sich zumindest das Dasein erst abzuheben und in seinem Offenstand, als immer schon Betroffensein, zu konstituieren. Das »Zwischen« liegt ihm voraus.

Der Gedankengang endete in einer Aporie. Er wurde durch unbezweifelbare Gegebenheiten zu Aussagen gezwungen, die das vorausgesetzte Verständnis von Dasein überschreiten. Den Rahmen einer Daseinsanalyse, in dem sich Existenz aus sich selbst heraus zu verstehen sucht, ist zerbrochen. Nun, jenem vorerst undenkbaren Zwischen-Bereich zugewendet, muss das Denken den »fundamental-ontologischen« Ansatz endgültig aufgeben. Eine Phänomenletztheit, ein unantastbares Urphänomen zeigt sich, dem weder die Sorge noch irgendein anderes Existenzial, auch nicht das hinzugewonnene mystische, die Struktureinheit des »In-sich-seins-im-Offenstand« als Bedingung seiner Möglichkeit genügen. Es liegt auch dem mystischen Erleben zugrunde; denn es waltet in jenem vorausliegenden Zwischen. Angesichts dieses Phänomens verbietet sich jede Frage nach einer Begründung. Es ist wesentlich grundlos. Es vermag deshalb auch unser fragendes Denken von dem Zwang, nach ontologischer Begründung zu suchen, allmählich zu befreien.

Carl Albrecht sah voraus, dass die Besinnung auf das mystische Phänomen erst an ihr eigentliches Ziel gelangen werde, wenn sie dieses letzte »Phänomen« zu Gesicht bekommt – die Liebe. Sein Hinweis: *»Die Frage nach der Seinsweise der mystischen Relation und die Frage nach dem ›Sein‹ dessen, was der Quellpunkt des mystischen Wirkgefüges ist, wird sich an der Betrachtung dieser Relation entzünden«*[135], ist in diesem Sinn noch präziser zu fassen. Erst durch die Frage nach dem Wesen dieser Beziehung werden sich die anderen Fragen, die nach dem Quell des Geschehens und nach der Verfassung des Daseins, dem dies widerfährt, richtigstellen lassen.

Dann erst, wenn diese Umstellung erfolgt ist, lässt sich in verwandelten Denkformen sinnvoll nach der Bedeutung fragen, die der mystischen Beziehung für den Glauben zukommt. Indem Carl Albrecht hervorhebt, warum er den mystischen Phänomenbestand aus den religiösen Bestimmungen herausgerückt hat in den der wissenschaftlichen und streng philosophischen Kritik und weshalb er dies für notwendig gehalten habe, betont er noch einmal, auf diese Weise die Mystik nicht ihrer religiösen Elemente entledigen und als bloß »natürlich«, ablesbar von der Glaubenserfahrung bestimmen zu wollen; das wäre in sich absurd und auch gar nicht möglich. Alle weiteren Fragen stellte er jedoch der Theologie anheim.

Im Gespräch ließ er keinen Zweifel daran aufkommen, dass Theologie damit in ähnlich radikale Grundfragen geführt werde wie die Philosophie; nicht nur vor die Aufgabe, ein Phänomen zu interpretieren, das sie lange Zeit mit einigem Befremden, wenn nicht mit Misstrauen betrachtet hat, sofern sie es überhaupt beachtete und ernst nahm. Auch ihr Vorverständnis von sich selbst als Disziplin des Denkens im Glauben wird im Ansatz, in den Voraussetzungen und Vorurteilen, die es in sich schließt, aufs Neue zu befragen und kritisch zu überprüfen sein. Auch der theologischen Reflexion wird es widerfahren, dass sie im mystischen Licht durchsichtig wird zum Grund ihrer Möglichkeit hin. Als Spiegelung in Objektivationen zersplittert und zerschmilzt auch sie. Freilich geht es, wie es Albrecht schien, auch nicht nur darum, dass Theologie und Philosophie wach werden für die Beachtung und das richtige Verständnis mystischen Erlebens. Die Mystik fordert in ein neues Denken – nicht letzten Endes, sondern vom Ansatz her. Ob in den Disziplinen eines solchen neuen Denkens Philosophie nur Philosophieren und Theologie im bisherigen Sinn Theologie bleiben wird, ist nicht mit Gewissheit zu sagen. Was möglich ist, hat Carl Albrecht in den letzten Sätzen seines Werkes angedeutet:

»Im philosophischen Umgang mit der Mystik könnte es geschehen, dass das Denken ein mystisches Denken würde. Das aber würde nicht nur bedeuten, dass das Denken mit einem mystischen Gegenstand umginge, sondern dass es als Denken mystisch würde. Es gerät unter die Kategorie der ›Katharsis‹, es wird in einen Dienst hineingenommen, der seine ursprünglichen Wesenselemente überformt. Seine Richtigkeit, seine Vorurteilslosigkeit, seine Sorgsamkeit, seine Zugehörigkeit zur Wahrheit werden zu Elementen seiner Reinigung. Und am Ende des mystischen Weges des Denkens steht der Auftrag, in seine eigene Selbstvernichtung einzugehen, zu enden und zu schweigen. Verwandelt zu sein in einen Offenstand, bereitet für das Ankommen eines Geschenkes, das nur unter dem Namen ›Liebe‹ begreifbar ist.«[136]

Der Erklärung dieses Geschenkes galten Carl Albrechts letzte Gedanken. Schon unter großen Schmerzen, im geduldigen Widerstand gegen die Krankheit und bereits einsetzende Aphasien hat er sie unter dem Titel »Agape« zu einem Vortrag über die »Liebe in philosophisch-phänomenologischer Sicht« zusammengestellt – noch einmal ein letzter Versuch, die Unantastbarkeit dieser Phänomenletztheit zu zeigen.

Das Geheimnis der sich frei schenkenden Liebe hatte sich ihm als der grundlose Grund und die Erfüllung allen Erkennens, zugleich aber auch als das einzige und untrügliche Kriterium für die Echtheit mystischen Erlebens erwiesen: »*... die Erfahrungen sind wahr und wichtig, wenn sie das unwillkürliche Anwachsen der Liebe bewirken.*« Nur dies, erklärte er mir zuletzt, nur dies sei zu bezeugen und, wenn möglich, zu erläutern: »*... Sprechen ist ein antwortendes Anvertrauen ... und meine Tagebuchaufzeichnungen – in den Bänden ›documente vitae‹ aufgeho-*

ben – würden Ihnen zeigen, dass die seit 1941 geschehene Versunken-
heitsaussage wesentlich dazu beigetragen hat, mein Leben zur Agape
gelangen zu lassen; wie auch dieses: dass Versunkenheit und mystische
Versunkenheit nur ein Teil dessen sind, was den ganzen Segen der hei-
ligmachenden Gnade ausmacht.«[137] Als Überschrift über seinem Leben
dürfe nicht stehen »Das Leben eines Mystikers« – sondern nur, dass
dieser Mensch Gottes Liebe erfahren durfte.

11. EIN NACHWORT ZUR AUFGABE DIESER BERICHTERSTATTUNG

Damit hoffe ich gesagt zu haben, was nottut, um das besondere Phänomen, das nun zu beschreiben und zu erklären ist, vor naheliegenden Missverständnissen zu bewahren: *Das Sprechen aus der Versunkenheit*, in dem auch Mystik zu Wort kommen kann.

Dazu schien es mir geboten zu sein, vom Lebensweg des Menschen zu berichten, dem es anvertraut wurde, und den Gedankengängen dieses Mystikers zu folgen, dem sich das Phänomen zu erkennen gegeben hat. Es handelt sich um eine *echte Entdeckung*. Sie lässt eine bislang nur im Mythos beschworene Möglichkeit menschlichen Ausdrucks und eine allenfalls erahnte Dimension des Sprachgeschehens ans Licht treten. Darum war das Bewusstsein zu charakterisieren, dem sie sich erschlossen hat. Sonst wird gar nicht verstanden, worum es geht – nicht nur für jede künftige Interpretation mystischen Erlebens und seiner Zeugnisse, auch für unser Verständnis von Wort und Sprache wie für das Selbstverständnis menschlichen Denkens überhaupt.

Meines Wissens gibt es weder in der abendländischen Geschichte noch in asiatischen Überlieferungen einen vergleichbaren Nachweis für die Tatsache, dass der Mensch mystisch *sprechen* und *denken* kann. Behauptet wurde es. Doch erst dieser Nachweis befähigt uns dazu, solche Aussagen – etwa der vedischen Erfahrung über *vâc*, das Wort, oder chinesischen Denkens über die Symbolik von Zeichen und Laut; der tantrischen Überlieferungen; des griechischen Mythos und der Besinnung auf den Logos; des hebräischen Erlebens unter offenbarendem, weisendem oder prophetischem Zuspruch; des islamischen Gehorsams und des christlichen Glaubens – aufs Neue ernst zu nehmen. Wir haben solche Aussagen auf mythische und magische Vorstellungen, auf metaphysische Spekulationen zurückgeführt. Nun ist die Möglichkeit nicht auszuschließen, dass sie frühe Versuche einer Theorie der Sprache und des Denkens darstellen, denen konkrete Erfahrungen zugrunde liegen. Zumindest haben wir alle diese Aussagen im Licht der nun aufgewiesenen Möglichkeit solcher mystischen Erfahrungen neu zu bedenken. Der medizinische Hintergrund dieser Entdeckung legt den Vergleich nahe: Wie durch die Röntgenstrahlen ist unserem Verständnis eine bislang unbekannte Beobachtungsmöglichkeit eröffnet worden.

Dies gilt es zu erklären. Das konnte nicht so einfach geschehen, wie es sich Carl Albrecht gewünscht hat, nicht ohne Wiederholung und gedankliche Anstrengungen. Ich bitte, sie nicht allein meinem Unvermögen, wissenschaftlichem Eifer oder philosophischen Leidenschaften zur Last zu legen. In einer recht düsteren geistigen Situation, voller Widerspruch und Widersinn, soll eine Sache klargestellt werden, die nur sehr schwer zu erfassen, zu erkennen und zu bestimmen ist. Wer ist darauf gefasst, und was hat es zu bedeuten, dass sie ausgerechnet *jetzt* in Erscheinung tritt? Und, wie bereits zu sehen war, nicht harmlos, sondern als »*Sprengkeil*« wirkt, zumindest für das psychologische Verständnis und die philosophische Betrachtung des Menschen. Darum scheint es mir notwendig zu sein, hinsichtlich der Person, aber auch im Allgemeinen, und zwar so genau wie nur möglich, sich der Konstellationen zu vergewissern, unter denen dies Phänomen ans Licht getreten ist.

Dass seine Beschreibung als unzeitgemäß betrachtet wird, dürfte freilich auch dadurch kaum zu verhindern sein. Zumal diese Beschreibung in doppelter Hinsicht, für die Mystik wie für die Wissenschaft, nicht bestimmt genug, nicht eindeutig ausfallen kann. Muss sie doch Begriffe und Kategorien verwenden, die für diese Phänomene nicht geschaffen sind. Sie muss sich in Denkformen bewegen, in denen diese Erfahrungen nicht vorgesehen und allenfalls unter Pseudonymen aufgetreten sind. Dies wird in den nachfolgenden Erläuterungen Carl Albrechts zum mystischen Sprechen aus der Versunkenheit besonders deutlich werden. Nicht weil der innere Widerstand gegen eine abermalige Reflexion unüberwindlich gewesen wäre oder weil die gedanklichen Kräfte bereits nachgelassen hätten, suchte er gelegentlich Zuflucht in meditativen Aussagen, die sich keiner Begriffe, sondern metaphorischer Verweise und eigentümlicher Grundworte als Symbole bedienen. Diese Versuche einer Interpretation fordern ihrerseits zur Interpretation heraus. Sie müsste die besondere Verantwortung verstehen lernen:

Gegenüber dem Mystischen und dem eigenen Erleben, gegenüber dem gemeinsamen Denken und seinen wissenschaftlichen Disziplinen, aber auch gegenüber dieser unserer Situation – die zu dieser Form der Aussage nötigte; in einer Zeit, in der oft auch ein sinnvolles Wort den Widersinn wachruft.

Ich bin dankbar, dass mir mehr als zehn Jahre zur Überprüfung und Korrektur dieser Darstellung belassen worden sind. Gespräche mit befreundeten Gelehrten in Ost und West, mit Menschen, die aus eigener Erfahrung viel mehr von der Sache verstehen als ich, haben dazu beigetragen, auf den Ernst aufmerksam zu werden, dem sich dieses Phänomen zu erkennen gab und den es beansprucht.

II.

DAS SPRECHEN IN DER VERSUNKENHEIT UND DAS MYSTISCHE WORT

Aus dem Nachlass von Carl Albrecht

I. SPRACHE UND MYSTISCHES SPRECHEN – ZUR HERMENEUTISCHEN PROBLEMATIK

Zu seinen Briefen über die Phänomenologie des Sprechens in der Versunkenheit schrieb mir Carl Albrecht am 29. Juli 1964:

»... *ich fürchte, wegen der Neuartigkeit des Phänomens verträgt der Lesende nicht, dass es (im Erleben eines Menschen) eine derart vielgefaltete Struktur hat, obwohl gerade die Vielfalt bei einem und demselben Menschen für die Echtheit des Phänomens und gegen jegliche subjektive Projektion spricht.*«

Diese Besorgnis war nicht unbegründet. Das Phänomen erscheint uns in einer Weise als neu, die den Argwohn und skeptische Aversionen hervorrufen kann. Diese halten nicht nur von der Kenntnisnahme ab, sondern verraten auch allzu deutlich den inneren Widerstand gegen die Tatsache, *dass* es das gibt: Der Mensch kann auch in der Versunkenheit sprechen. Er vermag ohne Willen und ohne reflexive Kontrolle sich sinnvoll auszusprechen. Gerade solche unmittelbaren Aussagen, wie ihre Niederschrift beweist, zeichnen sich durch eine eigentümliche Macht, durch Bedeutsamkeit und Schönheit aus.

Sicherlich entspringt diese Hemmung teilweise auch dem Empfinden, die Kenntnisnahme solcher spontanen, ungefilterten, durch keine Reflexion gelenkten und auch im Nachhinein nicht korrigierten Selbstaussagen verstoße gegen die Diskretion. Als plaudere der Versunkene wie unter dem Einfluss einer Droge sein intimstes Erleben aus, als werde er des Vorrechts der Person, etwas für sich zu behalten und verheimlichen zu können, in der Versunkenheit beraubt. Man befürchtet, hemmungslos indiskrete Aussagen lesen zu müssen. Von alledem kann aber gar nicht die Rede sein.

Gemäß der Verfassung des Versunkenheitsbewusstseins spricht der Versunkene zwar rückhaltlos *sich selber* aus, jedoch keineswegs in der Form indiskreter Eingeständnisse. Zu deren Charakter gehört es, dass die *vom Ich* gesetzten Abschirmungen und Hemmungen durchstoßen werden, die den Widerspruch zwischen den selbst gebildeten Vorstellungen von sich selbst und dem tatsächlichen Verhalten verdecken. Diese innere Widersprüchlichkeit und ihre Konfliktspannungen betrachten zu müssen, wirkt peinlich. Ihre Mitteilung ist so etwas wie Selbstverrat. Auf dem Weg in die Versunkenheit hat der Mensch sie aber zurückgelassen. Die Versunkenheitsaussagen sind stilistisch von einer ›Objektivität‹ gekennzeichnet, die auch das Gedicht nur selten zu erlangen vermag. Vollends, wenn in ihnen mystische Erfahrungen zur Sprache kommen. Sie verlieren jedes individuell-persönliche, private Gepräge. Sie bieten das Geschehen in ebenso elementaren wie vorstellungsfreien Sprachbildern dem Verständnis dar. Ihre Sprache wird durch die Überklarheit und Ursprünglichkeit des Geschehens bestimmt, das sich in ihnen Ausdruck verschafft.

Anders verhält es sich bei Aussagen kranker Menschen. Sie lassen den Einblick in ein inneres Geschehen zu, dessen Kenntnis nur dem erfahrenen Arzt oder Seelsorger zukommt.

»Psychokathartische Erlebnisketten im leeren Bewusstseinsraum des Versunkenen«, beschrieb Carl Albrecht dieses Ausdrucksgeschehen, dem er in seinen psychotherapeutischen Bemühungen begegnet war, *»wurden dadurch objiviert, dass das Versunkenheits-Ich sein Erleben unreflektiert und unmittelbar aussprach, dass es den ›Eindruck‹ des Ankommenden in der Sprache ›ausdrückte‹. In der Versunkenheit sprechende Patienten schenken uns ein objektives, fixierbares Material, das einer reflexiven Beurteilung zugänglich ist.«*[138]

Welche prinzipiellen Überlegungen dazu geführt hatten, diese Möglichkeit eines Sprechens in der Versunkenheit zu erproben, habe ich bereits erwähnt.[139] Carl Albrecht selber war sich darüber im Klaren, dass dieses Experiment eine Entdeckung bedeutete. Umso verwunderlicher ist, dass diese Entdeckung bislang kaum oder gar nicht beachtet worden ist.[140] Meines Wissens hat das Phänomen des Sprechens in der Versunkenheit bislang weder das Interesse von Psychologie und Psychotherapie noch das der Religionswissenschaftler, Sprachphilosophen oder hermeneutisch orientierter Theologen wachrufen können. Es fällt schwer, dafür eine vernünftige Erklärung zu finden.

Die Erläuterungen, die Albrecht dem Phänomen in seinem ersten Buch gewidmet hat, sind ausreichend, die Beispiele solcher Versunkenheitsaussagen sind beeindruckend genug, um dieses Aussetzen der Aufmerksamkeit zum Problem werden zu lassen. Leiden wir doch heutzutage gewiss nicht Mangel an philosophischen oder theologischen Erörterungen über jene urtümliche und rätselvolle Verflochtenheit des menschlichen Denkens mit der Sprache, an weitgespannten Erklärungen des Sprachgeschehens als Ort des Daseinsverständnisses. Auch in der Psychologie ist man sich bewusst geworden, welche besondere Bedeutung der Sprache als Matrix von Selbstausdruck, Kommunikation und Verstehen zukommt, und dass in Psychoanalyse und -therapie das Miteinandersprechen von Therapeut und Patient nicht nur Mittel, sondern wesentliches Element des Vorgangs ist, in dem Aufklärung und Heilung geschehen können.[141]

Nicht zuletzt das Aphasie-Problem, also das Bemühen um eine hinreichende Erklärung der Wortfindungs-Störungen, sorgt dafür, dass das psychologische Fragen nach dem Wesen der Sprache und der Bedeutung des Sprechens nicht einschlafen kann. Freilich scheint sich die Psychologie im Verlangen, eine positive Wissenschaft zu sein, ihrer philosophischen Vorprägungen zu schämen. Sie verdrängt und verschweigt sie, wie Sigmund Freud, dass er Schüler von Brentano gewesen ist. In den Problemen der Sprachlichkeit vermochte sie sich jedoch nie aus dem Bannkreis der Philosophie zu lösen. Daraus erklärt sich die große Ähnlichkeit neuerer mit den alten Theorien, in denen man sich dieses »Urphänomen« verständlich zu machen versuchte. Die Geschichte der Lösungsversuche des Aphasie-Problems spiegelt geradezu die der sprachphilosophischen Theorien wider, soweit sie der Psychologie jeweils bekannt geworden sind. Insofern ist es berechtigt, dass Carl Albrecht in seinen Vorbemerkungen zum Phänomen des Sprechens in der Versunkenheit[142] lediglich darauf hinweist, dass eine Psychologie des Sprechens weitreichende Fragen aufwirft, die durch die vielseitigen psychologischen Einzeluntersuchungen allein nicht geklärt werden können. Sie bedürfen einer grundlegenden philosophischen Prüfung.

Er begnügt sich mit einigen allgemeinen Hinweisen, die er einem Referat Bernhard Liebrucks entnommen hat, und erinnert an Wilhelm von Humboldts Satz:»*Durch denselben Akt, vermöge dessen der Mensch die Sprache aus sich herausspinnt, spinnt er sich in dieselbe ein*«, um nicht in Vergessenheit geraten zu lassen,»*dass das in der Versunken-*

heit sprechende Ich eingebettet ist in den Lebensbereich der Sprache,
... und dass jeder Sprachlaut schon die ›Dreistrahligkeit der semanti-
schen Relation enthält zum Sender, zum Empfänger und zu den Sach-
verhalten‹ (Liebrucks). *Wir akzentuieren den Sprechvorgang als ein*
Ausdrucksgeschehen ursprünglicher Art ... im Gegensatz zu den Er-
lebnisketten, welche bisher beobachtet wurden, handelt es sich bei dem
Sprechen in der Versunkenheit nicht um eine sekundäre ›inhaltliche‹
Einfüllung. Der Vorgang des Sprechens ist keine Erlebniskette, die zu
einem Gegenstand der Innenschau werden kann. Sprechen geschieht
nicht in einem leeren Bewusstseinsraum. Sprechen ist nichts anderes
als unmittelbare, unreflektierte, unangeschaute Verleiblichung im Aus-
drucksgeschehen ... Von dem Sprechen als Ausdrucksgeschehen hat
der Versunkene lediglich eine Bewusstheit, aber es wird ihm niemals
Gegenstand der Innenschau. ›Sprechen ist Ausdruck des Eindrucks‹
(Liebrucks)«.[143]

Wir können davon absehen, jene »Dreistrahligkeit« und die Vorstellungen von einem »Sender«, einem »Empfänger« und den »Sachver-
halten« genauer zu untersuchen. Sie lassen sich nicht aufrechterhalten.
Gabriel Marcel[144] hat zur Genüge die Aporien aufgedeckt, in die solche
instrumentalen Vorstellungen unweigerlich führen, lässt sich doch derjenige, der sich des Instruments bedient und den Code einer so verstandenen Information übermittelt und dechiffriert, phänomenologisch
nicht auffinden. Er hat leider nur nachgewiesen, dass Kommunikation
so *nicht* gedacht werden kann, ohne darauf einzugehen, was dies für
das Sprachverständnis bedeutet. Marcel mied diese Problematik aus
Gründen, die ihn auch im persönlichen Gespräch mit Carl Albrecht voll
übereinstimmen ließen. In Marcels Sprache sind sie auf das Argument
zu reduzieren, Sprache dürfe nicht als »Problem« verstanden und könne
immer nur scheinbar problematisiert werden.

Albrecht spielte in diesem Zusammenhang gern auf Goethes Gedicht
»Epirrhema« an, das er auf das Sprachgeschehen auslegte:

> *»Nichts ist drinnen, nichts ist draußen:*
> *denn was innen, das ist außen.*
> *So ergreifet ohne Säumnis*
> *heilig öffentlich Geheimnis.«*[145]

Mit Marcel war er darin einig, dass die Sprache als solche ein wesentlich unauflösbares »Mysterium« im philosophischen Sinn des Begriffs sei. Phänomenologisch gelte das aber auch insofern, als das Sprechen zwar das Erlebnisgeschehen sichtbar werden lasse, *selber* jedoch als ein unwillkürlicher und unmittelbarer Ablauf unerhellt bleibe. Als reines Ausdrucksgeschehen gesellt es sich »*als ein gemäßer und passender Leib zu jedwedem Erlebnisgeschehen in der Versunkenheit. Während im wachbewussten Sprechen die Bezüge des Sprechvorgangs zu den aktiven Funktionen des Ichs eng geknüpft und bestimmend sind, wird die Sprache des Versunkenen auf ihren phänomenologischen Urgehalt zurückgeführt*«.[146] Wie das zu erklären ist, deutet Albrecht sogleich an: »*... das versunkene Ich spricht unreflexiv und daher ungehemmt das aus, was es erlebt. Die Leistungssteigerung des Sprechens in der Versunkenheit beruht auf dem Sachverhalt einer Herauslösung des Sprechvorgangs aus seinen Bezügen zu den aktiven Funktionen des Ich. Die Sprache wird schmiegsam, und sie ist ein immer anderer, aber immer gemäßer Leib des in ihr dahinfließenden Erlebens.*«[147]

Selbstverständlich sind das nur Andeutungen der Problematik. Sie reichen als Erklärungen aus im Zuge einer Untersuchung, die sich des Phänomens nur als Beleg für die infrage stehenden Erfahrungen bedient, sich also damit begnügen kann, es als ein *unwillkürliches Ausdrucksgeschehen* zu kennzeichnen. Als solches verhilft es zu einer unerhört eindrucksvollen Dokumentation verschiedener Formen des Versunkenheitserlebens.

In diesen, dem Phänomen selbst zugewandten Überlegungen sind die zugrunde liegenden Probleme klarer zu stellen. Das Sprechen als Vollzug – hier als ›Ausdruck des Eindrucks‹ akzentuiert, und Sprache als »Raum«, in dem er möglich ist und in den er sich begibt, als die ›Materie‹, die jene Verleiblichung als Ausdrucksgeschehen zulässt, sind etwas gründlicher zu betrachten. Dabei können nicht alle Probleme der philosophischen Besinnung auf die Sprache aufgeworfen werden, wenn sie auch samt und sonders in diesem Phänomen anzutreffen sind.

Goethes Gedicht und seine dem Naturbetrachten, ontologischen Vorfragen gewidmeten Gedanken, auf die sich Carl Albrecht zum Verständnis der Sprache berufen hat, verweisen in weiteste Bereiche.

Jene ›Dreistrahligkeit der semantischen Relation‹ wird über die allgemeinen Bedenken, die ihr begegnen, hinaus – angesichts des Sprechens in der Versunkenheit – in besonderer Weise problematisch. Der

›Sender‹, der Sprechende, weiß sich in der Versunkenheit nicht auf den ›Empfänger‹, einen Hörenden, angewiesen; auf welchen ›Sachverhalt‹ sich seine Versunkenheitsaussage bezieht, ist nicht ohne Weiteres zu erkennen. Schließlich lässt sich ein so verstandenes Sprachgeschehen nur schwer als unmittelbares Ausdrucksgeschehen denken. Der Begriff »unmittelbar« wird im Bezug auf die Sprache und auf das Sprechen als Ausdruck eines Erlebens fragwürdig.

Allerdings muss ich zugeben, dass mir Albrechts Bemerkung, das ›in den Lebensbereich der Sprache‹ eingebettete Ich, das in der Versunkenheit spricht, trete ›als Sprechender aus der Verflochtenheit mit den Inhalten dieses Bereiches‹ heraus, nicht ganz verständlich geworden ist. Ich nehme an, dass mit diesen ›Inhalten‹ jene Strukturen der Sprache gemeint sind, in denen die Strukturen menschlicher Weltbegegnung sich abzeichnen, so dass in der Sprache der ganze Gehalt der dialektischen Ursituation vorliegt, die mit dem Wort ›Dasein‹ umfasst wird. *Dass* und *wie* der in Versunkenheit Sprechende aus der Verflochtenheit mit diesen Inhalten »*heraustritt*«, vermag ich nicht deutlich zu sehen.

Es gehört freilich zur ›dialektischen Ursituation‹, dass die Sprache gesprochen wird, indem einer, der spricht, einem anderen, der zuhört, etwas sagt; dass also *zwei miteinander* sprechen. Sprache ist verwurzelt im Dialog. Sie wird eigentlich vom Wir gesprochen und verstanden, da sie Gemeinschaft stiftet und das gemeinsame Verstehen, die Verständigung, gewährleistet. Diese Grunderfahrung des Beisammenseins im Wort trägt zwar auch das Sprechen in der Versunkenheit, denn sonst könnte eine Versunkenheitsaussage nicht verständlich zu Gehör und zu einem so spürbaren, deutlichen Nachvollzug kommen, sie wird aber beim Sprechen in der Versunkenheit kaum bemerkt. Der Sprechende in der Versunkenheit spricht im Wesentlichen nur ›unmittelbar‹ aus; er spricht aber zu niemandem. Er weiß auch *nichts* von irgendeinem Etwas, was zur Sprache gebracht, er weiß nichts von dem Hörenden, dem es zugetragen und vernehmlich wird. Auf eine diesbezügliche Anfrage schrieb mir Carl Albrecht (am 17.7.1964):

»…über das, was Sie über die Kommunikation bei der Wortwerdung in den Versunkenheitsaussagen schreiben, muss ich noch nachdenken … ich glaube aber nicht, dass in diesen Aussagen irgendetwas oder irgendwer angeredet oder auch nur ein Hörender vorausgesetzt wird. Ich glaube in der Tat, dass dieses Geschehen allein ein Verleiblichungsge-

schehen ist, ständig verbunden aber mit dem Begleitwissen, dass das so Verleiblichte endgültig objektiviert wird.«

Vielleicht bietet sich ein Schlüssel zum Verständnis in dem Begriff ›Verleiblichung‹ an. Er ist von Carl Albrecht mit Vorbedacht gewählt worden. Oft haben wir uns darüber unterhalten, dass moderne, naturwissenschaftlich orientierte Medizin den Leib *nicht* zu erfassen vermag. Insofern dürfte es berechtigt sein, das, was in diesen Versunkenheitsaussagen geschieht, *nicht* als bloße Objektivation anzusehen, die das Geschehen ins sachlich Habhafte rückt und in einem beinahe funktions- und beziehungslosen Für-sich-Bestehen des Wortzeichens gleichsam einfrieren lässt. Unterscheidet man – nicht substanziell, sondern lediglich perspektivisch – den Körper, den der Mensch ›*hat*‹, von seinem Leib, der nie nur habhaft ist, von dem vielmehr gesagt werden kann ›ich bin Leib‹ – so stellen diese Aussagen keine Verkörperungen dar. Wie Kunstwerke lassen sie sich nicht analysieren, zerlegen, nur im Detail betrachten, ohne dass sie als in sich beruhendes Ganzes undeutlich und unverständlich werden. Das Erleben, das sich in ihnen Ausdruck verschafft, nimmt in ihnen Lebensgestalt, *Leib* an.

Körperlichkeit lässt sich instrumental verstehen; sie ist zu haben und meinem eigenen Zugriff oder fremder Beobachtung und Verletzung ausgeliefert. Mein Leib bleibt mir und anderen unverfügbar; an ihm können keine Amputationen vorgenommen werden. Er ist niemals nur Sache, bloßer Gegenstand, sondern stets Element meines Daseins in der Welt. Ausdrücke wie »er leibt und lebt« verweisen auf diese existenziale Verfassung. Der Mensch lebt als Leib. Seine Körperlichkeit stellt einen gesonderten Aspekt dar. Je nachdem *wie* ich frage, erscheint mir mein reales Dasein in der Welt körperlich, wie ein Ding unter anderen und als Objekt bedingt im Bezug auf alle anderen denkbaren Objekte, oder als mein Leib, der ich bin, nichts anderes als die Gestalt jenes universalen Bezugs, und als solche wesentlich nicht objektivierbar. Existenziell erweist sich diese Unterscheidung von Körper und Leib als aufschlussreich. Sie bringt zum Verständnis, dass die konkrete Leibhaftigkeit allen Objektivationen und Abstraktionen, der Problematisierung und den Reflexionen voraus und zugrunde liegt, in denen der Körper als solcher vorgestellt und gedacht, wie ein Instrument, dessen sich ein ominöses Ich bedient, gehandhabt wird. Der Leib umfasst den Körper und bildet seine Relation zu allem anderen. Als leibliches Dasein steht der Mensch immer schon in Beziehung zu anderen leibhaften Existenzen, zur Welt als ganzer. Sich selber nie genug, ist er auch in äußerster Einsamkeit der einen, gemeinsamen Wirklichkeit einverleibt. Genau genommen befindet sich der Körper stets gegenüber einer mehr oder minder amorphen Gegenständlichkeit. Der Leib ist dem Weltganzen einbezogen, ja, ist dieses Einbezogensein, so dass die Begriffe »Leib« und »Welt« einander nicht entgegengesetzt werden können, sondern ineinandergreifen. Sie vergegenwärtigen die Gestalt eines Zusammenhangs, des Sinns, der dem welthaftigen und leibhaftigen Dasein zukommt. Zugleich lässt sich der Leib, dieses Inbild des universal Konkreten, als das lebenslange »Ausdrucksgeschehen« oder als das reale Symbol verstehen, in dem sich das Menschenwesen vergegenwärtigt und wesentlich bekundet, als das es anwesend wird für andere, um sich selbst – von Geburt an bis ins Sterben – am anderen zu erfahren und zu verstehen.

Dies vorausgesetzt, kann Sprache nun in einem elementaren Sinn als Leibgeschehen, als Moment der Verleiblichung begriffen werden. Wie der Leib bildet und stiftet sie in allen ihren Funktionen eine vielfältige Einheit. Dasein teilt *sich* mit und lebt von Mitteilungen anderer. Es nährt sich im Hören und Teilnehmen von anderem Erleben, und es kann zu sich selbst kommen, sich empfangen aus anderem Denken und *Sich*-Aussprechen. Immer schon angerufen, hörend und sprechend lebt der Mensch leibhaft im ›Organon‹ der Sprache. Die Sprache gewährt ihm wie die Materie die Möglichkeit und die Elemente, sich auszuleben, auszuleiben, und sie ist selber Lebensleib, indem ein Ich dem Wir – und so auch sich selbst – offenbar wird.

So betrachtet ist das Sich-Aussprechen des Versunkenen ein natürliches Geschehen. Es kann so wenig als bloße Objektivation verstanden werden wie das gesprochene Gebet eines Eremiten. Die Sprache selber objektiviert nicht nur, was religiöse Überlieferungen in dem Gedanken ausdrückten, dass *kein Wort* verloren ginge – ein dem einzelnen transzendentes Gedächtnis bewahre es auf.

Das Sprechen in der Versunkenheit setzt nicht nur aus sich heraus, was innerlich erfahren wird. Solche Aussagen verleiblichen ein privates, einsames Erleben im allgemeinen Medium, im Leib der Sprache. Gerade auch angesichts mystischer Wortwerdung lässt sich mit Albrecht sagen: Etwas wie Inkarnation findet statt – *Anwesenheit* wird erfahrbar. Sie spricht sich nicht nur dem einzelnen, vielleicht ganz zufälligen, jedenfalls nicht persönlich gemeinten Zuhörer zu. Ganz davon zu schweigen, dass irgendein isolierter Erfahrungsinhalt willentlich und absichtsvoll zur Sprache gebracht würde. Das sich in der Versunkenheit einstellende Erleben überlässt sich der Sprache, vertraut sich dem *allen Wachen gemeinsamen Logos* an. Das ist zwar keine Kommunikation, kein Sprechen im Gespräch, es ist aber auch kein bloßes Sich-Aussprechen im Sinn eines Verrates von heimlichem Wissen um eine geheime Erfahrung.

Das Ich, das sich aussprechen, dieses selbe Ich, das für sich behalten kann, hat sich zur Ruhe begeben und ist in ihr aus seiner Abgeschlossenheit erlöst, seines Habens und Behalten-Wollens entledigt worden. Dadurch wird möglich, dass es sich dem Sprachgeschehen überantwortet und sich in diesem Sprachgeschehen das Erleben in der Versunkenheit, selbst die Erfahrung mystischer Ankunft, *unwillkürlich* verleiblichen kann. In der Auflösung der Ich-Aktivität und aller reflexiven Möglichkeiten zerfällt eine Barriere, die uns im Allgemeinen daran hindert, wahrhaft zu *sprechen*, statt Sprache zu handhaben, und im Wort zu *leben*, statt Wörter zu gebrauchen.

So lässt sich vielleicht verstehen, dass die Versunkenheitsaussagen keinerlei Vorstellungen vermitteln. Als »Informationen« sind sie leer. Sie sind nur im Ganzen, eben als Verleiblichungen verständlich.

Ich wiederhole: Sie plaudern nicht aus. Das Erleben selbst gibt sich im Leib der Sprache zu erkennen, als Laut, als Wort, als sinnvoller Satz. Es inkarniert sich und wird so offenbar. Nicht eine Verschwiegenheit wird durchbrochen. Das Ich, das sie sich auferlegen kann, ist zur Ruhe gekommen und bedarf ihrer nicht mehr. Aber ein Schweigen bricht.

Was sich in ihm begibt, wird dem Licht der Sprache ausgesetzt. In ihm nimmt das stumme Ereignis vernehmliche Gestalt an. Diese Wort-Gestalt ist aber nicht nur deutlich für denjenigen, der, aus der Versunkenheit zurückkehrend, sich beim Lesen des aufgezeichneten Wortlautes der zur Sprache gelangten Erfahrungen erinnert. Sie ist deutlich, klar umrissen und zugleich durchsichtig auch für andere, die den Text lesen und hören.

Nicht der einzelne Ausruf, die Wortfolge, nicht einmal die Sprachbilder und Symbole geben kund und teilen »etwas« mit, was in der Versunkenheit erfahren wurde. Diese Aussagen eignen sich nicht im Geringsten für eine Analyse, also als eine Vorlage zur Dechiffrierung eines von wem und wie immer verschlüsselten Sinns, dem man nachspüren könnte. Da sie sich nicht in ihre Bestandteile und Bedeutungselemente zerlegen lassen, sind sie auch psychoanalytisch vollkommen unbrauchbar. Sie lassen nur im Ganzen anschaulich und erkennbar werden, was in ihnen Sprachgestalt angenommen hat.

Deshalb ist Albrechts eiliger Notiz nur zögernd zuzustimmen, in diesen Aussagen »*objektiviere*« sich das Geschehen, wenn darunter eine Weise der Versachlichung vorgestellt wird. Das, was sich herausstellt und darstellt, kann nicht vom Sprechenden hervorgeholt werden. Es ist aber auch nicht als ein Wahrzeichen zu verstehen, das sich enträtseln, von dem sich irgendeine versteckte Bedeutung ablesen ließe. Es gibt sich uns zu erkennen im Sprachleib, den es von sich aus angenommen hat als die ihm gemäße Sinngestalt. So will es erfahren und anerkannt sein, als Wortleib, der verständlich werden lässt, was sonst gar nicht zu sagen und zu verstehen wäre.

Dieses Zur-Sprache-Kommen des mystischen Geschehens entspricht in gewisser Weise dem, was in diesem Geschehen als Ankunft erfahren wird. Sprache selbst »ist lichtend-verbergende Ankunft des Seins«[148].

Diese Entsprechung gewährleistet, dass Mystik sich aussprechen kann und darf. Wie das Sein selbst gibt sich das Geheimnis, dessen Ankunft in der Mystik erfahren wird, zu verstehen. Es »*kommt an*« in der Sprache und beweist so, dass es ankommen und da sein kann. Diese Entsprechung ermöglicht aber auch unser Verstehen, selbst wenn wir die Erfahrungen nicht zu kennen glauben und meinen, ihrer auch gar nicht fähig zu sein.

Die Frage, wie eine solche unmittelbare Selbstaussage aus dem ruhenden In-sich-Sein der Versunkenheit, wie die Verleiblichung dessen, was ihm widerfährt, in einer verständlichen Sprache möglich ist, lässt sich anhand der inzwischen erlangten Einsichten in das mystische Erleben hinlänglich klären. Weitaus schwieriger ist die Frage zu beantworten, auf welche Weise, wodurch und wieso solche Aussagen zum Verständnis gelangen, und zwar nicht nur zum Verständnis eines mystisch Erfahrenen, der in ihnen eigene Erlebnisse wiedererkennen könnte, sondern auch zum Verständnis vermeintlich oder tatsächlich unerfahrener Menschen. Dass mystische Versunkenheitsaussagen überhaupt verständlich sind, ist rätselhaft; denn sie geben nichts her, was sich als Inhalt einer Mitteilung verstehen ließe. Bei Versunkenheitsaussagen, die noch nicht mystisch sind, etwa bei denen psychisch Gestörter oder Kranker, ist das nicht so. Ankommendes aus der Selbstsphäre, dem Unbewussten oder aus abgedrängten Erinnerungen äußert sich, wie wir noch sehen werden, auf eine andere Weise: Formal als Sinnbild, Metapher, Allegorie oder als einfache Wiedergabe der verwunschenen Erfahrung, die als Szene ohne Weiteres erkennbar ist. Das mystische Wort lässt sich dagegen überhaupt nicht als erschließendes Zeichen verstehen, nicht einmal als Wahrzeichen einer verborgenen Präsenz.

Um unter Beweis zu stellen, dass es dennoch nicht als unverständlich oder gar als unsinnig empfunden wird, brauchen nur die Versunkenheitsaussagen selbst vorgelegt zu werden. Ich wähle zwei Aussagen aus dem Jahr 1964 aus, weil Carl Albrecht mir berichtet hat, was beziehungsweise wer sich ihm in diesen Erfahrungen zu erkennen gab. Zur Sprache kam:

»Die Nacht der Felsen ist aufgetan ... alles Umschlossene ist in die Leere hineingesunken ... eine Tiefe ... so klar wie der Urhauch des Ja ... die Gewalt ... im nackten Raum der Ruhe ... das Nahe ... die Weite der Ewigkeit... das Übernahe ... das umtönende Schweigen ... die Todesruhe ... das Schwarz ... das Feuer ... flammenlos ... o Ahnung ... o Wahrheit... o Halle des Herzens.«

»Da ... das Da ... schwarze Ruhe ... o Schweigen ... im Blute der Herrlichkeit ... o Feuer ... Weite – hehre Weite ... o Ton des Nackten ... verklärte Heiligkeit ... Stille ... Urstille ... in der Glocke der großen Herrlichkeit.
Stillstand ... reines Wahres ... weilendes, währendes Blühen ... im Grunde des Hauches ... im Da ... im großen Da ... in der Weite des Ortes ... im Wasser des Herzens ... dort ... wo die Zeit versank.«[149]

Solche Aussagen, die nichts mit Dichtung zu tun haben, kommen sehr langsam an. Es dauert oft mehr als eine Stunde, bis sie, zuweilen mit langen Pausen zwischen einzelnen Worten oder Wortgruppen, gleichsam zögernd ausgesprochen werden können. Dennoch wird in dieser Verhaltenheit ganz unwillkürlich, spontan, entspannt, manchmal auch eloquent, eruptiv und leidenschaftlich intensiv gesprochen. Mit der Verlangsamung des Erlebens in der Versunkenheit lässt sich diese Sparsamkeit des Ausdrucks nur unzulänglich erklären. Sie wird mitbewirkt durch eine eigentümliche Sprachkritik, die das Versunkenheitsgeschehen begleitet. Sie wirkt wie ein Filter. Ein schmerzhaft sensibilisiertes Sprachgewissen reagiert überwach und überempfindlich auf jede drohende Abirrung in unangemessene, unechte, unwahrhaftige Wortbildungen und weist die geringfügigste Verfehlung als unleidlich zurück. Schon das unterscheidet diese Aussagen von aller Dichtung; dem Versunkenen wird von diesem Gewissen gar keine Wahl gelassen. Unter der Einwirkung des Mystischen wird diese Instanz unbestechlich, man ist versucht zu sagen – unfehlbar. Jeder Verstoß, etwa aus ästhetisch-literarischen Gründen, rächt sich augenblicklich.

Spricht Mystik sich aber mittelbar aus, im nachträglichen Bericht eines Mystikers von seinem Erleben, so gelten diese Kriterien kaum noch. Immerhin ist es möglich, dass sich bei der späteren Wiedergabe des Geschehens die Erfahrung meditativ vergegenwärtigt, die Erlebnisweise sich unversehens wieder einstellt und so, unwissentlich, mehr oder minder unmittelbar aus dem mystischen Geschehen heraus gesprochen wird. Für ein Verständnis mystischer Zeugnisse ist es daher von größter Wichtigkeit, dieses Phänomen und seine charakteristischen Ausformungen zu kennen, um darauf achten zu können, ob und wann es, auch bei der Berichterstattung im Nachhinein, aufgetreten ist. Wahrscheinlich können solche mystischen Wortwerdungen, echte Verleiblichung von Erfahrungen in absichtslosen Aussagen, in der religiösen und philosophischen Literatur allenthalben aufgespürt werden – gerade dort, wo ein Geschehen plastisch präsent, jedoch nicht eigentlich namhaft wird. *Im unmittelbaren Sprachgeschehen durchdringen sich Entbergung und Verbergung offenbar unauflöslich.*

Dieser Tatbestand wirft tief greifende hermeneutische Probleme auf. Sie können hier nur gestreift werden. Diese Probleme beziehen sich vor allem auf die Methode der Hermeneutik als solche und das in ihr zur Entfaltung gelangende *Vor-Verständnis* von *Verstehen*.

Wie jede Methode ist auch die Hermeneutik unterwegs zu einem gesetzten Ziel, eben dem wahrhaften Verständnis, von dem her sie Richtung und Gesetz ihres Vorgangs empfängt. Auch sie kann nur finden, was sie gesucht hat. Diese schlichte Tatsache gewinnt gerade dann akute Bedeutung, wenn Verstehen nicht nur als eine unter anderen Leistungen und Verhaltensweisen des Subjektes begriffen wird, sondern ontologisch begründet als »die Seinsweise des Daseins« und als »die Grundbewegtheit des Daseins, die seine Endlichkeit und Geschichtlichkeit ausmacht«[150], verstanden wird; als ein Vollzug der »das Ganze seiner Welterfahrung umfasst«.[151]

Dieser Begriff von Hermeneutik – indem er hilfreich Rettendes bereitet, wächst in ihm das Gefährdende auch – kann dazu drängen, mit jedem Schritt der Methode implizit eingrenzende Bestimmungen des Daseins vorzunehmen, auf das er sich beruft. Nicht nur das hermeneutische Geschehen, die Verständnis-Suche, sondern auch der Suchende in seinem Selbstverständnis wird so festgelegt auf sein Angewiesensein, auf seinen Bezug zum Gesuchten. Die Frage, worauf er es abgesehen *hat*, vertieft sich nun in die, worauf er aus *ist*, und jede Aussage über das Verstehen schließt in sich ein Urteil über die Seinsweise von Dasein. Solche Urteile gehen sogleich fehl, sobald das Fragen dem ontologischen Niveau entgleitet, auf dem dieser Begriff von Verstehen gewonnen wurde und allein gelten kann.

In diesem Sinn gewinnt das mystische Wort eine besondere, kritische Bedeutung. Es lässt sich nämlich hermeneutisch als »Aussage« üblichen Sinnes, also als Aus-sage, die *gemacht* wird, überhaupt nicht befragen. Die ›Sache‹, von der da geredet wird, ist keine Sache, und *von* ihr ist *nichts* auszusagen. Das Sprechen aus der Versunkenheit gibt sachlich, inhaltlich nahezu nichts her. Dennoch erregt es im Zuhörer und Leser eine intensive Wirkung, wenn auch nicht verstanden wird, *wovon* gesprochen wird. Vielmehr wird nur, dies allerdings präzise, erfasst, dass es einen sachlich begriffenen Gegenstand in dem Erleben, das in solchen Versunkenheitsaussagen zur Sprache kommt, gar nicht gibt. Dieses Sprachgeschehen unterliegt dem mystischen Erleben, das es durchformt, läutert und zur Vergegenwärtigung ermächtigt, wie der Morgennebel dem Licht, wie das Symbol dem Symbolisierten, das sich in ihm präsentiert. *Dass* es durchleuchtet ist, wird weitaus deutlicher erfasst als das, *was* sich in ihm dem Inhalt und der *Sache* nach mitteilt.

Mag man auch einschränken, dieses Erspüren der mystischen Herkunft und Valenz, ein solches Erfassen der Präsenzerfahrung in der eigentümlichen Durchsichtigkeit dieser Sprachgebilde, mache noch kein echtes Verstehen aus; unverständlich sind diese Aussagen aber nicht. Vielmehr hat es den Anschein, dass ihnen gegenüber das Verstehen in eine Struktur tritt, die das Sprachgebilde durchgreift und nicht in einer gemeinten Sache, auf die ich mich ebenso bezogen weiß wie der Sprechende, sondern in der *Wesenheit* ihren Pol findet, *die dem mystisch Sprechenden* in seiner Erfahrung *begegnet ist* und ihrerseits, durch sein unwillkürliches Verlautbaren hindurch, in einer bestimmten Weise auch mich anruft und meint. Nicht was Mystik zu sagen hat, sondern *dass* Mystik dem Menschen widerfährt und sich so kundgibt, dass sie auch mir als Erlebnismöglichkeit oder gar als nicht anerkannte, verwunschene Erfahrung erscheint, macht mich betroffen und fordert mich heraus in eine Besinnung, in der sich mein Selbstverständnis womöglich verwandelt.

In diesen Aussagen bietet sich scheinbar kein »Sachbezug« an, der meinem hermeneutischen Bemühen Anhalt und Zuverlässigkeit gewährt. Dem entspricht, dass sie eine Betroffenheit auslösen, die schlagartig das Verstehen aufreißt – weniger dessen, was ausgesagt ist, als der eigenen Existenz unter diesem Anruf. Dem entspricht wohl auch, dass solche Aussagen keinen eigentlichen hermeneutisch fassbaren Horizont haben, wie auch das Selbstverständnis des Sprechenden irrelevant geworden ist. Gibt es diesen Horizont, so ist er das Umfassende selbst, das sich zu erfahren, zu erkennen und ins Wort gibt. Dieser Horizont ist zugleich der einzige fassbare ›Sach-Bezug‹ – und nichts anderes als ihn gilt es primär zu verstehen.

Erst sekundär, auf der anderen Ebene einer nach-denkenden Reflexion, vermag die spezifisch hermeneutische Bemühung einzusetzen, die sich jedoch vor allem der mangelhaften Verständnisfähigkeit des Verstehenden selbst zuwendet, ohne in einen hermeneutischen Zirkel zu geraten, aus dem es kein Entrinnen gäbe.

In diesen Problemen spiegelt sich wiederum die mystische Erfahrung selber; ihre Aussagen versetzen in die nämliche radikale Passivität, in der sich Verstehen letzten Endes nur als rezeptives Gewahren in Betroffenheit begreifen lässt. Der Sachbezug spannt sich ins Umfassende aus, das alle Gegenständlichkeit in sich aufsaugt und – auch dem aufmerksamen Zuhörer solcher Aussagen – zum *einzigen*, unantastbaren und nachtdunklen *Gegenstand* nicht der Schau, aber des Verstehens und zugleich zum Horizont seines Selbstverständnisses wird.

Das ist wahrhaftig eine Grundbewegtheit des Daseins, die sich in der Sprache als einer »lichtend-verbergenden Ankunft des Seins«[152] erfahren kann. Gleichfalls wird deutlich, dass sich Sprache »nie vom Zeichencharakter her, vielleicht nicht einmal aus dem Bedeutungscharakter wesensgerecht denken«[153] lässt. Fraglich erscheint aber, ob und in welchem Ausmaß die hermeneutischen Methoden, in denen Sprache aus dem ontologischen ›Medium‹, in dem sich das Sein aufscheinend verbirgt und in ewig unantastbarer Geborgenheit vergegenwärtigt, zum eigentlichen Thema, zum Gegenstand des Verstehens wird, dem universalen Anspruch genügen, den sie erheben. Verstehen erschöpft sich nicht allein in Interpretation als dem ihm angewiesenen Bezug zum Seienden. Die Seinsverfassung des Verstandenen lässt sich nicht allein als Sprache in einem noch so universellen Sinn bestimmen. Der Leitsatz, zu dem der wegweisende Versuch, Sprache gelöst vom Ich zu denken, vorstößt *»Sein, das verstanden werden kann, ist Sprache«*[154] wird am Phänomen dieser Aussagen noch einmal ungewiss. Er bezieht das Verstehen auf Gesagtes, den Verstehenden auf das, was sich durch Interpretation erschließen lässt. Vielleicht nötigen mystische Aussagen dazu, die ontologische Struktur der hermeneutischen Erfahrung *weiter* auszuspannen auf das in der Entdeckung Unaufdeckbare, auf das im Offenbarungsgeschehen sich verhaltende, sich bewahrende Erschlossensein; auf *»das«, was* in der Sprache *»waltet«, nicht* auf den Anspruch, der deutlich werden lässt, wer da spricht und *was* besprochen wird.

Offen gestanden, hier tappe ich im Dunkeln und finde vorerst nicht einmal den Anhaltspunkt für eine klare Fragestellung. Mit der Wendung ins sogenannte Personale ist meines Erachtens nichts gewonnen. Der Begriff »Person« ist derart unbestimmt geworden, dass er weniger klärt als eintrübt; selbst wenn nicht die Maske gemeint ist, die durchtönt wird, sondern derjenige, der in ihr seine Rolle spielt. Gerade dieser eigentliche Akteur, das Ich, tritt in dieser Fragestellung gar nicht mehr auf. Er hat seine Rolle ausgespielt. Selbst dass Begegnung stattfindet und über das Verstehen hinaus eine Verständigung, das Einverständnis einsetzen kann, ist ein nachträglicher Befund. Zu erfragen und zu denken ist wieder allein jener Zwischen-Bereich, in dem dies geschieht und aus dem sich die Partner erst konstituieren und empfangen, um sich reflexiv als Teilnehmer des Geschehens verstehen zu können. Eben in diesem voraus und zugrunde liegenden »Zwischen« ereignet sich Sprache, bricht das Schweigen, kommt jene Präsenz an, die sich dann ausspricht und zugleich ihr Wesen in geheimnisvoller Verschwiegenheit bewahrt. Dieser Zwischenbereich, und das ist der mit den Begriffen Offenheit, Offensein, Offenstand nur unzulänglich bestimmte »Raum« des mystischen Erfahrens, scheint, wie es der altindische Mythos beschreibt, in Schwingung zu geraten, zu erklingen und das Wort zu gebären.

Um sich nun zu vergewissern, worum es in diesen Fragen geht und wie wenig sich von dem, was sich wesenhaft in der Versunkenheit mystischen Erlebens begibt, den Aussagen entnehmen lässt, in denen es zur Sprache kommen kann, braucht man nur die beiden mystischen Wortwerdungen zu betrachten, die ich zunächst ausgewählt habe.

Wie gesagt, mir ist bekannt, aus welchen Erfahrungen sie entsprungen sind. Carl Albrecht hielt es für notwendig, mir Einzelheiten jener Erlebnisse mitzuteilen und auch die Namen der Wesenheiten zu nennen, die sich ihm – in beiden Fällen nahezu trugfrei, weil bis in die erscheinungs- und bildlose Präsenzerfassung hinein gleichbleibend eindeutig – zu erkennen gegeben hatten. Beide Erlebnisse waren ausdrücklich religiös bestimmt, dezidiert christlich, wohl auch nach theologischen Kriterien höchsten Ranges. In den Aussagen selbst ist davon kaum etwas zu entdecken, allenfalls in der Intensität des eigentümlich archaisch anmutenden Sprachgeschehens, das in Urworte zu gerinnen scheint. Der Inhalt, der sich aus diesen Mitteilungen herauslösen lässt, ist arm und bleibt sehr unbestimmt. Klar werden lediglich die Gewalt des Geschehens und die Erschütterung, die es auslöst.

Dem Verdacht, hier handele es sich doch gar nicht um »echte«, nämlich christliche Mystik im Sinn der theologisch bestimmten »übernatürlichen« Schau, konnte Carl Albrecht nur lächelnd entgegenhalten, gerade dass diese Aussagen nicht beim Namen nennen, was oder wer anwesend ist im mystischen Erleben, sei für ihn ein Zeichen ihrer Echtheit. Der verehrte Theologe möge doch bedenken, was Sprache und wozu sie fähig sei, und sich auf das Wort besinnen, von dem gesagt worden ist, dass es im Anfang, im Ursprung sei: *Was* besagt es?

Wiederholt hat er mir erklärt, er sei nicht etwa unglücklich darüber, sondern geradezu dankbar dafür, dass das, was im mystischen Erleben präsent wird, *nicht* seinen Namen preisgibt. Es zeige sich in diesen Aussagen *nicht* in den vertrauten Figuren und Gewändern; »*sondern so nackt und unheimlich ›unsichtbar‹. Was ich in diesen Aussagen schaue, ist für mich aber ›alles in allem‹* …« Ihm erschien dieses Verborgenbleiben als Gnade und Segen.

Was wäre gewonnen, fragte er zurück, wenn sich das Ankommende nicht in derart geheimnishaften Urworten, sondern unter vermeintlich bekannten Vorzeichen und mit Namen vorstellen, in theologisch besiegelten Begriffen aussprechen würde? Doch nur Missverständnisse. Nicht das *Erleben* in seiner Unergründlichkeit, sondern nur voreilige oder nachgemachte Vorstellungen vom *Erlebten* würden wachgerufen. Könnten uns, die wir die Ehrfurcht und Scheu vor den heiligen Namen eingebüßt haben, zudem Worte wie »ewige Barmherzigkeit«, »Agape«, »Antlitz Jesu Christi«, der Name eines Engels, Marias oder eines Heiligen wirklich *mehr* besagen? Das Eindeutige ist doch nicht unmissverständlicher und das Namhafte nicht eindeutig! Gerade darin wird, nach Carl Albrechts Meinung, das eigentliche Wunder des mystischen Sprachgeschehens erkennbar: Es lässt das Geheimnis offenbar werden, stellt es aber nicht bloß – denn dann wäre es nicht mehr umfassend. Es bleibt im Unantastbaren geborgen. Das Unvorstellbare äußert sich tatsächlich als solches, jenseits aller Vorstellungen. Nur so dürfe »das Heilige« in der Sprache anwesend werden.

Dass mystische Versunkenheitsaussagen keinerlei Vorstellungen enthalten und mitteilen, ist weniger problematisch als die Tatsache, dass sie auch keine Vorstellungen wecken. So einfach und bildhaft die Worte sind, in denen sich das mystische Erleben verlautbart, das Empfinden, das sie vermitteln, sieht beinahe nichts vor sich, keinen Raum, der erfahrungsgemäß begrenzt, kein Bild, das konturiert sein müsste. Auf vielfältige Weise wird die natürliche Sinnenhaftigkeit direkt angesprochen und zum Schauen, Hören, Riechen, Fühlen und inneren Bewegtsein aufgerufen. Sie wird angeregt, vermag aber keine Imaginationen auszubilden. Das Empfinden ist plastisch, gewahrt jedoch keine Figuren. Im Reservoir unserer Vorstellungen scheint nichts bereitzuliegen, was diesen Erfahrungen entspräche. Sie sind unvorhergesehen.

Dem entspricht wohl, was Carl Albrecht für ein Verständnis dieser Aussagen befürchtete; dass gerade jene Wortwerdungen nach 1960, die aus höchst dynamischen, existenziell bewegenden, zutiefst verwandelnden Erfahrungen stammen, in unempfindlichen Betrachtern den Eindruck des Stillstandes, des fortwährenden Kreisens um einen Punkt oder gar der Wiederholung ein und desselben erwecken könnten. Radikales Ergriffensein und das letzte Durchglühtwerden äußern sich da in eigentümlich ruhigen Worten, die keine innere Spannung mehr aufweisen und nur dem sehr aufmerksamen Zuhörer ihre Intensität verraten. Diese Aussagen sind – nicht nur nach Albrechts eigenem Empfinden, auch nach der Einsicht anderer, die sie aus Erfahrung beurteilen können – höchsten Ranges. Aber sie decken nichts auf und lassen nur das Geheimnis selbst offensichtlich werden. Das Ereignis, das sich in ihnen ausspricht, durchstrahlt die Worte – sie werden durchsichtig.

Weil sich in diesen Wortwerdungen, sei es nun sie durchlichtend oder als Abglanz wie in Spiegeln, die Ankunft und das Anwesendsein des Mystischen nicht nur zeigt, sondern sich auch, wie unbestimmt und unbestimmbar auch immer, konkret mitempfinden und als präsent vernehmen lässt, mag man versucht sein, sie als Symbole zu betrachten.

Sie sind es nicht. Zwar teilen sie im unmittelbaren Selbstausdruck das Erleben selber mit, ohne dieses Widerfahrnis des Unaussprechlichen namhaft werden zu lassen. Das entspricht in gewisser Weise dem Sich-Zeigen und Sich-Vergegenwärtigen von Transzendenz in einem konkret Gegebenen, der Symbolisation. Wie in der symbolischen Erfahrung lässt sich auch das, worin sich das Ankommende zeigt, in einer für das Erfahren selbstverständlichen Weise von dem, was sich zeigt, unterscheiden, ganz zu schweigen davon, dass es vom Menschen her aufgezeigt, gefasst und dingfest gemacht werden könnte. *Als* das Unaussprechliche spricht es sich aus.

Aber keines dieser Worte trägt eine spezifische, eingrenzbare Bedeutung, so dass gesagt werden könnte, es bedeute »etwas« und lasse zugleich diese seine Bedeutung zur Präsenz kommen wie das Symbol. Diese Wortgebilde sind natürlich nach wie vor Verweise, aber als Metaphern greifen sie ins Leere, als Gleichnisse ins erkennbar Unvergleichbare. Sie zeigen nichts an. Insofern sich alle Interpretation auf etwas beziehen muss, das als bekannt und vertraut vorausgesetzt werden kann, sind sie nicht zu interpretieren. Ganz und gar sinnlos sind sie indessen auch nicht.

Darin gerade entsprechen sie dem mystischen Erkennen, das in seinen trugfreien Möglichkeiten Präsenz wahr-nimmt ohne Bild und Gleichnis. Das Symbol, in einem tiefer und weiter gefassten Sinn des Begriffs für alle uns bekannten Formen menschlichen Erkennens unerlässlich, weil konstitutiv als das gestalthaft vergegenwärtigende Mittel jedweder denkbaren Vermittlung, entfällt. Das Umfassende, das sich sonst nur mittelbar, im konkret Fassbaren zu erfahren und zu erkennen gibt, deshalb auch stets klar unterschieden von dem, worin es sich mitteilt, wirklich, doch uneigentlich – im mystischen Erleben kann es unvermittelt präsent werden. Nicht nur als Schatten oder als Aufleuchtendes, das Licht in Erscheinung treten lässt, sondern als Licht selbst. Umfassendes kann in der Mystik in Erscheinung treten; es kann aber auch, *nur* in der Mystik, erscheinungslos da sein.

So vermag auch mystisches Sprechen im bloßen Zur-Sprache-kommen-Lassen seine reinste Erfüllung zu finden. Wie in den geheimnisvollen Gärten des Zen die einzelnen Steine, Gräser und Kiefern, Kies und Gewässer nicht irgendetwas bedeuten, sondern nur das umfassende Ein-und-Alles, das »mu« – nichts – da und erfahrbar sein lassen, und wie der Garten selbst nicht einmal den Raum, nur den gleichsam raumlosen »Ort« dieser Vergegenwärtigung darbietet, so bedeuten die Worte und diese Aussagen im Ganzen nur »mu« – nichts. Sie vergegenwärtigen einen Sinn, der nicht bestimmt werden kann, weil er umfassend ist. Er äußert sich, aber er entäußert sich nicht. Die Wortsignale machen ihn nicht dingfest. Die Sprachgestalt, die er annimmt, ist vollkommen durchsichtig.

Transparenz und Gestalt sind die formalen Bedingungen der Präsentation, auch im symbolischen Geschehen.[155] Die Sprache genügt ihnen nicht in den Zeichen- und Bedeutungsfunktionen einzelner Wörter, auch nicht im Gedicht. Dies geschieht erst in der rätselhaften Einheit des ganzen, vielgliedrigen und womöglich insgeheim immer schon »umfassenden« Sprachgeschehens: Also im Durchsichtigsein des lebendigen Gesamtgefüges einer Aussage, im Spiel semantischer Bezüge und grammatischer Beziehungen, in der sinnvollen Bewegung des Satzes und in jener Deutbarkeit gewährenden Stille *zwischen* den Worten, die dem Verständnis freien Atemraum und Atmosphäre zuträgt, so dass wir als Hörende empfangen und, wie es Heraklit vom göttlichen Logos gesagt haben soll,[156] »Gegenwart einatmen« können.

Für die Hermeneutik besagt das: Ihr Vor-Verständnis von Verstehen müsste sich erweitern und der Möglichkeit eines solchen Sprachgeschehens öffnen, in dem das Ich schweigt und sich auf nichts mehr bezieht. Das, was gesagt wird, also die »Sache«, entgleitet in den Horizont, der Verstehen und Erleben gleichermaßen umspannt. Er selbst kommt gleichsam als das umfassende Gewähren und Gewahren von Sinn zur Sprache. Weil er umfassend ist, äußert er sich nicht in bestimmbaren Bedeutungsbezügen noch lässt er sich aus deren Interpretation erschließen. Diese Aussagen, so unmittelbar wie unvermittelt, sind sinn-*voll*, weshalb sie als sinnarm oder gar als sinnlos erscheinen können.

Für unser Verständnis von Sprache bedeutet dies vor allem, dass es diese äußerste Möglichkeit von sprachlicher Vergegenwärtigung nicht nur berücksichtigen, sondern methodisch von ihr aus- und auf sie zugehen muss. Diese äußerste Möglichkeit sprachlicher Vergegenwärtigung scheint keiner Verweise und Zeichen mehr zu bedürfen und den anzeigenden, metaphorischen Funktionen der Sprache voraus und zugrunde zu liegen. Sie wird mit Carl Albrechts Begriff der Leibwerdung, sofern verstanden wird, was der Leib ist, zutreffend charakterisiert. Die Sprache ist ein Element, das Verleiblichung zulässt. Im Wort kann sich das Erleben, auch das mystische, inkarnieren. Dieses mögliche Sprachgeschehen mag uns bedeutungs- und sinnleer vorkommen, ist aber im genauen Wortsinn geheimnisvolle Inkarnation – ist Mysterium im Wort.

Diese das Phänomen umkreisenden Hinweise müssen genügen, um ein aufmerksames, wach fragendes Mitdenken herauszufordern, das die Darstellung des Phänomens begleiten muss. Das Phänomen selber beansprucht diese Wachsamkeit. Es kann nur richtig verstanden werden, wenn die Probleme kritisch beachtet werden, die es aufwirft, zu deren Klärung es aber auch beitragen kann. Es ist nur, wie Carl Albrecht es sah, als ein »Urphänomen« zu verstehen.

2. THERAPEUTISCHE MÖGLICHKEITEN UND DIE PROBLEME DES MYSTISCHEN GEWISSENS

Ich darf nicht verschweigen, dass mir die Möglichkeit mystischen Sprechens anfangs nicht sonderlich interessant erschienen ist; dass sie als Möglichkeit bestünde, überraschte mich zwar, obwohl ich der Mystik zutraute, sich unmittelbar zu äußern, etwa telepathisch oder in einem konkreten Einbezug, indem sich das Erleben »mitteilt«, ohne einer Vermittlung zu bedürfen. Dieses Phänomen habe ich mehrfach beobachten können. Es hat wenig oder gar nichts mit parapsychischen oder sogenannten okkulten Erfahrungen zu tun, sondern erklärt sich aus der Beschaffenheit unseres Leibes[157]. Unwahrscheinlich war mir lediglich die Fähigkeit der Sprache, eine solche Unmittelbarkeit der Vergegenwärtigung zuzulassen; ich hatte einfach nicht genügend darüber nachgedacht.

Vielmehr interessierten mich die psychologischen und therapeutischen Möglichkeiten, die sich in diesem Sprechen aus der Versunkenheit bieten. Mir leuchtete ein, dass sich in der Sprache als Medium unmittelbarer Verleiblichung und spontanen Ausdrucks inneren Geschehens dem diagnostischen Blick ein ungleich weiteres Feld der Beobachtung unvergleichlich deutlicher zeigen kann. Auch schien mir das unwillkürliche Aussprechen der in Versenkung und Versunkenheit eintretenden Erfahrungen einen sicheren und rechtmäßigen Zugang zum heilsamen Bewusstwerden zu erschließen. Mit diesen Vermutungen hatte ich zwar recht, wie mir Carl Albrecht erklärte, aber ich enttäuschte ihn wohl auch ein wenig. Für Albrecht war die therapeutische Anwendbarkeit dieser Phänomene inzwischen fragwürdig geworden, weil ihm Zweifel an der Zuständigkeit der Therapeuten gekommen waren. Dennoch zeigte und erläuterte er mir geduldig das umfangreiche Material, das er in über zwanzig Jahren therapeutischen Umgangs mit dieser Möglichkeit des Sprechens gesammelt hatte.

Martin Buber hatte mir einmal gesprächsweise die innere Problematik der psychoanalytischen Methode auf recht einfache Weise zum Bewusstsein gebracht: Sie gleiche einem Verfahren punktueller Ausleuchtung, erklärte er mir, als leuchte jemand in einem dunklen Zimmer die Ecken mit einer Taschenlampe ab. Der schmale Lichtkegel treffe nun wohl einige Ratten, die sich in diese Ecken verkrochen haben, scheuche sie auf – doch wohin? Sei es nicht richtiger, die Deckenbeleuchtung anzuschalten, damit der ganze Raum hell werde? Auf die Frage, ob er damit Meditation und Erleuchtung meine, gab Buber mir die zögernde Antwort: Ja, auch ...

Andererseits hatte mich mein Lehrer Gabriel Marcel nicht ohne Ironie immer wieder auf die Unzulänglichkeit der Vorstellungen aufmerksam gemacht, aus denen die psychoanalytischen Theorien und Techniken gebildet worden sind. Die keineswegs unschuldige Naivität, mit der da ein phänomenologisch unauffindbares Ich angenommen werde, das Neurosen und Psychosen und selbstverständlich das Kellergelass seines Unterbewussten »habe«, »une banlieue sale«, erregte seinen philosophischen Spott. Inzwischen hatte ich auch gelernt, dass zudem jede Analyse nur partielle Kenntnisnahme des Auseinandergelegten zulässt, Therapie aber gerade den Menschen im Ganzen verstehen lernen müsste.

Wie schon erwähnt, hatten diese Gespräche auch meinen anfänglichen Bemühungen um praktische Kenntnis und ein genaueres Verständnis der meditativen Methoden Asiens eine entscheidende Wendung gegeben. Ich wiederhole, diese Methoden dürfen *nicht* aus ihren religiösen Bestimmungen herausgelöst und können auch therapeutisch nur dann verantwortlich eingeführt werden, wenn sie so verstanden werden, wie sie sich selbst verstehen – als religiöse Wege. Yoga, chinesische und buddhistische Meditation wirken heilsam, zielen aber auf etwas anderes als Gesundheit ab. Freilich können sie dazu verhelfen, den Begriff Heilung auf das hin zu durchschauen, was wir Heil nennen und was ebenso konkret und leibhaft zu verstehen ist wie Samadhi, Satori oder Nirvana.

So stellte ich also meine Fragen, in langen Briefen und dann, wenn ich Carl Albrecht in Bremen aufsuchen konnte, in ausführlichen Gesprächen. Sie richteten sich vornehmlich auf die therapeutischen Aspekte des Phänomens. Seinen mystischen Bereichen wich ich vorerst aus. Aufgrund eigener Erfahrungen misstraute ich ihnen. Zu deutlich hatte ich beobachtet, wie inadäquat nachträgliche Beschreibungen von Versunkenheitserlebnissen bleiben, auch wenn ihnen gewisse künstlerische Fähigkeiten und meditative Rekapitulation zu Hilfe kommen. Alle im Wachbewusstsein verfügbaren Ausdrucksmittel gewährleisten nur blasse Nachbildungen, literarisches Wortgeräusch. Die Erfahrung bleibt im Zwielicht und wird vorstellbar, weil sie mit Vorstellungen illustriert wird. Das hatte mich seinerzeit bedrückt und mag meine Zurückhaltung erklären; ganz zu Unrecht fürchtete ich, wieder Unechtem zu begegnen.

Die Tatsache, dass sich aber andere Formen des Versenkungs- und Versunkenheitserlebens auf diese Weise authentisch Ausdruck verschaffen können und dieses ich-entbundene Sprachgeschehen ein klareres Verständnis der Binnenvorgänge ermöglicht, nahm ich ohne Weiteres an. Carl Albrecht bestätigte diese Vermutung:

Die Sprache lasse in der Tat nicht nur partielle Symptome, sondern das Krankheitsgefüge *als Ganzes* ins Licht treten; und im mystischen Sprechen erweise sie sich dann sogar als eine stets angemessene Form des Geschehens, das sich in ihr verleibliche. Im Gespräch stellte sich später das Sinnbild einer frühen Morgenstunde im Gebirge ein: Noch vor Tage senkt sich ein Abglanz des aufdämmernden Himmels über die Landschaft, dann treten allmählich die Gipfel der höchsten Berge, dann die Vorgebirge ins Licht und endlich scheint die aufgegangene Sonne auch in die Täler. So verläuft das Geschehen. Dieses Bild ist ziemlich genau. Es lässt deutlich werden, dass das Licht von woandersher kommt und vom Horizont aus einstrahlt; es vermittelt auch den richtigen Eindruck der Unabgegrenztheit des Geschehens, in dem ein Umfassendes zutage tritt.

Als mir dann Einblick in Albrechts Versunkenheitsaussagen gewährt wurde, von denen ich ja nur einige Bruchstücke – unter dem Sigillum ›Herr E.‹ – aus den Büchern kannte, drängte ich Carl Albrecht dazu, noch einmal die Mühsal der Reflexion auf sich zu nehmen und dieses Phänomen zu erläutern. Er gab zu, das sei wohl notwendig, gestand aber im gleichen Atemzug, in ihm rege sich ein Widerwille, der ihm unüberwindlich erscheine. Ganz abgesehen von der Arbeitsüberlastung durch die ärztliche Praxis – ein Außenstehender könne wirklich kaum abschätzen, welche Überwindung ihm bereits die Ausarbeitung der beiden Bücher nicht nur an Zeit und Kraft, sondern im konkreten Erleben gekostet habe.[158] Erst später lernte ich diese Andeutung verstehen.

Ein wenig bedenkenlos versuchte ich indes, Carl Albrecht doch noch zur Freigabe der Dokumente, zu ihrer autoritativen Erklärung und Interpretation zu überreden. Zu groß wäre mir der Verlust erschienen, hätte dieses Phänomen keine Klarstellung mehr erfahren. Wer sonst konnte dieses Ausdrucksgeschehen phänomenologisch deutlicher beschreiben, wer es zuverlässiger auslegen? Nach längerem Briefwechsel fanden wir dann zu einem Kompromiss. Schon kündigte sich die Krankheit an, die zum Tod führen sollte; dass sie eine Jahre beanspruchende systematische Phänomenologie des Sprechens in der Versunkenheit nicht mehr zulassen würde, stand bereits außer Zweifel.

In einer langen Aussprache erklärte mir Carl Albrecht noch den Verlauf und die entscheidenden ›Durchbrüche‹ in den durch das Sprechen in der Versunkenheit gelungenen Therapien. Sorgsam zeigte er mir, dem psychologischen Laien, die bemerkenswerten Wendungen im Heilungsablauf. Das verhalf mir zum besseren Verständnis des Phänomens. Die spätere Vernichtung aller Unterlagen, zu der sich Albrecht als Arzt, der durch diese Methode zum Seelsorger geworden war, wohl zu Recht verpflichtet fühlte, machte es aber vorerst unmöglich, die therapeutischen Funktionen dieses Sprachgeschehens zu belegen.

Meines Erachtens ist das aber auch gar nicht notwendig; denn dass diese Möglichkeit besteht und therapeutisch verwendet werden kann, das geht aus den Versunkenheitsaussagen einiger Patienten, die in der »Psychologie des mystischen Bewusstseins« auszugsweise zitiert worden sind, deutlich genug hervor. Die Methode der Versenkung ist bekannt. Albrecht selber bediente sich vor allem des Autogenen Trainings. Seine Andeutungen hinsichtlich der ›Technik‹, durch die der primären Einstellung, über die Versenkung zur Versunkenheit zu gelangen, die sekundäre Einstellung, in der Versunkenheit zu sprechen, methodisch verbunden werden kann, sind für den erfahrenen Psychologen hinreichend klar. Möglicherweise auftretende Störungen können in der Praxis ohne Weiteres aufgelöst werden. Prinzipiell ist das Phänomen also jederzeit wieder herbeizuführen. Inwiefern es dem Therapeuten jedoch ungewöhnliche Verantwortung auferlegt und ihn seinem Patienten gegenüber in eine neue Situation versetzt – darauf konnte nicht nachdrücklicher und ernster hingewiesen werden als durch die Weigerung Carl Albrechts, die Dokumente dieses Phänomens aufzubewahren und seine methodischen Erfahrungen weiterzureichen.

Der Kompromiss, auf den wir uns einigten, bestand darin, dass Carl Albrecht sich bereit erklärte, in lockerer, zu keinem systematischen Aufbau verpflichtender Form, etwa in Briefen, eine Phänomenologie des Sprechens in der Versunkenheit zu entwerfen. Bald schon erreichte mich der erste lange Brief; ihm folgten in rascher Folge, Tag für Tag, die weiteren. Ich kam nicht dazu, sie ebenso schnell zu lesen, wie sie geschrieben wurden. Erst als der neunte Brief, der sich als Nachtrag und Schlusswort versteht, bereits eingetroffen war, konnte ich einige Fragen notieren, die mir bei der Lektüre gekommen waren und die Carl Albrecht dann im letzten dieser Briefe beantwortet hat.

Der erste Brief trägt das Datum des 27. Juni, ist also wohl am 26. dieses Monats konzipiert, der neunte Brief ist acht Tage später, am 4. Juli 1964, abgeschickt worden. Nachträglich gab Carl Albrecht zu:

»...ich konnte es nicht besser machen, wenigstens zur Zeit nicht. Ich war sehr beteiligt daran und habe in einer Art Besessenheit den ganzen Auftrag in knapp zehn Tagen bewältigt. Dass in diesem Phänomen so viel drinsteckt, habe ich vorher nicht gewusst ... wie sehr die Sprache der Versunkenheit von der Person des Sprechenden abgelöst ist, wird wohl deutlich. Wie sollte es sonst zu erklären sein, dass eine solche Vielfalt verschiedenen Sprechens im Zusammenhang mit dem Leben eines Menschen geschehen kann? Niemals könnte ich heute in der Versunkenheit eine ›liedhafte‹ Aussage oder eine Aussage in ›Denkgebilden‹ erhalten, ganz zu schweigen davon, dass ich ja selber in der Versunkenheit nichts vermag, also auch gar nichts produzieren kann. Ich meine, ich habe jetzt nichts mehr hinzuzufügen. Wenn manches ein wenig verwirrend ist und ohne die strenge Gliederung wissenschaftlicher Arbeit nebeneinander steht, so liegt es an Ihnen, diese Eigenart ins rechte Licht zu rücken ...[159]

Ich habe versucht, dies zu tun, indem ich den Denkweg nachgezeichnet habe, den Carl Albrecht gegangen ist – in seinen wissenschaftlichen Arbeiten und über das, was sich in ihnen sagen ließ, hinaus. Die Fragen, zu denen er *mich* geführt hat, schienen mir erwähnenswert, soweit sie das Thema unserer Gespräche gewesen sind. Die Vorläufigkeit ihrer Formulierungen versteht sich von selbst.

Bei der Wiedergabe der Briefe, die mir Carl Albrecht *zur Phänomenologie des Sprechens aus der Versunkenheit* geschrieben hat, kann ich mich nun auf einige Anmerkungen beschränken. Sie können nicht als der Versuch missverstanden werden, diese eiligen Mitteilungen eines

Menschen, der das Ende seines Lebens vor sich sieht, systematisch zu ordnen und ihnen nachträglich eine Konsequenz zu verleihen, die ihnen die Gültigkeit einer abschließenden wissenschaftlichen Erklärung verschaffen könnte. Das wäre gar nicht möglich gewesen. Diese »Briefe«, für die der Adressat mit seinen Fragen belanglos geworden ist, enthalten Aufzeichnungen, die mit buchstäblich letzten Kräften noch einmal ein mystisches Phänomen beschreiben. Sie zu überarbeiten, schien mir unangebracht, und selbst mehrfache Versuche, diese Texte anders zu ordnen, schlugen fehl. Was so an äußerer Folgerichtigkeit zu gewinnen wäre, geht an innerer Klarheit verloren. Diese ergibt sich, wie mir scheint, gerade aus den vielfältigen Abspiegelungen einzelner Phänomen-Bereiche in anderen, die sich wechselseitig erhellen, wiewohl sich in ihnen verschiedene Sphären des Erlebens in der Versunkenheit verlautbaren. Frühe Vorformen lassen die späteren Aussagen verständlicher werden als vollgültige mystische Verleiblichungen im Wort, wenn sie nebeneinander gestellt werden. Gerade wenn sie nicht in ihrer zeitlichen Abfolge betrachtet werden, erläutern sich die mystischen Sprachgeschehnisse wechselseitig. Die Einheitlichkeit dieses in sich so unerhört vielgestaltigen Geschehens zum Vorschein kommen zu lassen – eben darum geht es aber.

Dabei konnten nicht einmal alle Ausformungen des Sprechens aus Versenkung und Versunkenheit in diesen Briefen besprochen werden. Gerade die therapeutisch relevanten Möglichkeiten werden nur angedeutet. So hat Carl Albrecht seine Aussagen auf dem »Pfad der Bereitung«, also aus dem ersten Jahr, zwar im 7. Brief auszugsweise zitiert und besprochen, aber längst nicht so ausführlich, wie ich es mir gewünscht hätte.

Gerade diese anfänglichen Texte helfen dem Verständnis. Sie notieren *Versenkungs*aussagen, die noch unterwegs sind zur Versunkenheit, in denen jedoch schon eine erste Ahnung eines Entgegenkommens spürbar wird. In diesen Vorstadien der mystischen Erfahrung, die unserem alltäglichen Vorstellungsvermögen noch näher und leichter zugänglich sind, wird bereits deutlich, dass eine echte Begegnung, das Zusammentreffen mit etwas ganz Anderem bevorsteht. Auch verliert sich der private, nur persönliche Gehalt dieser Aufzeichnungen sehr rasch, schon nach den ersten Versunkungsstunden. Die Erfahrungen, die sich dann aussprechen, sind bereits von allgemeinem Interesse. In ihnen zeigt sich, welche psychischen Umstellungen, welche Umfügungen des Bewusstseins in der Versenkung erfolgen im Zuge der allmählichen Ausbildung des Versunkenheitsbewusstseins. Zugleich geben sie zu erkennen, wie die Sprache der Versenkung sich allmählich reinigt, klärt, verdichtet und zu der urtümlichen Sprache der Versunkenheit wird. Die herandrängende Ruhe bewirkt einen Prozess der Ausfällung, in dem alle unwesentlichen Worte ausgeschieden werden.

Dass wir uns dieses Zugangsweges an Versenkungsaussagen vergewissern können, verdanken wir Carl Albrechts Versuch, im eigenen Fall *Sprache und Sprechen* selber *als Mittel* und Methode der Versenkung einzusetzen. Nicht nur aus der ärztlichen Praxis, sondern auch aus dem eigenen Erleben wusste er mit Versenkungsübungen umzugehen und das Versenkungsgeschehen in die Versunkenheit fortzuführen. Ich bin nicht sicher, ob das begleitende Sprechen in einem anderen Fall nicht die Ausbildung des Versunkenheitsbewusstseins erst einmal verhindert haben würde. Insofern stellen gerade diese Aussagen ein ungewöhnliches Dokument dar.

Wie alle Aussagen wurden auch diese auf dem Weg in die Versunkenheit, später in der Versunkenheit in Erwartung der Ankunft eines unbekannten gesprochenen Textes wortwörtlich notiert und im Nachhinein *nicht mehr* verändert. Nur gelegentlich ist bei der späteren Abschrift dieser Notizen ein Wort, seltener noch ein Satz gestrichen worden, wenn sie sich bei nochmaligem Lesen als unangemessen erwiesen. Das geschah jedoch nur bei *mystischen* Texten, wenn sich zeigte, dass aus der echten mystischen ›Wortgeburt‹ offenbar ein anderes, der Mystik fremdes Sprechen geworden war. Sehr selten konnte der Sprechende in einer zweiten Versenkung eine in ihm aufgetretene Beunruhigung durch einen ungemäßen Ausdruck dadurch überwinden, dass ihm in der Rekapitulation der Erfahrung in einer neuen Versunkenheit das passende Wort gegeben wurde. Alle diese Fälle einer späteren Streichung oder Neufindung sind in den Protokollen vermerkt worden.

Unter den wenigen Beispielen wähle ich hier zur Erklärung solcher Korrekturen nur das eine, vom 4. Juli 1943, aus: Albrecht selber beschrieb das Geschehen in der Versunkenheit als den blitzartigen Ausbruch eines vollkommen fertigen Satzes, nachdem lange Zeit hindurch der Versunkene kein rechtes Wort für die Erfahrung finden konnte. Worte wie ›Krater‹ oder ›Vulkan‹ wurden als der Mystik fremd zurückgewiesen – »*fremd sind sie*«, gibt Albrecht zu verstehen, »*weil sie keine Urworte unserer Seele sind*«.[160] Der Satzteil, der dann an ihrer statt geradezu ›*wie eine erlösende Erfüllung*‹ ausgesprochen werden durfte, lautet: »*Rast wie Feuer aus dem Schoß gespaltener Erde* ...«[161]

Dieses Beispiel einer korrigierenden inneren Sprachfindung ist aufschlussreich auch hinsichtlich seiner Interpretation. Es handelt sich um einen mystischen Text, denn nur in späteren Jahren, bei mystischen Aussagen, haben solche Korrekturen stattgefunden. Es wäre deshalb unangebracht, ihn etwa wie eine assoziative Aussage zu analysieren; dass der Satz ein sexuelles Bild gibt, ist psychologisch völlig bedeutungslos. Es sei denn, man könne darin einen Hinweis auf mögliche symbolische Bedeutungen sexueller Motive sehen, in denen sich ganz andere Erfahrungen äußern und die auf ein Erleben ausgelegt werden müssen, für das die Sexualität – übrigens in der Mystik aller Religionen – gültige Sinnbilder anbietet.

Die anfänglichen Versenkungs- und Versunkenheits-Aussagen sind nie verändert worden. Da wird auch noch anders gesprochen. Zumeist wird einfach Bericht erstattet. Allmählich nur formt sich die Reflexion auf das eigene Sprechen um, gliedert sich ein und wird aufgelöst in die mitreißende Strömung der Sprache, die nun immer enthemmter und freier dahinfließt. Die Trübungen des alltäglichen Sprechens entsinken. Die Sätze werden immer einfacher. Mitgebrachte Vorstellungen, abstrakte Begriffe, Fremdwörter, Füllsel, Illustrationen, aber auch grammatische Stauungen und Komplikationen entfallen. An diesen Veränderungen der Sprache sind die Umwandlungen des Sprechenden deutlich abzulesen.

Auch im Fall Carl Albrechts werden anfangs noch Erinnerungen, Assoziationen, aus dem Unbewussten aufsteigende Bilder, Einfälle aus der Selbstsphäre ausgesprochen. Sofern sie nur psychologisch interessant sind und privaten Charakter tragen, brauchen sie uns nicht zu beschäftigen, tragen sie auch zur Klärung des Phänomens nur wenig bei. Allenfalls geben sie den Nachweis, dass dieses Erleben einem gesunden, klar geordneten, bereits weitreichend ausgerichteten seelischen Gefüge widerfährt, in dem keine Anomalien, keine krankhaften Symptome zu erkennen sind. Auffallend ist die Lauterkeit des Sprachgeschehens. Sie dürfte ungewöhnlich sein. Nicht erst in späteren Versunkenheitsaussagen und im mystischen Sprechen, dem sie eigentümlich ist, zeigt sich eine rückhaltlose und doch gar nicht verkrampfte Aufrichtigkeit.

Im Zusammenhang dieser Untersuchung sind jedoch nur *die* Aussagen von Bedeutung, die den Weg zur Versunkenheit und in die Erschlossenheit gegenüber dem mystisch Ankommenden sichtbar werden lassen. Carl Albrecht hat diesen ›*Pfad der Bereitung*‹ im ersten Jahr seines Experimentes durchlaufen. Er führt durch noch naheliegende Vorerfahrungen an das eigentliche Phänomen heran, das die Briefe dann ins Licht phänomenologischer Betrachtung rücken werden. Es mag ihrem Verständnis dienen, wenn nachfolgend einige Schritte und Stationen des Zugangsweges anhand der frühen Versenkungsaussagen angedeutet werden.

3. EIN ZUGANGSWEG – VERSENKUNGSAUSSAGEN CARL ALBRECHTS AUF DEM »PFAD DER BEREITUNG«

Vorstellungen, in denen sich unser Ich im alltäglichen Wachbewusstsein spiegelt, kommen anfangs noch zur Sprache. Sie werden erst allmählich aufgelöst und ausgesondert, bis sie in den mystischen Aussagen entfallen. Die Sprache begleitet in ihren Zeugnissen unwillkürlich das Geschehen durch Versenkungs- und Versunkenheitserfahrungen hindurch bis zur Ankunft des Umfassenden. Bevor dann das Mystische in jenem reinen »*jubelnden Urlaut*« zur Sprache kommen kann, müssen Erfahrungen und Worte den Weg der Läuterung durchlaufen. Wie das Wort, in dem sich das mystisch Ankommende inkarnieren kann, ist zuletzt der Sprechende in wahrer Selbstverständlichkeit erlöst aus allen Absichten, unwillentlich durchtönt. Der Weg in dieses spontane Sprachgeschehen, dem sich Mensch und Wort gleichermaßen rückhaltlos überlassen, ist klar ausgerichtet. Erste Verweise in diese Richtung sind bereits frühen Versenkungsaussagen zu entnehmen.

Zu ihnen gehört, wie ich aus eigener Erfahrung und der Beobachtung anderen Erlebens weiß, die Bekundung der Widerstände, des Unwillens, der angsterfüllten Hemmungen, die sich zuweilen mit einem erstaunlichen Scharfsinn des Unterbewussten unter Aufbietung aller erdenklichen störenden Argumente zu rechtfertigen versuchen. Es dient durchaus der kritischen Aufklärung, sich selbst in Versenkungsübungen dieser Kräfte zu überführen, die sich gegen eine Entspannung des Ichs auflehnen. Es schärft das gesunde Misstrauen gegen dieses Ich, das sich so leidenschaftlich zu behaupten sucht – am nachhaltigsten in der kaum zu durchbrechenden Verstellung, die das Verlangen nach Versunkenheit und mystischen Erfahrungen bedeutet.

Diese Begierde nach vermeintlich ungewöhnlichen Erlebnissen oder Erkenntnissen verhindert am zuverlässigsten, dass echte Widerfahrnisse eintreten. Mystizismus macht Mystik unmöglich. Er hat es auf das Mystische abgesehen, das sich der Absicht entzieht.

Andererseits sind die allermeisten Affekte, die durch die bloße Möglichkeit von Versenkung und Versunkenheit und nun wohl auch im Besonderen durch dieses Phänomen des Sprechens aus der Versunkenheit hervorgerufen werden, als durchaus natürlich anzusehen. Das Ich setzt sich zur Wehr, wenn es in Gefahr gerät, seiner *aktiven* Funktionen beraubt zu werden, um sich dem zu überlassen, was in ihm und an ihm geschieht. Die Furcht, seiner selbst gewahr werden zu müssen, ist nicht selten übermächtig. Bereits das Vorgefühl, zur Ruhe zu kommen und in der Ruhe zu sich selbst zu gelangen, entsetzt. Scheint sich doch eine Veränderung anzubahnen, in der man die Identität, die man sich zuschreibt, einzubüßen droht. Umso peinigender ist der Gedanke, eine solche Umformung könne auch noch klar, bestimmt und bestimmend, zur Sprache gelangen. Es erregt nur noch mehr den Widerwillen, dass es sich in alledem nicht einmal um ein krankes, sondern um ein überwaches, hellbewusstes und gesundes Erleben handelt.

Umso bemerkenswerter sind die ersten Aussagen Carl Albrechts, in denen die anfänglichen, noch tastenden Schritte der Versenkung sich artikulieren. Sie sind bereits weitgehend entspannt. Das Sprechen, das das Geschehen begleitet, wird als Störung empfunden; bald schon wird es sich als hilfreich erweisen und dann der Aufmerksamkeit entgleiten. Aufschlussreich ist schon das erste Protokoll vom 14. Februar 1941[162]: »... *ich habe Angst vor meiner Stimme. Ich mag sie – jetzt nicht. Sie ist wie eine Kopie. Ich habe noch nie so gesprochen. Es ist so fremd ... ich muss erst zum Eigenen kommen, das darf nicht so nachgemacht sein ... ich habe das Gefühl, darin müsste erst etwas geschehen.«*

Allmählich tritt eine Beruhigung dieser Empfindung ein. Albrecht selber weist darauf hin, wie »*beeindruckend primitiv*« vorerst die Sprache noch ist. Dadurch, dass die Kontrolle des wachbewussten Ichs sich auflöst, wird die Sprache zuchtlos und kindhaft. Slang-Ausdrücke wie das norddeutsche »... es ist immer Erde bei ...« stellen sich ein. Erstaunlich klar zeichnet sich jedoch schon im Verlauf dieser ersten Aussagen eine Ausrichtung des Geschehens ab. Beginnt die nächste Versenkung wieder mit der Feststellung: »... *ich muss mich wieder zwingen zu sprechen* ...«, so klingt in der darauffolgenden bereits ein Grundmotiv auf:

»*Jedes Wort ist eine Geburt.*« Ebenso deutlich dringt die Erfahrung vor. Im Wissen, wieder neu anzufangen und ein Tor zu unbekannten Lebensmöglichkeiten zu durchschreiten, bildet sich sogleich die Einsicht in die Disziplin des Geschehens:

»*... das ist wirklich die bestmögliche Hergabe dessen, was ich im Äußersten kann ... ich sehe das aus der Ferne und bin ganz oder fast ganz in der Ruhewelt. Die aber keine Flucht sein darf, sondern wo ich auf die Geburt meiner eigentlichen Aufgabe warte.*«

Versenkungserfahrung und Sprechen durchdringen sich – gerade vierzehn Tage nach Beginn des Versuchs – im kritischen Gewahrwerden: »*Was ich heute sage, kommt nicht aus der Tiefe.*«

Dann entsinkt das Bewusstsein in tiefere Schichten: »*... in die Gefühle der Versenkungserlebnisse: das Gefühl des wartenden Gefäßes ... ein Fast-durchströmt-Sein ... ein leichter Rest von Eisvogel ... und eine Grenze an der man steht.*«[163]

Ein Anschauen-Können des inneren Geschehens bildet sich aus, das von der wachbewussten Selbstreflexion strukturell verschieden ist. Diese Form der Selbstbetrachtung vertieft sich, oder, wie es die Versenkungsaussage vom 19. März 1941 ausdrückt, »*rutscht weiter*«:

»*... stößt gegen die Gefahr des Unechten, das hochflutet ... etwas Angst des Versagens ... zu viel Kontrolle des Geschehens ... es darf keine Vorsicht dabeisein ...*«

So leitet sich ein Prozess der Reinigung ein, aus dem die Sprache ebenso geläutert hervorgehen wird wie der Sprechende, bereit zu tieferen Verwandlungen. Allmählich setzt das merkwürdig untrügliche Gewissen der Versunkenheit ein, im Sprachgeschehen wie in der Erfahrung. Das Wort selbst wird zur richterlichen Instanz, zur Macht: »*Das Wort schafft*«, heißt es.[164]

Mit zunehmender Wachheit wählt dieses Gewissen nun die Worte, prüft sie, verwirft alles Unangebrachte, Unechte, Ungemäße und lässt es der Auflösung in der Ruhe anheimfallen. Am Ende wird nur noch das entsprechende Wort, das sich als notwendig und wahr erweist, zugelassen werden. Jede andere Wortfindung verblasst. Die rechtmäßige wird bewahrt.

Die Endgültigkeit späterer Aussagen kündigt sich jetzt schon an. Sie schafft sich ihr ›*Gefäß*‹, wie wiederholt gesagt wird, wenn dieses Gefäß – der Seele wie der Sprache – vorerst auch seine Offenheit noch nicht erträgt. Aber das Ich weiß, dass es ›*zur Ruhe geht*‹ und ›*verharrt*‹ in dieser Bewegung. Es weiß aber auch, dass es noch ›*nicht im Reich des Seelengrundes*‹ ist, wenn es auch schon erfüllt ist von einem elementaren Vertrauen, das sich »*in die lebende Erde einbetten*« möchte: »*Das ist wie eine wurzelfühlende Vormöglichkeit ...*«[165]

Diese ›*wurzelfühlende Vormöglichkeit*‹ wird immer klarer erfasst – als »*ein leises Warten*«, als »*ein Getragensein und Durchdrungensein mit aller irdischen Wesenheit*«, in dem »*Qual und Unruhe fehlen*«, »*... und das andere bleibt unbemerkbar, ohne Wirkung .... die Einigung wäre so möglich mit dem All*«.[166] Sogleich erkennt die Seele, wie fern diese Möglichkeit ihr noch liegt.

Immer wieder überrascht die Ehrlichkeit, mit der Gefahren, Verfehlungen, Widerstände und drohende Abwege vermerkt werden. Jetzt schon verzichtet der sich Versenkende darauf, sich irgendetwas vorzumachen, eigenwillig sich um einen Erfolg zu bemühen, etwa durch die – übrigens zu Recht – erkannte Möglichkeit, durch gelenktes Einatmen auf das Versenkungsgeschehen einzuwirken. Diese *Versuchung* wird zurückgewiesen. Wille und Bewusstsein haben sich, wie es im Yoga gelehrt wird, meditativ der Ausatmung zuzuwenden. Geradezu hartnäckig besteht das Versenkungsbewusstsein auf genauen Positionsangaben, die zu erkennen geben, wo sich der Sprechende gerade befindet. Die Leitlinien des Vorgangs treten hervor:

Noch ›*wartet der Seelengrund, ob er Gefäß wird oder nur sich selbst gehörig bleibt*‹[167], noch ›*öffnet sich das Tor nicht*‹[168]. Um Lösung aus Unwahrheit und Angst wird gefleht, um Einsicht und Geduld, »*um eine einzige Sekunde der Wahrheit in mir selber*«[169] – »*so stehe ich drängend und horchend. Aber ich horche und erwarte ohne Zweifel, da es mir nicht um das Heil der Seele geht.*« In der gleichen Versenkungsaussage[170] tritt dann noch die bemerkenswerte Überlegung ein:

»*... vielleicht muss an dieser Stelle etwas aufgelöst werden, was mit mir ständig ging: die Kontrolle. Dann würde auch das Sprechen verstummen oder geändert werden. Es würde kein Betrachten sein, sondern ein Ausdruck des Geschehens selber.*«

Damit werden die Bedingungen der Möglichkeit des Sprechens in der Versunkenheit im Voraus erfasst und ausgesprochen. Erstaunlicher noch ist die hervortretende innere Dramatik des Geschehens in der sich ausbreitenden, wie Grundwasser aufsteigenden Ruhe. So unerbittlich die Selbstkritik, so tief die Selbstkrisis wird, in der sich der seiner selbst Gewahr-Werdende aufs Äußerste ungewiss wird – die vom Grunde her richtende und ausrichtende Gewissheit wird rückhaltlos bejaht. Am 27. Mai 1941 tritt dann zum ersten Mal die Versunkenheit ein.[171] Vier Tage später wird auf der Schwelle zwischen Versenkung und Versunkenheit ausdrücklich ›ein neuer Zustand‹ ausgesagt:

»... aber der Stern strahlte, das Gefäß wartet. Wartet ... ohne Sehnsucht ... ohne Erwartung, wartet so, als ob das Warten ohne Inhalt zu seinem runden Sein gehörte. – Ein neuer Zustand: Ich fühle wieder das reine ... inhaltlose ... zwecklose... richtungslose Soll. Das Soll, das zu mir gehört, wie das Leben – wie mein Leben zu mir gehört. – Ein Einklang, eine Risslosigkeit zwischen mir und diesem Sollgefühl. – Aber das war mehr als eine Ahnung.*

Das, was immer schützt und unverlierbar ist, – was allein mir gehört und kein Geschenk ist, – was mein größtes Glück ist, mein sicherster Besitz, meine Zuversicht ... das ist die nicht verkaufbare Möglichkeit, alles vor den Spiegel der Wahrheit zu halten. – Das ist diese Möglichkeit, die Lüge zu stellen. Und dieser Besitz ist nicht verfälscht ... das ist das Erste, was ich finde ... die letzte Verankerung: Solange die Seele gesund, ungebrochen, ungealtert, unstarr genug ist, wahrhaftig sein zu können – bin ich nicht verloren – habe ich eine Bewegungsmöglichkeit – kann ich gehen.«[172]

Dieses Sich-Anvertrauen dem, was wir Gewissen nennen, gewährleistet nun ein freies Sich-Auftun in der Versunkenheit, die erste Innenschau:

»... ich gehe jetzt und fülle mich auf ... und klopfe an die Tür ..., ich will in mein Haus hinein – zu meinem Eigentlichsten d a s   d a   i s t – das ich weiß als in mir daseiend, das nur manchmal – fern ist – unsichtbar. – Und immer unsichtbar ist, wenn die Unruhe nicht zur Ruhe geworden ist.«[173]

Das kann aber nicht geschehen, solange noch Zweifel aufkommen können, in denen sich das reflexive Denken des alltäglichen Bewusstseins gegen die Umwertung seiner Werte auflehnt. Nichts scheint diesem Denken unerträglicher zu sein, als ›die Fäden aus der Hand zu geben‹. In aller Deutlichkeit kommt der bereits erwähnte Konflikt zwischen vermeintlicher und eigentlicher Aktion im Denken zum Austrag; zumeist re-agiert es nur, denkt es so wenig empfänglich wie schöpferisch – wird nur *nach*gedacht. Die Versenkungsaussage verurteilt das scharf, denn es steht dem Aufbruch tieferen Erkennens im Wege. Dieser erfolgt, sobald die Einheit von Bewusstsein und Gewissen erfahren und anerkannt wird. Dann sieht sich das Ich »*an dem Tor, hinter dem ich den Schatz weiß, dessen Leuchten ich schon spüre*«. Es spürt bereits »*... diesen hellen Grund, der mich nimmt, und beglückt, der mich durchdringt und heilen kann, ... dieser Grund, der also auch sich bewegt ... in mir mir entgegengeht, – in dem es keinen Zweifel gibt.*«[174]

Darin wird eine weitere Umformung der Bewusstseinshaltung deutlich: in der allmählichen Ausbildung der Empfänglichkeit des Ich wird aus dem ungeduldig drängenden Suchen, das ergreifen und in Besitz nehmen möchte, ein *Warten ohne Erwartung*, das geduldig vor dem verschlossenen Tor steht, aber schon weiß, dass in der Verborgenheit der Schatz liegt; dass von dort her, wohin der Blick nicht reicht, etwas entgegenkommt, naht und *von sich aus* sich geheimnisvoll auf mich zu bewegt. Aus dem *Begreifen* wird ein *Ergriffen-Werden*, aus dem Ansprechen ein In-Anspruch-genommen-Sein. Dieser erlittene Anspruch ist gebieterisch, unerbittlich – aber er teilt auch tieferes Erkennen mit. Dieses Erkennen nimmt immer mehr die Form des *Schauens im Angeschaut-Werden* durch das nahende Licht, die Gestalt eines Hörens an. Was nun gedacht wird, steht schon immer in Beziehung, ist stets mitbestimmt durch das, was sich noch nicht und doch schon denken lässt. In der Sprache der alten Mystik nannte man diese Erfahrung das Wesentlich-Werden, heute würde man womöglich sagen, das Denken werde *existenziell*.

Die Funktionen des Bewusstseins konkretisieren sich gleichzeitig in erlebten und erlittenen Beziehungen, Begegnungen, Vermählungen und in einem wirklichen *Absterben*. Denken wird zu einer Weise vollständigen Lebens und verantwortet gewissenhaft die Existenz. Dieses neue, andere Denken steht Rede und Antwort, verliert jede mögliche Unverbindlichkeit. Es verlangt nicht nur, es ist Einsatz der Existenz in der Anerkenntnis ihrer Wirklichkeit, ein Vollzug des ganzen Menschen:

»*Es muss geglaubt ... gelebt ... vertraut ... hingegeben ... hineingesenkt ... hineingetaucht werden ... ohne Reserve.*«[175]

Präziser lässt sich diese Umformung nicht beschreiben. Von ihr her wird verständlich, was Denken *in* der Versunkenheit und was dann ein vom mystischen Ankommen bestimmtes, gelichtetes Denken bedeuten. Carl Albrecht hat dessen Möglichkeit nur kurz und eingestandenermaßen voller Verlegenheit erwähnt, erweist sich in ihr doch das Denken in der Tat als eine Art von ›Sinn‹, der ›wahrnimmt‹, wie es von asiatischen Überlieferungen verstanden worden ist.

Erst durch diese Umformung des Denkvollzuges, die – psychologisch gesehen – ähnliche ›Leistungssteigerungen‹ in der Versunkenheit‹ zur Folge hat, wie sie sich im Sprechen beobachten lassen, sind die gedanklichen Aussagen, die der Versunkene verlautbart, richtig zu verstehen. Es sind *nicht* einfallende Restbestände des reflexiven Denkens, *nicht* im Versunkenheitsbewusstsein erinnerte und möglicherweise umformulierte, zur klaren sprachlichen Gestalt gebrachte Gedanken des normalen Wachbewusstseins. Es sind *Gedanken der Versunkenheit*. Gerade als solche gewinnen sie ihr besonderes Gewicht, weil sie zwar trügerisch sein können – denn auch das mystische Erkennen übernimmt die Aporien des normalen Erkennens –, aber nicht mehr den Verfälschungen durch die aktiven Impulse des Ich und die in ihnen wirksamen Spannungen des Unter- und Unbewussten ausgesetzt sind. Es sind in gewisser Weise freie Gedanken. Sie melden sich oft so einfach und anspruchslos zu Wort wie der folgende:

»Wenn man heil ist, liebt man die Welt. Wenn man unheil ist, dann liebt man sie nicht.«[176]

Für sich genommen, ist das nicht mehr als eine freundliche Weisheit. Aufgrund seiner Herkunft erklärt dieser Satz jedoch ein Gesetz menschlichen Daseins in Beziehung: Es ist in dem Maße heil, in dem es liebevoll ist – und es ist in dem Maße weltfähig und welt-erschlossen, in dem es heil ist. Kenntnis von Welt ergibt sich also nicht nur aus einer gewöhnlichen Betrachtung des Vorliegenden durch jedermanns unverwandeltes Bewusstsein. Dem entspricht die Erfahrung der nachfolgenden Versenkung vom 28. Juni 1941:

»Der Weg zu dem Quell ist nicht nur die Ablösung von der Verflechtung mit den Weltdingen. Diese Ablösung ist ebenso wie die Ruhe nur eine Vorbedingung. Eine andere – ist das Bereitsein und Würdigsein des Ichs. – Die Tür verschließt sich auch vor einem schwermütigen Ich.«

Auch Schwermut, Zerknirschung und geflissentliches Selbstverleugnen können listige Formen des Stolzes und der negativen Selbstbestätigung sein. Dann stellen sie sich dem, der sie jenseits aller Reflexionen des Wachbewusstseins in der Innenschau zu Gesicht bekommt, als Gefahren dar. Ich glaube nicht unangemessen zu formulieren, wenn ich sage, dass sie dem Humor der Mystik widersprechen. Ihrem abgründigen Ernst ist das ich-verfangene Sich-selbst-ernst-Nehmen eine Versuchung, die das Ich davon abhält, sich zu überlassen:

»*... als Mensch in der Welt bin ich immer verkettet und verwundet ... als ... aus der Welt Herausgelöster, als Gesammelter ... könnte ich so bereitet sein – dass ich nichts anderes wäre als eine reine, runde, heile, lebendige Wesenheit, in der nichts gefühlt wird als – die gesammelte Hinwendung, – die nichts wäre als ... ein freies Stehen ... – wo alle Ablösung geschehen ist. Wo das Ich befreit, entfesselt, gereinigt und konzentriert ist, gesammelt in dem einen Gedanken: ... sich selber nicht mehr zu denken, nicht mehr zu wissen. Das Bewusstsein meiner selbst zu verlassen. In einem Urgrund zu verströmen. In einem Geheimnis einzugehen, aus dem es wieder auftaucht – zu der Welt ...*«[177]

Letzten Endes, und dies meine ich so, wie ich es sage, *letzten Endes* geht es nur um diese Heimkehr ins Konkrete, die uns als ein verwandeltes Wiederauftauchen zur Welt erscheint. Mit den Worten eines großen Zen-Meisters, des Hayashi Rôshi: »*... Zen kennt zwei Wege, der eine führt von unten nach oben, der andere von oben nach unten; oben angelangt ist, wer ganz unten angekommen ist.*«

Alles Gerede von einer Weltflucht in der Mystik lässt nur deutlich werden, dass man vom mystischen Erleben ebenso wenig versteht wie von der Welt. Man widersetzt sich darin gerade jener Erfahrung der Wandlung, durch die das Ich sich aufgibt und zur Welt entbunden und befreit wird. Immer wieder erstaunt die Genauigkeit, mit der aus der Versunkenheit die Voraussetzungen solcher Wandlung bestimmt werden:

»*Dieses Ich, das in seiner zusammengefassten, denkenden, urteilenden, bestimmenden Wesenheit mir vorkommt wie etwas, das mich zurückhält vom Eingang in das Urgründige. Es wird zwar nackter und ungefesselter, aber es ist wie etwas, was überwunden werden muss. Es hat ja Angst um sich. Es hat Reserven, Vorbehalte, – aufpasserische Gedanken. Es ist ichbezogen, es steht gegenüber. Sein Untergang ist der Untergang des Bewusstseins, ist das Vergehen des Wissens – um das Rinnen der Zeit.*«[178]

Sobald dieses Wissen um das Rinnen der Zeit erlischt, wird ein ›nicht mehr sein‹ wie es in derselben Versunkenheit heißt, als ›nicht mehr gesondert sein‹ erfahren. In diesen wenigen Aussprüchen liegt eine ganze Metaphysik der Welt- und Zeit-Erfahrung verborgen, die viel weiterreicht, als sie Carl Albrecht auszudenken wagte.[179] Zumindest wird ganz deutlich, was die Mystik dann in viel tieferen Dimensionen des Erlebens unter dem ›ewigen Nu‹ erfährt und versteht. In ihm können sich

Zeit und Ewigkeit vereinigen, wenn in dieses Nicht-mehr-Wissen um das ›Rinnen der Zeit‹, in den erfahrenen »Stillstand« der Zeit, ein alle Zeiten Überformendes erfüllend einbricht.

Im weiteren Verlauf des Versunkenheitsgeschehens, in dem das eigene Ich angesehen wird, »von dem die Welt abgefallen ist ... Klammer auf Klammer löst sich und verschwindet«[180], wendet der schauende Blick sich nun in der Ablösung vom Ich immer freier dem Herannahenden zu, dessen Ankunft bevorsteht. Schon werden die »Wogen« des »Urgründigen, das wie ein Meer ist«, verspürt:
»Und das Ich möchte hineintauchen« – es ist schon dazu bereit. »... aber es möchte nicht, wie bei einem Durchbruch von Deichen, überflutet werden. Es möchte hinein verschwimmen wie ein Schaum, der sich in dem Meere löst ...«[181]

Dann, am 30. Juli des Jahres 1941, wird das erste Durchtränktwerden von dem Unbekannten, das heranbrandet, erfahren;[182] dadurch verändert sich das Geschehen von Grund auf. Das Bereitsein verwandelt sich. Es durchbricht den Bann banger Selbstbefragung und wendet den Blick aus der prüfenden Selbstbetrachtung, die gleichsam mitgerissen, mitgezogen, mit hineingenommen wird in das Aufschauen zu dem, was kommt – in das Gewahrwerden des Ankommenden. Damit setzt jene mystische Bereitung ein, auf die zu das Geschehen sich so erstaunlich geradlinig ausgerichtet hat.

»... man könnte den Weg, das Weg- und Hingehen, zu einer Übung ausbauen«, heißt es in der vorauslaufenden Versenkung vom 7. August 1941, »damit würden die einzelnen Stufen gesicherter Besitz und würden geregelt aufeinanderfolgen. Das dürfte aber erst in ferner Zukunft sein. Jetzt muss auf das Von-selber-Geschehen gewartet werden ... die Schulung verträgt sich nicht mit der Ehrlichkeit ... so haben beide, sowohl die Seele in ihrer Bereitetheit wie auch das Sichschenkende, ihre volle Freiheit.«

Diese für jedes Verständnis der mystischen Erfahrung wegweisende Voraussage formt sich in abermaligen Selbstprüfungen aus. Sie lösen sich in die Schau des Ankommenden auf:
»Ich darf sprechen mit IHM, ich darf ES fragen und anreden ... alles unter dem Schutz der Fragen an mich selber. Namen möchte ich seinen Strahlen geben. Ich verlange nicht das Eingehen und den Untergang meines Ichs. Mir genügt die Beschienenheit. Nur nennen möchte ich es besser können, – was Welle – Strom – Strahl – Licht – Glanz – Urleben-

diges – und Heilendes ist. Nicht Namen, um es zu bestimmen, aber … es ist – eine Fülle, es ist – etwas – Umfassendes, in das man sich ohne Zweifel einbetten kann … und das alles wie ein einziges Gefühl, ungetrennt, eine Fülle – ein Ungestaltetes – nein – Aufgenommensein. Und das alles nicht seelisch, nicht körperlich zu scheiden. Ein Gefühl, in dem die Seele im Glück stumm ist und in dem der Körper mit einer Gestaltlosigkeit durchwärmt ist. – Ungeschieden, beides in einem Gefühl.«

Auffallend an dieser Versunkenheitsaussage ist neben der spürbaren Verdichtung der Sprache, die nicht subjektiver, privater, sondern ›objektiver‹, nüchterner in einem allgemeinen Sinn wird, dass sich das Verhältnis zum eigenen Ich ändert. Es verliert auch in der Negation der Ichhaftigkeit und Ichbezogenheit jede Besorgnis, jede Spannung. Das Ich wird nicht preisgegeben. Auch sein Untergang wäre noch zu viel Absicht.

Es wird hingegeben und aufgegeben in der »*Aufgabe des eigenen Willens*«:

»*– und dabei das Gefühl, dass es richtig ist. Und daher die Stille des Ichs, die Stille – das Urgründige unterliegt nicht meinem Willen: Es ist meines und nicht mein. Es ist mein Bestes und mein Wirklichstes, aber nicht von mir Bestimmtes … wenn ich darin aufgenommen werde …*«[183]

So überlässt die ›ichgestaltete Seele‹ nun immer deutlicher und rückhaltloser dem Näherkommenden, dem sie entgegenschaut, die Führung. Sie überantwortet das Ich dem Ankommenden. Sie lässt sich ergreifen, bereiten, ausrichten, reinigen, sie wird anspruchs- und willkürlos und begibt sich zuletzt auch der Sehnsucht in der ahnenden Gewissheit:

»*… einmal wird in der Welt sein bedeuten, dass die Welt überflutet ist vom Wirklichen her. Dann wird man nicht mehr unter ihr leiden. Sondern in ihr nur sein. Beinahe wie geschenkt sein.*«[184]

Diese innerste Sehnsucht wird nicht einfachhin preisgegeben, so wenig wie das Ich. Sie wandelt sich ein. Sie erweist sich als eine vorauslaufende Einwirkung des Kommenden.

Immer deutlicher werden nun auch die Nachwirkungen des Versunkenheitserlebens im Alltag verspürt. Die Ausstrahlung und die verwandelnden Kräfte des Ankommenden dringen in den Raum des Wachbewusstseins ein, erfassen das gewohnte Wollen:

»*… es ist auch so, wie wenn der Phosphor durch das Licht bestrahlt wird. Er leuchtet in der Dunkelheit umso länger, je länger das Licht bei ihm war.*«[185]

Diese verwandelten Erfahrungen wirken sich, der Umformung des Bewusstseins gemäß, nicht nur psychologisch aus. Die bewusste Erfahrung selber wird zum Daseinsvollzug, wie Empfindung und Gefühl zum bewussten Gewahrwerden sich umformen. Auch die Leibwahrnehmung weitet sich aus »*als ob er in seiner Form aufgelockert wäre und so, als ob ein Bewegtsein von selber geschehen wollte – als ob die Schwerkraft nicht alleiniges Gesetz wäre.*«[186]

Dementsprechend werden noch einmal, aus dem tieferen Gewahren, die Beziehungen des Geschehens zum In-der-Welt-Sein des Menschen überprüft. Ganz unzweideutig wird verstanden, dass die Sehnsucht nach dem Untergang des Ichs solange unrein bleibt, solange sich »*in diese hinein so leicht die Sehnsucht mischt, von der Welt zu verschwinden, wegzutauchen, geflohen zu sein, geborgen zu sein. Und dabei soll es doch ein Geschehnis sein wie für einen König und nicht wie für einen müden Geschlagenen.*«

Dann heißt es:

»*Immer wieder, alle Stunden, gehe ich an diese Stelle. Vor mir das Glück im Geheimnis und in mir das reine Soll zum Werden – zum Bereitetwerden.*«[187]

Als einziges verbleibendes Gebot dieses »*Solls*« wird nun – dem Mystischen gegenüber wie zur Welt hin – das offene Ausgesetztsein erfahren. Es ist frei von den Banden des Ichs und gleichfalls frei von jedem Bedürfnis zur Ausflucht. Ausgesetztsein bedeutet: Sich der Wirklichkeit stellen, ohne Vorbehalt, ohne Absicht.

Ihm erschließt sich nun in der Versunkenheitserfahrung das Ankommende. Es ergreift den ganzen Menschen. Die Vereinheitlichung des Bewusstseins- und Erlebnisraumes in Ruhe und Gelassenheit zu dieser offenen, ohne Erwartung wartenden, gefäßhaft entgegenharrenden Erschlossenheit des Wesens gibt sich letztlich als eine *vorausgehende* Einwirkung des Ankommenden zu erkennen. Jede Vorstellung eines selber gewirkten Erreichens, einer willentlichen Leistung, eines eigenen Vermögens wird hinfällig; denn ein Austausch bereitet sich vor. Seiner wird das Ich nur gewahr, fähig und würdig, wenn es sich selbst aus der Hand gibt und »*in die Wasser der Ruhe eintaucht*«, wie es nun in einer weiterführenden Versunkenheitsaussage heißt:

»*Und doch geht der Weg nicht an dem Eintauchen in das Wasser der Ruhe vorbei ... Jetzt steigt es doch empor ... wieder wie ein wogendes Wasser – ein durchtränktes Lebendiges – wie ein Geschehen und nicht*

*wie Gemachtes. Wie ein Grenzenlösendes – wie ein Überspülendes, wie
ein Tragendes, wie ein den Körperraum Änderndes. – Und wie eine Ahnung kommender Möglichkeiten. Wie ein Tropfen aus dem großen Meer
– aber doch wie – Wirklichkeiten aus diesem Meer – nicht wie Zeichen.
Wie kleine Tropfen, kleine wirkliche Tropfen – dünne aber wirkliche Be-
wegtheiten. Kleines Glück, aber wirkliche Tropfen des Glückes. – Kleine
Möglichkeiten der Veränderung, aber wirkliches Ändern. Kleines Ändern. Glimmer der Echtheit – Ahnungen der Stille, der Ich-Stille.«*[188]

Diese Versunkenheitsaussage beantwortet die in der Rückkehr aus
der Erfahrung erscheinende Frage: Wo ›es‹ wohnen, wie ›es‹ mitkommen könne.

*»Nur im Herzen, nur in einem gesunden Herzen und von da aus im
Blute. Und im Blute seiend auch im ganzen Raum – nein, doch im ganzen Raum, nicht nur im Herzen.«*

Mir scheint, diese Ausweitung des ›Herzens‹ um ›ganzen Raum‹ will
beachtet werden, wenn mystisches Erleben richtig verstanden werden
soll. Ich glaube nicht, dass dies nur ein diesen besonderen Mystiker
kennzeichnendes Erleben ist; es bestimmt Mystik im Allgemeinen, sofern sie echt ist.

Die Kenntnis dieser vorausgegangenen Aussagen, die das Erleben
noch auf dem Weg zur mystischen Erfahrung zeigen, ist deshalb so
wertvoll, weil sich in ihnen diese – insgeheim immer schon vom Mystischen ermächtigten – *Vorentscheidungen* erkennen lassen, aus denen
sich der Zugang erschließt. Auch mögliche Verfehlungen werden deutlich. Sie ergeben sich nicht zuletzt daraus, dass ein bereits als untrüg-
lich empfundenes *»Wissen von einer Heimat, in der mein Sein nicht
mein Sein ist und doch gerade mein eigentliches Sein ist – in der alles
wiederhergestellt ist… «*[189] – und das Heimweh nach ihr mit der *durch
nichts zu erreichenden, unverfügbaren* Heimkehr verwechselt wird.

Diese Gefahr, Vorläufiges mit dem Eigentlichen, Kommenden zu verwechseln, besteht nun auf jeder weiteren Stufe des Weges. Ihretwegen
ist es gut, wenn der Sich-Erschließende unterwegs von einem Erfahrenen, der sich auskennt, geführt wird. Daraus erklärt sich auch, dass Carl
Albrecht späterhin auf den Entwurf einer Methode verzichtet hat, deren
Momente nur angesichts eines konkreten Erlebens in der rechten Weise
eingeführt und in Kraft gesetzt werden könnten. Mitgebrachte Kenntnisse und abstrakte Anweisungen sind in diesen, alles einfordernden
Entscheidungen ›an der Grenze‹ nämlich zu nichts nütze.

»Die Grenze – das Umfassende, Umfangende, das Innesein des In-
neseins – ... vor diesem ist alles Richten, alles Urteilen stillgestellt, vor
diesem ist nichts anderes als Fernsein jeder Lüge, jeder Abbiegung ...
und solange man dahin gehen kann, solange ist man in der Möglich-
keit, befreit zu sein. Wie vor der Welt seiend, eingeschlossen sein in
einer Ruhe des In-der-Mutter-Seins. Und da – da ist das Strömen, der
Pfad des strömenden Lichtes, das Kommen, das Mitkommen auf dem
Weg zur Welt – die Hoffnung der Umwandlung ...«[190]

Die nächste Versunkenheitsaussage endet dann: *»Stille ruhige Schrit-*
te an den Rand, wo das Meer beginnt – einmal, irgendwann, wird das
Boot mich holen ...«[191]

Solche Vorahnung des Kommenden gestaltet sich weiter aus. Das Geschehen ist aber nicht mehr ohne Hilfe paradoxer Wendungen zu beschreiben: Einerseits lässt sich von ›Ausgestaltung‹ oder ›Ausbildung‹
kaum reden, weil in der zunehmenden Glut des Erlebens gerade Gestalten, Bilder und Vorstellungen eingeschmolzen werden; andererseits tritt
eine Härtung und Aussinterung des Gefühls und der Sprache ein, eine
Art Kristallisation. Glühendes Einschmelzen und ein sich Auskristalli-
sieren ins Gläsern-Durchsichtige sind jedoch *ein* Prozess. Formal wird
er dadurch gekennzeichnet, dass immer weniger *das, was* erlebt wird,
zur Sprache gebracht wird. Auch der stets und sei er noch so rudimentär
ich-aktive Vorgriff des Ahnens und Sich-Vorstellens kommt zum Erliegen. Das Ankommende kann nur und will stets als das vollkommen Un-
verfügbare, in allem geduldigen Warten doch *Unerwartete*, als wahre
Gegebenheit erfahren werden.

Rigoros bekundet sich ein alle echte Mystik bestimmendes Moment
schroffer Abwehr von Einbildungen, eine Feindseligkeit gegen »spekulative« Spiegelungen. Wenn man das in Kategorien des Wachbewusstseins übertragen will, und in einem gewissen Sinn darf man es tun, so
wird ein strenger ›Realismus‹ gefordert. Jede Möglichkeit des Truges
wird buchstäblich wie der Tod gefürchtet; denn jeder Selbstbetrug wäre
ein Sterben. Mystik erlaubt offenbar nicht im Geringsten, dass sich der
Mensch ›etwas vormacht‹. Bereits die leiseste Regung zur Ausflucht
wird bemerkt und verurteilt. Schon ein geringfügiger Impuls zur ›Vor-
Stellung‹ zerstört die mystische Möglichkeit.

In diesem Sinn entsinken alle Vorahnungen *inhaltlicher* Art. Nicht
der Gegenstand der bevorstehenden mystischen Erfahrung wird im
Noch-nicht-Schauen erahnt, sondern lediglich die Struktur des Be-

wusstseins in diesen künftigen Erfahrungen, das ›wie‹ des Erlebens, zu dem das Kommende herausfordert, zu dem es den Erfahrenden gefügig macht – in der »*Sterbensbereitheit des Ich*«, »*… in der die Seele sich sehnt, sehnt zum Eingang, zu einem Heimwärts gehen, ohne aus der Welt entfliehen zu wollen …*«[192]

Offenbar sind zuvor erfahrene Spannungen zwischen dem mystischen Weg und der Innenwendung und Weltabkehr des Versunkenheitsgeschehens nun durch die Nähe des Mystisch-Ankommenden aufgelöst worden. Dieses In-sich-Sein erweist sich ganz selbstverständlich als In-Welt-Sein. Die sehr viel später geschriebenen philosophischen Erklärungen Carl Albrechts sind in diesen ersten, anfänglichen Versunkenheitsaussagen bereits überraschend klar vor-formuliert. Nicht nur sprachliche und symbolische Motive der nachfolgenden mystischen Aussprachen, auch die Kategorien des späteren Denkens zeigen sich hier schon an. Die Begriffe der künftigen wissenschaftlichen Reflexion tauchen bereits auf.

Immer klarer wird ausgesprochen, dass dieses Geschehen in einer zur ›Weltflucht‹ entgegengesetzten Richtung verläuft, in den Grund der Dinge und Zusammenhänge hinein, der sich keineswegs als ein Jenseits von Wirklichkeit zu erkennen gibt, sondern als die konkrete Entgrenzung, in der ›*alle Grenzen das verlieren, was sie ausmacht – die Abgrenzungsmöglichkeit*‹.

Das ist der »*Untergang der Grenze, wodurch der Unterschied verschwindet zwischen Nehmen und Genommenwerden, zwischen Uranfang und Neuanfang, zwischen einem Zurück und einem Weiter … in einem Geschehen, das alles zugleich enthält: Das Allgemeine und das für sich Seiende, das Ewige und das In-der-Zeit-Seiende, das Uneingegrenzte und das Im-Raum-Seiende …*«[193]

Wer das erfährt, ist dann, wie vorausgewusst wird, nicht nur jenseits und frei *von* allem. ›*Gesammelt – zusammengesammelt*‹ ist er auch »*reif für alles*«. Die Integration, die dem Menschen in der Begegnung mit dem Geheimnis widerfährt, kann nicht konkret genug gedacht werden. In ihr wird erst offenbar, was konkret ist.

Ganz deutlich verspürt nun auch der unerfahrene Leser dieser Aussagen, dass eine Grenze erreicht ist. Über sie hinaus vermag unser Vorstellungsvermögen dem Geschehen kaum zu folgen. Das Verständnis für die Erfahrungen, die sich bald in ganz anderer Weise, viel dichter und unmittelbar im Wort verleiblichen werden, sieht sich von nun ab des Anhaltes in den aus alltäglichem Erleben vertrauten Vorstellungen beraubt. In einer »unvorstellbaren« Sprache erschließen sich Dimensionen des bewussten Erfahrens, die in uns zwar ein Echo hervorrufen; Reflexionen und vom Ich gelenkte Gedanken können in sie jedoch nicht eintreten. Unserem ›Begreifen‹ sinken die Arme. Das Auge unserer Fantasie erblindet.

Dennoch wird ohne Zweifel klar, dass sich das Dasein nun nicht in ein gegenstandsloses, bedeutungsloses *Nichts* verliert, sondern in höhere, tiefere, reinere, hellere ›Wirklichkeit‹ aufgenommen wird. Den Schatten dieses lichtenden Geschehens nehmen wir als Wirklichkeit wahr. Wenn uns auch von unserem eigenen Grundwissen her keine Zweifel kommen, dass das, was da als Erfahrung zur Sprache kommt, wirklich ist – jenseits dieser »*Grenze*« herrscht ein »*schwarzes Licht*«, das uns blendet.

Freilich ohne diese Blendung zu bedenken, sind nicht nur die mystischen Aussagen, sondern ist Mystik selber nicht zu verstehen. Sie ist eine Blendung des Ichs; denn das Ich ist nicht willens, einer Erfahrung von Umfassendem sich auszuliefern, in der es durchleuchtet wird:

»Das Ich ist so durchsichtig geworden wie die Rippen einer Meeresqualle, einer Meeresglocke, als ob es nur noch die Form aufbewahre ...«, heißt es in einer der nächsten Versunkenheitsaussagen, »... *und das, was das Ich noch füllt, ist ja nicht ... mehr zu ihm gehörig, ist schon das, in welches es vergehen kann.«*[194]

Andererseits vergewissert uns die Verständlichkeit mystischer Aussagen der Tatsache, dass auch uns solche Erfahrungen nicht wesensfremd sind. In diesem ahnenden Echo bereitet sich unser Verstehen vor. Dieses dem fernen Anruf insgeheim doch antwortende und *in* diesem Anruf, *in* dieser Antwort eine unerschlossene, verschüttete Möglichkeit des eigenen Erlebens wahrnehmende Verstehen – wir könnten es nicht aufbringen, wenn diese Erfahrungsmöglichkeiten uns fremd, unzugänglich und ganz und gar unbekannt wären. Freilich bleibt unser Verständnis darauf angewiesen, die vorausgegangenen Umformungen und Wandlungen des Bewusstseins im Gedächtnis zu halten. Vergessen wir, auf welchem Weg der Mystiker insgeheim vom Ankommenden selbst zur Ankunft geführt worden ist, so missverstehen wir das mystische Ereignis zwangsläufig.

Die letzten Aussagen aus diesem Jahr, in dem der »Pfad der Bereitung« durchlaufen worden ist, kennzeichnen die Vorerfahrungen als Vorwirkungen und lassen dann das Ankommen selbst zur Sprache kommen:

»… ich sammle das Schweigende der Seele. Ich schäle mich aus den Anhaftungen. Ich nehme mein im – eigenen – Rhythmus schlagendes Herz und halte es hin. Stille, ruhige, gereinigte, vom Ich entlassene Aufgeschlossenheit. Wenn doch für einen Augenblick alle Fäden aus der Hand entlassen wären – das ist, wenn aller Rest der ›Angst um sich‹ zur Ruhe gekommen wäre – wenn alles Beurteilen stille stände, und wenn auch der Atem unbewegt wäre. – Dann würde – ich – von selbst sein.«[195]

Bald darauf wird gleich zu Beginn einer Versenkung, den eigentlichen Versunkenheitserfahrungen dieses Tages vorauslaufend, die Voraussetzung des Einbruchs ausgesprochen: *»Die grundsätzliche Möglichkeit einer Verknüpfung des Seins in der Welt mit dem Ursein ist vorhanden …«*[196]

Dann nähert sich die absolute Anderheit des Ankommenden kaum bemerkt, als ein *unhörbares Wehen*:

»… es lösen sich alle Gespanntheiten. Ich werde getragen, das Boot fährt ohne mein Steuern. Und die Fluten, die es tragen, haben das stille Leuchten aus den Gewässern des näher kommenden Urwassers. Dieses Meeresleuchten, das so echt ist wie Gold, das so rein in seinem Wesen ist, ist hineingetragen in die Strahlen naher Sonne, schon beschienen von ihrem Licht …«[197]

Die erwartete und doch unerwartete Ankunft geschieht. Ein innerer Widerspruch tritt hervor, der das Verständnis aller späteren Versunkenheitsaussagen, in denen sich mystisches Geschehen verleiblicht, gefährdet: Die Ruhe der Aussage scheint unvereinbar zu sein mit der durch sie ausgesagten ungeheuren Dynamik des Geschehens. Die Wortbilder wirken friedvoll; erschreckend, aufwühlend, überwältigend können die Erfahrungen sein, die sich in ihnen aussprechen.

Die unendliche Nähe des ›Umfassenden‹ tut sich in der vollkommenen Ruhe auf: *»Alle Räume sind hinbereitet …«*, heißt es wenig später in einer Aussage.[198] Die Seele sucht noch ›Geborgenheit im Troste‹, ihr *»Auge erwartet ein Ersehen, das eine Durchsichtigkeit, ein Durchsichtigwerden von ihm selber ist – ein Einsehen, das ein Einfließen ist«.*[199]

Dann ist die Anwesenheit – ausgesagt in der Chiffre des ›es‹ – da:

»… und … das Auge in Auge sein kommt nicht wie eine Tröstung … sondern mit dem Durchtönen ewiger Unverlierbarkeiten. Wie das Aufflammen stille gewesenen Feuers, wie das volle Ja auf den un-gebrochenen Ruf. Niemals ein erlösendes Einnehmen in eine Geborgenheit – sondern der Jubelruf der Ureigentlichkeit … die tiefste Urstille, die

über alle Töne laut ist – die hingebreitetste Gestaltlosigkeit – die hinge-
gebenste Aufgenommenheit – Die Welt könnte eigentlich sein. Und ich
könnte in der Welt eigentlich sein.«[200]
Mit diesen Worten endet der Zugangsweg. Ein Pfad der Bereitung ist
durchschritten. Von nun ab treten der Sprechende und seine Sprache in
andere Bereiche, ins mystische Geschehen. Die Versunkenheitsaussagen nehmen neue, dichtere Formen an. Nicht nur die Erfahrungen und
der Erfahrende, das Erfahrene selbst kommt zu Wort, nimmt in Sprache
Gestalt an – manchmal in zögernden, sehr leisen Worten, oft auch als
›*glutender Auswurf sprachlichen Urgesteins*‹. Urworte werden laut.

Nach einer allgemeinen Einführung in den Phänomenbereich der Versunkenheit und des mystischen Geschehens, die Carl Albrecht in seinem ersten Brief gibt, versucht er nun selbst, die erstaunliche Vielfalt
der Aussageformen, in denen aus Versunkenheit gesprochen werden
kann, im Licht dieser letzten, mystischen Möglichkeit darzustellen.

4. DAS SPRECHEN IN DER VERSUNKENHEIT – CARL ALBRECHTS BRIEFE ZUR PHÄNOMENOLOGIE DES MYSTISCHEN SPRECHENS

1. Brief

Leuchtenburg, den 27. Juni 1964
Lieber Herr Fischer-Barnicol! Ihr Besuch bei mir hat mich erschreckt:
Sie erwarten, dass ich meine Zurückhaltung aufgebe, um ausführlich
über das Phänomen »Sprechen in der Versunkenheit« zu berichten. Ich
würde von Ihrer Zumutung nicht bewegt werden, wenn ich nicht einsä-
he, dass meine beiden wissenschaftlichen Bücher über die Mystik dieses
Phänomen des »Sprechens« nur im Vorbeigehen und nicht unter klarer
Beleuchtung behandelt haben. Ich begreife auch, dass das »Sprechen
in der Versunkenheit« nicht nur für die esoterische Weitergabe, son-
dern auch für manche wissenschaftliche Einzelfächer von Bedeutung
ist. Es wäre undienlich, wenn das Wissen über dieses Phänomen nach
meinem Tod erlöschen würde. Die vier Menschen in meiner Nähe, die
diese echte Weise mystischer Begegnung kennen, schweigen darüber.
Von ihnen darf man keine Weitergabe verlangen.
Wissen Sie eigentlich, wie gewichtig Sie mich mit diesem Ansinnen
belasten? Ich kann über das »Sprechen« nur reden, wenn ich wahr-
haftig bleibe und jede Maskierung abweise: Ich darf meine eigenen
Versunkenheitsaussagen nicht einem anderen Menschen zuschieben,
ich darf auch nichts von diesen Aussagen zurückhalten, was für die
Darstellung wesentlich ist. Andererseits möchte ich alles zu sehr Per-
sönliche ausschalten. Ich werde versuchen, einen Mittelweg zu gehen,

der Ihren Erwartungen entspricht, ohne den Geist der Mystik allzu sehr zu verraten.

Aus einem der späteren Briefe[201] werden Sie erfahren, wie peinigend ungemäß solche Reflexionen über das eigene Erleben sind. Bedeutungsvoller ist, dass hierdurch eine Verdunkelung, ja eine Zerstörung des Ursprünglichen entstehen kann. Es gäbe also Gründe genug, der im Zögern sich zeigenden Warnung zu folgen. Wenn ich mich nun doch entschlossen habe, diesen Bericht in Briefen zu geben, so erwarte ich berechtigterweise, dass die durch die Verantwortung gebotene Zurückhaltung und die hierdurch entstandene Lückenhaftigkeit geachtet wird. Das, was ich vorlege, ist weder eine wissenschaftliche Untersuchung noch die Übermittlung einer neuen Methode, zu einer mystischen Begegnung zu gelangen. Die Letztere sollte um der ihr wesenhaft innewohnenden Gefahren willen ordnungsmäßig an den geistigen Raum Meister – Schüler gebunden sein.

Die hier versuchte Sachlichkeit, welche die existenzielle Beteiligung wegschiebt, ist bewusst gewollt und darum Folge einer zweckgebundenen, keineswegs einfach durchzuhaltenden Disziplin. Wem es vergönnt ist, hinter die Darstellung zu schauen, wird wissen, dass es einen ranghohen Wertbereich gibt, nämlich den wahren mystischen Geistesraum, von dem her gesehen ein solches phänomenologisches Unterfangen nicht nur ungemäß, sondern auch unnötig ist.

Bevor wir in den folgenden Briefen mitten in die Wesenssphäre des Phänomens hineinspringen, wäre es wohl ratsam, erstens eine Klärung der Begriffe: »Versenkung«, »Versunkenheit«, »Sprechen in der Versunkenheit«, »mystische Versunkenheit«, »Urgestein« darzubieten, und es wäre zweitens ratsam, eine vorauslaufende Übersicht über den Gesamtbereich des »Sprechens in der Versunkenheit« zu entwerfen. Beides wird mir am einfachsten gelingen, wenn ich den hierher gehörigen Teil eines Vorwortes abschreibe, das im Jahre 1955 verfasst wurde. Ich hatte damals die Absicht, einen Teil der Versunkenheitsaussagen an andere Menschen weiterzureichen und benötigte eine Einführung. Mir scheint, sie kann uns jetzt dienlich sein.

Diese Einführung stellt einige Anforderungen an den Leser, denn die hier zur Darstellung kommenden Phänomengebiete sind den meisten Menschen erfahrungsfremd, und die Darstellung selbst ist auf knappem Raum ein konzentrierter Auszug aus meinen beiden Büchern über die Phänomene Versunkenheit und Mystik. Dennoch rate ich, diese Seiten durchzulesen.[202]

»Diese Texte können in ihrer besonderen Wesensart nur erfasst werden, wenn einleitend eine Verständigung erfolgt ist über die ihnen zugrunde liegenden Phänomene.

Die *Versenkung* ist ein bestimmt gearteter leibseelischer Vorgang. Die *Versunkenheit* ist der *Endzustand* dieses Vorgangs. Die Versenkung ist eine Sammlung, welche in Stetigkeit auf die einheitliche Klarheit des Bewusstseinszustandes der Versunkenheit hinführt. Während der Versenkung geschieht ein Abbau und ein Umbau unseres uns vertrauten Tagesbewusstseins und es erfolgt eine Neufügung zum Versunkenheitsbewusstsein: Versenkung ist Entspannung des Leibes, Ruhigstellung aller Bewegungsfunktionen und schon hiermit entsteht nicht nur ein Erlebnis des ruhenden, gelösten, umweltfreien, beseelten Leibes, sondern der Sich-Versenkende fühlt, wie ihm die Ruhe entgegenwächst. Die Ruhe steigt empor, dringt in alle frei werdenden Räume des Bewusstseins, umflutet störende Teilinhalte, schmilzt diese ein, vereinheitlicht die Gefühlslage, zieht das Ich gleichsam in die Versenkung hinein und hält es fest, wenn ein Störendes oder Widerstrebendes auftaucht.

Versenkung ist Herauslösung aus der Umwelt auch in dem Sinn, dass sie Abblendung der Außenwelt ist, Abschließung von allem, was durch die Tore der Sinne Einlass finden könnte. Somit enthält die Versunkenheit als Endzustand der Versenkung einen von allen Wahrnehmungsinhalten entleerten fensterlosen Bewusstseinsraum.

Die Ruhe wird zur ›leeren‹ Ruhe.

In der Versunkenheit ruhen alle Triebkräfte, ruhen auch alle Willensakte, fehlen alle ichgesteuerten, zielgerichteten Denkakte; denn in der Versunkenheit verwandelt sich das Ich. Es verliert seine kontrollierende, seine steuernde, seine setzende Funktion. In der Versenkung geschieht eine Entlastung von den aktiven und eine Ausformung der rezeptiven Erlebnisweisen des Ichs.

Im Endzustand Versunkenheit ist das einfache Ich ein schauendes Ich geworden. Das Versunkenheitsbewusstsein ist das einheitlichste, gesammeltste, geordnetste und gesundeste Bewusstsein, welches wir kennen. Und nicht nur das: Der Bewusstseinszustand der Versunkenheit in dieser seiner restlosen Integration und durchgehenden Einheit, in seiner wohl gefügten Einfachheit, in seiner Entleerung von allen ›störenden‹

Inhalten, in der Verlangsamung des ihm in echter Weise zugehörigen Erlebnisgeschehens ist der *klarste* und *hellste* Bewusstseinszustand, den wir kennen. Darum sprechen in Hinsicht auf ihn manche Psychologen von einem überwachen oder besser von einem überklaren Bewusstseinszustand. Die Ruhe der Versunkenheit ist eine *klare* Ruhe.

Wenn die Versenkung geendet hat und der Zustand der Versunkenheit Wirklichkeit ist, dann hat die Ruhe ihren anfänglich noch ›gegenständlichen‹ Charakter verloren. Sie ist jetzt nichts anderes als eine reine Zuständlichkeit des Ichs, ein reines Zumutesein, eine Grundgestimmtheit. Sie hat nicht mehr den Charakter des Ankommens, sondern sie ist der einfache, beharrende, nicht wandelbare Grund, in dessen Mitte der Ichpunkt eingebettet ist. Das erlebende Ich weiß, dass es in der Ruhe ruht; dass die Zeit in dieser ›stehenden‹ Ruhe gleichsam stillsteht und der über ihm liegende Bewusstseinsraum entleert ist. Das Ich steht in der Ruhe und schaut in überwacher Klarheit in den hellen Bewusstseinsraum hinein. Ein solches Innestehen des Ichs in der Ruhe hat das Merkmal, ein einmal gewonnener und immer wieder auffindbarer Bereich der Geborgenheit zu sein. Die klare und leere Ruhe ist auch eine ›schützende und tragende‹ Ruhe.

Das Ich ist der Träger der Innenschau. Das Bewusstsein der Versunkenheit hat mit den Phänomen: Überklarheit, Entleerung, langsam dahinziehender Erlebnisstrom und restlose Rezeptivität des erlebenden Ichs ein Gefüge, welches die zureichende Bedingung der Innenschau ist. Überall da, wo das echte Versunkenheitsbewusstsein vorhanden ist, ist auch die Funktion der Innenschau in einer notwendigen Zuordnung als vorhanden zu denken.

Der Begriff ›*Innenschau*‹ kann zu einem Missverständnis Anlass geben. Das in ihm enthaltene Wort ›Schau‹ darf nur bildhaft hinweisend aufgefasst werden. In der Innenschau geschieht ein erfahrendes Erleben dessen, was im leeren Bewusstseinsraum auftaucht, also in ihm *ankommt*. Ein erfahrendes Erleben, welches durchaus nicht nur im engeren Wortsinn Schau von Bildern und Symbolen ist, sondern welches auch ein hörendes Erfassen oder auch ein Gegenwärtighaben von Gefühlen, auch ein Zufallen von Intuitionen oder ein Zufallen von einem einfachen Wissen über etwas ist. Diese Weisen der Innenschau sind zugleich die Weisen, wie ein Ankommendes im Versunkenheitsbewusstsein ankommen kann. Das, was ankommt, kann in einer großen, oft miteinander verschränkten Mannigfaltigkeit erfahren werden.

Das Phänomen eines »Sprechens in der Versunkenheit« ist weitgehend unbekannt, aber es ist kein ungewöhnlicher Vorgang und ist ein ordnungsgemäßes Vermögen des menschlichen Daseins. Dass der Versunkene in der Versunkenheit sprechen kann, ist, wie wir noch begründen werden, weniger erstaunlich als ein hiermit verbundener zweiter Sachverhalt: Die Sprache in der Versunkenheit ist eine andere Sprache als die Sprache des bewussten Tageslebens. Sie unterscheidet sich nicht nur inhaltlich, sondern auch formal in charakteristischer und eindrucksvoller Weise.

Das Vermögen zu sprechen, ist ein Wesenselement des Menschseins. Sprechen ist ein Urphänomen. Da es strukturell in das Sein des Menschen eingefügt ist, verwandelt sich die Weise des Sprechens zugleich mit den Weisen der verschiedenen Bewusstseinszustände. Uns interessiert lediglich, die Sprache der Versunkenheit mit der Sprache des Tagesbewusstseins zu vergleichen. Der wachbewusste Mensch spricht in der gleichen Weise, die uns vom Handeln und vom Denken her vertraut ist: Das Sprechen ist ichgesteuert, willensbestimmt und zielgerichtet. Das wahre Wesen der Sprache wird gleichsam durch die setzenden und kontrollierenden Akte des Ichs überformt und häufig sogar verformt. Mir scheint, dass das Wunder der Sprache nur verstanden werden kann, wenn man weiß, dass das gewöhnliche Sprechen eine durch das Dasein in der Welt bewirkte Verstellung und Verfälschung der wahren Sprache ist.

Jedes Erleben ist in einer unmittelbaren und ursprünglichen Weise fähig, sich in einem Ausdrucksgeschehen zu verleiblichen. Nicht nur die Gebärden, nicht nur das Weinen und das Lachen, sondern auch das Sprechen ist ein Ausdrucksgeschehen ursprünglicher Art. Die Sprache des Versunkenen ist in diesem Sinn eine urtümliche Verleiblichung seelischen Geschehens.

Darauf beruht der hohe Rang eines Sprechens in der Versunkenheit: »Während im wachbewussten Sprechen die Bezüge des Sprechvorganges zu den aktiven Funktionen des Ichs eng geknüpft und bestimmend sind, wird die Sprache des Versunkenen auf ihren phänomenologischen Urgehalt zurückgeführt. Das wachbewusste Ich kontrolliert, steuert und unterbricht den an sich selbstständig fließenden Vorgang des Sprechens, während das versunkene Ich unreflexiv und daher ungehemmt das ausspricht, was es erlebt ... Die Sprache wird schmiegsam, und sie ist ein immer anderer aber immer gemäßer Leib des in ihr dahinfließenden Erlebens.«[203]

Diese Leibwerdung geschieht, ohne dass deswegen die Abtrennung von der Welt vermindert wird. Da es sich um ein Sprechen in der Versunkenheit handelt und nicht um ein Sprechen im Tagesdasein, bleibt jeder unmittelbare Zusammenhang mit der Außenwelt unterbrochen. Das Wort, welches die versunkene Seele spricht, wird weder durch irgendeinen anderen Menschen herausgelockt noch wendet es sich an irgend jemanden. Das Sprechen des Versunkenen ist von jedem Ursachen- und jedem Zweckbezug zur Welt befreit. Die Sprache ist auf ihren wahren und reinen Wesenskern zurückgeführt und nichts anderes mehr als der Ausdruck und der Leib dessen, was in der versunkenen Seele vorgeht.

Da aber das laut gesagte Wort mit seinem Klang in den Raum hineinströmt, ist es trotz dieser Wesensbestimmung eine fassbare Wirklichkeit, welche von der Seele losgelöst, sich selbstständig macht und durch das Ohr eines anderen Menschen gehört werden kann. Dieser andere kann das, was die versunkene Seele spricht, anhören, festhalten, aufschreiben, aufbewahren.[204] Aus diesem Sachverhalt einer Fassbarkeit des selbstständig gewordenen Wortes darf aber nicht gefolgert werden, dass etwa die Abtrennung der Seele von der Welt nicht voll durchgeführt ist.

Die versunkene Seele führt, wenn sie spricht, kein Gespräch mit irgendjemandem, der mit ihr im Dasein der Welt verbunden ist. Sie kennt kein Ohr, an das sie sich wendet. Damit ist aber nicht gesagt, dass die Seele niemanden anreden kann. Am Anfang ihrer mystischen Bereitung geschieht es oft, dass sie irgendetwas anredet. Sie redet ihr Ich an, oder sie redet auch Gefühle an, die in ihr auftauchen.

Es ist selbstverständlich, dass das »Sprechen in der Versunkenheit« als ein solches geschieht und damit auch ohne jeden Zusammenhang mit einem mystischen Geschehen ablaufen kann. Demgemäß kann es mit all den verschiedenen Vorgängen verbunden werden, welche ein sich versenkender Mensch zu Inhalten seiner Versunkenheit bestimmt hat: Das freie Sprechen in der Versunkenheit wird schon seit Jahrzehnten dazu benutzt, in der seelischen Krankenbehandlung vergessene Erlebnisbereiche wieder in Worten lebendig werden zu lassen. Ferner kann das von der Welt abgetrennte, aus einer inneren Sammlung kommende Sprechen des Menschen dazu dienlich sein, Gedanken, Gefühle und auch Bilder, die beim meditativen Umkreisen eines Betrachtungs-»Gegenstandes« auftauchen, unmittelbar und unverfälscht auszusagen.

Nicht nur der Versunkene kann sprechen, auch der Sich-Versenkende kann sprechen. Die Sprache während der Versenkung ist für das hier dargestellte Phänomen von besonderem Interesse: Jede Stufe der Versenkung hat eine nur ihr zugehörige Weise unmittelbaren Aussagens. Während einer mystisch ausgerichteten Versenkung ist oft der »Weg der Bereitung« in eigenartiger Weise mit dem Vorgang der Versenkung verflochten, so dass nicht nur psychologische, sondern auch mystische Begriffe zur Beschreibung herangezogen werden können: Das Sprechen ist im Verlauf einer solchen Versenkung nicht nur einem Wandlungsprozess, sondern auch einem Reinigungsprozess unterworfen, der gleichzeitig mit dem Läuterungsweg der Seele verläuft. Am Beginn des Weges ist die Sprache Ausdrucksmittel des Ichs und noch in keiner Weise Ausdruck des »tiefen« Seins der Seele. Darum ähnelt diese Sprache in ihrer Form und in ihrer Satzbildung noch ganz der Sprache des Alltags. Denn solange das Ich noch eng mit dem Dasein in der Welt verflochten ist und am Beginn seines Reinigungsweges steht, ist auch das Sprechen noch mit den Daseinskräften der Welt verbunden: Es ist noch keine freie Sprache. Das heißt: Die noch vorhandene Ichsorge verhindert es, dass das Sprechen ein freier und unmittelbarer und reiner Ausdruck wird. Später, wenn die Seele sich aus den Fesseln des Weltdaseins befreit hat und in der Tiefe der mystischen Versunkenheit ruht, wird die Sprache Ausdruck dieses Seins und gewinnt damit die Eigenschaften ihres Wesenskernes zurück.

Nun ist aufzuhellen, was die *mystische* Versunkenheit ist. Von der Fülle des Phänomens »Versunkenheit« haben wir bisher lediglich die formale Struktur sichtbar gemacht, jene Struktur, welche zusammengefasst, als Einheit angesehen, so gut mit dem Wort »Ruhe schlechthin« gekennzeichnet wird, und deren bedeutungsvollstes Moment fraglos die Innenschau ist, als rezeptive Funktion des in tiefer Ruhe stehenden Ichs. Wenn wir unsere Blickrichtung nunmehr ändern und statt der Form den Inhalt der Versunkenheit anschauen, benötigen wir einen neuen Terminus, den folgerichtig und notwendig ergänzenden Begriff zur *Innenschau*. Das ist der Begriff: »das Ankommende«.

Er bezieht sich auf das, was im klaren, entleerten Bewusstseinsraum ankommt und von der Innenschau angeschaut wird. Wir unterscheiden mehrere Qualitäten des Ankommenden. Zu ihnen gehören Teilbereiche aus der Selbstsphäre; auch die Archetypen C. G. Jungs, jene urtümlichen Bilder des von ihm so genannten kollektiven Unbewussten, die als metaphorische Gebilde oder als Symbole im Bewusstseinsraum auftauchen; aber auch *erschaute* Wesenheiten wie etwa das *»Schweigen«*, das *»Ur«*, das *»Nichts«*, das *»Glutende Schweigen«*, das *»Urherz«* und andere, soweit diese mit Teilen ihres Gesamtwesens aus dem Wurzelbereich des Selbst oder aus der Schicht der Archetypen entsprungen sind. Eine ganz andere Qualität des Ankommenden ist das mystisch Ankommende: Dieses wird vom Versunkenen so erlebt, als ob es ein schlechthin Fremdes und Anderes wäre, ein unabmessbar Großes, ein alles andere Überragendes und Umfassendes, ein letzthin nicht Erkennbares, ein Numinoses, ein Bedrängendes und auch Beseligendes. Es ist ein in die Selbstsphäre Hineindringendes und Hineinwirkendes, ein Umformendes und Beschenkendes.

Wesenheiten wie das Schweigen, das Ur oder die Liebe können als Ganzes oder mit Teilen ihrer Gestalt anfangs aus der Selbstsphäre ankommen, um erst im Verlaufe ihrer Ausgestaltung die echte mystische Qualität des Umfassens zur Darstellung zu bringen. Was ist bei vorgelegten Texten zugefallenes, wieder aufgefundenes Gut aus der Selbstsphäre, ein Eigentum, das wieder verfügbar wird? Was ist eine Ausprägung eigener, vorher nicht gesehener Möglichkeiten, sein Leben neu zu entwerfen? Was ist eine Schau urtümlicher Wesenheiten? Was ist demgegenüber mystisch *eingewirktes* Gut? Was sind mystische Wirkungen und was sind echte mystische Schaugehalte, Bildrepräsentationen des Umfassenden?

Die Möglichkeit einer solchen Textanalyse ist ohne Frage gegeben. Die Texte enthalten das »Urgestein«, das in der Versunkenheit zugänglich wurde. Wir sollten es unangetastet hinnehmen als das lebendige und in vielem auch erstaunliche Geschenk einer in der Versunkenheit geschehenden Geburt.

Es wird dem Leser aufgefallen sein, dass ich schon auf den vorhergehenden Seiten zeitweilig die wissenschaftlich-begriffliche Ausdrucksweise verlassen habe, um das Phänomen bildhaft zu verdeutlichen. Manches, was sich in der Begriffssprache unvollkommen und ungemäß benennen lässt, kann in der metaphorischen Rede besser gefasst werden.

Ruhe, so sagten wir, ist leere Ruhe, ist klare Ruhe, ist schützende Ruhe, ist tragende Ruhe. Ruhe, so können wir jetzt sagen, ist nicht nur leere, sondern gefüllte Ruhe; nicht nur klare, sondern auch glühende und leuchtende Ruhe. Sie ist nicht nur schützend, einbergend und tragend, sondern sie ist trächtig. Sie birgt die Schwere des Heiles. In ihr wirkt das Heilende und das Heil. Die Ruhe ist der große umspannende Horizont, der Rahmen, der die Fülle des schon »Angekommenen« und des noch Verborgenen umschließt. Die Ruhe ist eine Weite, die *nicht* überholt werden kann.

Obwohl sie alles trägt und alles umschließt, ist sie in ihrer »totalen Leere« eigenartig gegenstandslos, denn sie ist auf nichts und niemanden bezogen. Furcht, Hoffnung, Geborgenheit und Geduld haben ein Wovor, ein Worauf, ein Worin und ein Womit. Die Ruhe aber ist unabhängig. Nur die Ruhe braucht nirgendwo zu Lehen zu gehen. Sie »ruht« in sich selbst und vermag in der Klarheit ihrer Leere zu »verharren«. Verharren ist nicht harren: Die Ruhe wartet nicht und erwartet nicht. Sie ist »*erwartungslos*«. Aber gerade darin zeigt sich das eigentlich Erregende und Erstaunliche am Wesen der Ruhe, dass sie nämlich Offenheit schlechthin ist, und dass dieses Offensein der Ruhe die Bedingung ist für die Möglichkeit einer Empfängnis.

Mit diesem zentralen Wesenselement haben wir den für uns bedeutungsvollsten Aspekt der Ruhe herausgehoben, aber wir würden der schönen Fülle im Wesen der Ruhe nicht gerecht werden, wenn wir nicht noch das Folgende ergänzend sagten: Die Ruhe ist nicht nur der reine empfangende Kelch, nicht nur der Schoß für die Geburt. Ruhe ist in anderer Sicht der große Ozean, das mystische Meer selber, umfassend, endlos weit und unauslotbar tief. Das Allumfassende der Ruhe, also ihr echtes mystisches Wesenselement, offenbart sich erst dann, wenn sie von der suchenden Seele in der mystischen Begegnung gefunden wird. Dann gibt diese unendliche Ruhe dem in ihr stehenden und auf sie hinschauenden Ich die einzigartige Möglichkeit, in sie erlöschend einzusinken.

Und nun noch ein letztes Wort über ein besonderes und sehr eindrucksvolles Phänomen der Versunkenheit. Jeder Versunkene weiß, dass in der Ruhe seiner Versunkenheit eine erlösende Nähe zum Wahrsein Wirklichkeit ist. Er empfängt und erfährt die »Lauterkeit« der Ruhe. Er erlebt diese Wirklichkeit, dass die versunkene Seele dem Wahren verhaftet ist, wie ein Geschenk, welches unerwartet empfangen wird. Die Wahrhaftigkeit braucht nicht aus einer Verflochtenheit mit dem Dasein der Welt erlöst zu werden, sie braucht nicht von einer Befleckung gereinigt zu werden. Sie ist in der Ursprünglichkeit ihres Seins einfach da. Sie ist aber nicht nur da, sondern sie ist tief in die Seele eingesenkt und so weitgehend mit ihrem versunkenen Dasein verhaftet, dass die Seele nichts erschauen kann, was nicht vorher durch das Tor der Wahrheit gegangen ist. Die Unauflösbarkeit dieser Verhaftung zeigt sich darin, dass schon der geringste Versuch, von dem Wege der Wahrheit abzubiegen, in der versunkenen Seele eine Unruhe emporsteigen lässt, welche die Augen für jedes weitere Sehen verhängt. Diese Unruhe, welche wie das Gewissen erlebt wird, wird nicht eher weichen und den Weg nicht eher freigeben, als bis die Seele ihr Wahrsein wiedererhalten hat.

So sei – in spezieller Ausrichtung auf die *mystische* Versunkenheitserfahrung – noch einmal zusammengefasst, was wir im Einzelnen beschrieben haben:

In den Stunden mystischer Versunkenheit wird das Ankommen eines mystischen Stromes erfahren. Das Erleben der Begegnung, der Berührung, der Durchdringung oder der Einigung mit ihm kann unmittelbar und gleichzeitig in den Leib der Sprache eingehen, denn der Versunkene vermag laut hörbare Worte und Sätze zu sagen, die in ihrer Unmittelbarkeit und Wahrhaftigkeit eine gemäße Gestalt des mystischen Erlebnisgehaltes sind. Ein zweiter Mensch, der in keiner Weise an dem mystischen Geschehen beteiligt ist, kann das Gesprochene hören, aufschreiben und damit aufbewahren. Die aufgeschriebenen Ereignisse der einzelnen Tage reihen sich aneinander. Im Fortgang der Versunkenheitsstunden bildet sich so eine Sammlung von Schriftstücken, die nachträglich in größere Gruppen gegliedert werden können. Sie sind das »Urgestein«. Diese eigentümliche Formung mystischen Erlebens ist kein außergewöhnliches Geschehen.[205] Das Phänomen erweist sich, wenn es einmal geweckt ist, als ein wesensgemäßer und *darum* auch als ein häufiger mystischer Vorgang.«

2. Brief

Leuchtenburg, den 28. Juni 1964
Es dürfte nun ratsamer sein, ungehemmt in die Mitte des Phänomens hineinzuspringen, als sich von den Randphänomenen her einen Zugang zu bahnen. Lassen Sie uns die ganze Fülle ansehen, statt Baustein auf Baustein zu legen, um erst am Ende die Wesensgestalt sehen zu können.
Ich beginne mit einer echten mystischen Versunkenheitsaussage. Das hat den Vorteil, dass wir zunächst einmal die ganze Dichte des Ereig-

nisses vor Augen haben. Dabei muss Ihnen aber bewusst bleiben, dass in der Lebensgeschichte des Erlebenden das Hauptphänomen zeitlich später und die Rand- und Vorphänomene zeitlich früher liegen. Es ist eine Regel: Die mystische Begegnung verlangt zumeist, wenn auch nicht immer, einen vorausliegenden Pfad der Bereitung. In beide, in die Begegnung wie auch in die Bereitung, ist das »Sprechen« eingewoben. Gerade dieser Sachverhalt macht das Phänomen so vielgestaltig. Beginnen wir also mit dem Text einer Versunkenheitsaussage vom 17. Juni 1964:

Die Nacht der Felsen ist aufgetan.
Alles Umschlossene ist in die Leere hineingesunken.

Eine Tiefe.
So klar wie der Urhauch des Ja.
Die Gewalt.
Im nackten Raum der Ruhe.
Das Nahe.
Wie die Weite der Ewigkeit.

Das Übernahe.
Das umtönende Schweigen.
Die Todesruhe.

Das Schwarze.
Das Feuer.
Flammenlos.

O Ahnung.
O Wahrheit.
O Halle des Herzens.

Solch eine Aussage ereignet sich in einem Zeitablauf, der zumeist eine volle Stunde, manchmal auch noch länger währt. Wenn wir Verbindungsworte und Artikel nicht mitzählen, sind es sechsundzwanzig »Worte«, die in dieser Stunde ankamen. Es werden also für jede »Wortgeburt« im Durchschnitt mehr als zwei Minuten benötigt. Manche Worte werden nicht einzeln, sondern in Wortgruppen ausgesprochen. In dieser Aussage sind es »Die Nacht der Felsen«, »Der Urhauch des Ja«, »Im nackten Raum der Ruhe«. Dadurch wird die zwischen den Worten und Wortgruppen liegende Zeitlänge des »Verweilens« noch größer. Nun ist aber das »Ankommen« dieser verschiedenen Wortgestalten keineswegs zeitlich gleich. Sie können schneller oder langsamer aufeinanderfolgen, je nach dem zeitlichen Ablauf aller Vorgänge, die zu einer solchen Geburt im Wort gehören. Das Andauern des Schweigens für eine solche Viertelstunde ist nichts Ungewöhnliches. Es geschieht ja auch und nicht einmal selten, dass das Wort durch das Tor zur Aussage nicht hindurchzutreten vermag, sondern vom mystischen Gewissen verworfen wird und zerrinnt.

Sie dürfen aus meiner Darstellung nicht eine grundsätzlich gültige Regel herauslesen. Dies ist nur eine Beschreibung der häufigsten Form des Ereignisses. Es ist nicht nur denkbar, sondern auch erfahrbar, dass Worte in einer bedrängenden Gewalt und in schneller Folge herauskommen, und dass sie dennoch nicht unecht und ungemäß sind.

Im Ganzen gesehen bestätigt das Phänomen einer Verleiblichung im Wort, was über den verlangsamten Strom des Erlebens in der Versunkenheit gesagt worden ist.[206] Der Versunkene weiß (in einem Mitbewusstsein, also unreflektiv) von dieser »Verlangsamung«. Besser gesagt: Er weiß, dass die der Versunkenheit zugehörige Zeit eine andere ist als die des Wachbewusstseins. Daher kann er nach Rückkehr in das Wachbewusstsein auch angeben, wie lange die mystische Stunde währte.

Was geschieht nun in dieser dahinziehenden Versunkenheitszeit?

Die Stunde beginnt mit der Versenkung. Diese benötigt für den, der Jahre hindurch diesen Weg gegangen ist, nur sehr wenige Minuten oder sogar nur Sekunden, bis die Versunkenheit in ihrem vollen Gefüge ausgestaltet ist. Hier schon, ganz am Beginn der Versunkenheit, noch vor jeder Einzelverdeutlichung geschieht in der gegenüber dem Wachbewusstsein veränderten »Stimmung« eine Ankündigung des Ankommenden. Solche Stimmungswandlung ist im einzelnen Erleben recht beeindruckend: Wenige Minuten vorher, im Wachbewusstsein, bestand etwa Reizbarkeit, Missmut, Lieblosigkeit, Unzufriedenheit, so dass der Sich-Versenkende zögerte, den Weg nach innen unbereitet zu betreten. Wenige Minuten später umfängt ihn – abgesehen von der je schon wesensmäßig zur Versunkenheit gehörigen Ruhe – ein ganz »Anderes«, ein Glanz, eine Helle, eine Einheit: Der Schatten von etwas Großem.

Es besteht also keinerlei Zusammenhang zwischen dem »Ankommenden« und der zeitlich vorausliegenden Geartetheit des Wachbewusstseins. Die »naheste« Begegnung in der Versunkenheit, und so auch die reinste, echteste Wortaussage kann einem Bewusstseinszustand folgen, der ihr gar nicht gemäß war. Das beleuchtet die Unabhängigkeit des »Ankommenden« von der gegenwärtig zufälligen, nicht aber von der zugrunde liegenden Beschaffenheit des Erlebenden. Es zeigt zweitens, dass die Sprache der Versunkenheit in der gleichen Unabhängigkeit vom Sprechen im Tagesleben steht.

Jedes Gerede von der notwendigen inneren Vorbereitung für die Einzelstunde der Versunkenheit ist irrig. Es gibt zwar – das möchte ich ausdrücklich betonen – einen Zusammenhang zwischen »Bereitung« überhaupt und der Gemäßheit und damit der Möglichkeit, zu empfangen. Wie sonst sollten die Askese, die Beichte, die Läuterung, das Gebet eine so entscheidende Bedeutung im Leben des Mystikers haben. Aber dieser Zusammenhang ist nicht zeitlich benachbart zu denken. Keiner kann durch vorbereitende Reinigung erhoffen, die Stunde zu beeinflussen. Keiner braucht sie zu meiden, wenn er nicht gestimmt und bereitet ist. Alles »In-Stimmung-Sein«, jeder Versuch, eine »Stimmung zu erzeugen«, sollte ausscheiden.

Hierher gehört auch, dass eine Schulung des Sprechens nichts einbringt und die »Verleiblichung im Wort« nicht erleichtert. Wer gehemmt, stockend und »oberflächlich« im Wachbewusstsein spricht, kann dennoch mit Versunkenheitsaussagen beschenkt werden. Eine Umkehrung ist sogar richtiger: Durch die Versunkenheitserfahrung von der Geburt des Wortes und vom mystischen »Prüfen« des Wortes kann das Gewissen für eine echte Sprache so geweckt werden, dass auch die Sprache des Tageslebens reiner und zuchtvoller wird.

Aus alledem sehen wir, dass wesensmäßige Zusammenhänge zeitlich nicht benachbart zu sein brauchen.

Der Versunkene weilt in der Ruhe, in einer geöffneten Hinwendung, die wir Innenschau nennen. Das »Ankommende« steht in der Nähe. Es erscheint ein Bild, kein sehr deutliches: Das Bild eines großen, übergroßen Abgrunds; das »Aufgebrochensein« des ganzen Alls, der Erde, des Gefüges des Seins, als Bild. Aus solchen vorweglaufenden Bildern – manchmal sind es auch keine Bilder, sondern unnennbare Inhalte des Fühlens – »kennt« der »Schauende« das »Thema«, das in der überklaren Ruhe mächtig wird.

Hier ist eine die Beschreibung störende Einschiebung nötig:
Ich habe soeben versucht, über die erste undeutliche Bildgestalt et-
was auszusagen. Das war ein »Sprechen« im Tagesbewusstsein. Ein
solches Darüber-Sprechen oder Davon-Sprechen ist phänomenolo-
gisch radikal verschieden von dem »Sprechen in der Versunkenheit«
und damit auch von der Wortwerdung in der Versunkenheit. Für Sie
sind diese Bemerkungen nichts Neues, aber Sie wissen, lieber Herr
Fischer-Barnicol, wie schwer es für jeden ist, der zum ersten Mal von
diesem Versunkenheitsphänomen hört, der Gefahr einer Verwechslung
und Verwischung der verschiedenen Weisen des Sprechens zu entgehen.
Selbstverständlich bemühte ich mich vorhin in meinem wachbewussten
Sprechen, in Hinwendung auf die Vorgänge in der Versunkenheit mög-
lichst sachgerecht zu reden. Ich wählte meine Haupt- und Eigenschafts-
wörter aus einem großen Reservoir aus, um passende Satzaussagen
aufbauen zu können. Aber dieses wachbewusste *Prüfen und Auswählen*
ist etwas ganz anderes als die in der Wortgeburt durch das »mysti-
sche Gewissen« geschehende Freigabe. In der Versunkenheit werden
die Worte nicht »ausgesucht«, sondern gleichsam vom Ankommenden
selber herausgestellt. Meine soeben wachbewusst gesprochenen Worte
und Sätze würden vom mystischen Wortgewissen mit Sicherheit ver-
worfen, so dass sie im Feuer dieses Blickes vergingen.

Schreiten wir in der Beschreibung fort: Es taucht im Versunkenheits-
bewusstsein ein Satzteil auf: »*Das aufgebrochene Dunkle*«. *Der Satz-*
teil wird nicht gesagt. Das heißt: Er sagt sich *nicht. Er verblasst, er*
zerlöst sich und versinkt.

Zur Erklärung dieses Vorganges zurückgewendet, reflexiv bedenkend
und beurteilend könnte ich jetzt sagen: Wie kann ein Dunkles aufbre-
chen? Wie ungemäß hart ist dieses »Brechen« und dieses »Auf«? Wie
wenig deckt sich das »Dunkle« mit dem nahen Da?

Und doch, in diesem ersten aufgetauchten Satzteil war irgendwie
eine Ahnung von dem vorhanden, was da im Kommen ist. Im »Bre-
chen« liegt das Große, Harte, Gewaltige, Nackte; in der Dunkelheit
liegt ein Nahes und doch nicht Sichtbares, liegt ein Umschließen und
ein Vergehen der Unsichtbarkeit.

Der Satzteil wird nicht gesagt. Hat der Versunkene ihn nicht sagen
wollen? Der Versunkene ist ohne setzende, kontrollierende, steuernde
Funktion des Ichs, ohne Willen. Um das Wollen des Versunkenen geht
es hier nicht.

Dies ist eine entscheidende Bemerkung: Alles, was hier geschieht, geschieht unabhängig vom Schauenden: Das Wort selber sagt sich nicht. Oder anders betrachtet: Der Versunkene denkt nicht, in ihm ist nichts anderes als das »Gewissen« und die Unmöglichkeit, unwahr zu sein. Durch das »Tor« kann nichts Ungemäßes hindurchtreten, der Versunkene kann *das Wort nicht sagen. Wenn er es versuchte, wäre er nicht mehr versunken. Die Versunkenheit wäre durch einen solchen Versuch zerrissen worden, und das Ankommende wäre nicht mehr schaubar.*

Jedes Sprechen über etwas – und dieser verworfene Satzteil gehörte seiner Art nach als ein versuchter Entwurf, ohne die geforderte Gemäßheit, in den Bereich des Sprechens über *und damit zum Wachbewusstsein – ist nicht* unmittelbar *und ist erst recht keine mystische Versunkenheitsaussage.*

Der mystisch Versunkene hat eine unmittelbar wahre und unmittelbar echte Sprache. Es kann durchaus sein, dass in einer mystischen Versunkenheit, die an sich auf das Sprechen »angelegt« war, überhaupt nicht gesprochen wird; sie bleibt auf diese Weise gemäß und unverfälscht, während das Gefüge der mystischen Versunkenheit sofort zerrisse, wenn das Ungemäße gesprochen würde. Hier zeigt sich einer der Gründe des schauenden Verweilens, eines Verweilens in der Ruhe, das ohne Warten, ohne Willen ist; es lässt geschehen, was von sich aus geschehen wird.

In diesen Erwägungen wird bereits das Phänomen der mystischen Wahrheit deutlich sichtbar. Es steht im Zusammenhang mit dem, was ich »mystisches Gewissen« nenne. Doch davon später mehr; setzen wir die Beschreibung fort:

Es tauchen nun andere Satzteile, auch andere Einzelworte auf. Sie kommen an, verweilen und zeigen eine verschieden große »Standfestigkeit«. Es kommen Worte, die sich zu den schon dastehenden als Beiwörter, als Eigenschaftswörter zugesellen könnten. Und doch können wiederum alle diese aufgetauchten Wortkristalle nicht gesagt werden, weil sie verblassen, weil sie zerfallen und vergehen. Aber es ist doch von diesem Reigen ausgeschiedener Wortkristalle etwas im »Raume« zurückgeblieben: Ein Duft, ein Klang, ein »Etwas«, – schemenhafte, immer wieder zerfließende Bildgestalten. Lassen Sie mich versuchen, eine reflexive, wachbewusste Schilderung zu geben von diesem Etwas, das zurückblieb:

Es war *wie* Feuer. Doch das *Wort* »Feuer« würde eine Verfälschung sein, weil es in Wahrheit kein Feuer, sondern ein *Grund* war, ein Tiefengrund, irgendwie ohne Grenzen, groß und wellenlos, glatt wie ein ruhendes Urmeer; andererseits war es Gewalt und auch Fülle, in grenzenloser Übergröße dargeboten. Ein dunkler Spiegel, eine glatte große Fläche, unheimlich in dieser Hüllenlosigkeit. Alle diese Worte treffen nicht das, was nahe war, eigentümlich nackt sich darbietend.

Nun kommt die Wortgruppe »Die Nacht der Felsen«, zu der sich das Wort »aufgetan« gesellt. Diese Wortgeburt ruht in einem Verweilen, das nicht endet. Die Worte zeigen keine Brüchigkeit. Sie verblassen nicht. Nein, sie runden sich, sie sind ein wahres *Gefäß, eine Erhellung. Und darum fließen sie – aus sich selbst heraus – ungehindert durch das Tor und werden eine laut in den Raum hineingesprochene Aussage.*

*Es hat mich stets gewundert, dass es so wenige Worte sind, die zur Verleiblichung zugelassen werden; niemals ein Fremdwort; nie ein verkehrstechnisches Wort. Vor Jahren sagte ich: Es sind nur die Urworte einer Sprache, die zur Verleiblichung dienlich sein können. Heute würde ich in der Formulierung vorsichtiger sein. Ich konnte und kann nicht begreifen, warum eigentlich das Wort »*Liebe*« – zwar nicht grundsätzlich, aber doch zumeist – verweigert wird.*

Durch die geringe Zahl der möglichen Worte entsteht so etwas wie ein Reigen der Worte, eine immer andere Zuordnung derselben Worte zueinander und untereinander, ein Spiel der Worte, in dem das »Urwirkliche« atmet. Das ist ein erregendes Geschehen. Die Sprache sammelt sich um ihren echten Kern und durch diesen leuchtet, besser aus diesem heraus leuchtet das in der mystischen Versunkenheit »Angekommene«.

So möchte ich auch noch auf ein Phänomen hinweisen, das mir bei dem Nachsinnen über dieses Geschehen deutlich geworden ist: Nämlich die Bedeutung des Sprachklangs für eine Verleiblichung im Wort. In der Versunkenheitsaussage vom 17. Juni fällt die Häufung des Vokales A auf. Wahrscheinlich ist manches Wort allein deswegen in sich zusammengefallen, weil es einen zu »hellen« Klang hatte, etwa hier das Wort »auseinandergefügt«. Trotz all der dunklen Töne ist das Helle keineswegs verschüttet. Es tritt an einzelnen Orten der Aussage wie wesensnotwendig hervor, so beim zweiten »Absatz«. Im Auftakt mit der Wortgruppe »Eine Tiefe« klingt eine »Helle« an, die später hinfließt in die Aussage: »Wie die Weite der Ewigkeit.«

Lassen Sie mich für heute enden mit einer Versunkenheitsaussage, die anschließend an den 17. Juni geboren wurde.[207] *Nach alledem, was ich bisher gesagt habe, kann man sie wohl von sich aus erhellen:*

24. Juni 1964:

Da.
Das da.
Schwarze Ruhe.

O Schweigen im Blute der Herrlichkeit.
O Feuer.
Weite hehre Weite.
O Ton.
Der Nackte.
Verklärte Heiligkeit.
Stille – Urstille.
Urklarheit.
In der Glocke der großen Herrlichkeit.
Stillstand.
Reines wahres
weilendes währendes Blühen.

Im Grunde des Hauches.
Im Da.
Im großen Da.
In der Weite des Ortes.
Im Wasser des Herzens.
Dort,
wo die Zeit versank.

Einige Monate später – am 22. Oktober 1964 – sandte mir Carl Albrecht noch zwei weitere mystische Aussagen mit einem Nachtrag zu diesem Brief; er wollte den Eindruck einer *»Reihe«* vermitteln, wie er diese kontinuierliche Abfolge von gleichförmigen Aussagen nannte.

... aber dies ist nur ein Eindruck. In Wirklichkeit hat diese Reihe schon am 29. Juni 1960 begonnen und ist noch nicht zu Ende. Wir haben also Bruchstücke einer langen Kette vor uns, einander benachbart sind nur die beiden ersten; dann folgten noch vier weitere Glieder:[208]

17. September 1964:

O Stern.
Mitte der weißen Stille.
Verklärtes Wunderbild des Lichtes.
Geheimes Zeichen.

O Stein.
Aus Strahlen gefügt.
Erleuchtung.
Antlitz im schwarzen Glanze.
Durchleuchtung der Perle.
Urform.
Im Leibe des großen Gesteines.
Rune.
Im Zittern der Träne.

14. Oktober 1964:

O Glut.
Zitterndes lebendes Gold.
O Stern.
Stein im Weben des weißen Lichtes.
O Wunder.
Erblühen.
Güte in der Glocke des Glanzes.
O heiliger Leib.
Das Herz in wallenden Kreisen.
Das Lächeln.
Die Mitte der Heiterkeit.
Du zärtlicher Ton.
Das Kommen.
Die Sage.
Das Da.
Im Zerrinnen des Lichtes.
Im Ruf.
Und das Tor ist offen.

Worauf ich aufmerksam machen möchte, ist dies: In jeder Reihe ge-
schieht fraglos ein Fortgang der Selbstdarstellung des Ankommenden.
Der Vergleich der Aussage vom 17. Juni mit der vom 14. Oktober zeigt
einen deutlichen inhaltlichen Unterschied: Am 17. Juni war »lediglich«
das Da des Nahen offenbar, am 24. Oktober war schon so etwas wie
ein »Antlitz« dieses Nahen in der Sprache verleiblicht.

Und doch: Wer ohne die vorhergehenden Hinweise die ganze Rei-
he der Versunkenheitsaussagen von 1960 bis 1964 anhört, wird wahr-
scheinlich unter dem Eindruck stehen, der Versunkene trete »auf der
Stelle«, und immer wieder das Gleiche werde in anderer Gruppierung
derselben Worte gesagt. Welch ein Irrtum! Denn ohne jeden Zweifel
liegt hier ein Progress, ein Prozess vor: In höchstgradiger Dynamik
eine zunehmende »Annäherung« und »Lichtung«. Das Geschehen hat
zwar andere Zeitmaße als das aktiv gestaltete Tagesleben, mit dem ver-
glichen es wie mit der Zeitlupe aufgenommen wirkt; aber es bewirkt
existenzielle Bedrängung und enthält eine höchste Aktivität des Kom-
menden.

3. Brief

Leuchtenburg, den 19. Juni 1964
... stellt mein letzter Brief das Geschehen einer Geburt im Wort klar
und anschaulich genug vor Augen? Vermutlich wird es nun genügen,
darüber hinaus, gleichsam als geordnete Zusammenfassung, einige
vor siebzehn Jahren geschriebene Notizen mitzuteilen, in denen ich mir
dieses auch mich überraschende Phänomen zu vergegenwärtigen ver-
suchte – in meditativem Umschreiben:

Die Leibwerdung des Urwirklichen
Der Raum ist sichtbar geworden, in dem Mystik walten kann. In dem
Urgeschehen der Geburt setzt sich die ureigene Wirklichkeit selber in
Bewegung, bricht hervor aus dem Schoß des unsichtbar verborgenen
Urgrundes und tritt damit ein in den Raum dieser Erde. Der Seelen-
grund des Menschen ist der Ort, an dem dieses Wunder geschieht. Die
Seele des Menschen ist erwählt, Durchgangsraum zu sein für den Ein-
tritt des Geheimnisses in die Welt.

Ich werde mit Vorsicht versuchen, dieses jenseits aller Begreifbarkeit liegende Geschehen für das Bewusstsein verständlich zu machen. In der Tiefe des Seelengrundes fließt der mystische Strom. Die versunkene Seele erlebt an diesem mystischen Ort, dass das Wasser des Stromes nicht aus einer Quelle stammt, die in der Tiefe der Seele selber aufgebrochen ist, sondern von einem Land hergeflossen kommt, das weit von der Seele entfernt ist. Sie weiß sogar, dass der Strom nicht nur durch sie hindurchzieht, sondern irgendwie, unfassbar, auch durch die Seelen der Mitmenschen hindurchströmt. Die in dem glutenden Schweigen untergegangene Seele ist das breite Bett eines Sees, in dem sich das Wasser des Flusses sammelt, bevor es seine Bahn weiterzieht.

Jede Geburt ist die Leibwerdung eines Lichtes, das in diese Welt eintreten wird. Wir wissen, dass dieses Licht in dem Strom des Seelengrundes geheimnisvoll anwesend ist. Aber wie findet es seinen Leib, in dem es sichtbar wird?

Der Strom des ureigentlichen Wassers, der durch den Grund hindurchzieht, berührt die Seele zunächst einmal ahnungsweise in ihrem Fühlen. Die Seele antwortet auf die Berührung in der fühlenden Bewegung ihres Gemütes. In der Freude, der Angst, der Hoffnung, dem Staunen und anderen Gefühlen erhält er die erste Andeutung eines irdischen Leibes. Die Urwirklichkeit findet ihren sichtbaren Leib auf dieser Erde aber nur dann, wenn sie nicht allein in der versunkenen Seele fühlbar waltet, sondern wenn sie durch die Seele hindurch in die irdische Sichtbarkeit eingeht. Die Leibwerdung verlangt also mehr als nur das Angemutetwerden einer Seele.

Die Verwandlung des Sehens

Wo immer Mystik lebt, findet sich auch das Sehen, und es ist darum auch in das Geschehen jeder mystischen Geburt eingefügt. Aber der Anteil, den es an der Leibwerdung des Urwirklichen nimmt, hat eine verschiedene Bedeutungsgröße, je nachdem ob das Sehen selber der wesentliche Vorgang der Leibwerdung ist oder ob es die »Geburt im Worte« ist. In der sehenden Seele wird das in dem Strom dahinziehende Urwirkliche in Bildern offenbar. Die Seele sieht Gesichte. Diese sind die Gestaltwerdung des im Fühlen bisher noch Ungestalteten. Das Nur-Geahnte, aber bisher Noch-Verborgene findet seinen Leib in dem Gesicht. Die Seele, in der die Gesichte auftauchen, darf sie der Welt verkünden. Und so tritt das Urwirkliche in den Raum der Erde ein.

Das Gesicht ist die eine Weise der Leibwerdung. Die Geburt im Wort ist der zweite Weg, auf dem das Verborgene ankommt. Das Wort steht der Seele näher als das Sehen. Das Wort bricht unmittelbar aus dem Grund auf. Das Sehen dagegen ist eine Ausrichtung der Seele auf den Urgrund hin. Weil das Wort ein ursprünglicher Besitz des Menschen ist, ist die Leibwerdung im Wort ein für das Offenbarungsgeschehen gemäßer Vorgang. Darum kann das mystische Sehen seine Eigenbedeutung verlieren, wenn die Geburt durch die Leibwerdung im Wort geschieht. Es geht unter in seiner Selbstständigkeit und wird eingegliedert als ein Teilgeschehen der Wortwerdung. Dieses Teilgeschehen ist eine Ausrichtung auf das aus dem »Dunklen« emportauchende Wort. Dieses Wort wird »angesehen«.

Die Geburt des Wortes

Die Geburt des Urwirklichen im Leib des Wortes ist gleichzeitig eine Geburt des Wortes. Das Wort ist der erwählte Leib für das sich Offenbarende. Aber dieses Wort muss selber aus dem Grund der Seele auftauchen. Diese mystische Geburt des Wortes ist ein Teilvorgang des großen Geschehens einer Geburt im Worte.

Der Teilvorgang hat gegenüber dem Gesamtvorgang der Geburt gewisse selbstständige Wesenszüge. Sie rechtfertigen, etwas über die mystische Geburt des Wortes zu sagen, wie sie sich im Verlauf des mystischen Pfades der Bereitung und des Stufenweges allmählich ausgebildet hat. Das zunächst in der Versenkung noch ich-bezogene Sprechen verwandelt sich in der Versunkenheit zu einer freien Sprache, die aus dem Grunde der Seele hervorkommt. Aber auch diese hat noch einen Entwicklungsweg: Das einzelne Wort gewinnt ein immer schwereres Gewicht als gemäßer Ausdruck dessen, was gesagt werden will. Das mystische Wort hat seine volle Bedeutungsschwere zwar schon dann erhalten, wenn die ruhende Seele den Stufenweg beginnt, aber erst im Vorgang der »Geburt« wird die mystische Wortbildung zum tragenden Grundgeschehen.

Die Geburt des Wortes kann am besten beschrieben werden, wenn der Blick vom Erleben der Seele her auf diesen Vorgang gerichtet wird. Der mystische Strom scheidet aus seinem ungestalteten Leben Wortkristalle aus. Das Wort kommt aus einer dunklen Tiefe hervor. Bevor es sichtbar wird, ahnt die Seele schon, was es sein wird und was es sein muss. Wenn es sich aus dem Urgrunde heraus kristallisiert hat, bietet es sich der versunkenen Seele an. Es wird sichtbar. Die Seele umschließt dieses Wort mit ihrem ganzen Sein. Indem sie es durchfühlt, weiß sie, ob in ihm eine echte mystische Wortgeburt sichtbar geworden ist oder ob sich eine mystikfremde Wortwerdung eingeschlichen hat. In der wahrhaftigen mystischen Seele lebt ein Gewissen dafür, ob das aufgetauchte Wort der reine und gemäße Leib ist, in dem das drängende Ungesagte gesagt werden kann.

Es können sich Worte anbieten, welche keine reinen Kristalle aus dem Urgrunde sind. Solche Worte werden von dem Gewissen abgewiesen. Nur Worte, die in einer echten Geburt geschenkt wurden, können in den Raum der Erde entlassen werden. Es geschieht manchmal, dass die versunkene Seele ihre Aufgabe verfehlt hat und ein ungemäßes Wort voreilig entlassen hat. Dann schweigt der Strom in der Tiefe des Seelengrundes so lange, bis die beunruhigte Seele das unwahre Wort zurückgerufen hat, bis sie es verbessert oder ergänzt hat.

Die Geburt des Wortes kann für die Seele sehr quälend sein. Das Ungesagte drängt heran und will sich im Leib des Wortes gebären. Die Seele wird erst erlöst, wenn sie das echte Wort entlassen hat.

Die versunkene Seele ahnt nicht, was sich von dem herandrängenden Ungesagten in einer bestimmten Stunde offenbaren wird. Sie kennt das Thema der Stunde nicht. Sie ahnt nur, dass diese Stunde auf irgendeine bestimmte Mitte ausgerichtet ist, auf die hin sich das Geschehen der Wortwerdung bewegt. Der aus dem Strom auftauchende erste Wortkristall erscheint wie der erste Lichtstrahl in einer tiefen Dunkelheit. Wort reiht sich an Wort. Sätze fügen sich zusammen, freie Rhythmen bilden sich. Während der Versunkenheit wird dieses Geschehen unverstanden hingenommen. Erst nach der Rückkehr aus ihr kann das betrachtende Ich erkennen, was der letzte Sinn dieser Leibwerdung im Wort ist. Das Ich staunt, dass das ganze einen Fortgang, einen Aufbau und einen notwendigen inneren Zusammenhang hat, der verborgen blieb, solange die Seele noch in das Geburtsgeschehen eingelassen war. Jedes Wort muss unabänderbar gerade so sein, wie es ist. Die Wahrheitskraft der mystischen Wortwerdung bewirkt unbewusst, dass sich das herandrängende Ungesagte auf die richtige Weise sagen kann.

Als Herausgeber möchte ich in der Wiedergabe der Albrechtschen Aufzeichnungen nicht fortfahren, ohne eine Bemerkung zu ihrer eigentümlichen Wortwahl einzufügen. Diese zeigt, wie mir scheint, wie schwer es dem reflexiven Denken – aber auch, wie in diesen Texten – der meditativen Beschreibung fällt, angemessene Ausdrücke zu finden. Um hervorzuheben, dass ein wirklich Anderes erfahren wird und zur Sprache kommt, gleichsam objektiv, werden alle erdenklichen Substantivierungen aufgeboten und nach Möglichkeit mit der Vorsilbe »Ur« versehen, um darauf aufmerksam zu machen, dass sich all dies tatsächlich im tiefsten Grund der Seele und der Wirklichkeit begibt. Seinerzeit bat ich darum, Worte wie »Urwirklichkeit«, »Urgrund«, »Ursein« oder »Urwort« aus dem Spiel zu lassen. Sie könnten den Eindruck bemühter Feierlichkeit und angestrengter Urtümlichkeit erwecken. Sie werden gerade nicht als ursprünglich empfunden. Sie sind es auch nicht.

Carl Albrecht zeigte mir daraufhin mystische Aussagen, in denen einfach von der Wirklichkeit des »Ur« gesprochen wird. Damit ist offenbar ein allem Geschehen, in dem etwas in Erscheinung tritt, vorausgehendes Ereignis gemeint, aus dem sich alle weitere Gestaltung erst ergibt; eine zeitlose und deshalb wie in sich verharrend und ruhend erscheinende Heraufkunft ins Da des Seins. Im »Ur« bildet sich keimhaft aus und zeichnet sich allererst ab, was einem Wesen, einem Wort, einem Seienden zufällt und zukommt. Scheinbar ist von diesem Ereignis, in dem alles seine Bestimmung empfängt und das »Eigentliche« dem Jeweiligen sich zu-eignet, nicht viel mehr zu sagen, als dass es allem, was in Erscheinung tritt, voraus und zugrunde liegt. Dem mystischen Erleben bietet es sich als Wesenheit und Wesensraum dar. Was aus diesem abgründigen »Grund« oder »Urgrund« hervorkommt und was in ihm geschieht, wird deshalb als »Ur-teil« gekennzeichnet. Für Carl Albrecht war diese Silbe also ein sehr konkreter Begriff. Wenn er von »Urworten« sprach, wusste er, was darunter zu verstehen sei: Nämlich jene Grundworte einer Sprache, die nicht nur in das »Ur« verweisen, sondern aus dem »Ur« hervorgehen, wie es die mystische Schau beobachten kann. Dem entspricht die Etymologie dieser Silbe. Als Worte »des gemeinsamen Geistes« »wurzeln« sie, wie Albrecht erklärt, im Seelengrund eines Volkes und stiften ein erstes, allen Bemühungen um Verständigung zuvorkommendes, eben ursprüngliches und spontanes Einverständnis: »Im innersten Heiligtum der Seele, in dem auch der mystische Strom fließt.«

Urworte und Urrhythmus

Nicht jedes Wort, das zum Bereich einer Sprache gehört, wird als Offenbarungsleib erwählt, wenn das aus der Tiefe hervortauchende Ungestaltete zur Sichtbarkeit drängt. Nur Urworte einer Sprache haben den Wert, der sie würdig macht. Worte, die nur in den Randbereichen seelischen Lebens zu Hause sind, können niemals gemäßer Ausdruck des Urwirklichen sein. Alle fremden Worte, sowie alle Worte, die durch das Denken gebildet sind, werden vom mystischen Gewissen abgewiesen. Nur einige wenige Worte erfüllen die notwendigen Vorbedingungen für ihre mystische Aufgabe.

Diese Beschränkung wird dadurch aufgewogen, dass sich in der mystischen Wortgeburt nicht nur Worte anbieten, welche dem Bewusstsein bekannt sind, sondern dass aus dem mystischen Strom neue Wortbildungen herauskristallisiert werden. Jeder Mystiker erlebt dieses Wunder der Wortschöpfung. Die in dieser Wortschöpfung geborenen Worte sind echte neue Worte der Sprache, da sie aus der Grundschicht der Seele auftauchen, die der Mutterschoß ist, aus dem die Quelle der Sprache entspringt.

Auch die frei entstandenen Rhythmen der Sprache haben ihren Entstehungsursprung in dieser innersten Seelenschicht. So wie das Wort aus der Tiefe auftaucht, so bricht auch der Rhythmus hervor, der die einzelnen Worte zusammenfügt. Das Urwirkliche, das sichtbar werden will, wählt sich nicht nur das Wort als irdischen Leib, sondern es gibt sich in den freien Rhythmen einer Sprache die seinem Wesen gemäße Gestalt.

Die Geburt im Worte

Es war nötig, den Vorgang der mystischen Geburt des Wortes zu verstehen, um darin das Geheimnis einer Leibwerdung des Urwirklichen im Wort ansehen zu können. Dieses hat den »Willen«, aus der verhüllten Geborgenheit in den Lebensraum dieser Erde durchzubrechen. Es offenbart sich im Worte. Das aus dem mystischen Strom herauskristallisierte Wort und der aus der Tiefe des Seelengrundes herausgelöste Rhythmus sind der lebendige Leib und die gemäße Gestalt für ein Sichtbarwerden des unsichtbar Gewesenen.

Der Gedanke kann aufkommen, die Seele sei der selbstständige Mittelpunkt des Geburtsgeschehens. In Wahrheit aber ist jedes gegenwärtige und zukünftige Eigenleben der Seele in dem glutenden Schweigen

vernichtet worden. Diese Auslöschung der Seele war Vorbedingung da-
für, dass die Geburt des Urwirklichen geschehen konnte. Die Seele ist
nur der Durchgangsort für den Einstrom des Urlichtes in die Tageshelle
unserer Welt. Der mystische Strom fließt durch den Urgrund der Seele
hindurch. Er gebiert aus sich heraus das Wort, in dem der Leib für eine
Sichtbarwerdung gefunden wird. Die »Prüfung« dieses Wortes ist kein
eigenes Tun der Seele. Sie wählt das Wort nicht aus. Das Urwirkliche
wählt sich seinen Leib selber, indem es die mystische Wahrheitskraft
der Seele hierfür wirken lässt. Die Seele ist nichts anderes mehr als ein
Werkzeug für den geheimnisvollen Geburtsdrang des Urlichtes. Sie ist
das erwählte Gefäß, in dem das Wort behütet ruht, bis es aus ihr heraus
in den Raum entlassen werden kann. Die Geburt ist in dem Zeitpunkt
vollendet, in dem das Wort von der Seele gelöst, freischwebend und
lebensvoll irdische Wirklichkeit ist.

Wie Sie wissen, lieber Herr Fischer-Barnicol, kann ich heute nicht
mehr jedes Wort unterschreiben, das in dieser ersten, meditativen Er-
hellung über die Geburt im Wort gesagt worden ist. Ich würde heute
nicht mehr das Bild vom »mystischen Strom« gebrauchen. Das Bild ge-
fällt mir nicht mehr. Ich kann diese Abneigung nicht recht begründen.
Wahrscheinlich beruht sie darauf, dass mit diesem Bild zu unvorsichtig
und zu viel über ein Ereignis ausgesagt wird, das hinsichtlich seines
Woher nicht befragt werden sollte. Auch der folgende Satz gefällt mir
nicht: »In der wahrhaftigen mystischen Seele lebt ein Gewissen dafür,
ob das aufgetauchte Wort der reine und gemäße Leib ist, in dem das
drängende Ungesagte gesagt werden kann.« Darin liegt eine zu große
Betonung des eigenen »Tuns«, des »Schauens«. In Wahrheit wird das
Wort weniger abgewiesen, als dass es von selber vergeht. Das mysti-
sche Wahrsein hat seine Wurzeln nicht nur im Schauenden, als eines
»Prüfenden«, sondern auch in dem »Ankommenden« selber. Dieses
verweigert sich von sich aus, und darum »vergeht« jedes ungemäße
Gefäß: Es erhält keine Füllung und sinkt weg. Ich gebe aber zu, dass
der Text im Übrigen das Ereignis schon richtig bewertet hat.

Allerdings sind mir die damals so häufig gebrauchten Worte: Das Ur-
eigentliche, das Urwirkliche, das Urgeschehen nicht mehr so vertraut.
Sie haben recht, man dürfte sie nicht so unbefangen dahinschreiben.

Schließlich ist hier von Rhythmus die Rede. Heute würde ich dem
Rhythmus als Gestalt der Leibwerdung nicht mehr eine so zentrale

Stellung einräumen, wie ich es damals unter dem Eindruck der rhythmischen Versunkenheitsaussagen glaubte tun zu müssen. Die bisher mitgeteilten mystischen Versunkenheitsaussagen sind rhythmuslose Sprachgebilde. Die in ihnen lebende eigenartige »Verdichtung« in gewichtigen Einzelworten hat alles Verbindende gelöst und hat damit auch die Zwischenworte und in derem Gefolge auch den Rhythmus in eine phänomenologische Randzone verbannt. Und ich meine in der Tat, dass die beschriebene Form der Wortgeburt den Wesenskern des Phänomens »Leibwerdung im Wort« am deutlichsten beinhaltet. Der Fortschritt meiner Einsicht hängt wohl mit Folgendem zusammen:

Vor zwanzig Jahren war die »Geburt im Worte« eine andere als heute. Ich wage zu sagen, sie war eine etwas lockere oder besser: Sie war eine noch nicht so »dichte«. Das Ankommende und der Sprachleib gehören zwar schon zueinander, waren auch wahrhaftig und rein in der Verleiblichung, aber mir scheint, dass die »Haftung« des einzelnen Wortes am Ankommenden noch um ein weniges geringer war, als sie es heute ist. Es hätte sich leichter einmal ein Wort durch ein anderes austauschen lassen. Der Wesensakzent lag um ein Weniges weniger am Wort und um ein Weniges mehr am Satz, am Ganzen der Aussage. Dieses Ganze enthielt auch damals fraglos all das, was sich in einer bestimmten Versunkenheitsstunde aussagen »wollte«. In den neueren Aussagen ist aber das »Feld« der mystischen »Wirklichkeit« größer geworden. Der dunkle, nicht erkennbare Bereich steht näher im Raum und leuchtet durch die Wortgestalten hindurch.

Ich weiß, dass dieses alles nicht leicht verständlich ist. Einige von mir ausgewählte frühere Versunkenheitsaussagen werden das Gesagte verdeutlichen. Nun erweist es sich als richtig, den Wesenskern des Phänomens als Erstes ins Gesichtsfeld gebracht zu haben. Nur von diesem Kern aus können wir die näher oder weiter von ihm entfernten Phänomenteile begreifen. Wenn Sie nun die folgenden Aussagen lesen – und bitte laut lesen –, werden Sie unmittelbar erfassen, was mit den Sätzen vom Urrhythmus gemeint war:

18. Januar 1943:

Der schwarze Felsen zerbirst.
Und die blendende überhelle Glut
ergießt sich aus der aufgetanen Tiefe
über das stille weiße Land.
Und in der Gewalt eines
in die Bewegung einsaugenden Wirbels
wird alles eingeschmolzen
in das rote Blut
einer glutend heißen Sonne.
Umgewendet zu dem strömenden Rausch
eines glühenden Lichtes
verwandelt in das Weinen des Glückes,
hineingezogen in den Jubel.

Das Wunder leuchtet:
Das urheilige Schweigen
ist dem glutenden Herzen versunken,
während zugleich das sengende Feuer
von der ewigen Urstille umfangen wird.

13. Februar 1943:

Da wo in der Tiefe des Grundes leuchtendes Strahlen,
im Geheimnis verwoben, die Urmitte verhüllt,
da wo das Reich des Glückes zitternd erahnt wird,
da wo die flammende Innigkeit heilig ruht,
da wo in der Tiefe des ewig stillen Wassers
die korallenrote Wunderblume lebt,
und da wo die blaue Luft ihr geheimstes Blau
um die Feurigkeit des Ursternes hüllt,
da findest Du das Urherz.

In seinem Leuchten vergeht das Sein,
verhaucht das Flehen.
in seinem Feuer verglüht die Stille.
Und ein jubelnder Ton erfüllt das All

mit einer golden reinen Glut,
in deren überflutende Strahlen
alle Seelen zerschmolzen werden
und eingeglüht veratmen.

Die Stille ist glutendes Schweigen geworden.

6. Mai 1943:

Das von dem Strahl der Wonne
durchrissene Herz verglüht.
Sterne der Nacht wachen.
Eiseskalte Einsamkeit
küsst den Todesort.

Die erstarrte Nacht erschrickt:
Es tropfen rote Tränen:
Aus dem verschenkten Herzen
tropft das Blut der Liebe.
Nackt,
angstlos,
wie ein Wunder.

Das Ur weint.

7. Mai 1943:

Heilige Träne,
herzgeborenes Blut,
am Todesort in einsame Nacht entlassen,
nackt im Sternenraum des Schweigens,
gesegnetes Wunder, Du,
kleine sanfte Flamme
in der fremden kalten Nacht.

Erschüttert weint das Ur.

14. Juli 1943:

Jetzt singt die Stille erschüttert ein Lied:
Aus dem Gott nahen Atem des Meeres
schwebt ein weißer Vogel empor
und fliegt hin über die demütige Weite.

Das Licht des Himmels sinkt herab in das urgeborene Wogen.
Das sehnsüchtige Meer aber wandert heim zu den Sternen.

In dem Leuchten des wasserseligen Lichtes
erstrahlt der weiße Vogel
und wird zur hellen Gottesträne.

Das Licht der Liebe
schenkt sich der Nacht.

Diese Aussagen, nur eine kleine Auswahl aus einer langen Folge, sind fraglos mystische Texte. Denn das Ur, das Schweigen, das glutende Schweigen, das Urherz und die Urliebe sind mystische Gestalten. Und doch: Es sind keine reinen mystischen Texte. Nach jahrelanger sorgsamer Prüfung finde ich in ihnen viele Elemente, die zur Selbstsphäre gehören; nicht zu jener, in der unbewusste Triebe leben, aber zu jener, in der die Archetypen C. G. Jungs beheimatet sind.

In den Versunkenheitsaussagen aus jenem Jahr erkennen Sie sofort und unmissverständlich, dass in dieser Folge als Ganzes das Ankommen des Ankommenden geschieht und sich von Versunkenheitsstunde zu Versunkenheitsstunde immer deutlicher ausgestaltet und in der Sprache, in den Wortgebilden verleiblicht. Die einzelne Versunkenheitsstunde stellt diesen Vorgang nicht so deutlich dar, wie es die neueren Versunkenheitsaussagen in der Dichte der reinen Wortgeburt vermögen. Der Bildcharakter, das Metaphorische, das Sehen ist weit stärker betont. Die Nähe des Wortes zum Ankommenden, die unmittelbare Verleiblichung im Wort ist um ein Weniges geringer.

Auch bin ich besorgt, man könnte annehmen, ich hielte die Verleiblichung im Wort für den einzig legitimen Weg, auf dem das Mystische in der Versunkenheit ankommen »sollte«; oder ich hielte diese besondere Weise des Ankommens für die ranghöchste.

Das wäre ein Missverständnis. Die Geburt im Worte ist nur eine von elf möglichen Formen des Ankommens im Versunkenheitsbewusstsein, die ich in meinem Buch ausführlich beschrieben habe, überdies die unbekannteste und darum auch für den, der erfahrungslos ist, die »fremdeste«.

Diese Fremdheit darf aber nicht dazu führen, die Verleiblichung des Mystischen im Worte und die mystische Geburt des Wortes nicht als eine sehr echte, ursprüngliche, wahre und gemäße Weise des Ankommens anzuerkennen.

4. Brief

Leuchtenburg, den 30. Juni 1964

Wenn er restlos wahrheitsgetreu sein soll, wird mein Bericht immer verwirrender. Es quält mich, dass die beschreibende Aufordnung des Phänomens eine solche Vielschichtigkeit zu Tage bringt. Diese liegt aber im Wesen der Sache. Ich muss Sie bitten, weiter mit mir zu gehen, wenn auch der Weg unbequemer wird.

Unser Denken hat sich aus guten Gründen zunächst auf die »Kernzone« des Phänomens »Sprechen in der Versunkenheit« gerichtet und zudem die Sicht noch auf die mystische Versunkenheit eingeengt. Es geschah aus Gründen der Wertung und der existenziellen Beteiligung. Bevor ich nun die diesen Kern umgebende »Übergangszone« beschreibe, muss ich versuchen, ein Schema des Gesamtphänomens zu entwerfen. Phänomenologisch ist es nicht fehlerlos und erst recht nicht lückenlos. Für's Erste mag es genügen.

DAS SPRECHEN IN VERSENKUNG UND VERSUNKENHEIT

I.   Das Sprechen während der Versenkung
II. Das Sprechen in der Versunkenheit
    A. als eine Leistungssteigerung der Versunkenheit
        1. in der Form meditativer Vergegenwärtigung
        2. in der Form freifließenden Denkens

B. als Aussage eines Ankommenden, das krankhaft ist
1. in der Form eines einbrechenden abgespaltenen Teilberei-
ches des Selbstes, das in der Ichform spricht
2. in der Form eines ankommenden gefügten Erinnerungsbe-
reiches, der sich dem schauenden Selbstverstehen darbie-
tet (Beichte in der Versunkenheit)

C. als Aussage eines Ankommenden aus der Selbstsphäre
1. in der Form einer echten Verleiblichung im Worte
2. in der Form einer unmittelbaren Sprachwerdung
   a) fühlenden Erlebens   ⎫ *(Ankommen von*
   b) metaphorischen Erlebens ⎬ *Wesenheiten und*
   c) symbolischen Erlebens   ⎭ *Archetypen)*

D. als Aussage eines mystisch Ankommenden
1. in der Form einer echten Geburt im Worte
2. in der Form der echten Verleiblichung in Wort, Satz und
Rhythmus
3. in der Form einer Aussage über metaphorisches Erleben
4. in der Form einer Aussage über die Verweigerung und Ab-
wesenheit des mystisch Ankommenden

Dieser Versuch einer phänomenologischen Unterteilung des »Sprechens in Versenkung und Versunkenheit« entspricht selbstverständlich
der Gliederung der Phänomene, die sich in der Versunkenheit selber
unterscheiden lassen.[209]

Als Erstes ist von dem Schema abzulesen, dass das Sprechen in mys-
tischer Versunkenheit nur ein Teilbereich des großen Gefüges ist, das
wir »Sprechen in Versenkung und Versunkenheit« nennen. Wie die
mystische Versunkenheit nur ein Teilphänomen der allgemeinen Ver-
sunkenheit ausmacht. In der Versunkenheit kann allgemein gesprochen
werden, nicht nur mystisch. Darum gibt es ein so breites Spektrum der
verschiedenen Weisen solchen Sprechens. Wir werden uns mit einigen
von ihnen zu befassen haben, um das mystische Sprechen vom nicht-
mystischen Sprechen unterscheiden zu können.

Wir verbleiben zunächst noch im mystischen Phänomenbereich, genauer in einem Bereich, der auch mystisch sein kann: Bei Versunkenheitsaussagen, die eine unmittelbare Kundgabe einer in Bildern angekommenen Gestalt sind (im Schema: II, C, 2, b und II, D, 3). Hier ereignet sich in der Versunkenheit ein »Zweischritt«. Das Ankommen erfolgt in der in meinem Buch[210] beschriebenen Weise des metaphorischen Ankommens. Die Aussage ist Darstellung und Kundgabe des Geschehenen. Der kleine Spalt, den wir im letzten Brief zwischen dem Ankommen und der Sprachverleibung aufgewiesen haben (Schema II, D, 2), erweitert sich. Darum geschieht letzthin keine echte Geburt im Worte, wenn auch eine echte Geburt des Wortes eintritt, also nur »gemäße« Worte und Sätze auftauchen. Eben weil dieses Moment noch voll vorhanden ist, gilt auch noch die Wahrhaftigkeit, die seltsame Nahestellung von Gemäßheit und Wirklichkeit, die der Begriff Versunkenheitsgewissen meint.

Nun bieten sich ganze Sätze dar oder Perioden von Sätzen. Sie erscheinen in einem freien Fließen, ohne jede sie steuernde Willensrichtung, gleichsam aus sich selbst entstehend. In den Sätzen fehlen die Fremdworte und häufen sich Urworte. Insofern zeigt diese Versunkenheitssprache noch eine große Ähnlichkeit zu den uns schon bekannten Weisen des Sprechens.

Hier einige Texte: Es sind Teile von Versunkenheitsaussagen aus den Jahren 1949 und 1950. Sie sind also viele Jahre später entstanden als das »Urgestein«, andererseits aber auch Jahre vor den im zweiten Brief mitgeteilten Aussagen. Um nicht zu sehr in die persönliche Eigensphäre einzudringen, wählte ich absichtlich Texte aus, die wenig oder nichts von einer mystischen Begegnung enthalten.

Die Versunkenheitsaussagen sprechen in der Vergangenheitsform. Das beruht auf folgendem Sachverhalt: Während einer Versunkenheitsstunde geschah zunächst ein Erleben in der Versunkenheit, welches ohne »begleitendes« Sprechen ablief. Unmittelbar im Anschluss an diese erste stumme Versunkenheit schaltete sich ein zweiter Versunkenheitszustand ein, in dem begleitet vom mitlaufenden Sprechen der Gesamtverlauf des ersten Erlebens noch einmal wieder erschaut und nacherlebt wurde. Die Aussagen sind deswegen so wertvoll für die Darstellung des wirklichen Erlebens, weil sie nicht im Wachbewusstsein aus der Erinnerungsgrundlage hervorgeholt worden sind (wie in der wachbewussten Aussage auf S. 221f.), sondern weil sie auch ihrer-

seits in der Überklarheit der Versunkenheit »erschaut« sind. Es fehlt
also die Möglichkeit zur Selbsttäuschung, die jedem wachbewussten
Erinnern anhaftet.

10. August 1949: »... Und dann kam dieses Symbolwort Du, welches
in der Gestalt erschien, in der man es geschrieben sieht, aber so, als ob
der Buchstabe U in einem D enthalten wäre – eine so gewichtige Gestalt
wie ein Heiligtum oder ein Altar – nicht in mir und auch nicht vor mir
– nur eine Mitte in dem Raum, der umhüllt war, und wie ein Gefäß, in
dem sehr verborgen und dunkel das Grundwasser der Seligkeit war ...«
  5. Juli 1950: »... Ein einziger – nur ein einziger himmelsartiger Ton
schwebte wie eine Perle durch die weite Leere des Raumes und zerfloss
in alle Fernen wie ein nie sich änderndes, ewig bleibendes, alles füllen-
des Klingen. Dann sah ich eine Perle vor mir, und diese Perle verflüs-
sigte sich und bildete einen kleinen, milde leuchtenden Silbersee, und
da wusste ich, wohin mein Ich versinken konnte.«
  6. September 1950: »... Um mich herum waren die Ringe der Liebe,
Ring auf Ring, eine Substanz, die unbeschreibbar geschichtet war. –
Ich ging hinein von meinem Ort aus – hinein in die Schichtung – ich
drang hinein und jeder Schritt führte in die Verdichtung. Es war, als ob
die Luft oder als ob das Wasser, das mich umgab, eine immer größere
verhüllende Dichte hatte, je weiter ich in es hineinzudringen versuchte.
Ich erschrak noch einmal und noch viel tiefer, als ich den ersten Schritt
getan hatte und das Erschlagende, das Bedrängende, das Vernichtende
dieser Verdichtung der Liebe erleben durfte. – Und die Ringe, die wurden ja immer größer, reicher, umfangreicher. Es war eine Unendlichkeit
an Liebe – die drohte – ein nicht ertragbares Maß an Dichte.«
  Wenn Sie mich nun fragen: Warum hat sich in den Jahren 1949 und
1950 in der Versunkenheit eine Abtrennung des Sprechens vom Sehen
vollzogen, so dass man nicht mehr wagt, von einer Geburt im Wort,
von einer unmittelbaren Verleiblichung in der Sprache zu sprechen,
sondern stattdessen von einer Darstellung des Gesehenen im Sprechen
des Versunkenen zu reden hat? – so muss ich Ihnen antworten: Damals
habe ich mein erstes Buch geschrieben. Es war eine Zeit täglichen,
leidenschaftlichen Denkens über die Versunkenheit, beruhend auf ei-
ner andauernden Betrachtung des eigenen Erlebens in der Versenkung.
Das verlangte ein Höchstmaß von Reflexion auf sich selbst. Obwohl es
mir vergönnt ist, reflexive Selbstvergegenwärtigung ausüben zu dürfen,

ohne die Spontaneität zu verlieren,[211] *geschah in diesen Jahren eine Verfehlung gegen den Geist der Mystik. Ja, mehr noch: Eine Schuld – da ich die Versenkung benutzte, um in ihrem Ablauf sie selber zu betrachten und, was noch schwerer wiegt, indem ich die Versunkenheit benutzte, um in ihr frei fließend zu denken und in ihr denkend zu sprechen.*

Darum, allein darum entfernte sich das Ankommende von dem »Sprechen in der Versunkenheit«. Aber es entfernte sich zunächst nicht ganz und gar, sondern verblieb noch eine Zeit lang in der Gestalt der Bilder.

Diese Beschreibung könnte Anlass zu dem Irrtum geben, ich würde das Ankommen im Bilde für rangtiefer als das Ankommen in der Sprache halten. Das will ich nicht sagen. Ich meine nur, die unmittelbare Geburt in der Sprache, das unmittelbare Ankommen im Worte ist damals verblasst gegenüber einem unmittelbaren Ankommen im Bilde.

Und noch einmal sei es betont: Das wachbewusste Reden über Versunkenheitsereignisse, wie im 3. Brief, ist etwas radikal anderes als das hier aufgewiesene unmittelbare Sprechen in der Versunkenheit selber über das, was in ihr »gesehen« wird. In ihm lebt mehr vom Duft der Wirklichkeit, das Ereignis ist reiner bewahrt und wahrer dargeboten, als es je im Wachbewusstsein geschehen könnte.

5. Brief

Leuchtenburg, den 1. Juli 1964

Hat der letzte Brief darauf aufmerksam gemacht, dass die mystische Verleiblichung im Wort, in Satz und Rhythmus durch eine Art von »Verrat« zugunsten einer anderen Weise des mystischen Ankommens verblassen kann, so werde ich nun zu zeigen haben, dass in den acht Jahren, in denen ich an meinen Büchern gearbeitet habe, nicht nur, wie anfangs, ein Spalt zwischen dem mystischen Ankommenden und der Sprache entstanden ist. Die mystische Wirklichkeit, der mystische Strom versiegte, sei es nun, dass er »vertrieben« wurde oder dass er sich »entzog«. Beides, das »Sich Ent-fernen« wie auch das »Ver-Siegen«, war Folge »ungemäßen« Tuns: Ich »missbrauchte« die Versunkenheit, indem ich in ihr »sprechend dachte«, und zudem überwucherte das reflexive Denken, das überdies ein ständiges Bedenken des mystischen Ankommens selber war.

Die erste Verfehlung war schlimmer und darum folgenschwerer. Bevor ich Ihnen im Einzelnen beschreiben kann, wie sich der durch die »Verfehlung« bewirkte Entzug der mystischen Ereignisse in der Versunkenheitssprache darstellt, muss ich über jene Phänomene, die (von der Wertung der Mystik aus gesehen) Verfehlungen waren, einiges sagen: Über das Denken in der Versunkenheit und über das nichtmystische Sprechen in der Versunkenheit (Schema II, A, 2). Beide Versunkenheitsphänomene sind in meinem ersten Buch beschrieben worden.[212]

Die Versunkenheit ist groß. Außer den bisher besprochenen existenziellen Phänomenen des Ankommens hütet sie noch andere und befreit sogar diese zu ihrem wahren Wesen. Hierher gehört das Phänomen eines freien, ungesteuerten, unkontrollierten, schmiegsamen Sprechens. Hierher gehört auch das Phänomen des Denkens.

Dass es Denken in der Versunkenheit gibt, würde ich gern unterschlagen, um mich bei der Erwähnung dieses seltsamen Geschehens nicht dem Widerstande und Missverständnissen auszusetzen. Zunächst einige Sätze aus der »Psychologie des mystischen Bewusstseins«:

»Der Versunkene erlebt, dass sich in seinem leeren Bewusstseinsraum ein neues Geschehen ›ein-stellt‹ und während der ganzen Dauer der Versunkenheit durchgängig determinierte, gleichmäßig und ungestört dahinfließende Denkverläufe vorhanden sind … Zunächst ist hervorzuheben, dass der ablaufende Denkvorgang als einziges Geschehen in einem entleerten, überklaren, vereinheitlichten Bewusstsein dahinfließt … dass die geordneten Denkverläufe … ohne Ich-Aktivität, ohne Steuerung durch den Willen dahinfließen müssen … Der Denkverlauf bleibt fließend, er ist nicht konzentrativ, nicht willensmäßig gesteuert und zusammengehalten, sondern die ihm selber vorhandene Determination hält den fortlaufenden Strom des Denkens in Ordnung und Stetigkeit zusammen.

Der Versunkene erlebt das Denken als passiven, selbst geschehenden Verlauf, er schaut dem Denken zu, nicht etwa in dem Sinn, dass er über den Vorgang zu reflektieren vermag, aber in dem Sinn, dass er eine unmittelbare Bewusstheit des sich selbst überlassenen Denkverlaufes hat. In dem Medium der Überklarheit ›ruhend‹, durch keinen anderen Vorgang gestört, stellt das Denken ein reines Instrument und eine voll ausgeformte Fähigkeit dar, ein geschlossenes, in sich determiniertes Selbstgeschehen, welches seiner Aufgabe so vollkommen gerecht wird, wie es der Anlage nach möglich ist.«[213]

*Das Sprechen ist ein allgemeines, das heißt immer mögliches Phä-
nomen der Versunkenheit. Darum kann sich in ihr das Sprechen auch
mit dem Denken verbinden: Das freifließende Denken erscheint im
freien Sprechen. Diese Sprache des Versunkenheitsdenkens zeigt deutlich noch die Eigenarten auf, die wir bei den anderen Weisen der Versunkenheitssprache kennenlernten: Die Gewichtigkeit und Dichte der
einzelnen Worte, die Nähe, die Gewissheit zu dem, was sich in ihr ausdrückt, die seltsam ballastfreie Satzbildung.*

*Hier können diese wahrhaft erstaunlichen Phänomene der Versun-
kenheit nicht eingehender besprochen werden. Lediglich der Verdacht
ist zurückzuweisen, bei der Darstellung des Sprechens, vor allem im
Aufweis seiner Verknüpfung mit dem Denken, komme nun endlich doch
der Pferdefuß ich-gesteuerter und ich-gewollter Akte zum Vorschein,
und darum dürfe man auch mit Recht annehmen, in allen Versunkenheitsaussagen, auch in denen, die unter dem Begriff »Geburt im Wort«
liefen, rege sich diese Ich-Aktivität. Das seien keine echten mystischen
Ereignisse, sondern gewünschte, gewollte, gesteuerte Erlebnisse. Diese
Vermutung entspringt der Unfähigkeit, sich vorzustellen, dass Denken
ohne Ich-Aktivität in der Versunkenheit möglich ist und das Sprechen
in der Versunkenheit als ein allgemeines Phänomen sich mit jedem Geschehen, also auch mit dem Denken, verbinden kann.*

*Dem ist zu widersprechen. Der Versunkenheit muss der Rang zuge-
wiesen werden, der ihr über den anderen Bewusstseinszuständen zukommt. Ich wiederhole: Die Versunkenheit ist der gesündeste, klarste, in einheitlicher Gefügtheit schönste und auch der leistungsfähigste
Bewusstseinszustand, den wir kennen. Sie befreit nicht nur wachbewusste Verläufe zu ihren wahren Wesen, sondern kann überdies auch
ein Geschehen entbinden, das es im Wachbewusstsein nicht gibt: das
»Ankommen«. Das Einzige, was die Versunkenheit nicht vermag, ist die
Einsetzung der aktiven Ich-Funktionen, des Willens. Diese Möglichkeit
bleibt ein Privileg des Wachbewusstseins.*

*Freilich darf beim Lobpreis der Versunkenheit und in ihr möglicher
Leistungssteigerungen nicht vergessen werden, dass jede Verwendung
der Versunkenheit zur Leistungssteigerung für die Mystik einen Missbrauch bedeutet. Hat Mystik die Versunkenheit als das ihr zugehörige
Organ einmal in Anspruch genommen, so kann sie nicht dulden, dass
dies für etwas anderes, für etwas »Profanes« verwendet wird.*

Ich hoffe, Sie werden in alledem keinen Widerspruch sehen: Vom We-

sensbereich der Mystik aus wird sowohl das »Denken«, das »gewöhn-
liche Sprechen«, das »Selbstsprechen des Abgespaltenen« als auch das
Leibwerden eines Ankommenden aus der Selbstsphäre verworfen.
Aber es steht nicht jeder unter einem mystischen Anruf. Warum sollte
der, dem der Weg mystischer Versunkenheitserfahrung nicht geöffnet
ist, nicht die allgemeine Versunkenheit als einen Bewusstseinszustand
besonders hoher Qualität benutzen, um die erstaunlichen Leistungs-
steigerungen im Denken und Sprechen auszuschöpfen? Nur der Mys-
tiker steht unter den Lebenskriterien der Askese, der Reinigung, der
Hingabe. Wenn er sich ihnen entzieht und damit seinen »Anruf« verrät,
versiegt der Strom.

Anhand einiger Versunkenheitsaussagen aus den Jahren 1952-1958
werde ich zeigen, wie das Ergebnis dieser »Verfehlung« sich ausspricht.
Man wird sogleich fragen: Immer noch mystische Versunkenheitsaus-
sagen? Wie können diese entstehen, wenn der soeben beschriebene
Prozess der Zerstörung wirklich ist? Ich antworte: Es sind keine mys-
tischen Versunkenheitsaussagen. Sie sind keine Geburt des mystischen
Ankommenden im Wort. Aber es sind dennoch echte Versunkenheits-
aussagen, in Wahrhaftigkeit geboren, Aussagen über das, was nach
dem Entzug geblieben ist: Ein in der Sprache erscheinendes »Stehen
vor verschlossenem Tore«, ohne dass ein Hauch, ein Glanz den Stehen-
den berührt; ein Abgetrenntsein. Was bleibt, ist das Vermögen, diese
Abgetrenntheit auszusagen und eine Bereitung zur Hinnahme dieses
Schweigens, gleichsam das Bewahren und Aufrechterhalten eines letz-
ten Bezuges in das Dunkle hinein.

Dass ein solches Stehen am Tor sich innerhalb der Versunkenheit
aussagt, darf nicht als unvorstellbar erscheinen. Ist es doch unwahr-
scheinlich, dass ein »Meister« der Versenkung, ein »Meister« auch des
Sprechens in der Versunkenheit, je diese Fähigkeiten verliert. Es ist
aber nicht unwahrscheinlich, dass er die mystische Begegnung in der
Versunkenheit einbüßt. Seine Aussage ist dann keine mystische mehr.

10. August 1952:»Der Raum ist nicht mehr ausgefüllt durch die Stoff-
lichkeit des Ja. Der Raum ist nicht mehr dargestellt in der Verklärung
der Leere. Der Raum ist umgefügt worden. Tiefe und Höhe haben sich
eingefügt in das Schönheitsmaß der Weite. Eine ruhende Ebene weiß
um den Atem des Lichtes … «

12. November 1952:»Die Wand ist unberührbar stumm. Das ruhende
Schauen findet keine Gestalt. Dem Bewusstsein ist etwas fortgenom-

men worden – etwas ist erschienen, was nicht im Bewusstsein besessen werden kann. Es ist der Einbruch des Fremden. Es ist die Aufspaltung der Heilheit, oder es ist die Ankunft und Anwesenheit einer ungestalteten Macht, an der das Bewusstsein zerschellt. Oder anders gesagt: An das es anstößt. Eine ausgrenzende Begrenzung der Klarheit. Das ist Besessenheit. Das ist wehrloses Staunen und eine Zusammenfassung im hinnehmenden Anschauen.

Das ist ein Nichtsehen, solange das Raubende ohne Gestalt und ohne Licht verharrt.«

6. Mai 1953: »Die Ruhe ist in einer neuen Weise gütig geworden. Sie hat die Stille und reife Fülle einer zeitlosen Mutter. Ich wusste von der leeren Ruhe und auch von der singenden Ruhe. Diese Ruhe aber ist ungleich größer, gelassener und umfassender als jene Weisen der Ruhe, die ich bisher sah. Sie überwölbt die Demut des Ichs. In ihrer Huld wird ein wahres Sehen möglich sein.«

24. Juni 1953: »Anfangs sah ich eine Schale, angefüllt mit der süßen Schwere eines leuchtenden Lichts. Ich wunderte mich, dass diese heilige Schönheit in dem Kelch meiner Seele beheimatet ist, und trauerte über die ungemäße Zurichtung des Raumes, in welchem die Schale stand. Das Feuer der großen Unzufriedenheit überscheint die unheimliche leibhafte Ruhe der schweren Wonne. Das Unzulängliche speist die flackernde zweifelnde Unruhe.

Ich weiß mich durch ihn gerichtet, ohne zu wissen, warum ich in die Einsamkeit verstoßen bin, deren Dunkelheit gerade darin besteht, dass das innere Auge nur sich selber sieht, dass die Sorge nur sich selber meint. Ich bin verstrickt in eine Weise sehnsüchtigen Bemühens, die meine Augen lichtlos macht. Alle meine Vermögen weigern sich, mir dienstbar zu sein. Sogar die Sprache ist nicht mehr der gemäße und bereite Leib für das, was ich sagen möchte.

Da ich Ihn nicht sehen kann und der ruhige Strom des Herzens unstet und zitternd geworden ist, bleibt mir kein anderer Weg, als mich hineinzuversenken in die große Einfalt des bloßen Daseins.«

3. März 1954: »Das Geheimnis ist versiegelt worden. Ich kann nicht mehr hineinsehen in die Mitte der dunklen Ruhe. Das Sehen blieb ausgerichtet, ein stehendes Verweilen in der ruhenden Reine der großen Nacht. Aber die Dunkelheit ist erloschen, und die Leere verschließt ihre Tiefe.«

18. Mai 1958: »Das mich umspielende Helle ist wirkhafter und mächtiger geworden. Es ist nahe greifbar und sichtbar und kann doch nicht angetastet werden. Es umfließt mich und berührt mich nicht, und ich weiß, dass es warm und freundlich ist. Aber es kommt nichts von ihm zu mir, und ich gelange nicht zu ihm hin. Es ist kein Graben, keine Mauer, keine Wüste zwischen mir und dem leuchtenden Ringe der Güte. Aber ein Gebot, die große Unheimlichkeit des Schweigens, eine Zone ohne Zeit.«

5. November 1958: »Das Tiefe bleibt in sich. Ich kann es umkreisen. Ich kann es betasten und es bereden – sehnsüchtig und voll Trauer. Ich kann seine Umhüllung zertrennen, einen Spalt in seine Mauern hineinbrechen, ein Fenster formen, durch das ich sehen kann. Es zürnt mir nicht, wenn ich es öffnen will. Aber der eingesenkte Schacht ist ein Abgrund ohne Grund in schweigender Schwärze – in welchen der sehnende Atem hineindringt. Ein unheimlicher Gang zur Nähe des Grundes. Ein heiliges Spiel mit der Harfe der Nacht. Ein Lied des Vergessens.«

Ich habe diesmal mehrere Versunkenheitsaussagen ausgewählt, um anschaulich machen zu können, dass diese Sprache eine echte Versunkenheitssprache ist, obwohl die unmittelbare Geburt eines Ankommenden im Wort verloren gegangen ist. Durch die »Entfernung« ist das Wort »Ich« wieder sagbar geworden; alles wird vom »Selbst« aus angesehen und gesagt. Die Worte haben an Dichte verloren; auch oberflächlichere Worte sind hineingemischt, und doch verbleibt die Grundstruktur der Ruhe und des »Wahrseins«. Die schauende Ausrichtung verbleibt, das freie Dahinfließen und sogar – vom mystischen Raum her gesehen – die Hinwendung zur Bereitung, die hier eine erneute Läuterung ist.

Anders hätte ich auch nicht veranschaulichen können, welch ein großartiger negativer Beweis für die Wirklichkeit der »Geburt im Wort« dieser »defekte Modus« mystischer Sprache ist. Denn in beiden Weisen des Sprechens liegen die der Versunkenheit analogen Strukturen, und doch ist die eine Weise durch den »Entzug« des »Eigentlichen« bestimmt, da das Tor für die reinen Worte versperrt ist, während die andere Weise gerade durch solche ›reinen Worte‹ gekennzeichnet ist.

Abschließend noch eine Anmerkung: Eingestreut in eine Reihe echter Versunkenheitsaussagen finden sich gelegentlich einzelne Texte, in denen das Ereignis einer »missglückten Versunkenheit zur Darstellung kommt. Während im Fall eines echten Entzuges zwar die Versunkenheit eintritt, das Ankommende sich aber verweigert, ist hier die Versenkung überhaupt nicht an ihr Ziel gelangt: Das Sprechen ist dann also nicht ein Sprechen aus der Versunkenheit, sondern ein Sprechen aus der Versenkung. Eine Geburt im Wort ist nicht möglich. Hierfür ein Beispiel:

24. August 1942:
Ungegliedert ist das umgebende Sein.
Das dem Erkennenwollen dienende Auge findet keine Anhaftung.
Kein Ding will sich in Herausgehobenheit und Abgehobenheit anbieten.
Die Seele wagt nicht, sich von ihrer Umgebung abzutrennen.
Sie vermisst die Stufenklarheit ihres gewohnten Weges.
So bleibt sie eingebettet in der Welt.
Und atmet mit der Welt.
Sie bleibt eingeboren – eingebunden – in den erdgeweihten Kranz.
Sie bedarf des Weges nicht mehr.
...
Alle Dinge sind beieinander geblieben.
Die Seele weiß sich treu.

6. Brief

Leuchtenburg, den 2. Juli 1964
Nach unserem Schema haben wir II, A und II, D ausführlich genug besprochen. Aber auch über II, B, also über die Aussagen eines Ankommenden, das krankhaft ist, ist einiges zu sagen, bevor wir uns dem »Sprechen während der Versenkung« (I) zuwenden.

Nein, freuen Sie sich nicht zu früh! Ich werde nicht in den Akten blättern, in denen ich die Versunkenheitsaussagen meiner Patienten gesammelt habe; Sie wissen, warum.

Andererseits höre ich schon, wenn nicht Sie, so doch andere protestieren: Können Sie es denn nicht lassen, die Mystik immer wieder neben das Abgespaltene zu stellen? Gegen diese phänomenologische Kaltherzigkeit der »Psychologie des mystischen Bewusstseins« hat sich doch schon bei Erscheinen des Buches mancher Widerstand erhoben.

Mag man also solche Selbstaussagen des Abgespaltenen in meinem Buch nachlesen. Hier ist auch nicht das Gesamtphänomen des »Sprechens in der Versunkenheit« wissenschaftlich-phänomenologisch zu erhellen. Mir geht es nur noch darum, die mystische Geburt im Wort deutlich werden zu lassen. Was ich sage, dient nur dem Verständnis dieses zentralen Phänomens beziehungsweise in diesem Fall der Tatsache, dass ein sprechendes Abgespaltenes eine echte mystische Aussage verhindert oder zerstört.

Kommt ein Abgespaltenes in der Versunkenheit an, spricht es sich in der Ichform aus; eine vergangene Wirklichkeit, ein früher tatsächlich Gesagtes, lebt wahr und unverfälscht wieder auf. Diese Identität des damals Gesagten, das dann abgedrängt wurde, mit dem, was jetzt in der Versunkenheit wieder auftaucht und ausgesagt wird, beeindruckt den Hörenden. Sie erschüttert aufs Tiefste den Versunkenen, noch lange nach seinem Wiedereintritt in das Wachbewusstsein. Eine Erinnerung, von der gesprochen wird, ist stets eine gedeutete und damit auch umgestaltete Wirklichkeit der Vergangenheit. Hier aber ist unvermittelt nackt und wahr die Vergangenheit selber da. Das ist selbstverständlich als eine unheimliche Leistung der Versunkenheit anzusehen. Umso stärker sei betont, dass das Sprechen des Abgespaltenen der Mystik nicht nur wesensfremd, sondern wesensfeindlich ist. Solange ein solcher abgespaltener Erlebnisbereich spricht, kann es keine sprechende Mystik geben.

Dieser Satz darf nicht dahingehend missverstanden werden, dass sich mystischer Einbruch und Krankheit etwa grundsätzlich nicht miteinander vertragen. Die Versunkenheit als »Raum« des Ankommens kann aber nicht gleichzeitig das Abgespaltene und das mystisch Ankommende empfangen. Möglicherweise bereitet eine solche Heimholung des Abgespaltenen den Weg für eine reine mystische Innenschau. Die Heimholung geschieht nie ohne schweres Leid. Sie ist ein Purgatorium. Sie kann eingelassen sein in den Weg der Läuterung, in den Pfad echter mystischer Bereitung, der sich öffnet für die Stunde, in der die Mystik zur Sprache wird.

Dem entspricht in gewisser Weise, was ich zu jenen Versunkenheitsaussagen bemerken möchte, die nicht ein krankhaft Abgespaltenes, sondern ein Ankommen aus der Selbstsphäre enthalten (Schema II, C). Wie sich die Aussage eines Ankommenden aus der Selbstsphäre von der Aussage eines Ankommenden mystischer Qualität unterscheidet? Von der Versunkenheitssprache kann eine solche Unterscheidung keineswegs abgelesen werden, denn formal stehen beiden Ankommenden sowohl die echte Verleiblichung im Wort als auch die Form einer unmittelbaren Aussage über bildhaftes Erleben zur Verfügung. Der Unterschied liegt im

Inhalt der Aussage, im Ankommenden selber, das aus sich selbst heraus kundgibt, »woher« es kommt. Selbstverständlich ist dadurch auch die Wortgeburt, die »Wortwahl« verschieden. Nur phänomenologisch strukturell gesehen ist das Sprechen das Gleiche. So lässt es sich durchaus denken, dass Wesenheiten und Archetypen in ähnlicher Weise im Wort ankommen wie das mystische Ereignis. Darin liegt die große Truggefährdung aller Mystik, und zwar in allen ihren Weisen des Ankommens. Ich war stets davon beeindruckt, wie truggefährdet das Schauen von Bildern ist. Wie könnte ich es dann wagen, die »Geburt im Worte« für trugfrei zu halten? Vielleicht ist sie aber doch um ein Weniges trugfreier! Von der Bildschau muss sekundär unter Deutung des Geschehenen berichtet werden. Hier kann es Hörende geben, die das unmittelbar gesprochene Wort gleichsam im status nascendi erfassen. Sollte sich da nicht leichter unterscheiden lassen, woher es kommt?

7. Brief

Leuchtenburg, den 3. Juli 1964
Dass der Versunkene sprechen kann, befremdet als Phänomen nur denjenigen, der vergisst, dass das Sprechen wesensmäßig als Möglichkeit zu jedem Bewusstseinszustand des Menschen gehört. Der Schlafende spricht; der Somnambule spricht; der Hypnotisierte spricht; und der in der Psychoanalyse »frei Assoziierende« spricht. Warum sollte dann gerade das überwache Versunkenheitsbewusstsein als einziges Bewusstsein nicht sprechen? Sie wissen es: Die Versunkenheit, möge ihr Gefüge nun auf diese oder auf jene Weise der Versenkung, durch Yoga, »Autogenes Training« oder die Ruhemeditation aufgebaut worden sein, hat als solche die Möglichkeit eines Sprechens. Dieses Sprechen kann in der Versunkenheit entbunden werden. Dazu bedarf es nur der Mitnahme einer Einstellung.

In jede Versunkenheit kann die Einstellung, laut zu sprechen, eingesenkt werden; genauer gesagt, sie kann aus dem Wachbewusstsein über die Versenkung in die Versunkenheit hinein mitgenommen werden und entbindet sich dann, sobald die Versunkenheit »eingeschaltet« ist. Über die »Technik« solcher Mitnahme in die Versunkenheit ist hier nicht zu reden. Wegen mancher möglicher Gefährdungen ist es wohl besser, dass ein erfahrener »Meister« seinen Schüler auf diesen »Weg« führt.

Wir wollen uns jetzt dem Phänomen eines »Sprechens während der Versenkung« zuwenden. Auch dieser wichtige Bereich lässt sich nicht ohne ein vorausgestelltes Schema überblicken. Im Unterschied zum »Sprechen in der Versunkenheit« und der Entbindung des Sprechens in ihr beginnt jetzt das Sprechen bereits während der Versenkung, so dass nach Eintritt in die Versunkenheit keine Entbindung dieses Vorgangs mehr nötig ist. Das Sprechen während der Versenkung setzt sich fort in einem Sprechen aus der Versunkenheit. Das Sprechen in der Versenkung beginnt sofort oder eine Zeit nach der »Abwendung« von der Tageswelt und der Hinwendung zur Ruhe. Das Schema wird vom Standort der Mystik entfaltet.

1. *Der »Pfad der mystischen Bereitung« kann in verschiedenen Bewusstseinszuständen gegangen werden:*
   A. *im Wachbewusstsein und in der Versunkenheit*
      a) *allein im wachbewussten Leben (durch Askese, Beichte, bewusste Läuterung)*
      b) *allein in der Versunkenheit, in fortlaufenden Versunkenheitsstunden*
      c) *sowohl im wachbewussten Leben als auch in der Versunkenheit*
   B. *im wachbewussten Leben, während fortlaufender Versunkenheitsstunden und auch in einer fortlaufenden Reihe von Versunkungen*
      a) *in Versunkungen, die noch keine Versunkenheit erzeugen*
      b) *in Versunkungen, auf welche Versunkensein folgt.*
2. *Das Sprechen während der Versenkung stellt in der Aussage*
   A. *entweder allein den Versenkungsvorgang dar*
   B. *oder daneben und eingelassen in den Versenkungsvorgang auch einen echten mystischen Reinigungsvorgang.*

Dieses Schema scheint etwas kompliziert zu sein, zeigt aber, worauf es ankommt: Das Sprechen während der Versenkung ist interessant, ein erregendes Geschehen.

Es bietet äußerst anschauliche Beispiele für die Wandlung des Sprechens während der fortschreitenden Versenkung, also für die Unterschiede der Sprache auf den einzelnen Stufen der Versenkung.

Zudem spiegelt sich der Vorgang der Versenkung nicht allein in dieser formalen Veränderung des Sprechens wider, sondern auch noch unmittelbar im Inhalt des Ausgesagten.

Drittens beschleunigt sich der Ablauf des einzelnen Versenkungsvorganges, je weiter die Reihe der Versenkungsstunden fortschreitet. Diese Beschleunigung spiegelt sich ebenfalls sowohl in der Form wie im Inhalt der Sprache wider.

Dann das für uns Bedeutungsvollste: In die Reihe der einander folgenden Versenkungen kann schon der Prozess der »Bereitung« eingelassen sein. Die Versenkung als fortschreitende Abblendung der Umwelt, als Entleerung des Bewusstseinsraumes, als zunehmendes Erlöschen der Ich-Aktivität, als Umformung zur Rezeptivität, zu einer in der Ruhe stehenden Innenschau – dieser Vorgang kann sich verknüpfen mit den »entsprechenden« Weisen mystischer Bereitung: Die Ablösung von der Welt wird ein »Lassen« der Welt; das Erlöschen der Ich-Aktivität formt sich zur ichlosen Hingabe aus.

Unser Schema zeigt es: Der Pfad der Bereitung ist wesentlich an das Leben im Wachbewusstsein gebunden; darüber hinaus kann er aber auch mit dem Geschehen in der Versunkenheit zusammenhängen. Überdies zeigt sich hier nun, dass er auch in die Versenkung eindringen kann und sich in der Sprache des Sich-Versenkenden unmittelbar kundgeben kann.

Schließlich führen fortlaufende Versenkungen irgendwann einmal zum Eintritt in die Versunkenheit. Auch dieses Ereignis der vollkommenen Versunkenheit wird sich formal und inhaltlich in der Sprache darstellen.

Diese fünf Hervorhebungen möchten dazu verhelfen, die nachfolgenden Versenkungsaussagen besser zu erfassen. Eine größere Zahl von Texten ist mitzuteilen. Dienlicher als alle noch so sorgfältigen Beschreibungen ist eine Veranschaulichung durch die Versenkungsaussagen selbst.

Freilich dürfen sie nur auszugsweise mitgeteilt werden. Die ganze Reihe enthält, wie Sie wissen, nicht nur den Weg, der über das Sprechen zur Versunkenheit führt, sondern auch sehr persönliche Inhalte. Wenn der Weg zur Versunkenheit hin, wie in diesem Fall, zugleich ein Teil des mystischen Pfades ist, wird die Verflechtung der Versenkungsvorgänge mit den Formen und Inhalten der Katharsis offensichtlich. Und doch wird auf diesem »Pfad der Sprache« so etwas wie ein Lehrstück über den ›Pfad der Bereitung‹ gewonnen, das allerdings nur teilweise zur Veröffentlichung taugt.

Im Ganzen wird ein sich im Sprechen aussagender mystischer Weg dargeboten, ein Weg, der in Umkehrung des bisher eingeschlagenen phänomenologischen Denkwegs nun endlich in der wahren Richtung: durch die Zeit der Bereitung über die Zeit, in der ein Ankommendes aus der Selbstsphäre erscheint, zur Empfängnis des echten mystischen Ereignisses führt.

Die allererste Stunde, in der während der Versenkung gesprochen wurde, ergab am 14. Februar 1941 folgenden Wortlaut:

Ich habe Angst vor meiner Stimme. Ich mag sie nicht. Sie ist wie eine Kopie. Ich habe noch nie so gesprochen. Es ist so fremd. – Man hört sie nie, wenn man nicht miteinander spricht. Es war erst wie im Frieden – dann kommt das Sprechenmüssen. Dann ist alles unruhig.

Ich muss erst zum Eigenen kommen, das darf nicht so nachgemacht sein – Ja, dies Gefühl kenne ich auch: ängstliche Unruhe. Richtig verzweifelt bin ich nie, weil ich ja immer glaube, dass alles wieder gut wird.

Aber Angst ist viel. – Sehnsucht war immer wie körperlich gefühlt – so gespannt auf der Brust. Und Frieden. – Er war oft in den letzten Jahren. – Das kommt von selbst, wenn man die Augen zumacht – Und glücklicher Friede – oft auch durch Unruhe gestört – aber er kann kommen. »Die innere Meeresstille und die von Sinnen und Gedanken freie selige Heiterkeit«: – dann sind die Arme schwer – Man ist wie ausgefüllt mit einem Stoff – Die Stimme stört. Die selige Heiterkeit, die ist schon irgendwie geheiligt. Ich habe das Gefühl, darin müsste erst etwas geschehen. – Nun kommt es – es sind nur immer (noch) die Fäden zur Welt. – Es kommt mehr – Gefäß sein – einatmen – leicht werden. Es ist immer Erde dabei – braune Erde – und umgeworfener Acker – Grasgeruch – Schweben – Müden – der Odenwald – Ernsthausen.

Alle Unruhe ist weg. – Ich mag nicht kämpfen – Es geht noch tiefer – Es ist alles vorbei.

An Wichtigem ergibt sich aus dieser wörtlichen Aussage, wie mir scheint, Folgendes: Die Sprache ist beeindruckend primitiv und unbeholfen. Durch den Fortfall der im Wachbewusstsein mitlaufenden Ichkontrolle des Sprechens *wird die Sprache gleichsam zuchtlos und ungeschickt. Andererseits dauern Sprachgewohnheiten des Wachbewusstseins noch an: Fremdworte sind häufig, sogar Slang-Ausdrücke kommen vor. Und doch zeigt sich hier deutlich ein Fortgang der Versenkung: Ein Aufsteigen der Ruhe, eine erste Ausbildung der Innenschau. Eine mystische Bereitung ist noch nicht eingesenkt. Nach vier weiteren Versenkungsstunden ereignete sich gegen Ende einer Versenkung am 8. März 1941 folgende Aussage:*

... Jetzt geht es in die Gefühle der Versenkungserlebnisse: Das Gefühl des wartenden Gefäßes – die wie Wellen störend einbrechende abziehende Welt – ein Fast-Durchströmtsein – ein leichter Rest vom Eisvogel.

Kein Verlorensein, nur ein Teildurchflutetsein – aber doch gefüllter. Und die Fähigkeit auszuströmen – aus der Entfernung – von der Insel.

Und im Grunde ausgestreckte Arme der Sehnsucht, im Moment ohne Macht. Aber nicht ohne Skepsis und in Abwehr zu dem Störenden. – Und eine Grenze, an der man steht. – Es ist noch zu halten, aber nicht zu vertiefen. *Ein Gefühl müsste doch vielleicht wachsen können, irgendeines.*

Nichts an Sehnsucht – Und es ist *doch* befleckt. Das kommt durch das Sprechen.

Fraglos wird hier eine weitere Stufe der Versenkung erreicht. Das Sprechen ist vielleicht schon etwas fließender geworden. Es bildet sich eine Form der Innenwendung aus, die eine Selbstbetrachtung ist. Diese »Schau« auf das innere Geschehen muss von der wachbewussten Selbstreflexion strukturell unterschieden werden. Es werden in dieser Versunkenheit die ersten aus einem neuen Land ankommenden Wellen gespürt. Zwei Versenkungsstunden später, am 19. März 1942:

Ich habe keine Angst. Nur im Außenbezirk ist etwas Unruhe. Es ist, als ob ich auf eine Füllung warte. Die leichte Unruhe lässt es nicht zu, dass ich mich ganz fallen lasse.

In dieser Unruhe liegt das gleiche Gefühl, das in dem »auf dem Quivivesein« ist. Es ist auch eine Art Hemmung in dem Gefühl, dass es heute nicht gehen wird.

Es ist einen Schritt weitergerutscht. Das Weitergerutschtsein liegt in einem Gefühl, ganz leicht mit dem Glücksstoff ausgefüllt zu werden.

Der steigt – aber in der Mitte liegt der Druck auf das Herz. – Die Gefahren der Herabziehung und der Verunreinigung sind andeutungsweise gefühlt – Jetzt wird es ... stößt gegen die Gefahr des Unechten, das hochflutet – Etwas Angst des Versagens – Zu viel Kontrolle des Geschehens – Es darf keine Voraussicht dabei sein. Es wird bedroht.

Das ist wie ein Gefäß – eine Vorbedingung bereit zu sein. Es ist etwas weiter – es steigt – Die äußere Ruhe ist gut – das ist ein Pol der Abgrenzung – Das Wort schafft – Jetzt wird es leichter – Es ist nicht weit davon, dass etwas hineingefüllt werden kann – aber es ist immer in Gefahr.

Ich möchte umkehren. Ich halte es nur. Jetzt bin ich ganz ruhig, aber zurückgekehrt und warte auf den ersten Gedanken.

Es bleibt aber eine Form – bleibt eine Form, die auch noch nicht ganz vollendet ist für einen Inhalt.

Die Ruhe ist bis auf neunzig Prozent.

»Das Wort schafft.« Diese Aussage benennt den einen wichtigen Vorgang: Das Ansehen und »Benennen« der Störungen und der ankommenden Ruhe löst jene auf und zieht diese herbei. – Die Versunkenheitsverantwortung bildet sich aus. In langsamen gesunden Schritten geht die Versenkung in Richtung auf die sich ausformende Innenschau.

Ich übergehe zweiundzwanzig Versenkungsstunden. Beeindruckend ist, wie während dieser Zeit die Sprache parallel zur Annäherung an die reine Versunkenheit, parallel auch zum Reinigungsprozess sich selber reinigte und ausformte.

Die Versenkung hat sich so eingespielt, dass ihr Ablauf nur noch eine kurze Zeit beansprucht, bis die Versunkenheit erreicht ist. Sie umfasst die ersteren beiden Absätze des folgenden Textes: Dann, am 27. Mai 1941, geschieht zum ersten Mal, dass sich etwas der Innenschau einfüllt.

Herausfallen – wegsinken – ablösen – aufsteigende Ruhe – Hineinfallen in die selige Heimat – bereit – für jeden – echten – Ruf. Letzte Anrufe aus der Tageswelt entfernen – Ein Bereitsein voll heiterer Hoffnung – Gelassenheit für Kommen und auch für Nicht-Kommen – Bereit zum wirklichen Leben wie zum Schicksalstode.

Aus dem Bereitsein, leer zu bleiben, erfolgt die Auslöschung der Ich-Dämonen – Ich gehe mit gelassener Heiterkeit im Einklang des Ichs und des Selbst, nachdem ich den Einklang mit dem Leben des Kosmos vollziehe. – Kein sehnsüchtiger Drang, sondern ein Geschehenlassen. Ich brauche noch die Ausfüllung mit der hinwendenden Liebe für Baum und Strauch und alles Lebendige. – Der Überschuss an Ausstrahlungskraft. –

So stehe ich, geborgen und glücklich, und blicke um mich – Und möchte – die – Grenzen ausmessen. – Aber richte das Auge in mich hinein – Fragend – Ich bin allein in der Fülle ohne Einsamkeit – wie ein Geschaffenes, Lebendiges. Glücklich durch die Ungebrochenheit, die Schönheit, die Vollendung des Lebens selbst: Das Leben ist da, zusammen da – nicht weggeflossen in die Weltzerstückelung, sondern da. – Das Leben, was ich bin. – Und nichts anderes bin ich als nur das Leben. – Wie geküsst von einem Strahl – erwacht ohne Frage nach Zeit – in seinem Urgehalt vorhanden – einig – gesund – vor der Möglichkeit, nein, aus der Möglichkeit des Fehlens herausgelöst – nur ein Lebendiges – nicht höher nicht tiefer als das Lebendige überhaupt.

Aber mit dem Funken der Ichgehörigkeit, der Ichverschmolzenheit dieses Lebendigen. – Mein Lebendiges – wie in einem Urzustand ruhendes Lebendiges – ohne Verbildetheit – ohne Verwässertheit – Das Lebendige, seiner Idee nach, seinem Bilde nach – seinem Ursein nach – und doch mit mir eins – Mein Lebendiges – befreit, einmal befreit – ganz für sich – und so viel – so mächtig groß – so unvermindert, unverkleinert – so wie am Beginn – und doch reicher als am Beginn – Da ist mehr Glück als am Beginn meines Lebens. Da gibt es etwas, was es verreichlicht während des Lebens. Nicht, was es vermehrt, aber was es wogender macht, was es – schöner macht. Es ist noch ganz da und mehr da als am Anfang meines Lebens. Es ist noch nicht zerfressen, noch heil ist es – ganz heil. – Und ich kann lächeln und man kann – man kann an es glauben – wie (an) etwas, in das man zurück kann, auf das man bauen kann – das weiterströmen wird – an das man glauben *muss* – dass es heil bleibt, wenn es verkauft wird oder missbildete Formen bekommt. – Das fehlende, das – abschweifende, das – verloren gegangene Ich wie eine faltig-harte Kruste – und das heile unverminderte Lebendige ist doch darunter.

Hier wird nach Ablauf der Versenkung, also ab Absatz III, zum ersten Mal die volle Versunkenheit erreicht. Die »Innenschau« hat nicht nur die Form der Selbstbetrachtung, sondern sie schaut etwas an, das ankommt und ihr unerwartet zufällt. Das ist kein mystisches Ankommendes, sondern ein Ankommendes aus der Selbstsphäre; aus der Vitalsphäre. Es ist das Leben in seiner Heilheit und Fülle.

Die Sprache hat sich seit den ersten Versunkenheitsstunden auffallend und erstaunlich verwandelt. Sie hat schon eine, wenn auch entfernte Ähnlichkeit mit jenem Phänomen, das wir die Verleiblichung in Worten und in Sätzen nannten, ein Phänomen, das in seiner Reinheit erst ein dreiviertel Jahr später auftritt. Das Einzelwort bekommt ein etwas größeres Gewicht, als es in den ersten Stunden hatte. Die Ein-

zelworte kommen langsamer, zwischen ihnen liegt ein stummes, schauendes Verweilen.

Nach weiteren achtzehn Versenkungs- und Versunkenheitsstunden wird am 30. Juli 1941 ausgesagt:

Um den Weg zu gehen, müssen Fesseln oder Häute oder Schalen, die um die Seele liegen, abfallen – Alle diese Schalen haben gemeinsam die Eigenschaft, dem Ich zu seiner Erhöhungssucht, zu seiner Behauptungsangst, zu seinem Machthunger, aber auch zu seinem Verwundungsschutz dienbar zu sein.

Und wenn die Seele von diesen Schalen entblättert, entschalt, befreit ist, dann sieht das Ich erst, wie die Seele als freie Seele, als reine Seele beschaffen ist. – Und dann ist das Echte, das Eigentliche vor der Frage, wie viel von ihm noch erhalten ist. – Und findet verkümmerte, oft nur als Keim erhaltene, gedrückte und eingeengte, von der Luft getrennte – bleiche Pflanzen.

Aber dann ist das Sein der Seele wieder so, dass sie an der Pforte stehen darf, und sie kann die Welle ersehnen, die ihr Wasser für ihren Durst und Kraft für ihre Freiheit, zum Wachsen all der Pflanzen geben kann. –

Das heilende Wasser – Das Geheimnis des Unbeschreibbaren – Urlebendigen – Das Um –, das gestalte Herumseiende, das Urerdenhafte – in der Tiefe. – Und das Ich in der Seele, noch außerhalb der Tiefe – sie grüßen einander.

Sie sind noch gesondert – vielleicht – weil – ein – Schmerz, ein Glücksschmerz gefürchtet wird.

Aber es ist, wie wenn ein Wind von daher die Seele berührt, ein Abglanz, eine Ahnung des – möglichen Geschenkes –

So geht die Seele, die ichgestaltete Seele dem großen Meer entgegen. Ganz vorsichtig nimmt sie wenige Schichten des Trennenden weg, jeden Tag wieder etwas – soviel sie kann und soviel sie darf, ohne vom Unheilsamen dabei gestört zu werden. Und auch nur soviel, wie sie fühlt, dass darunter ihr das Wasser entgegenkommen will. Aber jeder Schritt, jeder Tropfen Wasser, jedes Fortgenommene – es nähert sie an. Und alles in ihr ist ein Auge, das sich entgegensehnt.

Hier ist der Teil, der die Versenkung enthält, erheblich kürzer als der Versunkenheitsanteil. Zum ersten Mal lassen sich Elemente mystischer Reinigung, Bereitung und Ausrichtung erkennen. Die ersten »mystischen« Wortbilder treten auf. Bisher war dem Sprechenden und auch dem, der die Aussage hört, verborgen geblieben, dass sich schon lange vorher unsichtbare mystische Strukturen in das Versenkungsgeschehen eingefügt hatten.

Die Sprache beginnt bildhafter zu werden.

Fünf Monate später: Nur die zweite Hälfte der Versunkenheitsaussage vom 8. Dezember 1941:

... Ich sammele das Schweigende der Seele. Ich schäle mich aus den Anhaftungen. Ich nehme mein – im – eigenen – Rhythmus – schlagendes Herz und halte es hin. – Ich lächele dem Ich zu, das seine Haltefäden locker werden lässt. – Und alle Räume werden ausgefegt, von immer wieder daseienden Spinngeweben leer gemacht. Stille – ruhige – gereinigte – vom Ich entlassene Aufgeschlossenheit.

Wenn doch für <u>einen</u> Augenblick *alle* Fäden aus der Hand entlassen wären – das ist, wenn *aller* Rest der »Angst um sich« zur Ruhe gekommen wäre – wenn alles Beurteilen stille stände, und auch der Atem unbewegt wäre – dann würde – ich – *von selbst sein.* Ich trage eine Kanne Wasser mit mir zurück, und kann mit ihr Lebendigkeit, gesonntes Wasser über das hingießen, was es am nötigsten braucht: über das wehe und milde Herz, über das versteckte Leuchten und über den trockenen Weg – eine ganze Kanne, die <u>alle</u> dieses heute benetzen kann.

Die folgende Versunkenheitsaussage vom 21. Juli 1942 ist fast ein halbes Jahr später gesprochen. Der Versenkungsvorgang stellt sich in den ersten beiden Abschnitten dar. Dann beginnt das Erleben in der Versunkenheit. Die Sprache ist jetzt echte Versunkenheitssprache: Sie ist frei von allen Verbildungen, frei auch von allen Zufügungen aus der Tageswelt. Sie ist reiner unmittelbarer Ausdruck des im Schauen Begegnenden. Hier begegnet der Schau die eigene, die ruhende, die richtig und rein gewordene Seele. Im letzten Teil kündigt sich das Erlöschen des Eigenseins an, die Einigung mit dem mystischen Ur.

Ich horche auf verborgene quälende Schatten.
Ich möchte sie ansehen und bannen.
Ich finde keine Schatten.

Ich rufe die Gefährten, die die Wanderung meiner Seele begleiten werden.

Ich rufe den unentbehrlichen Gefährten, den echten unbestechlichen, dessen Auge keine Lüge erträgt.

Ich rufe die liebenden Freunde, deren Mitgehen die Einsamkeit des We-
ges vergessen lässt:
Die Heiterkeit und ihre Schwester, die abgelöste Ruhe.
Ich rufe das scheue Kind, das ich in der Welt behutsam geleiten sollte
und das jetzt mein Zeuge ist, dass ich die Sehnsucht bestehen lassen darf.
Ich rufe alle diese, damit sie mich umgeben.

Und dann versinkt die Gebundenheit.
Die Gefährten werden unsichtbar.
Die Seele weiß sich abgetrennt.
Sie weiß sich allein stehend.
Ihre Einsamkeit ist zerschmolzen.
Es hängt noch die Wärme in der Luft, die sie umgibt,
die Wärme, die schützende und liebende Gefährten gespendet haben.
Nur der Unbestechliche soll erreichbar bleiben.
Das Unheilsame muss gebannt werden.

Stilles Warten, – Aufgetanes Warten.
Die Sehnsucht ist in Liebe verwandelt.
Das Hindrängen ist als Torheit gerichtet.
Leise gleitet das Auge über die stille, ungegrenzte, ungeformte,
alles bergende, Ahnung lockende, meerhafte Weite.
Über das Gefilde raunender, urraunender Ebene.
Gleichförmig – ungleichförmig.
Farbig – nicht farbig.
Wie ein Ährenfeld.
Wie eine Heide geheimnisvoller Ur-Erdhaftigkeit.

Die Seele ist rund wie eine Sonne.
Sie taucht ein in das zitternde Land.
Ihre Strahlen sind eingesunken in ihr Blut.
Sie ist Blut geworden und vollendet rund geworden.
In sich versunken.
Aus der Verflochtenheit erlöst.
Dicht und ur-rot geworden.
Zusammengefasst und eingefasst in ihre heile Blutgeborenheit.
Leuchtend geworden ohne in die Welt hineinzuleuchten.
Gesammelt in Hingegebenheit.

Und ihr Versinken ist die jauchzend laute Stille.
Ihr Untergang ist ihr Eingang.

Das Geheimnis liegt über dem Felde.
Das Schweigen steht am Himmel.
Die Stille ist geschehen.
Aufgelöst ist alle Zweisamkeit.
Eine Weise, eine Urweise ist da.
Das Seien ist mit dem Geschehen eins geworden.
Der Friede atmet.

Nicht Ruhen ist es.
Nicht Schlafen ist es.
Nicht nur Ahnen ist es.
Erloschen ist das Sehnen.
Es ist das Ur selber.

Zwei Monate später ist das Sprechen in der Versunkenheit auf dem Weg der Sprachwandlung, auf dem Weg echter mystischer Sprachwerdung wiederum weiter vorangeschritten: Die Sprache wird dichter, das einzelne Wort wird gewichtiger. Hier spricht zwar noch der Schauende, aber das Ankommende wird mächtig. Das Ankommende ist das Ur. Es dringt in das Sprechen hinein. Eine echte Verleiblichung im Worte kündigt sich an. Wir stehen am Tor, hinter dem in nicht ferner Zeit die Geburt im Worte angetroffen wird, hinter dem aber nicht sie allein steht, sondern auch das mystisch Ankommende selber und damit auch die mystische Geburt *im Wort.*

Am 24. September 1942:

Das Nichts ist die den Urraum ausfüllende Masse.
Die schwarze Dunkelheit bewahrt den unbehauenen urhaften Block.
Der rinnende Bach hat sich ergeben.
Das unergründlich schwarze Moorwasser hat ihn geborgen.
Alle fließende Bewegung ist eingegangen in den Tod der Zeit.
Alles Gewordene und alles Werdende ist eingehüllt
in den steinern ruhenden Mantel.
Urzeit und Urraum sind ungeschieden.

Alles Ausgesandte ist wieder eingeboren.
Der Uranfang ist da.

Das ruhende Runde weiß um sein Geheimnis.

Und wenn der Schoß aufbricht
dann beten die Berge.
Und im ersten Atem
gebiert sich das Licht.

Dies also, lieber Herr Fischer-Barnicol, war der lange Weg der Versenkung bis zur Versunkenheit und weiter bis zur mystischen Versunkenheit hin, ein Weg, den wir zusammen an Hand einer Verwandlung des Sprechens und der Sprache gegangen sind. Es war kein Weg der Ver-wandlung in immer andere Erscheinungsweisen, sondern eine echte Wandlung; ein Weg der Läuterung des Sprechens, bis dass die »reine« Sprache vom Ankommenden selber in Anspruch genommen werden kann. Als letzte Strecke dieses Weges schließen hier die im 3. Brief mitgeteilten Versunkenheitsaussagen an. Dann musste die im 4. und 5. Brief dargestellte Zeit der Verfehlung und des Entzuges durchschritten werden. Endlich wurde dann der Ort erreicht, an dem das Geschick der Versunkenheitssprache sich vollendet.

Ist es nicht erregend, zu sehen, wie bei einem und demselben Versunkenen die Sprache sich von Epoche zu Epoche verändert, so verändert, dass sie kaum als Sprache des gleichen Menschen zu erkennen ist?

Man könnte am Leitfaden solcher über Jahre und Jahrzehnte sich hinziehender Versunkenheitsaussagen eine Biographie des Sprechens schreiben. Diese wäre nichts anderes als die Geschichte eines Wandels der Sprache, der auf eine Veränderung im Ankommen mystischer und nichtmystischer Versunkenheitsgehalte zurückzuführen ist.

8. Brief

Leuchtenburg, den 3. Juli 1964
Mit einem weiteren Brief fürchte ich noch einmal Verwirrung zu stiften.
Ich veranschauliche nun zwei Weisen des »Sprechens in der Versun-
kenheit«, denen Texte zugeordnet sind, die sich nicht nur in der Spra-
che grundlegend von allen bisherigen Versunkenheitsaussagen unter-
scheiden, sondern auch im Inhalt, also hinsichtlich dessen, was sich
in ihnen aussagt. Es kommt hinzu, dass sich die beiden Aussagereihen
auch ihrerseits formal und inhaltlich unterscheiden, obwohl sie zeitlich
aufeinanderfolgen. Sie gehören in die Jahre 1944 bis 1949.
Aus der ersten Gruppe habe ich zwei zeitlich benachbarte Versun-
kenheitsaussagen ausgewählt. Sie können als typisch für eine längere,
bis 1947 reichende Reihe gelten. Obwohl sie selber zeitlich an echte
mystische Aussagen anschließen, sind es keine mystischen Aussagen.
In ihnen nimmt lediglich ein seelischer »Zustand«, der nach »Durch-
schreitung« des »mystischen Stufenweges« als besonderes Ereignis ein-
brach, Gestalt an. Dieses »Geschenk« war Folge dessen, was wir eine
Schau der Liebe nennen dürfen. Der hier zugrunde liegende Vorgang
ist selber nicht eine »Schau der Liebe«, sondern er ist Schau eines »Zu-
standes«, welcher der Erfahrung der Liebe folgt.
Die »Gestaltwerdung« beruht nicht auf dem Phänomen des »Ankom-
mens« und schon aus diesem Grund ist der Vorgang keine Geburt im
Worte. Nur ein Ankommendes kann sich unmittelbar im Worte verleib-
lichen. Es ist deshalb auch keine Geburt im Satz oder im Rhythmus.
Aber wenn ich auch daran festhalte, dass in dieser Versunkenheit we-
der ein mystisch Ankommendes noch ein Ankommendes aus der Selbst-
sphäre in das Bewusstseinsgefüge der Versunkenheit eindrang, so
meine ich damit doch nicht, diese Texte seien etwa »Schöpfungen des
Ichs«. Es sind nicht Produktionen des Ichs, sondern Aussagen über die
von der Innenschau vorgefundenen Einstellungen, Gefühle und Verhal-
tensweisen der Seele.
Die Aussagen beruhen auf einem seltsamen Gemisch bildhaften und
sprachlichen Zufalles. Manchmal kam als Erstes ein anfangs noch
missverständlicher Satz an; manchmal gebaren sich nacheinander ein-
zelne Worte und dann erst entstand das Bild, welches sich ausgestalte-
te. Manchmal aber trat umgekehrt zuerst das Bild in das Bewusstsein
und später erst der Satz.

Es ist erlaubt zu sagen, dass diese »liedhaften« Aussagen echte Sprachverleiblichungen seelischer Ereignisse sind, aber man darf weder sagen, dass es mystische Phänomene sind, noch behaupten, hier geschehe ein echtes »Ankommen«, und erst recht nicht, das Ankommen als Geburt im Wort.

Hier nun die Versunkenheitsaussagen selber; am 1. März 1944:

Du einsames Kind!
Behutsam will ich deine Träne schützen.
Schlafe in dem Frieden meines Schweigens.
Ich pflücke dir ein Veilchen.

Fühlst du den Atem der Erde?
Im Wald lebt die Ehrfurcht.
Gib mir deine Hand!
Ich liebe dich.

Am 15. März 1944:

Dort wo das Reh den Tag verträumt,
fand ich weiches Moos und goldnes Laub.
Stilles Licht tropft durch die Zweige.

Nun darfst du weinen.

Ich warte an dem Bache
und schöpfe dir
von seinem kühlen Segen.

Diese Versunkenheitsaussagen scheinen mir einer Sphäre anzugehören, in der auch Dichtung beheimatet ist. Ich lege auf diese Feststellung wert, denn es gibt mir umso mehr das Recht, die »liedhaften« Aussagen aus dem von uns ins Blickfeld gerückten inneren Phänomenbereich auszuschließen.

Sie veranschaulichen eine randständige *Sphäre des Phänomens »Sprechen in der Versunkenheit«. Selbstverständlich handelt es sich nicht um »dichterische« Erzeugnisse; der phänomenologische Weg hat uns nur in die Nähe der »Dichtung« geführt. Daraus darf nicht gefolgert werden, ich hielte solche Aussagen in irgendeiner Hinsicht für dichterisch wertvoll. Bei aller Ehrfurcht vor dem, was »Sprache in der Versunkenheit« ist, und bei all meinem Staunen über die Verwandlungsfähigkeit dieser Sprache lehne ich es ab, anzunehmen, die Versunkenheit könne, gleichsam als Leistungssteigerung, die Fähigkeit zur Dichtung entbinden.*

Bemerkenswert ist allein dies: Würde man eine Biographie der Versunkenheitsaussagen verfassen, das heißt, würden alle Aussagen eines und desselben Versunkenen in zeitlicher Folge aneinandergereiht, so ließe sich erfahren, in wie reichhaltiger Weise sich der Fächer unterschiedlicher, immer neuartiger Formen des Sprechens auseinanderfalten lässt. Dies ist in der Tat ein wahrhaft erstaunliches Phänomen. Unerwartet und ungewollt erregt es vor allem auch den Versunkenen selber.

Diese Bemerkung erleichtert den Übergang zu Aussagen, die – nach einer Pause von wenigen Monaten – den »liedhaften Aussagen« folgten und doch phänomenologisch besonders klar von ihnen unterschieden sind. So die vom 7. Juli 1948:

Der Mensch, welcher an dem Ort des zwiefachen Lichtes steht, beginnt sein gefahrenschweres Begreifen. In seinem einen Atemzug trinkt er die Luft zweier Räume. Er trinkt von dem Urgeschiedenen, als ob es ein Ungeschiedenes wäre.

Das leichte schwebende – das helltönende freie Vorhandensein im Raum der Leere und das urstumme Nicht-Vorhandensein leuchten als zwiefaches Licht und erregen damit an dem Ort einer nur scheinbaren Grenze ein noch unnennbares und unnahbares urgewaltiges Wogen.

Die Erleuchtung im Zwielicht hat ihren Anfang. Ahnungen einer Gestaltwerdung – Raum an einem Orte, wo kein Raum für den Raum vorhanden ist – endgültiger Raum eines Urwissens, in dem weder Leben noch Tod, sondern ein ganz anderes, noch Ungeborenes verborgen liegt.

Am 10. Juli 1948:

Das Wissen zerbricht das Gestein der Tiefe.
Der Raum im Zwielicht kann weder aufgefunden noch betreten werden.
Er ruht im Nichtsein und ist ohne Wirklichkeit.

Der Mensch ist in eine Aufgabe hineingefallen, welche seine Maße zersprengt: Er soll das Zwielicht verschlingen und den Raum, für den kein Raum vorhanden ist, aus der Härte des Nichts herausbrechen.

Nach einer weiteren Versunkenheitsstunde jetzt der Schlussabschnitt der ihr folgenden Aussage:

21. Juli 1948:

… Oh seltsamer Ort, an dem etwas geschieht, was ursprünglicher ist als der Ursprung – was nur ergriffen werden kann, wenn alles Geschaffene vollendet ist. Seltsame Geburt, in der der Mensch seine wahrhafte Bejahung ausspricht und in der er zugleich zurückgeholt wird in etwas, welches ihn namenlos macht.

Nach einer weiteren Versunkenheitsstunde wird am 30. Juli 1948 gesprochen:
In den Wassern des Schweigens redet das Wissen – anfanglos – endelos – gestaltlos – wortlos.
Klarheit ist verklärt.
Wogen des Urwissens wogen in sich.
Heilige, unfassbare, wissende, rufende, kreisende Wortlosigkeit. Urbegriff unwirklicher Menschlosigkeit – sagenhafter atemloser Urstoff, der nicht vorhanden – vorhanden ist – der Gestalt hat – wahrhaftige unbegreifbare Gestalt.
Da steht ein Name – ein Wort, welches so seltsam felsig hart ruht wie der nicht anfassbare Leib des Wortes Ja.
Und selbst dieses Wort muss seine Gestalt verlieren – muss wieder verklärte Klarheit und seiende Ursubstanz der Sprache sein, damit das geboren wird, was das Urwissen selber ist.
Ich weiß es ja: Der Stoff der Gottheit – das ist die Sicherheit. Der Raum, der aus dem Zwielicht herausgeboren ist, der ist kein Raum, sondern ein raumloser, grenzenloser, gestaltloser endeloser, wortloser Felsen – ein bewegungsloses, leibgewordenes, seiendes Lächeln der Sicherheit – das Gewissen in seiner wahren Klarheit – das Wissen, welches sich selber weiß.
Seiende Sprache und wogender Name – klarer geronnener Urstoff – das felsenhafte Ja, das Gott zu sich selber spricht – der in seinem eigenen Ja geronnene Gott.

1. August 1948:

Das, was ich jetzt sage, ist ein stilles Berichten. Die Erleuchtung im Zwielicht verklärt das Lächeln urewigen Wissens.

Urständige Sicherheit ist der steinerne Leib der Ewigkeit und ist der Stoff, aus dem das Urwesen des Seins herausgestaltet ist.

Eine Reihe von Fragen stellt sich:
1. Sind dies mystische Aussagen? 2. Wie ist die Form des Ankommens?
3. Welchen Ort nimmt in diesem Geschehen die Sprachwerdung ein?
Offenbar liegt hier eine Art des Versunkenheitserlebens vor, die wir in unseren bisherigen Betrachtungen noch nicht angetroffen haben.
Schon beim ersten Anhören erfährt man eine Vielfalt des Geschehens, welche eine Deutung erschwert: Man spürt, dass hinter den vordergründigen »Bildern« oder auch »Denkgebilden« etwas noch völlig Unbekanntes steht, das sich in einer Folge von Versunkenheitsaussagen zur Klarheit durchringt. Insofern ist es ein echtes »Ankommendes«, also eine »außerbewusst gedachte Ganzheit, welche in einer Erlebnisreihe zunehmend bewusst wird«.[214]
Das »Bild« des Zwielichtes fällt der Innenschau als Erstes, sinnhaft und gleichsam »vorwegnehmend« zu. Es ist gefühlshaft umhüllt von den Ahnungen einer Gefahr und dem Erregen eines »Wogens«. Zugleich wird dem Schauenden und Sprechenden klar, dass ein Raum »denkenden« Begreifens entstehen wird, hinter dem ein »Urwissen« steht, als eine Macht, die durchdringen wird, und dass in der Form von Intuitionen eine »Erleuchtung« geschehen wird. Die ganze Folge der oft paradoxen Aussagen, in denen auch ein Prozess des denkenden Übersteigens zum Ausdruck kommt, eines Übersteigens, das nicht durch den Willen, sondern rezeptiv durch eine Reihe zufallender Gedanken und Bilder geschieht, enthält den erstaunlichen Vorgang einer zunehmenden Entschleierung dessen, was hier im Bild des »Urwissens« aufleuchtet.
Dass das »Gebilde«: »Wogen des Urwissens« als »Stoff der Gottheit« herausgestellt wird, genügt aber nicht zur endgültigen Erhellung. Darum kommt – nach Zwischenstufen – die seltsame »Metapher«: »klarer geronnener Urstoff. Das felsenhafte Ja, das Gott zu sich selber spricht – der in seinem eigenen Ja geronnene Gott«.
Hätten Theologen diese Aussage auszudeuten, könnten sie dann

nicht, wenn auch im Unbehagen angesichts der häretischen Gefähr-
dung solcher Formulierungen, mit mir finden, dass hier etwas vom
Dogma der Trinität eingedrungen ist?

Auf unsere erste Frage ist also mit Sicherheit zu sagen: Hier ge-
schieht ein Vorgang echten Ankommens, und das sich hier ausgestal-
tende Denkgebilde kommt nicht aus der Selbstsphäre, also hat doch
wohl als Inhalt einer Aussage »transzendenten« Charakter. Und doch
halte ich daran fest, dass es keine mystische Versunkenheitsaussage ist.
Es ist keine vom »Umfassenden« bewirkte Eingebung und nicht aufru-
hend auf dem, was ich in meinen Analysen[215] *die Erfassung der Präsenz*
genannt habe.

Die Gesamtform des Ankommens ist eine Verschränkung vieler Ein-
zelformen: Intuitionen, Bildschau und wohl auch das Zufallen von
Worten mischen sich in mannigfacher Weise.

Die Sprachwerdung ist nicht leicht zu analysieren: Sicherlich steht
der Vorgang weit ab von der unmittelbaren Geburt im Worte; auch die
»Geburt des Wortes« scheint nur selten Bedeutung zu gewinnen.

Im Ganzen enthält die Aussage den zweifachen Schritt, den wir be-
sprachen: Anfangs taucht das Bild auf, hier oft ein »Denkgebilde«,
dann im freien Versunkenheitssprechen ausgesagt. Sie enthält aber
auch in diesen Vorgang eingemischt das Geschehen, das ich beschrie-
ben habe: Das frei fließende Denken.

Doch keiner von diesen beiden Vorgängen ist phänomenrein, denn
hinter beiden steht das mächtigere Geschehen des Ankommens, das
alles andere in seinen Dienst nimmt.

Hoffentlich trägt diese ausführliche Analyse zweier randständiger
Phänomene des Sprechens etwas dazu bei, unser Kernphänomen, die
»Geburt im Wort«, deutlicher von den benachbarten Bereichen abzu-
heben.

9. Brief

Leuchtenburg, den 4. Juli 1964
Bei der Durchsicht alles dessen, was ich Ihnen nun in acht langen Brie-
fen geschrieben habe, fällt mir erneut das Zwielicht auf, in dem meine
Ausführungen stehen:
Einerseits möchte ich aus einer phänomenologischen, also wertungs-

freien Einstellung heraus die Strukturen des Phänomens »Sprechen in der Versunkenheit« in allen möglichen Facetten ausleuchten; andererseits bin ich der Mystik verhaftet und schulde ihr Verantwortung, so dass ich das Inhaltliche der Aussagen von ihr aus zu beleuchten versuche. Daraus ergibt sich ein Zwielicht, das peinigend über meinen Ausführungen liegt.

Um den Widersinn aufzulösen, will ich noch einige eindeutige Feststellungen treffen:

I. Es ist Ihr Wunsch gewesen, lieber Herr Fischer-Barnicol, dass ich das Phänomen »Sprechen in der Versunkenheit« so anschaulich wie möglich beschreibe. Ich bin Ihrem Wunsch nachgekommen und habe damit eine phänomenologische Arbeit übernommen. Ich habe sie ausgeführt, soweit ich es der Mystik gegenüber verantworten konnte.

Das letzte, was ich einer »vollständigen Phänomenologie« zuliebe geschrieben habe, hat aber das mir am Herzen liegende zentrale Phänomen, nämlich die Geburt des mystisch Ankommenden im Wort *weitgehend verdunkelt. Dies ist nicht zuletzt darauf zurückzuführen, dass sich das Sprechen als menschliches Urphänomen nicht nur mit jedem Bewusstseinszustand, sondern auch mit jeder Weise eines mystischen und nichtmystischen Ankommens verbinden kann. Es kann sich sowohl in die metaphorische Schau als auch in die Schau auftauchender Symbole einfügen, aber es kann auch Aussage für das Zufallen von Intuitionen und über ein Ankommen im fühlenden Erleben sein. Ja, es kann, wie Sie wissen, auch Denkverläufe und meditatives Geschehen begleiten. Gegenüber dem zentralen Phänomen einer mystischen Verleiblichung im Wort sind dies aber nur periphere Erscheinungen.*

II. In diesen Briefen atmet nicht der Geist der Mystik. Ich lege auf diese Feststellung wert. Eigentlich habe ich von der Mystik nur andeutungsweise gesprochen, dann, wenn die Phänomenologie es erforderte. Eine kleine Zahl mystischer Versunkenheitsaussagen steht der großen Zahl nicht mystischer Aussagen gegenüber. Möge also keiner, der diese Briefe liest, meinen, er hätte nun einen Schlüssel in der Hand, mit dem er das Tor zur Mystik öffnen könnte. Bestenfalls wird dem Verständnis das Tor zum »Sprechen in der Versunkenheit«, aber nicht das Tor zum mystischen Bereich erschlossen. Gezeigt wird, dass das Sprechen in der Versunkenheit ein vielschichtiges und hochrangiges Phänomen ist.

Sie wissen von mir, dass dieses Phänomen nicht vereinzelt erschienen, sondern mehrfach aufgetreten ist. Sie kennen auch meine Mei-

nung, dass es ein natürliches, ordentliches und häufig mögliches, also ein lehrbares und erlernbares Geschehen ist. Es kann ebenso weitergegeben werden, wie das Sich-versenken weitergegeben wird, besser von Mensch zu Mensch als durch Lektionen.

5. KRITISCHE NACHFRAGEN UND GESPRÄCHE ÜBER RELIGIÖSE BEDEUTUNGEN MYSTISCHEN ERLEBENS

Carl Albrecht glaubte, mit diesen Aufzeichnungen alles Wissenswerte gesagt zu haben. Wie die letzten Zeilen zu verstehen geben, sollte alles Weitere der persönlichen Unterweisung zwischen einem erfahrenen Meister und seinem Schüler vorbehalten bleiben.

Nun werden durch diese Notizen viele Fragen aufgeworfen, wenige nur geklärt und beantwortet. Carl Albrecht spricht hier nicht nur als Phänomenologe, sondern auch als Mystiker. Erstaunlich, wie rückhaltlos er sich als solcher zu erkennen gibt, und bedeutsam genug, was er aus eigener mystischer Erfahrung preisgibt. Da gilt es zu respektieren, dass er auf einige Fragen nicht eingeht, manche nur andeutet. Ohne die Gefahr von Missverständnissen oder gar des Missbrauchs heraufzubeschwören, konnte er wohl nicht mehr sagen.

Diese Zurückhaltung gab er auch nicht auf, als diese Briefe von mir, dann aber auch von einigen Freunden, denen er sie im Durchschlag zugeschickt hatte, mit neuen Fragen beantwortet wurden. Er ließ sich nicht aus der Reserve locken; nicht durch Nachfragen, die sich auf die Methode des Sprechens in der Versunkenheit bezogen, noch weniger durch mein Drängen, er möge doch auch über die Bedeutung dieses Phänomens für die Psycho-Diagnose und -Therapie einige weiterführende, und sei es nur prinzipielle Möglichkeiten erklärende Anmerkungen hinzufügen. Vermutlich hatte er sich bereits während dieser Niederschrift dazu entschlossen, die vorliegenden Protokolle aus der ärztlichen Praxis, in denen er selber die Versunkenheitsaussagen seiner Patienten durch alle Stadien der Erhellung und Heilung hindurch aufgezeichnet hatte, nicht für eine spätere Veröffentlichung aufzubewahren.

Ich erhielt zur Antwort:

Sie schreiben über die therapeutische Relevanz des »Sprechens in der Versunkenheit«. Ich bitte Sie, mir zu ersparen, auf diesen Teil des Phänomenbereichs näher einzugehen. Ich gerate dann erneut in Gefahr, die theologische Relevanz zu verdunkeln. Selbstverständlich ist nicht zu leugnen, dass das Sprechen in der Versunkenheit eine entscheidende Bedeutung für die Heimholung vergessener oder für die Anordnung falsch gedeuteter Lebensbereiche hat. Das ist Folge jenes hochrangigen Grundphänomens aller Versunkenheit, das wir mit dem Wort »Wahrhaftigkeit« benannten. Niemals wird es im wachbewussten Leben eine solche unbarmherzige Durchschauung der eigenen Sphäre geben können, wie hier in der Versunkenheit, niemals eine solche restlos wahre Beichte. Dafür könnte ich Texte anführen, die in ihren Aussagen erschüttern. Und selbstverständlich hängt es damit zusammen, dass auch die mystische Versunkenheit ein ausgezeichneter Weg der Reinigung und des Heilwerdens ist. Aber lassen Sie uns das Versunkenheitsleben bitte auch nicht überbewerten! Gewiss, der Hindu und der Buddhist sehen die Versunkenheit als den »Königsweg« an, aber ich bestehe darauf, dass im Abendland jeder Gottesbezug den gleichen Rang hat, das heißt, das gleiche Heil in sich birgt und damit auch die gleiche Heilung.

Diese Antwort klärte mich zwar darüber auf, weshalb Carl Albrecht vorerst die therapeutischen Möglichkeiten des Phänomens nicht publik machen wollte. Durch das Sprechen in der Versunkenheit wird der Therapie ein Geschehen anvertraut, das wesensgemäß über den Bereich ärztlicher Verantwortung, wie sie sich gegenwärtig begreift, hinausführt in den des ganz anderen seelsorglichen Antwortens, der Beichte. Dem entsprechen die theologischen Akzente dieser Antwort. Zwar bin ich nicht sicher, ob wir jenen ›königlichen Weg‹ des Raja-Yoga oder des Dhyana- bzw. Zen-Buddhismus zum Samadhi oder ins Satori als »Wege der Versunkenheit« betrachten dürfen im Sinn des in diesen Untersuchungen gewonnenen Begriffs. Um gängigen Missverständnissen vorzubeugen, sind hierzu einige Erklärungen angebracht:

Ohne Zweifel enthalten der Yoga und die buddhistische Übung alle Momente, Stufen und Möglichkeiten des Versunkenheitserlebens. Darüber hinaus werden sie jedoch auch von anderen Erfahrungen und Disziplinen getragen, die in manchen Schulen sogar das Selbstverständnis dieser Methoden bestimmen. So sind auch Begriffe wie »Konzentration«, »Meditation«, »Kontemplation« nur mit Vorbehalt auf die Phänomene anzuwenden, zu denen diese mystischen Wege führen. Sie verstehen sich nicht als besondere oder gar gesonderte Pfade neben anderen religiösen Wegen und werden auch im Allgemeinen nicht so verstanden. Die Mystik gilt im Hinduismus, im Taoismus und im Buddhismus nicht als Ausnahmeerscheinung, sondern als der Inbegriff des religiösen Lebens überhaupt. Dies ist jedoch nicht aus der extremen Spiritualität, einer Verinnerlichung oder gar dem Mystizismus dieser Religion zu erklären, sondern weit eher auf die Tatsache zurückzuführen, dass die religiösen Überlieferungen Asiens die latenten Spannungen zwischen Orthodoxie und Orthopraxis auf eine andere Weise gelöst haben als das abendländische Christentum. Sie blieben auf die konkrete, leibhafte Erfahrung eingeschworen. Die uns geläufige Scheidung eines Innen vom Außen, damit eines als Ich selbstbestimmenden Subjektes gegenüber einer als Umwelt oder Gesellschaft gegenständlich betrachteten Objektivität ließen sie nicht zu. Das ursprüngliche Einbezogensein des leibhaften Daseins in Natur und Welt, in ein sinnvolles Universum, wurde nicht aufgegeben.

So verstehen sich diese Religionen bis heute darauf, auch das alltägliche Geschehen im Wachbewusstsein mystisch zu erleben. Viele ihrer Übungen zielen darauf ab, das Mystische ins alltägliche Bewusstsein und Dasein einbrechen zu lassen. So wird und bleibt es möglich, auch den Kult, die Riten, Lehre und Lernen, Gesang, Tanz und gemeinsames Gebet als mystische Erfahrungen zu deuten und wie Sternumlauf und Mondwechsel, Aussaat und Ernte, geschlechtliche Vereinigung, Geburt und Tod, Kranksein und Heilung, das Erleben im Wachen, im Traum und im Tiefschlaf nach wie vor mystisch zu verstehen. Die Existenz als leibliche Anwesenheit wird so deutlich als Mysterium erfahren, dass letzten Endes alles, was dem Menschen konkret widerfährt, als vom mystischen Licht durchleuchtet erkannt werden kann.

Dass dies möglich ist, Carl Albrecht hätte es nicht geleugnet. Er hat es erfahren. Aber phänomenologisch lässt sich diese wechselseitige Durchdringung und Verschmelzung der Erlebnisbereiche kaum analysieren und nicht eindeutig bestimmen. Diese mystische Durchlichtung und Verwandlung des realen Lebens wird lediglich als Nachwirkung mystischer Erfahrungen erwähnt. Dabei ist sie fraglos das Ziel des mystischen Weges: Verwirklichung, Inkarnation, Heiligung. Zu diesem Ziel hin sind die im disziplinären Sinn mystischen Methoden Asiens unterwegs, ganz selbstverständlich und innig allen anderen Wegen religiösen Lebens eingebunden, Überlieferungen der konkreten Erfahrungen, die im Mythos zur erzählerischen, in der Lehre zur gedanklichen, in Riten und Kult zur liturgischen Gestalt kommen.

Sinngemäß lässt sich das mystische Erleben von den übrigen, wie man meint, »normalen« religiösen Erlebnisweisen kaum oder gar nicht unterscheiden – es sei denn durch die Möglichkeit, die sich in der Mystik bietet, frei zu werden von der Magie der Vortäuschungen und Einbildungen. Deswegen allein wird der meditativ-mystische Weg als ein »königlicher Pfad« angesehen, auf dem das Erleben zu nahezu trugfreier Klarheit gelangen kann. Aber gerade von seinem Ziel her wird allenthalben erkannt, dass jedes Erleben, »*jeder Gottesbezug … das gleiche Heil in sich birgt und damit auch die gleiche Heilung*« bereithält[216].

Carl Albrechts Erklärungen treffen insofern zu. Dies stellt auf allen mystischen Wegen eine letzte, gleichsam zurückblickende Einsicht ins Wesen des religiösen Lebens dar. Im Christentum scheint diese *mystische Gleichheit aller* vorausgesetzt zu werden, womit vielleicht zusammenhängt, dass die abendländische Religiosität Mystik als ein Sonderphänomen missverstehen konnte und, nachdem sie deren echte Disziplinen eingebüßt hat, derart verwahrlosen lässt.

Mich erstaunte die theologische Ausrichtung des Gedankengangs indessen auch noch aus einem anderen Grund. Dass in Albrechts mystischen Versunkenheitsaussagen explizit christliche, theologische Formulierungen fast völlig fehlen, dass auch keine Bilder und Gleichnisse aus der Heilsgeschichte assoziiert werden, hatte mich zwar anfangs überrascht, dann aber von der Echtheit dieses unwillkürlichen, absichtslosen Ausdrucksgeschehens überzeugt. Mit Carl Albrecht war ich darin einig, dass diese Verhaltenheit der Aussagen, die Verhüllung der Erfahrungsinhalte, für ihre mystische Qualität spricht. Hierzu wären manche historische Belege zu erbringen: Etwa die ohne Zweifel echten visionären Erfahrungen Hildegards von Bingen, die sich weithin »ontologisch«, kosmologisch, anthropologisch äußern, im deutlichen Unterschied zur bemühten, deutliche Zeichen der willentlichen Anstrengung verratenden Mystik der Elisabeth von Schönau, die eine komplette christliche Dogmatik vorlegt.

In diesem Sinn hatte Carl Albrecht im Februar 1963 einige Versunkenheitsaussagen mit der Anmerkung versehen: »*… auch werden Sie* *bemerken, dass diese Aussagen von dem Ereignis meiner Konversion völlig unbeeinflusst sind, was ich als ein Zeichen ihrer Echtheit werte; sie gehören nicht in die Sphäre der ›zweiten Person‹, sondern in die der ersten Person hinein ...«*[217]

Wichtig war damals für Carl Albrecht auch, dass – *»soweit man dieses erfasst, keinerlei Häresie besteht und ... dass doch recht bemerkenswerte Bezüge zur östlichen Mystik erkennbar sind ...«* Ich verstand das im Sinn jener weitgehenden Trugfreiheit der Erfahrung. Auch war mir eine frühere Reflexion bekannt, in der Carl Albrecht versucht hatte, sich über die theologische Bedeutung des Phänomens klar zu werden:

»Das, was in diesen Versunkenheitsaussagen erscheint, ist keineswegs die Erlösungswirklichkeit, sondern es ist vielmehr ein Wesensmoment der Schöpfungswirklichkeit: Das Urlauten des Seins oder, richtiger gesagt, des Seienden als Ganzes, ist die Matrix für das Antworten jedes von Gott Geschaffenen auf sein Geschaffensein und auf sein von Gott in den Standgehalten-Sein. Darum ist der Urton des Seienden im Ganzen auch die Matrix für die möglichen antwortenden Seinsweisen des Menschen. Dieses zeigt sich schon darin, dass in den Aussagen auf der Ebene des Urlautens vom ›Umstrom des Dankes‹ und von der ›betenden Rede‹ gesprochen wird. Diese Urantwort des Seienden im Ganzen aus seinem Geschaffensein kann nur aktuell werden, wenn das Ja, welches von Gott in die Schöpfung hineingesprochen wurde und wird, im Gefüge mit dem Du einen besonderen Raum für die Möglichkeit des Urtones einräumt. Die Ursage in dem Urtönen geht also aus von allem Sein und nicht etwa nur von der belebten, oder gar von der menschlichen Natur.«[218]

Diese bedeutsame Notiz gibt gleichfalls mehr Fragen auf als sie beantwortet. Außerordentlich konzentriert bedarf sie der Interpretation kaum weniger als die Texte, die sie interpretieren möchte. Der Versuch einer hermeneutischen Klärung dieses Phänomens wird von diesem Hinweis auszugehen haben.

Deutet er doch den ›Ort‹ an, in dem da gesprochen worden ist und von dem aus so gesprochen werden kann. Solche topografischen Angaben sind keine Wesensbestimmungen. Sie sind nur durch Abstraktion möglich. Abstrakt in dieser Aussage sind bereits die Begriffe: Sie könnten dahingehend missverstanden werden, dass durch sie ein Gegensatz zwischen Schöpfungs- und Erlösungswirklichkeit, und sei es auch nur in dem Sinn unterstellt würde, dass es, wie es heißt, ›Wesensmomen-

te der Schöpfungswirklichkeit‹ gäbe, die ›*keineswegs*‹ zur ›*Erlösungs-wirklichkeit*‹ gehörten. Das ist schlecht denkbar. Ohne die zugrunde liegende Problematik in diesem Zusammenhang klären zu können, möchte ich Carl Albrechts Überlegungen wenigstens andeutungsweise erläutern. Dabei beziehe ich mich auf die ausgedehnten Gespräche, die wir über diese Fragen geführt haben.

Sie konzentrierten sich auf den theologischen Sinn der Unterscheidung von »Natur« und »Übernatur«, genauer auf die Beziehung von Mystik und Gnade. Selbstverständlich lag es Albrecht fern, diese beiden »Bereiche« zu scheiden. Er widersetzte sich jedoch auch einer mangelhaften Unterscheidung oder gar einem Versuch, diese Unterscheidung ganz fallen zu lassen. »*Empirisch*«, erklärte er, »*lässt sich die Einwirkung von der anderen Seite her überhaupt nicht mit dem, was aus dem Eigenleben menschlichen Daseins erwächst, vergleichen oder verwechseln. Da ist man ohne jeden Zweifel einer anderen Kraft, einer wirklichen und wirksamen Anderheit ausgesetzt ...*«

Wie das zu erklären und zu denken ist, das sei eine andere Frage. Sicherlich nicht nach dem Schema »Jenseits-Diesseits« oder raumhaft verstandener »Transzendenz« zu einem obskuren Binnenraum der »Immanenz«. Unheilvoll sei zudem die dialektische Spannung, die eine solche Unterscheidung der Sphären hervorrufe und die scheinbar zwangsläufig dazu verleitet, das »Natürliche« als etwas substanziell *anderes* zu betrachten als das »Übernatürliche«. Dabei gibt sich die Wirklichkeit als Schöpfung doch nur dem zu erkennen, der im Licht des offenbarten Erlösungswillens einzusehen vermag, dass eben diese eine und selbe Wirklichkeit in ihrem Wesen darauf angelegt und angewiesen ist, erlöst und verklärt zu werden. Gott hat durch sein Wort, in dem er *sich* ausspricht, alles aus Nichts gerufen, damit – wie wir uns unzulänglich ausdrücken, als könne Gott eine Absicht zugeschrieben werden – alles frei und klar werde im Licht, das er ist.

Es ist doch aber dieselbe grundlose »Gnade«, die Liebe, die »umsonst« schafft, offenbart, erlöst und heiligt. Sie ist der Schöpfung, der Offenbarung, der Erlösung und Heiligung immer schon zuvorgekommen, jedenfalls jeder möglichen Glaubenserfahrung von der Wirklichkeit als geschaffenem Sein, als »Natur«. Also sind jene »Wesensmomente der Schöpfungswirklichkeit«, von denen Albrecht spricht, nur im Licht dessen wahrzunehmen, was er hier die »Erlösungswirklichkeit« nennt. Dass es sich bei diesen mystischen Aussagen »keineswegs« um

Erscheinungen der »Erlösungswirklichkeit« handele, lässt sich schlicht und einfach nur als Hinweis darauf verstehen, dass diese »übernatürliche« erlösende Gnade hier zwar wirksam, aber im Sprachgeschehen der Versunkenheitsaussagen *nicht in Erscheinung* getreten ist. Albrecht war, wie gesagt, dankbar dafür, dass sie nicht erschien, sondern verborgen blieb; dass niemand in diesem mystischen Wortgeschehen eindeutig erkennen kann, *was* oder *wer* mystisch erfahren worden ist. Die konkrete Erfahrung ist indessen, noch einmal sei das gesagt, nicht so anonym wie ihre Verleiblichung im Wort. Wie das göttliche Wort in der Inkarnation scheint die Erfahrung in dieser Wortwendung unscheinbar und unauffällig werden zu wollen.

Dieses Zugleich von Enthüllung und Verborgenbleiben, offenbarer Anwesenheit und Geheimnisbleiben, bewegt sich auf eine äußerste Möglichkeit zu: Auf das vollkommene Offenbarsein des vollen Geheimnisses. Dieses Zugleich ist, um beim Begriff zu bleiben, Wesensmoment der Sprache und das Wesensmoment der Wirklichkeit selbst, sofern diese als geschaffenes Sein verstanden werden kann, als Schöpfung immer schon auf die Erlösung hin entworfen und insgeheim immer schon vom Eschaton eingeholt und durchstrahlt.

Dies rechtfertigt die Albrechtsche Erklärung, in diesen Aussagen trete *»das Urlauten des Seins oder, richtiger gesagt, des Seienden im Ganzen«* hervor. Aus diesem »Urton des Seienden im Ganzen« wird die Antwort des Geschaffenen auf sein Geschaffensein und darin an den Schöpfer möglich; alle »möglichen antwortenden Seinsweisen« des Menschen entspringen diesem Ursprung, diesem Urlauten, und artikulieren in gewissem Sinn die Antwort aller Kreatur auf das Ja Gottes, in dem alles, was hervorgerufen ist aus Nichts, besteht – in der Schwebe über dem Unergründlichen. Was sich mystisch ausspricht, ist auch theologisch als Urwort zu verstehen, Klang aus dem verborgenen Homolog, der den ewigen Dialog entbindet und ermöglicht.

Dem entspricht die Erklärung, dies von Gott in das Geschaffensein gesprochene Ja *»räume einen besonderen Raum für die Möglichkeit des Urtones ein«* – *»im Gefüge mit dem Du«*. Dies ist mystisch gedacht und deshalb reflexiv kaum zu interpretieren. Ähnliche Aussagen lassen sich im frühen indischen und chinesischen Denken finden, auch in der Mystik der jüdischen Überlieferungen. Mit diesem »Du« ist erst einmal das mystische Urphänomen des *DU* gemeint, und in ihm, nicht darüber hinaus, sondern gleichsam diesseits davon, etwas anderes. Dieses Ja, das Dasein beruft, und dieser Ur-Anruf des Du, der die Anderheit eines Anderen anerkennt und bestätigt, durchdringen einander und gewähren den »Raum«, der aller Verfügung entzogen ist. Auch dies ist gemeint: Wer Du sagt, spricht einem anderen Wesen Freiheit zu und weiß sich eben darin bejaht.

Das menschliche Antworten erwächst und wird laut aus einem ganz anderen Erwidern, das die Versunkenheitsaussagen als den »Umstrom des Dankes« und die »betende Rede« andeuten. Beides zugleich wird »dankerfüllt« bezeugt: Das freie Du, in dessen Anrufung die ewige Bejahung, und das göttliche Ja, durch das die Befreiung erfahren wird, die Du sagen lässt. Antwortend empfangen wir unsere Bestimmung. Erst aus dem Zugleich, Albrecht nennt es »das Gefüge des Ja mit dem Du«, weitet sich jener »Raum«, in dem das »Urlauten des Seienden im Ganzen« vernommen werden kann. Erst aus dem Urtönen und diesem Urlauten entspringt die Möglichkeit der Sprache, die Ursage. Der Versuch, diese Hierarchie der Ermöglichungen zu verdeutlichen, würde nun zu weit führen; dass dieser meditative Hinweis jedoch sehr ernst zu nehmen ist, mag verständlich geworden sein.

Eine andere meiner Nachfragen bezog sich auf die Ausführungen des zweiten Briefes, die mit dem folgenden Satz eingeleitet werden: *»Es besteht keinerlei Zusammenhang zwischen dem ›Ankommenden‹ in der Versunkenheit und der zeitlich vorausliegenden Geartetheit des Wachbewusstseins.«*

Abgesehen von bestimmten Formen des Bereitetseins, welche sich als Momente einer Verfassungsänderung des Bewusstseins und des Wollens stets auch im Wachbewusstsein auswirken, schien mir das einleuchtend zu sein, weil das ›Ankommende‹ eben wirklich ankommt, unverfügbar und überraschend. Umso nachhaltiger müssten sich aber doch, so fragte ich nun, die Ereignisse einer Versunkenheitsstunde in der Art des nachfolgenden Wachbewusstseins auswirken.

Carl Albrechts Antwort bestätigte die Vermutung:

In der Tat besteht ein Zusammenhang: Wenn während der Versunkenheit etwas von dem Leuchten der Herrlichkeit ankam, wirkt dieses in das Wachbewusstsein hinein, und auch dieses weiß sich dann erhellt. Wenn eine echte Ausformung des Kelchseins der Seele geschah, erhält sich diese Offenheit und Hingabe auch noch längere Zeit im nachfolgenden Tagesleben. Wie sollte das auch anders sein können? Auf dieser

»Umfügung« während der Versunkenheit und auf diesem Einbruch der »Wirkungen« beruht das Phänomen, welches die Mystiker die »Wandlung« nennen.

Hoffentlich wird auch niemand meine Ausführungen dahin missverstehen, dass ich etwa meinte, die mystische Versunkenheit wäre unabhängig von der Gesamtbeschaffenheit der sich versenkenden Person. Ich meine genügend klar ausgeführt zu haben, wie relevant das wachbewusste Vorleben für jedes mystische Ereignis ist. Worauf ich mit meiner Bemerkung hinweisen wollte, war nur dieses: Ein auf der Oberfläche des Bewusstseins vorhandenes Gekräusel der Wellen, eine zufällige und auf das Tiefenleben gesehen bedeutungsschwache Verstimmtheit, verhindert nicht, dass die Erfahrung der Versunkenheit eintritt.

In diesem Zusammenhang ist auch die Antwort aufschlussreich, die Carl Albrecht auf die Frage nach der Natur jenes »Entzuges« gab, den der fünfte Brief andeutete. Die Erfahrung, dass sich das mystisch Ankommende vorenthält, sobald eine Verfehlung eingetreten ist, weil irgendeine Absicht sich der Möglichkeiten, die Mystik dem Menschen erschließt, bemächtigen wollte, ist für die Klärung einiger Missverständnisse gegenüber der Mystik von Bedeutung.

Immer wieder versucht Unverstand, die mystische Erfahrung in die Nähe der Gnosis oder der Magie zu rücken. Er verkennt, dass bereits die geringfügigste Eigenmächtigkeit jene Offenheit zerstören würde, in der allein eine Ankunft des Umfassenden erfahren wird. Absichtslosigkeit ist ein Grundgesetz der Schau. Die mystische Erfahrung tritt nur in vollkommene Armseligkeit ein, in ein wunschloses, stilles Nichtsmehr-haben-Wollen, in dem sich Wille in Einwilligung verwandelt hat.

Jene Frage nach dem Entzug, den Carl Albrecht selber erleiden musste, lautete: »Es ist erregend mitzuerleben, wie sich das mystisch Ankommende entzog und endlich völlig versiegte, nur weil das Sprechen in der Versunkenheit jahrelang durch Verkoppelung mit dem Denken »missbraucht« wurde. War dieser Entzug, welcher so eindringlich in den Texten des fünften Briefes zur Aussage kommt, ein Vorgang, der dem ähnelt, was die Mystiker »Die dunkle Nacht« oder die »Trockenheit der Seele« nennen?

Fast schroff hat Carl Albrecht diese Frage zurückgewiesen:

»Ich muss sie mit einem klaren Nein beantworten! Die dunkle Nacht der Seele betrifft den ganzen Menschen in allen seinen Bezügen zu Gott. Ein solcher Mensch fühlt sich restlos von Gott verlassen: Er kann

nicht beten, er vermag nicht zu glauben, er wird nicht vom Sakrament getroffen. Der isolierte Entzug der mystischen Begegnung in der Versunkenheit ist so lange noch keine »Trockenheit der Seele«, als die übrigen Bezüge noch lebendig sind. Selbstverständlich bringt auch der isolierte Entzug schweres Leid, denn er ist ja eine Antwort auf eine echte Verfehlung. Aber er braucht wesensmäßig gesehen nicht so schwer zu wiegen, dass er einer »Vernichtung« gleichkommt.

Nun werden Sie sofort eine weitere Frage stellen, der ich hier gerne zuvorkommen möchte: Dann scheint es also doch so zu sein, dass diejenigen, welche die Mystik für nebengeordnet ansehen, im Grunde recht haben? Ich antworte mit einer Gegenfrage: Wie kann die echte Mystik je nebengeordnet sein? Sie ist Anruf, Bereitung, Wandlung, Weg zur »Heiligung«, Pfad zur Einigung. Sie trägt die ganze Fülle religiöser Erfahrung. Denken Sie an die »Großen Heiligen«, die Mystiker waren: Theresa von Avila und Johannes vom Kreuz! Aus deren Leben lässt sich der mystische Weg, das mystische Betroffensein niemals wegdenken. Andererseits können uns gerade die Heiligenleben darüber belehren, dass die Mystik keineswegs der einzige Weg ist. Gebet, Glaube und Sakrament, Hingabe und Dienst gehören ebenso zum religiösen Lebensbereich.

Auf die weitere Frage: »Ist die ›Rück-entwicklung‹ der Versunkenheitssprache während der Zeit des ›Entzuges‹ bis hin zu einer gewissen Dürftigkeit, einer ›Knarrigkeit‹ der Aussagen aus dem ›Entzug‹ zu erklären oder zeigt sich darin nicht vielmehr nur eine Erschöpfung des Sprechenden, der durch die Denkarbeit und den Beruf überlastet war?«, habe ich zu antworten: Sie ist allein durch den Entzug zu erklären. Darin liegt ja gerade der negative Beweis für die Echtheit des Phänomens »Sprachentwicklung in und durch die Versunkenheit«: Sprachverfall durch die Verfehlung und Sprachreinigung durch den Weg der Bereitung entsprechen einander. Die wahre Versunkenheit reinigt die Sprache und entbindet sie zu ihrer Freiheit, zu ihrem eigentlichen Wesen. Wer meint, die Versunkenheit sei als Leistungssteigerung so etwas wie eine rhetorische Schulung, der irrt sich und hat das Wesen des Phänomens verkannt. Hinsichtlich dieser möglichen Leistungssteigerungen in der Versunkenheit ist auch die Frage nach der Funktion des Gedächtnisses von Interesse. Sie ist zu berücksichtigen, wenn mystische Zeugnisse, die ja meistens im Nachhinein die Erfahrung wiederzugeben versuchen, kritisch beurteilt und ausgelegt werden sollen.

Auf die Frage: »Gibt es in der Versunkenheit ein Gedächtnis, so dass im nachfolgenden Wachbewusstsein sowohl die gesprochenen Worte und Sätze erinnert werden als auch jene, die zwar angeschaut wurden, aber dann wegen ihrer Ungemäßheit doch wieder zurücksanken?« – antwortete Carl Albrecht:

Ja, es gibt durchaus ein solches Gedächtnis, wenn es auch gegenüber dem des Wachbewusstseins erheblich eingeschränkt ist. Diese Behauptung begründet sich wie folgt: Einerseits gibt es in der Versunkenheitsstruktur Elemente, die für eine Einprägung geradezu disponieren: Das erstaunlich lange Verweilen der in einem sonst leeren Bewusstseinsraum angeschauten Gebilde und die Überklarheit dieses Bewusstseinszustandes. Andererseits gibt es Elemente, die einer Einprägung entgegenwirken: Das Fehlen der aktiven Aufmerksamkeit und das Fehlen jeglichen Einordnungsstrebens. An Stelle der Aufmerksamkeit geschieht hier eine einzigartige bedingungslose »Anhaftung« an das, was ankommt, wodurch jedwedes vorentworfenes Ordnungsgefüge, in welches das Geschehene eingefügt werden könnte, verloren geht.

Diese Erklärung macht verständlich, dass nachträgliche Berichterstattungen von mystischen Erfahrungen immer und unvermeidlich unzulänglich bleiben müssen. Auch wenn der jeweilige Mystiker sprachlich und bildnerisch begabt ist, auch im Überschwang der Worte vermag er kaum mehr zu sagen, als dass er »eigentlich Unaussprechliches« erlebt hat. Der scheinbare Widersinn, dass dieses Unaussprechliche und selbst das ewige Schweigen von der Mystik immer wieder so wortreich gepriesen werden, klärt sich auf. Wachbewusst, auch vom mystisch ergriffenen und verwandelten Ich, lässt sich die mystische Erfahrung nicht unvermittelt zur Sprache bringen. Kommt sie aber unmittelbar wie in den Versunkenheitsaussagen zu Wort, spricht sie nur sehr wenig aus. Was sich in ihr begibt, bleibt ungenannt. Das Geheimnis spricht sich nur als Geheimnis aus.

Dass dies in menschlicher Sprache geschehen kann, habe ich zu erklären versucht. Dass es geschehen ist, in diesen Tagen, zeigen die nachfolgenden Versunkenheitsaussagen Carl Albrechts aus den Jahren 1960 bis 1965.

Diese Aussagen bitte ich vorerst wie einen musikalischen Ablauf, nicht nur lesend, sondern nach Möglichkeit sprechend und hörend aufzunehmen. Versuche, solche mystischen Wortwendungen irgendwie zu analysieren, verhelfen nicht zum besseren Verständnis. Das Erleben, das laut geworden ist, will als Klang- und Sinngestalt, als wirkliche Sprache vernommen werden.

»... *aus der Herzensmitte des Schweigens herausgeboren.*
Ordnung – Gefüge – Gestalt.
Raum über und unter
und jenseits von Himmel und Erde.
Wer soll das benennen,
was vor allen Räumen Raum war,
was vor aller Nähe nahe war,
was vor allem Licht erleuchtet war:
der Urkelch des Sagens.«

(gesprochen am 21.12.1960)

6. NACHWORT ZUR PROBLEMATIK

Abschließend möchte ich um Verständnis für die offensichtlichen Unzulänglichkeiten dieses Berichtes und der ihn begleitenden Gedanken bitten. Da ich sie allein zu verantworten habe, beunruhigen sie mich nach wie vor, zumal ich auch nach mehrmaliger Überprüfung der Texte nicht weiß, wie diese Mängel zu beheben wären. Sie haben sich nur zum Teil aus der doppelten Filterung der Aussagen, also daraus ergeben, dass ich die Einsichten und Erläuterungen, die mir Carl Albrecht mitteilen konnte, nur so deutlich wiederzugeben vermag, wie ich sie verstanden habe. Doch Carl Albrecht konnte nicht alles sagen, und nicht allein mir gegenüber; er durfte und wollte es nicht. Um wie viel weniger bin ich dazu imstande, dem, was er mir anvertraut hat, gerecht zu werden, ohne zu wissen und angeben zu können, warum er dies und nichts anderes so und nicht anders gesagt hat. Gewiss gab es gute Gründe für diese Auswahl – in mir, in ihm, in der allgemeinen Situation, die uns gefangen hält, wie im mystischen Erleben. Ich kenne sie nicht gut genug. Was vorliegt, ist also fragmentarisch, ohne dass sich genau bestimmen ließe, was fehlt.

Hinzu kommt noch eine weitere Komplikation, die nicht zu vermeiden war. Albrecht selber hat sich gewissenhaft darum bemüht, den von allen Seiten drohenden Missverständnissen auszuweichen oder entgegenzutreten. Er hat mich ausdrücklich dazu verpflichtet, dies so gut ich es vermöchte und so unnachsichtig wie möglich auch zu versuchen. Das macht den Gedankengang schwierig. Im Bestreben, sich der Fehldeutungen zu erwehren, die vorauszusehen sind, gerät man in Gefahr, andere heraufzubeschwören, auf die man nicht gefasst ist. Der Widerstand gegen die Wahrheit ist allemal erfinderischer als Vorsicht. Die inneren

Widersprüche unserer geistigen Situation und der Verfassung, die sie unserem Denken verleihen, lassen auch eine sorgsame Apologie in sich widersprüchlich erscheinen: Muss sie sich doch im gleichen Atemzug nach verschiedenen Richtungen erklären. Wenn sich ein so verwunschenes und verdrängtes Erleben wie die Mystik auszulegen versucht, wird das besonders deutlich: Es wird um seine Fülle und um seine Einfalt gebracht.

Dementsprechend mag auch die Haltung, in der ich versucht habe, diese Phänomene und ihre Problematik zu beschreiben, wenn nicht als widersprüchlich, so doch als nicht einheitlich und als nicht eindeutig empfunden werden. Darüber wäre kein Wort zu verlieren, wenn es nur um mich ginge; aber auch Carl Albrecht selber wusste sich dem Konflikt der Anforderungen nicht zu entziehen. Er hatte darunter zu leiden, dass er sich dieser kritischen Spannung zwischen gemeinsamem Denken, Reflexion und wissenschaftlicher Disziplin einerseits, dem mystischen Erleben, Erkennen und Gewissen und dessen religiösen Konsequenzen andererseits, nicht vorenthielt und, wie er meinte, auch gar nicht vorenthalten durfte. Auf andere Weise und auf anderer Ebene konnte dieser Zwiespalt dem Berichterstatter nicht erspart bleiben.

Ich habe mir Mühe gegeben, so objektiv wie möglich zu referieren. Unaufrichtig und unsachgemäß wäre es jedoch gewesen, eine abstrakte Neutralität vorzugeben oder sich jener fatalen Sachlichkeit zu befleißigen, die aus vermeintlicher Distanz zu betrachten und zu berichten versteht, weil ihr alles gleichgültig ist. Mystik, auch wenn sie so nüchtern untersucht wird wie in diesem Fall, lässt keine Ausflüchte zu. Sie nimmt in Anspruch. Wenn halbwegs verstanden wird, worum es geht, nimmt sie *ganz* in Anspruch. Insofern ist sie kein Thema unter anderen, weshalb sie nicht abgehandelt werden kann wie irgendein anderer Traktat. Der diesem konkreten Erleben zukommende Bereich des Miteinander-Sprechens und -Denkens erschließt sich in der persönlichen Begegnung, ist der Raum diskreter, intimer Unterweisungen in Zwiesprache und gemeinsamem Leben. Dieser Raum ist nicht verschlossen, geschweige denn unzugänglich; er ist aber auch nicht öffentlich.

So habe ich von Gesprächen zu erzählen, in denen Carl Albrecht erklärte, worum es ging – nicht nur »ganz allgemein«, auch nicht nur für ihn, privatim, oder einzig und allein für mich, der ich ihm in einer recht undurchsichtigen Situation meines eigenen Lebens begegnet bin. Im Lichte des Themas, das sich uns stellte, sind die Relationen zwischen

Sache und Person wie die Beziehungen zwischen den Gesprächspartnern außerordentlich schwer zu bestimmen. Das wäre jedoch erforderlich, um herausfinden zu können, warum sich unter diesen Bedingungen die Sache nur so, in dieser Form, auf einige Dimensionen reduziert zeigen und zum Verständnis bringen konnte. Da kann nicht von »sachlichem Material«, etwa für weitere Untersuchungen und Forschungen, da muss vom gelebten Leben die Rede sein; nicht zuletzt vom Leben dieses Psychologen und Philosophen, der ein Arzt war, und dem sich das lebendige Geheimnis in dieser besonderen Weise zu erkennen gab. Wollte man vom Menschen absehen, dem es widerfährt, würde mystisches Geschehen verzerrt und unverständlich.

Dann bliebe auch die Form, in der diese Briefe eine Phänomenologie des mystischen und nicht-mystischen Sprechens aus der Versunkenheit im Entwurf vorlegen, missverständlich. Die schmerzhaften Anstrengungen sind zu berücksichtigen, die diese Äußerungen angesichts des nahen Sterbens gekostet haben. Nur unter der Voraussetzung, dass nochmalige, weitere Reflexionen auf das eigene Erleben *nicht* von ihm verlangt würden, hatte sich Carl Albrecht dazu bereitgefunden, sein Schweigen zu brechen.

Weiterhin nötigte die Aufgabe doch zu gewissen Spiegelungen, zu einer systematischen Erweiterung der Thematik, zu missverständlichen Schematisierungen, ohne die gar nicht verständlich geworden wäre, was sich inmitten der aufgedeckten Phänomene ereignen kann: Nicht nur eine Verlautbarung mystischen Erlebens in der Sprache, sondern Inkarnation im Wort, als Wort. Noch einmal war jene Umkehr des Denkens zu bestehen: Auf dem Weg umkreisender Annäherung tat sich wieder der Abstand auf, der das reflexive Denken vom Zentrum mystischen Erlebens trennt, auch vom Quell der mystischen Sprachgeschehnisse.

Nun wäre es wohl nicht allzu schwierig gewesen, systematischer vorzugehen und die verschiedenen Perspektiven auf das Phänomen wie die Probleme, die es aufwirft, strenger zu ordnen. Sicherlich hätten dadurch Wiederholungen vermieden werden können; der Zusammenhang der Aspekte wäre aber womöglich zerrissen worden. Zudem bleiben mir die Gesichtspunkte, von denen aus eine solche Einordnung erfolgen könnte, fragwürdig. Durch das Erleben selbst werden sie jedenfalls nicht begründet. Deshalb habe ich diese Briefe und die Gespräche, die zu ihrer Niederschrift geführt haben, so wiedergegeben, wie sie einander folgten. Auf diese Weise wird zugleich dokumentiert, wie es zu diesen Aufzeichnungen gekommen ist, und das dürfte bei ihrer kritischen Durchsicht und für eine künftige Beurteilung nützlich sein. Werden die persönlichen Bedingungen, unter denen das Phänomen betrachtet worden ist, nicht aufgedeckt und dargelegt, entzieht man sich der Kontrolle.

Der Kontrolle – durch wen? Ich gestehe, dass diese Frage am meisten bedrückt. Kann und darf man doch nicht sicher sein, dass diese Dokumentation diejenigen erreicht, für die sie bestimmt ist; und dass sie von ihnen auch tatsächlich zur Kenntnis genommen wird. Geschähe das, so müssten sich irgendwann Konsequenzen abzeichnen – und sei es in ernsthaften Auseinandersetzungen, die sich um eine bessere Beschreibung der Erfahrungen bemühen und die Phänomene richtiger aufzeigen, bestimmen und ordnen.

Hier war kein abschließendes, letztes Wort zur Mystik zu sagen. Nur ein in gewissem Sinn erster, vorläufiger Hinweis konnte gegeben werden. Er ist jedoch verbindlich gemeint und beansprucht, als Nachweis zu gelten. Mag man versuchen, ihn zu widerlegen. Ich bezweifle, dass das möglich ist.

Viel wahrscheinlicher ist, dass man sich die Mühe spart und wenig Aufmerksamkeit an Erfahrungen verschwendet, die man glücklicherweise nie am eigenen Leib kennengelernt hat, von denen hinlänglich Bescheid zu wissen indessen leicht fällt, da das ungeprüfte Vorverständnis von Mystik mit allen Vorurteilen, die aus ihm abgeleitet werden, doch von allen Seiten bestätigt wird. In solchen Gewissheiten darf man sich wiegen, tatsächlich vor der Versuchung gefeit, die Augen aufzuschlagen.

Ich bin weit davon entfernt, mit diesen Anmerkungen niemandem zu nahe treten zu wollen. Ich möchte kritische und meinethalben auch skeptische Aufmerksamkeit wachrufen; denn nur sie ist imstande, die notwendigen Konsequenzen zu ziehen – in der Theologie, in der Philosophie, in den anthropologischen Disziplinen, in der Deutung der religiösen Überlieferungen und ihrer Zeugnisse, in Psychologie und Medizin, im Verständnis von Sprache überhaupt. Das erfordert umfassende, möglicherweise interdisziplinäre, auf die Erfahrung und auf dieses Phänomen konzentrierte Forschungen. Aus deren empirischen Befunden ließe sich dann erst eine hinlängliche Theorie ausbilden, in der wenigstens die bedeutsamsten Probleme, die das Phänomen aufwirft, berücksichtigt werden können. Viel wäre schon gewonnen, wenn dieser Nachweis das Tabu brechen könnte, mit dem die Geschichte der abendländischen Religiosität und des von ihr – auch in seiner Säkularisierung – bestimmten Denkens diese natürlichen Erfahrungsmöglichkeiten des Menschen belegt hat. Dann wäre die Aufgabe, die das Phänomen stellt, unausweichlich geworden.

Damit sei nun nicht behauptet, mystisches Erleben im Allgemeinen und das mystische Wort im Besonderen gäben lediglich den Wissenschaften zu denken und stellten vor allem Philosophie und Theologie infrage. Doch dass sie es tun – und zwar radikal und allen Ernstes, das war und ist zu zeigen, damit das Denken und die Wissenschaft nicht umhin können, sich mit Mystik zu beschäftigen. Nicht weil sie eine immerhin interessante Ausnahmeerscheinung, einen extremen Fall von menschenmöglicher Erfahrung darstellt, sondern weil sich in ihr die Konstitution des Daseins enthüllt. Die Existenz des Menschen ist mystisch verfasst. Sie steht offen.

Zumal es eben auch der Mystik nicht gleichgültig sein kann, ob sie missdeutet wird oder nicht. Ist sie doch ständig in Gefahr, sich selber unrichtig auszulegen und auch das misszuverstehen, was ihr widerfährt, wenn sie sich im gemeinsamen Denken nur widersprüchlich oder vieldeutig äußern kann, weil geeignetere Kategorien und Begriffe fehlen und keine Denkmöglichkeit gegeben ist, die dem mystischen Erleben entspricht. Wie ist dann zu verstehen, *dass* wir dem Umfassenden begegnen können, dem Mysterium, und dass dies nicht nur in entlegenen Zuständen, sondern insgeheim *immer schon*, im alltäglichen Erleben geschieht. Nicht erst, wie sich vermuten lässt, im Tode, sondern von Geburt an, in jedem konkreten Augenblick.

Zumeist wurde dieses mystische Zugleich von ruhendem In-sich-Sein und radikaler Offenheit, von Absichtslosigkeit und überwachem Aufmerksamsein, von »tiefster« leiblicher und »höchster« geistiger Präsenz, in mehr oder minder tiefsinnigen Paradoxien angedeutet. Das Paradox kann aufschlussreich sein. Vor allem dann, wenn es im rechten Augenblick von einem Erfahrenen demjenigen entgegengehalten wird, der Erfahrung sucht, wie es zum Beispiel in den berühmten Frage-und-Antwort-Spielen zwischen Meister und Schüler im Zen geschieht. Dann lässt es gerade diese Suche, die Erfahrung verhindert, zunichte werden. Im Scheitern auch des Denkens kann der Durchbruch erfolgen. Aber das sind Möglichkeiten meditativer und mystischer Methoden unter regulären, durch eine Überlieferung und durch die Spontaneität verleihende Erfahrung gleichermaßen bestimmten, streng disziplinierten religiösen Bedingungen. Es ist ziemlich sinnlos, aus solchen Äußerungen eine reizvolle Literatur zusammenzustellen, die nichts anderes bewirkt als jenen verglasten Blick, der in der Tat nicht mehr zwischen Ich und Du, Zeit und Ewigkeit oder Tod und Leben unterscheidet, weil Schwachsinn, auch wenn er sich fernöstlich entzückt, jede Unterscheidungsfähigkeit einbüßt.

Ähnliches wäre von Indiens Mystik zu sagen. Ihre Zeugnisse bilden eine kaum übersehbare, auch gedanklich ungeheuer reiche Literatur, die aufschlussreich in einem tiefsten Sinne sein könnte. Vorausgesetzt, wir könnten sie nicht nur entziffern, sondern auch verstehen, was meines Erachtens nicht nur wissenschaftlich vorerst noch nicht zu gewährleisten ist, sondern auch gar nicht möglich sein dürfte ohne vorausgehende eigene Erfahrungen. Jedenfalls erklären das diese Überlieferungen selber unaufhörlich, und ich sehe keinen Grund, solchen generellen Anweisungen zu misstrauen. Was über Yoga gesagt wird, lässt sich richtig, und das heißt: Ohne nicht zuletzt auch sich selbst irrezuführen, nur als Kontext von bereits erlittenen Erfahrungen verstehen, zu denen man – regulär unter Leitung eines Guru, des erfahrenen Meisters – gelangt ist. Gerade unter indischen Bedingungen: Komm' ich heut nicht, komm' ich morgen, will sagen, wenn nicht in diesem Leben, dann eben ein andermal – tut man sich schwer, diesen Guru zu finden.

Wenn die Zeichen nicht trügen, stehen wir vor einer elementaren Wiederbelebung dessen, was einst spirituelles oder kontemplatives Leben genannt worden ist. Meditation ist, und auch dieser Slogan hat seine Bedeutung: Meditation ist »in«. Es wäre beklagenswert, wenn sie das bliebe: Eine möglicherweise durchaus ernsthafte Freizeitbeschäftigung in Innerlichkeit, die immerhin dazu beiträgt, dass der Drogenkonsum sinkt. Es wäre indessen absurd, wollten Wissenschaft und Philosophie solchen modischen Missbrauch und Unverstand als Vorwand benutzen, um sich auch weiterhin der Unberatenen nicht annehmen zu müssen; als das billige Alibi für die eigene Ignoranz.

Im Zuge solcher Bewegungen, die von der Jugend ausgehen, die sich zu Recht nach konkreten geistigen Erfahrungen am eigenen Leib sehnt, wird auch die Mystik modern werden. Ob das zu einer echten geistigen Erneuerung führen wird, kann nicht unsere Sorge sein. Geist weht, wo er will. Doch dass die damit gebotene Möglichkeit nicht verdirbt, dass diese leidenschaftliche Suche nicht wieder auf Irrwege gerät und sich in trostlose Irrationalismen verliert – dafür haben wir zu sorgen.

Sind doch die Versuchungen des Allgemeinen nicht geringer geworden: Egalisierung und Vereinzelung lassen vermeintlich elitäre Gruppen mehr oder minder Eingeweihter als Zuflucht erscheinen; Scientismus drängt ins Wisserische, Technizismus zur Magie; und wenn sie nur so etwas wie Selbstgewissheit verheißt, das Plagiat der Erwählung, kommt jede Ergriffenheit gelegen, die aus dem Sog von Gleichgültigkeit und Bedeutungslosigkeit rette, dem uns der Nihilismus aussetzt. Diese Gefährdungen des modernen Menschen sind sehr ernst zu nehmen. Ihrer erwehrt man sich nicht nach alten Maßregeln, es sei denn, sie könnten auf neue Weise als Kriterien verstanden werden. Die geistige Situation scheint sich tatsächlich geändert zu haben. Da alles unterschiedslos zu werden droht, wirkt geradezu erlösend, was die Möglichkeit verschafft, sich von anderen zu unterscheiden. Wofür ehedem pharisäischer Hochmut Dankgebete sprechen konnte, darum bettelt heutzutage die nackte Angst. Vergeblich, wie gerade die Mystik weiß. Sie geht ja von dieser Vergeblichkeit aller Versuche, sich selbst zu bestätigen, aus.

Der mystische Weg wendet sich in die entgegengesetzte Richtung. Er sondert sich nicht ab. Und so gelangt er ins Freie, da uns ein anderes entgegenkommen kann; in die Freiheit, die sich dem Anderen erschließt, so wie er uns begegnet: In der lichten Gestalt menschlicher Anwesenheit wie als gestaltlose Präsenz des unzugänglichen Lichtes.

III.

MYSTISCHE VERSUNKENHEITSAUSSAGEN

von Carl Albrecht
(Juni 1960 bis April 1965)

Sämtliche Aussagen werden ungekürzt und unverändert wiedergegeben. Ihre Aufgliederung in Zeilen nahm Carl Albrecht selber vor. Um den inneren Zusammenhang nicht zu unterbrechen, werden auch die bereits zitierten und besprochenen Texte noch einmal angeführt.

Diese Versunkenheitsaussagen bilden eine vollständige, in sich geschlossene *»Reihe«*.[219]

Die erste dieser Reihen, als *»Pfad der Bereitung«* im ersten Jahr – vom 14. Februar 1941 bis zum 10. Februar 1942 – durchlaufen, ist schon auszugsweise wiedergegeben worden.

Die zweite Reihe bildet einen *»Stufenweg«*, der vom 14. Februar 1942 durch die Stationen: *»die Ruhe«*, *»die Stille«*, *»das Schweigen«*, *»das glutende Schweigen«*, *»Liebe«*, *»Wunder«*, *»Gott«* bis zum 12. Januar 1944 führte.

Dann folgen die *»liedhaften Aussagen«* vom 1. März 1944 bis zum 18. Mai 1946.

Danach durchlaufen die Aussagen vom 28. Dezember 1946 bis zum 23. März 1949 *»die drei Räume«* – den *»Raum des Gebetes«*, der *»Leere«* und den *»Raum im Zwielicht«* – und gelangen in ein *»Jenseits des Minimums«*.

Dann wird vom 10. August 1949 bis zum 25. Oktober 1950 metaphorisch geschaut und nachfolgend aus der Versunkenheit das Erschaute beschrieben.

Dem folgt die Zeit des mystischen Entzugs, deren Versunkenheitsaussagen das geduldige Warten vor verschlossenen Toren bezeugen, das als *»Geschehen der Reinigung«* erfahren wird; *»und so allein konnte es wohl geschehen, dass das Tor noch einmal aufsprang«*.[220]

Das ereignete sich in der Versunkenheit am 29. Juni 1960.

29. Juni 1960

Über dem Keimenden liegt ein sanftes Leuchten.
Die Seele ist scheu in ihrem jungen Beginn.
Sie hat ihren Ort gefunden
und die Stunde ist gegenwärtig.
Sie kann sich nicht mehr entfliehen.
Sie weiß, dass das Suchen Versuchung ist
und die nicht endende Bereitung im Sich-Versagen.
Sie wird ihr langes Schweigen enden,
damit das Gespräch in den Raum eingefügt wird.
Diese Anrede, vor der sie sich fürchtet.
Das Sehen ist heilsamer als die Sprache,
ehrlicher und ohne die Gefährdung.

10. Juli 1960

Das Gespräch heißt das urgründige Gespräch,
weil es zwischen der Seele und Ihm gefügt ist.
Es heißt das abgründige und unheimlich heilige.
Es ist gefährdend und dunkel.
Es wird aus Licht gewebt werden.
Seine leuchtende Spur könnte das Schweigen verbrennen.

20. Juli 1960

Die Sprache ist eingefangen,
hineingestellt in eine Bedrängnis,
umgriffen von einer großen Hand
und überspült von den fragenden Wogen des wahren Wassers.
Die Sprache verbirgt sich
zur heilenden Geduld.
Siehe: sie ist ein lauteres Feuer,
das sich zur Einfalt läutert.

23. Juli 1960

Die Seele umhütet den Raum der Sprache.
Ahnungslos ruhen heilige Worte wie Knospen.
Aber die Zeit ist aus dem Schoße des Urs geboren worden.
Und darum spannt sich das Herz der Ruhe,
und ein Zittern durchrinnt den Reigen der Hut.

27. Juli 1960

Die Seele umtastet die ihr geschenkten Worte,
als ständen sie da
wie die Dinge in einem heiligen Raum,
aus der Urstunde empfangen,
bewahrt und geliebt,
unheimlich mächtig
in der Verhülltheit ihres dunklen Leuchtens:
Gefäße der Demut.
Die Seele kniete in der Halle der Ruhe,
in deren Behütung die Worte das Wort verlieren
und zu unbenennbaren Dingen der Heiligkeit werden.

29. Juli 1960

Das Betasten der Worte ist nicht nur ein Befragen,
es ist eine Zuwendung,
ein Suchen,
ob sie sich lieben lassen.

3. August 1960

Worte in Kelch der Ruhe geborgen,
geläutert,
erleuchtet
von der Stille der goldenen Flamme,
geliebte und liebende Boten.
Mögen sie hingetragen werden!
Sind es Geschenke,
aus Sorgfalt geboren?
Sind es Gewalten der Urglut?
Ausgeströmt, herumgeworfen aus dem Abgrund?
Eine Ursprache, die um ihre Macht weiß?
Was ist Gebet?
Was sind Tränen?
Was ist das Wagnis einer großen Gebärde?
Was eine dankende Zärtlichkeit?
Es ist diese eine, diese selbige Sprache,
dieser Eingang in das Dunkle,
dieser lauterste Gesang.

9. August 1960

Die Worte haben keine edle Härte.
Das Leuchten ist ein segnender Hauch.
Eingeebnet wird die Weite.
Und das Meer gehorcht im Schweigen,
aber der eine dunkle Felsen wächst:
Ein Urgebirge,
in Stein geronnenes Blut.
Mächtigkeit.
Aufstand der Sprache.
Der Adler.
Ein leuchtendes Ja
im Abgrund des Du.

24. August 1960

Die Sprache verschlang ihre Kinder.
Aber das Nahe lastet.
Eine Frage umdroht das Verhaltene.
Eine Umklammerung der blühenden Stille.
Ein Geheiß, das verwundet,
eine Versuchung.
Was ist der Fels?
Dieses Wagnis im Aufbruch.
Dieser Wurf aus der Urmacht.
Dieser Aufstand des Herzens?
Erste Ahnung eines schweigenden Wortes.
Frühes Wissen um den Edelstein der liebt.

31. August 1960

Aus dem Abgrund der Erde hervorgestoßen:
Ein dunkles Gestein.
Hineingestürmt,
und aufgeschichtet,
eine Urgestalt im Raum der Nacht.
Aber durchglutet:
Das lebende Gold.
Das heilige Wort,
aus der innersten Hut unserer Sprache
herausgerufen und entlassen.
Da wurde es das Wunder:
Die Sprache schwieg,
und entließ das Wort,
im dunklen Eigenleuchten
ausgesagt in der Gestalt des Du.

7. September 1960

Nun ist das DU aufgerichtet worden,
in seine hehre Selbstständigkeit hineingebildet,
zu seinem übermächtigen Leuchten entlassen worden.
Nun ist es die heilige Urgestalt,
um die sich die Kinder der Sprache sammeln dürfen.
Der Altar trägt die Schale,
und verwahrt die Offenheit des heiligen Ja.
Zärtlich und liebend ist die Helle.
Und die Glut kreist um ihre Mächtigkeit.
Aber der Schoß ist aufgebrochen.
Und die Anrede ist dargeboten,
auffliegend wie der Adler:
Ein Bote, eine Frage
aus der Urtiefe des Herzens.

4. September 1960

Aus dem Ursprung wuchs das Leuchten.
Dieser erste leibende Ton.
Dieser Flug eines großen goldenen Pfeiles.
Dieser edelste Ruf.
Und die Andacht formt den Raum,
in welchem die Flamme des Leuchters entzündet wird,
Eine hohe Zeit.
Eine geweihte Stunde.
Meine Stunde.
In der Halle des großen DU.

23. September 1960

Das große Gestein wird in der Demut durchleuchtet.
In dieses andächtige Schöne
versammelt sich ein heiliges Lieben.
Eine ehrfürchtige feierliche Gabe.
Ein Edelstein an Seinem Ring,
aus dem Urraum der Sprache entlassen.
...
begnadet und eingefügt.
Angesehen und angenommen.
Eine Lampe im Dienste der Wahrheit.

30. September 1960

Aus der heiligen Halle,
aus der Urmitte der Sprache entlassen,
im Jubel des Leuchtens
zum Fluge der Liebe emporgerufen.
Angenommen.
Hinaufgehoben und empfangen.
Eine Blume,
glühend im Herzen seiner Gnade.
Golden und schwer ist das eherne Tor.
Es ist aufgetan.
Von dem Hauche eines Wortes
ist die Dunkelheit geöffnet worden.
Und die Wundersteine des Lichtes
gewinnen den ewig kreisenden Lauf.

5. Oktober 1960

Der ruhende Felsen des DU ist verwandelt worden:
vom Hauche des Lichtes berührt,
erweckt zum eigenen Leuchten,
aufgetan
und geweiht,
angenommen als Heiligtum der Mitte.
Ein Brunnen des wahren Wassers.
Urquelle aller Worte
des liebenden und betenden Gespräches.

12. Oktober 1960

Die heilige Freude ruht.
Wie eine junge Blüte in der Hut der Knospe.
Ein Lied möchte sich schenken.
Wann darf das große Gebet den Raum der Gnade verklären?
Wann werden aus dem schönen Kelche der Liebe
die silbernen und goldenen Worte
als Tränen der Freude geboren werden?
Wann wird die Stunde der Feier gekommen sein?

Kreisendes Leuchten.
Zärtlich sanftes Suchen.
Nähe der segnenden Hand.

19. Oktober 1960

Alles ist in die Nähe hineingenommen
und weiß von der Güte des Heiles.
Alles ist füreinander gegenwärtig
in die Halle der Ruhe hineingeführt,
in den Einklang des Schweigens versammelt.

In der Innenmitte der Erde ist das Geheimnis des Herzens
verwahrt.
Die Wasser des Brunnens dürfen die Stille erleuchten.

Tropfen wie Perlen aus der schenkenden Hand entlassen
im Reigen des Spieles lebendig geworden.
Lockende, leuchtende Blumen.

Die Zeit ist geronnen.
Und offen.
Ein heiliges Horchen.

26. Oktober 1960

Was ist diese urtümliche Hoheit?
Dieses im Lichte ruhende Gebirge?
Was ist das lebensmächtige Geheimnis des DU?

Ist es der Hauch des großen Himmels?
Ist es das Gebet der Erde?
Die Hand der Liebe?
Ein lauteres Wunder als Gabe des Dankes?

Die Einsamkeit des Raumes ist innig nah
zur Fülle aufgerufen.
Unsagbar, unerhellbar ist das Wesen dieser Stunde.
Ein Tor ist geöffnet worden.
Und ein Weg leuchtet in seiner Reinheit.

2. November 1960

Im Raum des ruhenden DU ist ein Leuchten erwacht.
Heilige Heimat.
Bewahrung und Behütung.
Stätte des aufkeimenden Gebetes.
Reine Stille für das urraunende Leben.

9. November 1960

Gnade des Atems.
Gebet im Heiligtum des lebenden DU.
Ein Urraunen der Tiefe.
Eine schwingende, leuchtende Spur.
Geheime selig reine Lichtgestalt der Sprache.
Einstrom des DU.
Ausstrom des DU.
Geschenk der Gabe.

16. November 1960

Sind es Tränen, die ineinander klingen?
Kinder im Wunder der Freude?
Sind es Rosenblüten?
Im Kranze des Morgens vereint?
Sind es verborgene Worte?
Ein ahnendes Suchen und Finden?

Ursprung.
Einigende Nähe von Tag und Nacht.
Spielendes Leben.
Hauchende Liebe.
Im Kreisen der Sprache aufbewahrt.
In der Glockenhalle des Schweigens.
Gegrüßt und umhütet.
Gekrönt und geborgen.
Unter dem Segen der lächelnden Ruhe.

6. Dezember 1960

Der Knieende liebt,
Und das Glühlicht der Güte umleuchtet das wortlose Spiel.
Reine Helle.
Verklärte Ruhe.
Urschön und Urwahr.
Geweiht ist das Gebet.
Der Gnadenatem
in der Halle des »Du«.

15. Dezember 1960

Das »Du«,
wie der Dom des Himmels
über der heiligen Erde ruhend:
Machtvolle schweigende Kuppel.
Heimstatt.
Urraum des Menschen.

Das Ungeborene
in der Gnadenmitte versammelt,
in den Armen des Meeres geborgen.
Perlen.
Worte.
Unberührte horchende Worte.

Wer ist es, der die Stunde im Schweigen verhält?
Der die Urrede verbirgt?
Und die Perlen der Tiefe verwahrt?

21. Dezember 1960

Was ist das »Du«?
Seine urgegebene Heiligkeit.
Seine einbergende, zusammenfügende
dunkle Wesensmacht.
Brunnen unheimlicher Nähe.
Am Maßstab der zeitlosen Stunde gemessen.
Aus der Herzensmitte des Schweigens herausgeboren.
Ordnung – Gefüge – Gestalt.
Raum über und unter
und jenseits von Himmel und Erde.
Wer soll das benennen,
was vor allen Räumen Raum war,
was vor aller Nähe nahe war,
was vor allem Licht erleuchtet war:
Der Urkelch des Sagens.

28. Dezember 1960

Im Grunde des DU
ruht das urwahre Wasser.
Gnadenschwer.
In den Atem der Nähe hineingerufen.
Von der Stille der Hand
in den Anfang versammelt.
Wasser.
Bewahrtes Wasser.
Unter dem Hauch.
In der Hut des großen Atems.

4. Januar 1961

Sinnendes DU.
Verborgene Wunder,
im schweigenden Grund verwahrt.
Soll die ruhende Mitte zum Leuchten erwachen?
Sollen die Ungeborenen versammelt werden?
Und die dunkle Glocke den Uranfang
des quellenden betenden Lichtes verkünden?
Über der dunklen Demut des wahren Wassers
leuchtet die Nacht.

11. Januar 1961

Gott.
Er hat die Stunde in die Ruhe des DU hineingesenkt.
Er hat das Licht in die Bahn des Wassers verwoben.
Er hat das urquellende Raunen in Seine Liebe hineingeführt.
Er hat das Atmen des Betenden
mit der Helle des Lichtes gesegnet.

Im Urherzen des DU glüht die Glut Seines Ja.

30. Mai 1961

Diese heilsame Stunde ruht im Anfang des Morgens
und die Sammlung umschließt das Wunder des Blühens.
Die Stille ist in ihrer einenden hohen Schöne
die große Glocke Gottes –
Bewahrung, sanfte und liebende Bewahrung
einer Stätte gesegneter Erde.
Eine geweihte Heimat.

Nur zaghafte zärtliche Worte
künden vom Aufklingen des Ewig-Reinen.

14. Juni 1961

Gestalten sagen von sich:
In der Glocke,
Gottes Grotte,
im endlosen Felsen verwahrt:
Raum in dieser seltsamen Härte
eines Mantels aus Stein:
Das gesprochene Ja.
Die Glocke Gottes:
Halle für die betende Rede
am Altar des offenen Du:
Flamme,
dunkle stille Gebärde
im Leuchten der Ruhe.

28. Juni 1961

Betende Rede.
Tropfen im Lichte,
springende Perlen,
aus dem ruhenden Dunkel
sinnenden Wassers herausgerufen.
Ein Hauch hineingesprochen
in die Grotte Gottes.

Singendes Licht
aus dem immerwährenden Leuchten
des goldenen Feuers entlassen.

Kein Kranz aus Blumen gebildet,
kein Reigen der Sterne.
Schenkendes Spiel:
Das Kreisen des einen wahren Wortes
in der Halle der großen Güte.

5. Juli 1961

Im Grunde der Kunde.

19. Juli 1961

In der Nacht Seiner nahen Hand,
unter der Wunderkuppel Seiner hohen Ruhe,
in der Glocke Seines steinernen Ja's,
dort wo Er seinen Zuspruch
in die Ständigkeit des Schweigens verwandelte,
hier in dieser Mitte
leuchtet ein Ring:
die wortlose Bahn eines tropfenden Tones:
jubelnder Anfang
im Urlaut der Sprache.

2. August 1961

Am Brunnen, im Grunde
ruht das Blut:
Anfang.
Flammenlos lautlose Glut.
Bewahrung der Weihe
das Urwasser des Dankes.

16. August 1961

Alles weiß sich in den Abgrund gesandt,
in den raumlosen Grund,
in den Anspruch des Anfangs versammelt,
in die hauchlose Offenständigkeit
der horchenden Nacht hineingerufen,
in das wandellose Ja hineingelegt,
in die Hand der Wahrheit,
in die Flamme,
in die Gnade verwandelt.
Da wird die Ahnung verhüllt.

9. September 1961

In der Halle wahrer Nacht,
im Raum des Klanges,
im Gewölbe des Urtones,
in der Glocke:
ruht ein Geläute:
Das Klingen der kreisenden Worte:
Ein zeitlos tropfender Reigen:
Das Wunder des betenden Lichtes.

4. Oktober 1961

Im schwarzen Ruhen
des urinneren Grundes,
dort wo in der Hand des Ja
das Geheimnis des Lichtes begnadet schweigt,
dort wo das Du
zur Urfarbe des Heiligen wurde,
dort wo das Herz der Erde
das Blut verwahrt,
dort wandert
auf leuchtender, kreisender Bahn
ein Unantastbares,
ein Unaussprechbares dahin.

11. Oktober 1961

Wenn das Ja und das Du
im Gold des Geheimnisses ruhen,
wenn die Ursprache die Worte des Anfangs
im Lichte des Kelches versammelt,
wenn im Gold der Nacht
die Gnade hörend ist,
dann ist das Urwesen
des Lichtes sichtbar geworden,
dann ist die Bahn des wandernden Tones
in das Urwunder des Klingens hineingeboren,
dann ist die Zeit in das Wort hineingefallen.

25. Oktober 1961

Im dunklen Grunde der Mitte,
im Urkelche des Du,
in der Kammer der Ursprünge,
dort wo im Ja die Flamme brennt
und anfangslos Gnade ruht,
in der Mitte des Schweigens,
im Urwunder selber,
da atmet das Beten des Meeres,
die Sprache des Seins,
der Klang im Schoße der Erde,
kreisendes Wort der Ewigkeit,
das Geläute im Urstrom des Dankes,
geheimer Sinn der Liebe.

1. November 1961

Im Ursprung des Anfangs,
in der Halle,
im sinnenden Grunde,
west das Erwachen.
Ausgang des tönenden Urlautes.
Gesang.
Rufender Klang
im immerwährenden Umstrom des Betens.
Geheime Seele
im zitternden Leuchten des Dankes.
Nahe dem Wunder – Sprache des Seins.

2. Dezember 1961

Im Leuchten des Ringes,
im Reigen des tropfenden Tones,
im Wandern des betenden Wortes,
im heiligen Umstrom des Dankes
ist die Grotte im Urfelsen durchlichtet,
ist in der Wölbung der großen Hand
eine Halle gefügt ...
ist im Gewölbe der lastenden Gnade,
im umfassenden Golde des Urherzens
das Gesegnete geweiht worden.

9. Dezember 1961

Die Grotte Gottes.
Umstrom im glutenden Dunkel.
Raum in der Ruhe.
Geborgen im Wandern des Wortes.
Hineingenommen in das sagende Danken der Erde.
Hineingelegt in die Gnade des Horchens.
Versunken in den Grund.
In das Leuchten.
Umraunt von dem geheimen singenden Ton,
von dem Ursagen,
von der Urflamme
in der geheimen Seele des wartenden Meeres.

27. Dezember 1961

Am Grunde.
In der Gnade.
In der Halle der Nacht,
wo im ewigen Wandern des betenden Wortes,
im Ringe des Lichtes,
im Heiligen
ein Ort gesegnet ruht,
ein Herz zum Leuchten kommt,
ein Wunder seine Wahrheit sagt.

10. Januar 1962

Horchendes Sinnen
im Wissen der betenden Tiefe.
Am Brunnen.
Ortschaft im Hauche.
Wasser heilig offen ...

4. Mai 1962

Urgrund.
Sinnendes Leuchten.
Gnade.
Der Atem im Wunder.
Die Weite.
Die Stille.
Heiliges Wasser bewahrt.
Wahre Schale im Uroffenen.
Gebärde: Das Licht:
Hingehalten, verwahrt und dargeboten!
Urkelch im Geheimnis:
Die offene betende Mitte
im Innesein der Ruhe.

27. Juni 1962

Wenn die Helle des Atems dich führt –
wenn das Wasser sich lichtet
und die Ruhe die Tiefe zur Weihe ruft –
wenn das Sehen in der Halle der Wahrheit umfangen ist –
wenn das Herz im Urklang des Reinen seine Scham verliert –
dann ist das Offene heilig geworden
und die Stunde in das Innere des Ortes hineingeholt.

4. Juli 1962

Wenn in der Urhalle
im Grunde der dunklen Ruhe
der Klang des schwarzen Atems weht –
wenn in der grauen ebenen Leere
ein Beben sich regt –
wenn in der hellen Mitte
das geheime Wesen des blauen Lichtes erwacht –
wenn in der Innenmitte des Lebens
die goldene Flamme
ihr gütiges Leuchten verschenkt –
wenn im Weißen des Lichtes
der kreisende Reigen gesehen wird –
wenn alles sich eint
und der Raum die große Glocke ist:
dann ist im Blut des Herzens
die Ursage geboren.

18. Juli 1962

Die Glocke Gottes.
Heilig horchend.
Offene Halle des großen Herzens.
In das hohe Hören versammelt.
In das Erwarten verwoben.
Nacht – Tag –
Erde – Meer –
Das Licht und das Herz
gehorchen dem wartenden Wunder.
Denn die Stunde weiß
vom Blute,
vom Singen der Ursage.

1. August 1962

Raunendes Wogen –
Ursage –
Rufende dankende Sprache des Wassers –
Dunkles Wort des offenen Raumes –
Singende Seele der wallenden Leere –
Flamme im Gluten des Grundes –
Die Ursage Gottes –
Das Ja –
das Ruhen der Glocke.

20. Oktober 1962

Sage vom Grunde –
Klang im Kommen –
Am Orte des vollen Wortes:
Das Wort – ausgesprochen –
gequollen aus dem Raumlosen –
aus dem Wasser – aus dem Dunkel –
Geformt im Urmunde –
Gesungen in der Flamme –
Ausstrom aus dem Schoß des Goldes –
Raum – Atem –
Umschlossen –
Vom großen Mantel –
Von der Glocke.

27. Oktober 1962

In der Sage der Glocke,
am Orte des Wortes,
nahe,
dem Dunkel verbunden,
in den Atem verschlungen,
in das Offene hineingebunden.
Sehende Nähe.
Hörende Nähe.

Die Stunde offen.
Das Aufgetane.
Uroffenes, aufgeschlossenes Urmeer.
Ausstrom.
Tönender Hauch,
gesungen im Grunde
des Dunkels.
Offenstand des Alls.
Urhaftes kreisendes Wogen.
Verwandlung im Ausstrom der Zeit.
Eine Urhalle
in den Urtag hineingebaut.

14. November 1962

In der Innenmitte des Meeres.
Im Herzen des Feuers.
Unten im Grunde:
Das Geheime im Ruhen.
Die allerletzte Gebärde.
Das Urselige.
Das Ungesagte.
Das nahe Heitere.
Das wahre Leuchtende
im Sinnen Gottes.

24. November 1962

Wo das Wort zerrinnt,
Wo der Felsen durchsehen werden kann,
Und das Urgefüge zur Ebene wird,
Wo das Kreisen endet
Und das Licht in der Ruhe versinkt,
Wo nichts anderes mehr
als das Wasser
die Stille durchwest,
Da hat das Ursagen
den Anfang geweiht.

1. Dezember 1962

Im Raume des Grundes.
Der Ort ist offen.
Im Sinnen Gottes.
Das Urgeheime
ist laut geworden.
Gelichtet im Dunkel.
Verborgen im Leuchten.
Urheilige Ruhe
im Singen des Meeres.
Urgrund
im Ursprung
aufgetan.
Flamme
in der Schale
des Ja.

2. Januar 1963

Ein silbernes Spiel.
Ein Licht im Schnee des Schweigens

Grund im Grunde.
Ort im Orte geboren.
Dunkelster Hauch.

Ein geheimer Stern.
Eine Träne im Wasser des Meeres.
Seliges Sinnen des heiligen Auges
in der Halle der großen Hand.

9. Januar 1963

Eine Träne im Meer.
Ein helles Erzittern.
Ein Hauch,
wie ein Leuchten im Felsen.
Eine seltsame Wärme.

Etwas Heiliges ist es:
Ein singendes Ruhen.
Ein nahendes Dunkel.
Ein Lächeln.
Eine goldene Huld.
Eine Flamme.

Zeitlos.
Geheim.
Geheimer Klang.
Urstille.
Atmen.

Ein weißes Blühen
in der Halle des Urherzens.

30. Januar 1963

Ringe der Ruhe.
Alles ist in ein Dunkles hineingenommen worden.
Alles ist umgeordnet worden.
Hineingerufen in die Innenseele der großen Hand.
Seltsamer Raum.
Wie ein Herz,
das von den Flügeln des großen Leuchtens
umschlossen wird.

9. Februar 1963

In der Halle des großen Leuchtens,
wo das Wahre sich sagen darf,
wo Worte wie Gaben empfangen wurden,
rein wie das Licht.
Aus der Knospe dargeboten.
In dem Atem des Tages versammelt.

Sie hüten den Grund.
Sie wissen und weisen
die Mitte
im Kreisen des Lichtes.

20. Februar 1963

Worte.
Wahre Worte.
Aus dem Grunde entlassen.
In die Helle hineingerufen.
Freunde im Raum der Nacht.
Reine Worte.
Getreu wie die Sterne.

Im Anspruch des großen Atems,
in der Halle der Hand
vergehen die Lichter.
Und die Perlen versinken
im Meer des großen Herzens.

24. Februar 1963

Wahre Worte.
Wissen versammelt.
Dinge.
Gebilde.
Heilig und hell.
Golden.
Geweiht.
Und angesprochen.
Sinnende Flammen.
Edles wissendes Raunen
vom Schweigen des Lichtes.

13. März 1963

Im Atem des sinnenden Lichtes.
Im Leuchten des Jetzt.
Im Anruf der heiligen Ruhe.
In der Segnung
wird die Gebärde
im Geheimnis aufgetan.
Und das Offene erwacht.
Und das Sein versammelt sich.
Wie die Weite des Schnees.
Im Vertrauen.
Geborgen.
Im Verschenken.
In der Halle
des Dankens.

20. März 1963

Das Nahe.
Der Atem.
Urstand im Dunkel der Mitte.
Ausstrom aus dem Abgrund.
Das Wortlose.
In der Flut
der großen Ruhe.
Das Stundenlose
im Grenzenlosen.
Im Aufgetanen.
Im Offenstand.
In der wandellosen Hoheit des Jetzt.

4. April 1963

Die Stunde im Felsen.
Das Sinnen im Herzen des Ja.
Ein Raum der Demut.
Eine Halle im Atem.
Wie die Nacht.
Große goldene Mitte.
Das Ur unter den dunklen Schwingen.
Ein Wasser,
in dem die Sterne eingesunken sind.

26. Juni 1963

Das Ja.
Wie eine Hand.
Eine Farbe.
Ein Herz.
Dunkle Fülle.
Urleben.
Heilig und rund.
Blut im Meere.
Eine Glut.

Im Atem der hohen Nacht.
Großes Wesen.
Im Sinnen des Grundes.
Weite fließende Stille.
Das geheime Blühen.
Im Ruhen des Wahren.

10. Juli 1963

In der Halle des Ja
atmet die Flamme.

Im Felsen.
Im Schwarzen.
Im Gestein der Nacht.

Im Dunkel.
Im Gefüge des Seins
tropfen Gewässer.

Geheim.
Ein warmes Wissen.
In der Stille des Goldes.

Unheimliches:
Gebilde aus Schweigen.

Das sind
unnennbare
Rufe des Lichtes.

Das sind Tränen
aus der Wolke
die ein Engel trug.

24. Juli 1963

Das Wahre.
Wie eine Frage.
Im Geheimen.
Im Leben des Herzens erwacht.

Eine Träne.
In den Wassern
der Ewigkeit.
Im Meere verwahrt.

Mitte der Nacht.
Im Dunkel
des Wortes
versunken.

Ein Innenlicht.
Ein Erzittern
Innen.
Im Atem der Flamme.

Dort,
wo die Gnade
gesehen wurde
ein leises Leuchten,
eine stille Helle,
ein Schein,
wie ein Gruß,
wie ein Erblühen
und wie ein Erkennen,
wie eine Nähe
der großen Wand
in der Halle,
im Blute des Ja.

22. September 1963 (Menaggio)

Verborgen.
Im Ruhen des Wortes.
In der Stille der Träne.
In der Huld der Nähe.
Da bluten die Felsen.
Da atmet der Stein.

Tropfen im Glanze.
Ursteine.
Im Golde der Freude.
Namen.
Im Nahen
der dunklen Flamme.

22. September 1963 (Menaggio)

Worte im Lichte.
Wahre Gabe,
im Glanze geschenkt.

Tränen umleuchtet.
Im Herzen
zur Helle geboren.

Oh Nähe.
Nahende Nähe.
Ruhende Leuchter.
Urheilige Tiefe.
Dienendes Licht.

30. Oktober 1963

Die Ruhe
im Raum verwahrt.
Ordnung,
die im Dunkel der Glocke erwacht.
Die Worte versammelt,
verwandelt in heilige Steine.
Lichter,
gerufen, gezählt.
Lautlose Gaben.

Der Glanz.
Das zum Felsen
gefügte Gebet.

4. Dezember 1963

Der Felsen blutet.
Das Nahe.
Eine Flamme.
Eine ruhende,
eine hohe,
eine dunkle Flamme.

Das Antlitz
im schwarzen Gestein.
Ein Lächeln
verborgen im Worte.

Schwarze hehre Flamme.
Dunkler Klang.
Ein Hauch der Güte.
Das Ja.

26. März 1964

Im Dunkel der Nähe,
im Nahen der Leere,
im Herzen des Glanzes,
wo das Leuchten geöffnet wird,
wo die Felsen aufgetan sind,
die Ruhe der Glocke
im Feuer verwandelt wird
und die geheime Knospe
ihr goldenes Wunder gebären kann,
da ist die unsagbare Weite,
da ist eine Nacktheit der Tiefe geschenkt,
da ist eine Weihe des Sehens geschehen.

5. April 1964

O Kelch!
O Auge!
Durchglühtes reines
liebes-lichtes Auge!
O Wunder des betenden Sehens!
O Nähe des Nahen!
Nahende Nähe.
Offene nackte Tiefe.

Da schenken sich Boten des Glanzes:
Kleine Worte
Tropfen!
Spielende Helle.
Aus dem Hauche
der dunklen Nähe entsprungen.

16. April 1964

Kleine Tropfen.
Scheues Licht.
Ein reines Spiel
aus dem Herzen des Urfelsens
herausgeklungen.

O Güte!
Wunder des Zarten.
O Hauch!
Aus dem Golde der Wonne.
Aus der Urstunde.

Sind es Kinder?
Ist es ein Streicheln?
Ist es die Nähe der Hand?
Die das Auge in die Stille verfügt?

22. April

Ein Erzittern!
Ein Schimmer.
Leise lichte reine Klänge.
Das Lied.

Aus dem Wehen der Zärtlichkeit.
Aus dem silbernen Hauche der Tiefe.
Aus dem Urgolde.
Aus dem Kelche geschenkt.

Geheim,
Dunkel ist die Wonne des Grundes.
Dort wo der Glanz sich verhüllt.
Und im kreisenden Leben des Felsens
der Ursprung ruht.

27. Mai 1964

Güte.
Nähe der Tiefe.
Weites uroffenes Leuchten.

O Helle.
Mitte.
Krone der Innigkeit.

O Freude
im Herzen der Herrlichkeit.

Da.
Wo das Schöne
im Dunkel der Zärtlichkeit ruht.

O Atem.
Nahender Atem.
Das Kreisen umhütet
im Lächeln gesegnet.

In dieser aufgetürmten Stille.
In dieser Welle.
In dieser Reine.
Dieser geheimen Reine.
In der Wonne des Glanzes.
In der Träne der Liebe.

Da ist das Nahe.
So nahe.
In der Glocke
des großen Felsens.

10. Juni 1964

Die Worte.
Die Heiligen neigen sich.
Wie Blumen am Abend.

Der Hauch
im Atem der Freude.
Das Lächeln der Zärtlichkeit.
Der Glanz der Güte.
Wonne im Kreisen der Stille.

Die Boten.
Engel in heiliger Helle.
Geheime herrliche Kinder der Glut.
Pfeiler der Schwelle.
Segnendes Licht
der betenden Ruhe.

Das Tor
Im Raume der großen Hand.

17. Juni 1964

Die Nacht der Felsen ist aufgetan.
Alles Umschlossene ist in die Leere hineingesunken.

Eine Tiefe!
so klar wie der Urhauch des Ja.
Die Gewalt.
Im nackten Raume der Ruhe.
Das Nahe.
Wie die Weite der Ewigkeit.

Das Übernahe.
Das umtönende Schweigen.
Die Todesruhe.
Das Schwarze.

Das Feuer.
Flammenlos.
O Ahnung.
O Wahrheit.
O Halle des Herzens.

24. Juni 1964

Da.
Das Da.
Schwarze Ruhe.

O Schweigen.
Im Blute der Herrlichkeit.
O Feuer.
Weite – hehre Weite.
O Ton des Nackten.
Verklärte Heiligkeit.
Stille.
Urstille.
Urklarheit.
In der Glocke der großen Herrlichkeit.

Stillstand.
Reines Wahres.
Weilendes währendes Blühen
Im Grunde des Hauches.
Im Da.
Im großen Da.
In der Weite des Ortes.
Im Wasser des Herzens.
Dort
Wo die Zeit versank.

18. Juli 1964

O schwarzes Gold.
O Flammen.
Glanz.
Schale.
Urschale des Meeres.

Ach Helle.
Das Blut.
Im Lächeln verstrahlt.

O Innigkeit.
O Seele der Macht.
O Offensein.
O Nähe.
O Nacht.
Im Ur des ...

29. Juli 1964

Im Herzen der Glocke
Im Wirbel der Wasser.
Das Dunkle, das ...

Im Gewölbe des Großen.
In der Mitte des ruhenden Tones.
Unter den Flügeln.
In der runden glühenden Nacht.
Da ist das Da.
Auseinandergetan.
Hallend.
Feuer.
Gefügt
Wie die Träne im Blute.
Wie der Hauch im Gestein.
Wie das Urzarte im Wissen des Schweigens.

12. August 1964

Im Glühen,
in der Mitte der Freude.
Im Wissen,
in der Güte der Helle.
Da, wo die Träne den Geist umfängt
und das Ja in der Ruhe ertrunken ist
und das Du im Schweigen verging,
Da ist im Da die Gestalt herausgeboren.
Gefügter Glanz unter der großen Hand.

17. September 1964 (Menaggio)

O Stern.
Mitte der weißen Stille.
Verklärtes Wunderbild des Lichtes.
Geheimes Zeichen.

O Stein.
Aus Strahlen gefügt.
Erleuchtung.
Antlitz im schwarzen Glanze.
Durchleuchtung der Perle.
Urform.
Im Leibe des großen Gesteines.
Rune.
Im Zittern der Träne.

30. September 1964

In der Schale.
Aus dem Tor des schwarzen Gesteines.
Aus der Schwere der Flamme.
Aus der Nacktheit des Ja.
Aus der Herrlichkeit selber
ist das Da herausgelassen.
Ein geheimes, ein schweigendes Licht
im Kreisen der großen Helle.

14. Oktober 1964

O Glut.
Zitterndes lebendes Gold.
O Stern.
Stein im Weben des weißen Lichtes.
O Wunder.
Erblühen.
Güte in der Glocke des Glanzes.
O heiliger Leib.
Das Herz im wallenden Kreisen.
Das Lächeln.
Die Mitte der Heiterkeit.
Du zärtlicher Ton.
Das Kommen.
Die Sage.
Das Da.
Im Zerrinnen des Lichtes.
Im Ruf.

Und das Tor ist offen.

Ende November 1964

Dunkle Träne.
Flammen im Golde.
O Rinnen.
Atmen
Im Klingen der Güte.
Ein Lächeln im Kreisen der Worte.
Wandernde Zärtlichkeit.
Sinnen des Da.
Das Auge der Herrlichkeit.

20. Februar 1965

Im Innern.
Im Schwarzen.
Im großen Schwarzen:
Das Versiegte.
Das Verborgene.
Runder,
Grauer,
ach – Herrlicher
Urstand.
anfangslos – anfangslos – anfangslos.
Der Grund
Und Ende
Des Felsens
Wesen.
Ein Gesagtes. – Nein – nein
Ein Geschwiegenes.
Die augenlose
ach – und doch zitternd.
Die zitternde Herrlichkeit.
Ach – ach –oh.

28. April 1965: FINIS

Die Versunkenheit ist vollkommen. Aber es kommt nichts an. –
Es ist ein Ruhen in einer schweigenden Helle, von der man weiß, dass
sie endgültig und immerwährend sein wird. Nachher fallen einem die
Worte: »Das lächelnde Nein«, zu.

Dieses Nein ist das Finis nach vierundzwanzig Jahren Sprechen in
der Versunkenheit, nicht weil sich etwas verweigert oder weil eine Ver-
fehlung einen Entzug bewirkte, sondern weil ein echtes Finis geschehen
ist.

ANMERKUNGEN

1 Karl Barth, »Kirchliche Dogmatik« I, 1—8. Aufl., Zürich 1964, S. VIII—IX.
2 Carl Albrecht, »Psychologie des mystischen Bewusstseins«, Bremen 1951 (nachfolgend als I vermerkt), S. 144 ff.
3 I, S. 165 ff.: Versunkenheitsaussagen demonstrieren die verschiedenen Formen des Ankommenden.
4 Vgl. I, S. 173 ff.
5 Brief 5 vom 1. Juli 1964 mit Erklärungen und Belegen, s. S. 240 ff.
6 Carl Albrecht, »Das mystische Erkennen« – ›Gnoseologische und philosophische Relevanz der mystischen Relation‹, Bremen 1958 (nachfolgend als II vermerkt).
7 Martin Buber, hg. von P. A. Schilpp und M. Friedman, Stuttgart 1963, Autobiografische Fragmente 15, S. 21.
8 S. »Kairos« – Zeitschrift für Religionswissenschaft und Theologie, Salzburg 1962, Heft 3—4, S. 174—189.
9 Vgl. u. a. Wilhelm Pöll, »Religionspsychologie« – Formen einer religiösen Kenntnisnahme, München 1965, S. 420/441/489 ff. – Gerda Walther, »Phänomenologie der Mystik«, Olten 1955, S. 247 ff.
10 Martin Heidegger, »Sein und Zeit« (zit. als SuZ), Tübingen 1963[10], S. 38.
11 I, S. 258.
12 I, S. 8.
13 Karl Jaspers, »Allgemeine Psychopathologie«, Heidelberg – Berlin 1959[7].
14 A. a. O., S. 47 f.
15 I, S.31.
16 Vgl. W. Pöll, »Religionspsychologie«, s. o., S. 420 ff. Pöll verfolgt Albrechts Untersuchungen mit verständnisvoller Aufmerksamkeit und zieht Konsequenzen, die im Sinne Carl Albrechts gewesen wären.
17 Vgl. die Analysen der Selbstbestimmung und ihrer Aporie bei Gabriel Marcel, bereits im *Journal métaphysique*, Paris 1927.
18 Vgl. W. Pöll, a. a. O., S. 422.
19 Wie ein Leitmotiv wird dieses Thema im Gesamtwerk Gabriel Marcels in vielen Modulationen durchgeführt. Vgl. hierzu insbesondere die Ausführungen über »Ich und Leiberleben«, »Das Zwischen« und »Einbezogensein« in dem posthum erscheinenden Buch »Mein Leib – Mein Tod«, einem »gemeinsamen Gedankengang« Marcels mit dem Verf.
20 I, S. 103.
21 Ebd.
22 I, S. 104/105.
23 I, S. 105 (im Buch steht ›hinaus‹ als letztes Wort dieses Zitats, was offensichtlich ein Druckfehler ist).

24 I, S. 105/106.

25 I, S. 150.

26 I, S. 168/169 und 175 ff.; erst an der zweiten Stelle bestimmt C. Albrecht den Begriff ›Symbol‹ als »eine anschauliche Vergegenwärtigung in einem Bild, das auf ein Unerkanntes und auf ein Unerkennbares hinweist«; dagegen beziehe sich die Metapher auf einen bekannten Gegenstand oder Sachverhalt. Wichtig ist hier, dass nicht nur Abgespaltenes, sondern auch andere, vorerst noch unbekannte Formen des Ankommenden im Symbol sich vergegenwärtigen können.

27 I, S. 190.

28 I, S. 201.

29 I, S. 202.

30 I, S. 204/205/206.

31 U. a. in Karl Jaspers »Psychologie der Weltanschauungen«, Heidelberg – Berlen, 2. Aufl. 1925, 5. Aufl. 1960 – zuletzt in »Der philosophische Glaube angesichts der Offenbarung«, München 1962, S. 422 f.

32 I, S. 197.

33 I, S. 214/215.

34 Karl Jaspers, o. c. – Zitat: »Allgemeine Psychopathologie« (s. o.), S. 275.

35 I, S. 218.

36 I, S. 248.

37 I, S. 254.

38 II, S. 8.

39 II, S. 6.

40 II, S. 7.

41 Vgl. Gerda Walthers »Phänomenologie der Mystik« (s. o.), bei deren Erscheinen nur I, noch nicht II vorlag. Deshalb begrüßt G. Walther zwar diesen ›erstaunlichen Fortschritt von medizinischer Seite‹, bemerkt jedoch nicht die Motive und Intentionen des Gedankengangs. Ihr wird nicht bewusst, dass gegenüber den okkulten und medialen Phänomenen nicht nur wissenschaftliches Interesse, sondern auch Verantwortungsbewusstsein und Erfahrungswissen des Mystikers diese Darstellung bestimmt haben. Ihre kritischen Einwände sind – etwa gegenüber A.'s Formulierung des somnambulen Bewusstseins – durchaus nicht unbegründet. Bemerkenswert ist aber, dass A. selber ihnen im II. Buch keine Erwiderung zuteil werden ließ. Irrig ist, telepathische oder mediale Phänomene seien dem mystisch Ankommenden gleichzusetzen oder könnten mit ihm faktisch verwechselt werden, weil eben ein ›kleines, beschränktes Umfassendes‹ irgendwie doch dem mystischen ›All-Umfassenden‹ entspräche. Dieses ›kleine‹ ist schlechterdings per definitionem nicht das wirkliche ›Umfassende‹. Theoretisch sind die Weisen des telepathischen oder medialen Ankommenden ebenso strikt vom mystischen Ankommen zu unterscheiden, wie sie konkret verschieden erfahren werden, nicht nur als anders strukturiert und verschiedener Herkunft, sondern auch, weil sie ganz verschiedenen ›Dimensionen‹ des Erlebens angehören.

42 II, S. 16.

43 Carl Albrecht, »Probleme der Erkenntnis in der übersinnlichen Erfahrung« – KAIROS, Zeitschrift für Religionswissenschaft und Theologie, Salzburg 1962, Heft 1, S. 18—29, c. S. 20.

44 II, S. 36/37.

45 II, S. 49.

46 II, S. 48; vgl. Karlfried Graf von Dürckheim-Montmartin, »Im Zeichen der großen Erfahrung«, München – Planegg 1951.

47 Vgl. Ph. Kapleau, »The three pillars of Zen« (dt. »Die drei Pfeiler des Zen«), Tokyo 1965.

48 II, S. 48.

49 II, S. 49.

50 II, S. 47/48.

51 II, S. 242.

52 II, S. 243.

53 Ebd.

54 II, S. 61.

55 II, S. 62.

56 II, S. 70.

57 II, S. 93.

58 I, S. 177.

59 II, S. 122.

60 II, S. 122/123.

61

62 II, S. 222.

63 II, S. 208.

64 II, S. 213/214.

65 Vgl. M. Buber, Schriften zur Philosophie, Heidelberg 1962, S. 411 ff.

66 II, S. 215.

67 II, S. 262.

68 II, S. 266.

69 II, S. 307; vgl. Nicolai Hartmann, »Grundzüge einer Metaphysik der Erkenntnis«, Berlin/Leipzig 1925, »Zum Problem der Realitätsgegebenheit« – Philosoph. Vorträge 32, Berlin 1931, und »Zur Grundlegung der Ontologie«, Westkulturverlag 1948[3].

70 II, S. 267.

71 Vgl. »Funktion der Theologie in Kirche und Gesellschaft«, hg. in Verbindung mit N. Greinacher u. P. Lengsfeld von P. Neuenzeit, München 1969, S. 88 ff: »Theologische Methode und mystische Erfahrung« v. Verf.; wie zu befürchten und vorauszusehen, rufen die leeren Parolen eines angeblich »progressiven« Integralismus ebenso unfromme und inhaltlose des »Konservativen« hervor, und wie das gesellschaftliche und politische erschöpft sich das kirchliche Denken im dialektischen Leistungssport, bei dem man einander zu überbieten sucht in Ausflüchten, rechts wie links gleichermaßen re-aktionär in besserwisserischer Ignoranz gegenüber der Gegenwart, die für die einen nur ein Anlass ist, nach schöner Vergangenheit, für die anderen nach noch viel schönerer

Zukunft zu fragen. In Wahrheit wird gar nicht gefragt, sondern proklamiert. Dialektik als der goldene Käfig, den die Taube des Geistes so lange gesucht hat, weil sie in ihm vor Überraschungen sicher ist. Hierzu und zum Folgenden vgl. Kerygma und Mythos VI, Bd. V, Religion und Freiheit, Hamburg 1974 – v. Verf.: Zur Hermeneutik der religiösen Freiheit, S. 83 ff.

72 Vgl. »Heideggers Denkwege« – ein Vortrag, gehalten in der Philosophischen Gesellschaft in Bremen (9.11.1961) als ›Einführung in die Frage nach der Wahrheit des Seins‹; außerdem liegt ein umfangreiches Kompendium der Auszüge vor, die sich C. A. im Laufe seiner Arbeit in Heideggers Werken gemacht hat. Es stellt ein denkwürdiges Dokument dar: Zeugnis eines Versuches, die denkerischen Erfahrungen eines Philosophen in erhellter innerer Anschauung zusammenzufassen. A. stellte es Heidegger anheim, einer Veröffentlichung dieses ›Heidegger-Breviers‹ zuzustimmen; Heidegger hat es vermutlich gar nicht zur Kenntnis genommen.

73 II, S. 340.

74 Vgl. die Vielzahl der durch diese unglückliche Formel Ernst Blochs – s. u. a. »Atheismus im Christentum«, Frankfurt 1968 – hervorgerufenen Verwirrungen.

75 II, S. 375 f.

76 Vgl. M. Heidegger, »Sein und Zeit«, S. 437 u. ö.; »Was ist Metaphysik«, Frankfurt 1949[5], S. 19—20.

77 Heidegger, SuZ, S. 38.

78 Ebd.

79 Vgl. K. Rahner, Schriften zur Theologie, Bd. I, Einsiedeln 1958[3], S. 323 ff: Über das Verhältnis von Natur und Gnade; einer der ersten grundlegenden Versuche, den Begriff »Existenzial« in systematische Theologie zu übernehmen.

80 Ebd. S. 339.

81 Ebd. S. 338; ob der Mensch dies »ist« oder »hat«, bleibt unbestimmt.

82 Ebd. S. 339 f.

83 Vgl. die verschiedenen systematischen Entwürfe der Bultmann-Nachfolge, H. Otts oder jüngerer katholischer Theologen.

84 Bemerkenswert hierzu F. v. Baaders schroffer Einspruch gegen die Vereinbarkeit der Gedanken Hegels mit dem Christentum; vgl. Sämtliche Werke, hg. v. Fr. Hoffmann, Leipzig 1851 ff, Bd. II, S. 514.

85 II, S. 351.

86 Ebd.

87 Carl Albrecht, »Die mystische Ruhe als Wesenselement des Menschseins«, Salzburger Jahrbuch für Philosophie, ebd. 1961/62, Bd. V/VI, S. 473.

88 SuZ, S. 38.

89 II, S. 360.

90 Ebd.

91 II, S. 364.

92 SuZ, S. 191—196.

93 SuZ, S. 57.

94   SuZ, S. 301.
95   SuZ, S. 297—300.
96   SuZ, S. 329.
97   SuZ, S. 297.
98   SuZ, S. 298.
99   SuZ, S. 296/297.
100 SuZ, S. 276/277.
101 SuZ, S. 17; S. 326.
102 SuZ, S. 234.
103 SuZ, S. 353.
104 II, S. 364.
105 Ebd.
106 SuZ, S. 327.
107 Ebd.
108 SuZ, S. 329.
109 SuZ, S. 230/231.
110 Ohne Frage gelingt es auch, J. S. Bach modern zu interpretieren und aufzu-
     fassen, niemand verwechselt deswegen seine Musik mit der Strawinskys; in
     dem Maß, in dem Philosophie nicht nur Wissenschaft ist, gelten auch in ihr
     ›künstlerische‹ Gesetze, denen zufolge Formen ihre Geschichte haben. Sofern
     sie ihnen genügen, müssen die Philosophen einer »Philosophia perennis« – von
     Gilson über Maritain, M. Müller, Przywara, Sertillanges und G. Siewerth bis
     F. Ulrich – als ›moderne‹ Denker anerkannt werden.
111 Vgl. K. Löwith, Heidegger – Denker in dürftiger Zeit, Frankfurt 1953, S. 21—
     42.
112 M. Heidegger, Einführung in die Metaphysik Tübingen 1953, S. 47.
113 H. Urs von Balthasar, Herrlichkeit – eine theologische Ästhetik, Band III, 1.,
     Einsiedeln 1965, S. 772.
114 M. Heidegger, Platons Lehre von der Wahrheit, Bern 1954[2], S. 78.
115 Vgl. M. Heidegger, Unterwegs zur Sprache, Pfullingen 1959, S. 148.
116 Vgl. M. Heidegger, Einführung in die Metaphysik, s. o., S. 60.
117 M. Heidegger, Unterwegs zur Sprache, s. o., S. 262.
118 M. Heidegger, Was ist Metaphysik, Frankfurt 1949[5], S. 44.
119 H. U. v. Balthasar, a. a. O., S. 773.
120 Thomas von Aquino, De Veritate 22.2,2; S. contra Gentiles 3.65.
121 H. U. v. Balthasar, a. a. O., S. 783.
122 SuZ, S. 12 ff.
123 H. U. v. Balthasar, a. a. O., S. 784.
124 Ebd. S. 785.
125 M. Heidegger, Identität und Differenz, Pfullingen 1957, S. 59; vgl. H. U. v.
     Balthasar, a. a. O., S. 786 f.
126 Vgl. E. v. Ivánka, Plato christianus, Einsiedeln 1964, insbes. S. 162 ff., S. 315
     ff., S. 449 ff.
127 SuZ, S. 15 f.
128 II, S. 368.

129 Ebd.
130 II, S. 371.
131 II, S. 372 f.
132 Vgl. Carl Albrecht, »Die Liebe in philosophisch-phänomenologischer Sicht«, Jahrbuch der Wittheit zu Bremen, 1966, Band X, wo C. Albrecht das »Urphänomen« Agape phänomenologisch zu klären versucht und lediglich als ›Urrätsel‹ (S. 20 f.) aufzudecken vermag, das sich dem philosophischen Zugriff versperrt.
133 II, S. 372/373.
134 II, S. 371.
135 II, S. 375.
136 II, S. 376.
137 Vgl. Carl Albrecht, »Die Liebe in philosophisch-phänomenologischer Sicht« (s. o.).
138 I, S. 163.
139 I, S. 10 ff.
140 Selbst W. Pöll in seiner vorzüglichen »Religionspsychologie« (s. o.) vermerkt dieses Phänomen nicht, sondern notiert lediglich, dass nach Albrechts Meinung das Bildmaterial der Versunkenheitserfahrungen keine Psychoanalyse zulasse; die therapeutischen und mystischen Möglichkeiten des Sprechens, die A. andeutet, sind seiner sonst lückenlosen Aufmerksamkeit entgangen.
141 Vgl. u. a. P. Ricoeur, De l'Interpretation – essai sur Freud, Paris 1965; O. M. Marx, Aphasia Studies and Language Theory in the 19th Century, Bull. Hist. Med. 40, 1966; Jacques Lacan, Ecrits, Paris 1966 (insbes. Fonction et Champ de la parole et du langage en psychoanalyse, 1953); A. Lorenzer, Sprachzerstörung und Rekonstruktion, Frankfurt 1970; H. Lang, Die Sprache und das Unbewusste, Frankfurt 1973.
142 I, S. 144.
143 S. 144/145.
144 Vgl. Gabriel Marcel, »Journal métaphysique«, 2. Teil, Paris 1927.
145 J. W. v. Goethe, Alterswerke, Die weltanschaulichen Gedichte, Hamburger Ausgabe, Bd. I, S. 358.
146 I, S. 146.
147 Ebd.
148 M. Heidegger, »Über den Humanismus«, Bern 1954², S. 70.
149 Nicht nur aus Raumgründen ändere ich die Form der Niederschrift, die gedichtähnliche Zeilen (durch … getrennt) notiert, was missverständlich wirken kann.
150 H.-G. Gadamer, »Wahrheit und Methode«, Vorwort zur 2. Auflage, Tübingen 1960, S. XVI.
151 Ebd.
152 M. Heidegger, »Über den Humanismus« (s. o.), S. 70.
153 Ebd.
154 H.-G. Gadamer, a. a. O., S. 450.

155 Vgl. H. Fischer-Barnicol, »Gestalt als Transparenz«, Antaios IX. 2, Stuttgart 1967.

156 Vgl. H. Diels, Die Fragmente der Vorsokratiker, Berlin 1951/52 – Herakleitos, A–16.

157 Vgl. hierzu »Leib und Tod«, ›ein gemeinsamer Gedankengang‹ von Gabriel Marcel u. d. Verf.

158 Vgl. Brief 5 und Aussagen 1951—1959.

159 Auszugsweise aus Briefen vom 6.7. und 9.8.1964.

160 Ausdrücke wie »Urwort«, »Urgestein« oder das »Ur« mögen Missbehagen bereiten. Nicht nur aus Pietät habe ich sie beibehalten, weil sich kein Wort finden lässt, das ein »ursprüngliches« Hervor- und Herauskommen klarer zum Verständnis bringt.

161 Nachtrag zur Versunkenheitsaussage (VA) vom 4. Januar 1943 in der vollständigen Sammlung aller Aussagen.

162 Vollständig wiedergegeben im 7. Brief vom 3.7.1964.

163 VA vom 14.2.1941; vollständig wiedergegeben im 7. Brief.

164 VA vom 8.3.1941; vollständig wiedergegeben im 7. Brief.

165 Auszug aus VA vom 30.3.1941.

166 Auszug aus VA vom 1.4.1941.

167 Auszug aus VA vom 11.4.1941.

168 Auszug aus VA vom 18.4.1941.

169 Auszug aus VA vom 27.4.1941.

170 Auszug aus VA vom 28.4.1941.

171 Dargestellt im 7. Brief.

172 Auszug aus VA vom 8.6.1941.

173 Auszug aus VA vom 14.6.1941.

174 Auszug aus VA vom 14.6.1941.

175 Auszug aus VA vom 14.6.1941.

176 Auszug aus VA vom 24.6.1941.

177 Auszug aus VA vom 2.7.1941.

178 Auszug aus VA vom 22.7.1941.

179 Vgl. C. Albrechts Vortrag »Zeit und Ewigkeit«, gehalten im November 1963 in der Philosophischen Gesellschaft in Bremen. In ihm werden verschiedene begriffliche Metaphern zurückgewiesen: So die ›Dauer‹, weil dieser Begriff, sofern er nicht im Sinne Bergsons verwendet würde, immer nur auf Dauerndes, das in der Zeit bestehe, angewandt werden könne; so das unendliche Nacheinander, das Immerfort wie jede andere zeitliche Dimension, die als Gleichnis der überdimensionalen Ewigkeit versagen müsse; so auch der Begriff der Zeitlosigkeit, der den Grenzbegriff ›Ewigkeit‹, der sich denknotwendig am Ende einer Analyse der Zeit einstellen muss, nur unzulänglich kläre; auch die zeitliche Gegenwart gebe kein Gleichnis ab – wenn auch, man solle da dem Zeugnis der Mystiker mehr vertrauen, – das ›ewige Nu‹ den Ort angebe, in dem sich Ewiges und Zeitliches berühren könnten und das Ewige sich in der Zeit erschließe.

180 Auszug aus VA vom 22.7.1941.

181 Auszug aus VA vom 24.7.1941.
182 Vgl. 7. Brief mit dem vollständigen Zitat der Aussage.
183 Auszug aus VA vom 15.8.1941.
184 Auszug aus VA vom 18.8.1941.
185 Auszug aus VA vom 2.10.1941.
186 Auszug aus VA vom 27.9.1941.
187 Auszug aus VA vom 2.10.1941.
188 Auszug aus VA vom 14.10.1941.
189 Auszug aus VA vom 22.10.1941.
190 Auszug aus VA vom 8.11.1941.
191 Auszug aus VA vom 11.11.1941.
192 Auszug aus VA vom 19.11.1941.
193 Auszug aus VA vom 19.11.1941.
194 Auszug aus VA vom 23.11.1941.
195 Auszug aus VA vom 17.12.1941.
196 Auszug aus VA vom 4.1.1942.
197 Auszug aus VA vom 13.1.1942.
198 Auszug aus VA vom 18.1.1942.
199 Auszug aus VA vom 1.2.1942.
200 Auszug aus VA vom 10.2.1942.
201 S. S. 240 ff.
202 Nicht nur der Vollständigkeit der Text-Wiedergabe wegen wird noch einmal der Gedankengang der beiden Bücher A.'s rekapituliert; in der meditativen Redeweise dieser Erklärungen wird manches deutlicher als zuvor in der wissenschaftlichen Untersuchung, insbesondere der beschriebene »Pfad der Bereitung« wird eingehender erklärt.
203 I, S. 146.
204 Mag ein solcher Gedanke auch Schrecken einjagen, zu bedauern ist, dass keine Tonband-Aufzeichnungen von Versunkenheitsaussagen vorliegen. Sie könnten stimm-psychologisch ungewöhnlich aufschlussreich sein.
205 Anmerkung von C. Albrecht: »Phänomenologisch besteht zwischen unserem Phänomen einer ›Leibwerdung im Wort‹ und dem schon längst bekannten Phänomen des automatischen Schreibens eine zwar nicht nahe, aber doch deutliche Verwandtschaft. Mystisches Geschehen kann auch in der Form des automatischen Schreibens offenbar werden.« Dabei verliert es freilich an Deutlichkeit.
206 I, S. 73.
207 Bemerkenswert ist, dass C. Albrecht zur Erklärung der inneren Vorgänge bei diesen Verleiblichungen mystischen Erlebens im Wort auf wenige Tage zurückliegende Erfahrungen eingeht; der Brief ist am 28. Juni geschrieben, die mystischen Aussagen wurden am 17. bzw. 24. Juni gesprochen.
208 Die anschließend vollständig wiedergegebene Reihe später mystischer Aussagen ist die längste in sich geschlossene im Erleben dieses Mystikers; vgl. S. 245 ff.
209 Vgl. I, S. 136 ff. – Leistungssteigerungen in der Versunkenheit; I, S. 149 f., 156 f., 181 f. und 245 f. – die Formen des Ankommenden; siehe oben S. 54 ff.

210 I, S. 177 und 181—186.

211 Ob eine solche meditative Selbstvergegenwärtigung im strengen Sinn ›reflexiv‹ genannt werden darf, scheint mir fraglich zu sein. Meditation lässt Spontaneität zu, Reflexion und Spontaneität schließen aber einander aus. Wie diese Form meditativer Selbstbetrachtung phänomenologisch von der Reflexion zu unterscheiden sei? Die Struktur der Spiegelung entfällt.

212 I, S. 140—146.

213 I, S. 140 ff.

214 Vgl. I, S. 150 und o. S. 54 ff.

215 Vgl. S. 246 f.

216 In diesem Zusammenhang wäre auf eklatante Fehlinterpretationen und zwangsläufige Missverständnisse gegenüber den »nicht-christlichen« Religionen kritisch einzugehen; sie lassen sich – auch und gerade in liberaler, theologisch, wie es scheint, desinteressierter und, wie man vorgibt, neutraler Religionswissenschaft – auf theologische Präjudizien zurückführen, die umso wirksamer eine unbefangene Kenntnisnahme des fremden religiösen Erlebens und seiner Wahrheit verhindern, je weniger sie beachtet werden. Merkwürdigerweise kommen dogmatische Ängstlichkeit und säkulare Gleichgültigkeit darin überein, den anderen Religionen ihre »Objektivität«, will sagen, die Möglichkeit abzusprechen, dass Gott in ihnen ebenso grundlos, frei und barmherzig den Menschen zur Wahrheit und zur Wirklichkeit verhilft. Allenfalls lässt man die »frommen Gefühle«, die »religiösen Bedürfnisse« oder gewisse »mystische Erfahrungen« und die »Weisheit«, die »Ethik« bei diesen anderen Menschen gelten. Schon der Titel »Religionen« hält davon ab, ihre Realität zu erfassen, d. h. die lebendige Wahrheit, die ihnen zukommt, und ihr Selbstverständnis als »Wege«, auf denen der Mensch zur leibhaften Verwirklichung dieser Wahrheit gelangen kann. Religionswissenschaft wie Religionstheologie neigen dazu, ihr Thema zu verfehlen, indem sie unfähig oder unwillig sind, »theozentrisch« zu denken; also für möglich zu halten, dass Gott frei ist und tun und lassen kann, was Er will.

217 Brief vom 8. Februar 1963.

218 »2. Reflexion über die Versunkenheitsaussagen 1960-1962« überschrieben ›Der theologische Gesichtspunkt‹; Datum der Niederschrift ist in der vollständigen Dokumentation der Versunkenheitsaussagen nicht angegeben.

219 Vgl. S. 223 f.

220 Brief vom 19. Oktober 1964.